番禺吳道鎔原稿
番禺張學華增補
順德李棪改編

廣東文徵編印委員會校刊

廣東文徵

第一册
卷首至卷五

南方出版傳媒
廣東人民出版社
·廣州·

圖書在版編目（CIP）數據

廣東文徵・廣東文徵續編／吳道鎔等編纂．—廣州：廣東人民出版社，2019.9
ISBN 978-7-218-13022-4

Ⅰ．①廣…　Ⅱ．吳…　Ⅲ．①廣東-地方史-史料-古代　Ⅳ．①K296.5

中國版本圖書館 CIP 數據核字（2018）第 142923 號

Guangdong Wenzheng　Guangdong Wenzheng Xubian
廣東文徵・廣東文徵續編　吳道鎔等 編纂　

出 版 人：蕭風華

選題策劃：沈展雲
責任編輯：李永新　王俊輝　胡揚文　葉益彪
責任技編：周　傑　易志華

出版發行：廣東人民出版社
地　　址：廣州市海珠區新港西路 204 號 2 號樓（郵政編碼：510300）
電　　話：（020）85716809（總編室）
傳　　真：（020）85716872
網　　址：http://www.gdpph.com
印　　刷：廣州市浩誠印刷有限公司
開　　本：787mm×1092mm　1/16
印　　張：362　　字　數：8200 千
版　　次：2019 年 9 月第 1 版　2019 年 9 月第 1 次印刷
定　　價：3980.00 元（全套十冊）

如發現印裝質量問題，影響閱讀，請與出版社（020－85716849）聯繫調換。
ISBN 978-7-218-13022-4

廣東文徵改編本第一册目次

頁次

卷首

卷一

漢

卷二

唐五代附

卷三

宋上

卷四

宋下

卷五

元

李序

一九四零年二月・嶺南碩彥之避地香港者・感於鄉邦文獻之有賴保存研究・爰有廣東文物展覽會之創舉・越一歲・葉恭綽先生等復有廣東叢書之編印・第一集面世後・至第三集而中輟・距今逾三十載矣・

卓敏忝長香港中文大學・荏苒十年・大學圖書館新厦則於客冬落成・所藏圖書・首求實用・而珍本亦時或遇之・如屈大均四朝成仁錄鈔本・廣東文選鈔本・羅學鵬廣東文獻初集二集三集四集刻本等・亦先後購藏・近者由劉俟武先生商之陳式欽先生捐貲刊印吳道鎔輯錄之廣東文徵二百四十卷・重新改編・區爲六册・用誌中文大念學十周年紀念之盛・保存文獻・嘉惠士林・厥功至偉・

昔者葉恭綽先生序廣東叢書第二集・嘗歎黃慈博所校訂之楚庭稗珠錄難以尋訪・徐信符之鈔本則訛誤過多・幾無從校正・今聞該書乾隆三十八年九曜山房刋本六册尙在人間・他日倘得借印・當罄盡棉薄・繼續刋布・使不歸於湮沒・博雅君子跂予望之矣・

一九七三年四月李卓敏序於香港沙田漢園

初刊廣東文徵改編本序

文以地分・夐乎遠矣・粵自會稽總集・列名掇英・成都諸家・亦傳文類・取材或由於斷代・編目乃限於因人・滄海憾其遺珠・俎豆難乎具饌・降及明清・首推湘粵・嶺南文獻・邦翼搬此規模・湖南文徵・滌生綜以情性・粵東文海・遂壯波瀾・嶺南文鈔・轉嫌飣餖・從未有牢籠百代・戢孴羣言・考作者之生平・體符別傳・志文章之目錄・旁證方輿・如吾粵番禺玉臣吳道鎔先生廣東文徵之輯也・先生以勝朝遺逸・野史耆儒・稽掌故於楚庭・出心裁於珊網・時乎蛾術・具此鴻編・自炎漢之初興・逮滿珠之末葉・綜二千年之文筆・舉七百家之姓名・晚遇播遷・未遑剞劂・嗣番禺遐庵葉恭綽先生・珍其副墨・亟付鈔胥・認蘭麝於卅年・免芸蠹者十帙・海濱夷泰・亦保叢殘・信脈望之通仙・有長恩之世守矣・近者香港中文大學校長李卓敏博士・宏孚教政・屬意文林・而潮陽陳式欽先生・心儀桑梓之殷・力肩梨棗之任・夫茲編之作・義存例畧・數倍增於文海・已著張題・名翕服於士林・別詳桂跋・侯武自慚末學・敢贊一詞・獨以北海之餘生・得覩南天之盛業・白頭談往・變轉宮商・玄鶴知歸・依稀城郭・而此二百卌卷之巨帙・一十六類之文裁・庾嶺北來・瓊台南盡・棉疆梅嶠・代產英賢・發而爲事功・蘊之爲德行・或立言而不朽・或餘力以學文・煥發千春・楷模多士・他日新排鉛槧・廣被圖書・循翰墨以得師・若晤言於黎獻・篇或類乎吉光片羽・攸關儒林文苑之眞傳・體固兼乎陰偶陽奇・寧謂繡虎雕蟲之小技・思彈古調・敢貢芻言・卓敏博士・想亦樂觀厥成也・

癸丑三月潮陽劉侯武撰

序言

壬子歲朝・鄉先輩劉丈侯武告余・番禺吳道鎔氏所纂廣東文徵一書・爲我粤自漢以降歷代文獻薈萃・入選作者七百餘家・采掇文辭數百萬言・其別著廣東文徵作者攷・早經問世・惟文徵原稿二百四十卷輾轉遷徙・未經刊布・海山粤雅之高韵・海外尙罕覯其儔・而表章嶺學・責在吾人・以君熱忱・宜膺斯寄・式欽聞言惶悚・深覺此事艱巨・惟長者之命不可違・用敢不揣棉薄・勉效剞劂之任・爰由劉丈發起・約集李棪許衍董兩兄共商組織委員會董理其事・就原稿改編爲六巨册・分期出版・

會香港中文大學十週年紀念・有罕傳善本叢書之籌印・旨在徵集故藏・蒐羅遺佚・付諸鉛槧・用廣流傳・因以本叢書刻本千部嚮應盛舉・是亦關心鄉邦文獻者所樂聞也・

噫・片羽吉光・書林瑰寶・矧茲巨帙・猶幸保全・文徵舊稿・迭經兵燹・四十年間・善守勿失・而編者・校者・增補者・謄錄者・藏有者・其功誠不可沒・今獲睹全書・壽諸梨棗・嘉惠來學・使嶺海文化賴以不墜・豈僅當前藝林之佳事・亦累代賢哲之遺光・誦張氏弁言・呵護有靈・終期流布之語・不禁重有感焉・

壬子冬十一月潮陽陳式欽謹序

廣東文徵舊記

澹菴輯廣東文徵二百四十卷・今裝八十部・每部約分三卷・間有分配不勻・須量爲增減・暫未能編定也・原有總目所分卷數・初非定本・蓋網羅散佚・每有所得・隨時加入・歲月迭積・卷帙遂增・作者考附注所選文以便瀏覽・亦無庸再編目錄耳・澹菴根據温氏文海全部迻錄・餘如嶺南文獻廣東文選・廣東文獻・嶺南文鈔・潮州耆舊集・高涼耆舊集・端溪文述・學海堂集・以及諸家撰著・省郡邑志・靡不從事採掇・比較温選所增逾倍・唯前人專集・大半失傳・片羽偶留・訪求匪易・闕遺之憾・固未能免・而累年蒐集・鄉邦耆獻・畧具兹編・歷經兵燹・猶幸保全・呵護有靈・終期流布・此則有待於後之人已・

時客澳門年七十七

己卯夏六月羅浮闇道士記

廣東文徵舊序

澹菴輯廣東文徵二百四十卷，作者考十二卷，未及寫定，歿後其門人以全稿屬爲整理，編校粗就，乃爲之叙，曰，自明張邦翼氏輯嶺南文獻三十二卷，起唐張文獻公，宋余襄公，崔清獻公，李忠簡公，餘皆明人，屈大均氏謂其文不足，獻亦同之，別編廣東文集三百卷，自序言，大家數十，名家百餘，凡二百餘集，然漢惜未付刋，以至湮沒，今傳者文選四十卷耳，有清乾隆間，温汝能氏輯廣東文海六十六卷，蒐羅畧備，然漢唐宋元僅三十家，明一百八十餘家，清五十餘家，罣漏固不少也，夫前人文字，磨滅未盡，時時晚出，或得之碑碣，或采之志乘，吉光片羽，彌覺可貴，此應補輯者一也，温氏斷自乾隆朝，嘉道而後，作者踵起，近如嶺南文鈔，端溪文述，采錄無多，至各家有專集行世者，尤宜以時蒐集，此應補輯者二也，文獻文選文海流傳日久，寖成孤本，海內故家間有收藏，亦如麟角鳳毛，不易得見，此應補輯者三也，昔屈氏嘗言，一省之文，當與通志相表裏，今考阮志藝文畧，累朝著錄，僅有存目，佚而未見者已多，則知網羅散失，其事固非易矣，屈温二氏掇拾舊聞，表章先哲，有功於嶺學者至鉅，尤賴後有人焉，賡而續之，庶幾漸求完備，且益以廣其傳耳，澹菴治古文學，枕葄有年，國變後，杜門著述，迺取温氏文海以爲根據，而加之，以蒐討前代闕遺者補纂之，清中葉後，温選所未及者，悉力甄錄，歷二十年，積成巨帙，名曰文徵，蓋人以文傳文以人重，不斤斤於文字較短長也，吾粵名公輩出，館閣高文，名山緒論，既足以攷政治之得失，辨學術之源流，至於桑海遺逸，發憤著書，或遭禁燬，久而得見，斯又曠世相感，於此寓尙友之意者焉，唯是卷帙繁重，一時未能付梓，積稿盈簏，迭經兵燹，猶幸保全，所錄自漢至元，凡八十二家，明三百家，清三百二十家，釋道各五人，較文海所增逾倍，其全錄温氏所選文，則以原書已尠傳本，彙存以便省覽，非掠前人之美也，澹菴自作序未成，曾於致友人書畧發其凡，余爲表而出之，後之人可以攷見也，

已卯冬十一月番禺張學華

廣東文徵舊跋

此廣東文徵爲吳玉臣先生道鎔原輯・張漢三先生學華續輯・迄未校印・余去秋歸里・以如此巨稿・萬一毀損・則先賢遺著・及兩老精神・胥歸湮沒・深爲可惜・因商之同人・用機械謄印九份・分存各地・以防意外・其原稿仍交存徐信符家・凡三閱月蕆事・惜信符已不及見矣・原稿凡八十册・今節省篇幅成二十七册・原稿誤字不少・未及一一查改・他日付印時・尚宜逐加校訂・以成完壁・

中華民國三十七年九月番禺葉恭綽識

廣東文徵作者考序

吳澹庵前輩輯廣東文徵二百四十卷・根據温氏文海而裒益之・窮年纂述・用力至勤・自漢迄清凡六百餘家・人系一傳・爲作者考十二册・遺稿未及寫定・余爲之整理・續得百數十人・以次編入・合七百一十二家・較文海所增逾倍・迻錄成帙・比歲避地・輾轉遷徙・幸未散佚・全書煩重・殺青有待・茲册仿八旂文經例・所選文目錄附列傳後・尤便瀏覽・唯諸家考畧或見於志乘・或采自傳記・傳聞互異・間有脫誤・余與汪君憬吾往復討論・務求詳覈・桂君南屏・温君毅夫・皆有所攷正・時閱數年・書經數手・編校甫竣・澹菴墓草已宿・憬老・毅老亦先後怛化・傷日月之易逝・重遭世變・終恐湮沒・陳君伯任・善伯・有見乎此・錄成副本・亟謀付印・孫君淑資慨然力任・以授剞劂・是編出鄉邦文獻・具可考證・以爲人物傳可也・以爲藝文志亦可也・人以文傳・文以人重・他日必有刋布全書用餉學者・吾粤數千年名公鉅儒精神之所寄也・若夫前賢著述・時時晚出・蒐遺補佚・賡續爲之・胥於此發其端已・

辛巳春番禺張學華序於澳門

廣東文徵作者考

吴道鎔　纂
李永新　點校

廣東文徵作者考卷一

番禺吳道鎔纂

◎漢

趙佗　真定人。漢封南越王。□屈翁山《廣東新語》：「佗上文帝書，詞甚醇雅，其出中國人代爲之耶？抑南越人之所爲也？文帝賜佗書，不用欺，亦不市恩。佗明燭幾先，變逆爲順。君臣之間，至誠感應，如響與聲，文之不可以已也如是。故余譔《廣東文選》，以佗始，孫胡次之，重其人，亦重其智也。」

報文帝書

趙胡　佗孫。漢武帝建元四年佗卒，胡爲南越王。

上漢武帝書

陳元　字長孫，蒼梧廣信人。今封川縣。父欽，習《左氏春秋》，事黎陽賈護，與劉歆同時，以《左氏》授王莽，而撰爲《陳氏春秋》以自別。元傳父業，以父任爲郎。建武初，上疏爭立左氏學，與范升辨難，帝卒從元議。後更辟司空李通、司徒歐陽歙府掾，以病去官，卒於家。所著《左氏同異》，見《經典釋文》；《司徒掾陳元集》見《隋書·經籍志》，今皆佚。

請立左氏傳疏　請勿督察三公疏

楊孚　字孝元，南海人。漢章帝朝舉賢良，對策上第，拜議郎官，終臨海太守。孚爲郎當章帝時，諫止用兵匈奴。永元中荒旱，復陳時政得失。又以南海屬交州刺史競爭事珍獻，因枚舉物性靈悟，著《南裔異物志》，自後羅浮瑇瑁之屬日絕，世謂能通神明。其官臨海，復著《臨海水土記》，以正貢獻。世服其高識，不徒以博雅稱也。

按：粵人著述，見史志而今尚存者，以楊議郎爲最古。其所著《異物志》，隋《經籍志》著錄。新舊《唐書·藝文志》尚存《交州異物志》一卷，至宋始佚。《臨海水土記》見徐堅《初學記》，隋、唐志皆無之。黄泰泉因謂《臨海水土記》後人亦改稱《異物志》，蓋流傳稱名偶異，非史志之佚，理或然也。道光中，南海曾釗既輯《異物志》，其不能定爲異物所有者，別輯《楊議郎著書》一卷，今刻南海伍氏《嶺南遺書》中。

請均行三年喪疏　諫止用兵疏　南裔異物志贊

郭蒼　字伯起，曲江人。以博學能文舉茂才，爲荊州從事。屈翁山《廣東新語·郭從事碑》：文甚奇古，六瀧山水之勝，形容殆盡，其才亦揚子雲之亞。

按：《阮志》無郭蒼傳，謂周府君碑銘爲蒼所作，出於附會。《選舉表》又云：蒼譔桂陽守功勳銘，即《周府君碑》也。其說已互異。流傳既久，屈氏、溫氏均采此文，今從之。

漢桂陽太守周府君碑

姚文式　合浦人。雅好誦讀，博通今古。建安中舉茂才，仕爲交州治中。時步隲爲刺史，初到南海，問尉佗舊治處，人莫能知，文式答：『佗行南海尉事，番禺其所都也。後歸漢，築朝臺，在州城東北三十里。』隲登望，得其處，立城郭以建州治。綏和百粵，遂用安集，文式之功也。著《問答》，見《水經注》，《阮志》著録。

問答

◎唐

甯原悌　欽江人。今靈山縣。武后永昌元年進士，舉賢良。同對策者，張柬之第一，原悌第九。授祕書省校書郎。睿宗朝，官太子洗馬。先天元年，自諫議大夫出爲嶺南道宣慰使。上太子啓，極論時政。元宗朝，復以諫議兼修國史，以直書隱巢事忤旨去官。

按：阮《通志·甯純傳》，稱南海以西溪洞，自漢晉來，甯族最大，蠻獠歸之。純爲廉州刺史，能以詩書禮義，教其族人。原悌，純之從孫也。出荒服，登上第，世以爲異。《欽定全唐文》載其先天元年上太子啓，足與史事互證。考《通鑑》，元宗以八月即位，改元先天。原悌上啓，蓋在八月前，故仍稱『太子』也。

上太子啓

陳集原　瀧州開陽人。今羅定州。代爲嶺表酋長。父龍樹，欽州刺史。集原有孝行，父病，即不食；居喪，哀感行路。資財以讓兄弟。武后時，官左豹韜衛將軍。《唐書》入《孝友傳》，『瀧州』作『隴州』，誤。

循州威惠紀功碑記　龍龕道場銘并序

張九齡　字子壽，韶州曲江人。景龍元年擢進士第，拜校書郎。明皇在東宮，舉天下文學之士，親加策問。九齡應『道侔伊呂科』，對策高第。開元中，遷中書舍人，出爲桂州都督。召入，累官至中書侍郎同平章事，封始興伯。所陳奏多見納用。天長節百僚上壽，九齡獨進《千秋金鑑》五卷，言前古廢興之道，上賞異之。宰執每薦引公卿，必問：『風度得如九齡否？』後坐引周子諒，左遷荊州大都督府長史。遂相李林甫、牛仙客。請歸拜墓，卒，謚文獻。著有《曲江集》二十卷。

按：《曲江集》初無刻本，明瓊山邱文莊公得諸館閣羣書中，授郡守蘇韡，序而刻之，乃傳於世。今南海伍氏刻《粤十三家集》中。

敕處分十道朝集使凡三篇　敕處分朝集使　敕歲初處分　敕處分縣令　敕議放私鑄錢　敕安西節度王斛斯書　敕新羅都護金興安書　敕渤海王大武藝書　敕吐蕃普贊書凡二篇　敕日本國王書　南郊赦書　東封赦書　耤田赦書　耤田制　進千秋金鑑録表　論教皇太子狀　觀御製喜雪篇陳誠狀　上封事疏　請

行郊禮疏　請誅祿山疏　道侔伊呂科對策　上姚令公書　與李護侍郎書　與幽州節度張守珪書　別韋侍御使蜀序　益州長史叔置酒宴別序　陪王司馬登逍遙臺序　開大庾嶺路記　故襄州刺史勒公遺愛碑　唐金紫光祿大夫贈太師正中忠憲公裴公碑銘　故安南都護畢公墓誌銘　荔枝賦　白羽扇賦　龍池聖德頌

開元紀功德頌

張恕　韶州始興人。官刑部郎中。

按：《唐宰相世系表》，恕爲文獻公之從兄子。

請放還僞廷貶降官疏

張隨　始興人，徙居韶州曲江縣。

按：《唐宰相世系表》，隨爲弘載之孫。弘載與九齡父弘愈爲兄弟行，則隨爲九齡之從子也。仕履未詳。

耀德不觀兵賦　上將辭第賦　莊周夢蛺蝶賦　海客探驪珠賦　雲從龍賦　葉公好龍賦　蟋蟀鳴西堂賦

無弦琴賦　縱火牛攻圍賦

張仲方　韶州始興人。九齡從孫。貞元中進士，擢第宏詞科，官至散騎常侍，出爲華州刺史。《舊唐書》有傳。史稱仲方爲呂溫貢舉門生，溫以告李吉甫宰相陰事貶官，仲方時爲倉部員外郎，亦坐左遷，爲連州刺史。吉甫卒，入爲度支郎中。時太常議吉甫謚，仲方駁之，謂俟蔡州平，天下無事，都堂聚議未遲。復貶遂州司馬。自駁謚之後，爲李德裕之黨擯斥，坎坷以終，人士悲之。所著文集三十卷，見《唐書・藝文志》，至宋已佚。

駁太常定李吉甫謚議

張琛　始興人，徙居韶州曲江。

按：《唐書・宰相世系表》，琛爲九齡之從姪曾孫，仕履未詳。

弔舊友文

姜公輔　字德文，愛州日南人。唐屬安南府，爲廣州統治，今入安南界。登進士第，爲校書郎。應制策科高等，召入翰林爲學士。累官諫議大夫、同中書門下平章事。從幸山南，車駕至城固縣，唐安公主薨，上悲悼，詔所司厚其葬禮。公輔諫曰：『非久克復京城，公主必須歸葬。今於行路，且宜儉薄。』德宗怒，罷爲左庶子。尋丁母憂。順宗立，起爲吉州刺史。卒，葬靈山縣。見阮《通志》。

白雲照春海賦

趙德　潮州海陽人。大曆十三年進士。韓愈刺潮州，牒置鄉校文，稱德『沈雅專靜，通經，有文章，能知先王之道。排異端，宗孔氏，可以为師。延攝海陽尉，爲衙推官，勾當州學事』。愈改刺袁州，欲攜與俱，謝弗往，因授以平生所作文，德讀而序之，曰《昌黎文錄》。學者稱『天水先生』。

昌黎文錄序

劉軻　字希仁，曲江人。元和末進士，累官侍御史，出爲洛州刺史，卒官。

按：新舊《唐書》，軻皆無傳。道光中儀徵阮福爲補傳，稱軻慕孟子爲人，故以爲名。其文精邃，與韓、柳齊名，白居易稱其所著《翼孟》，於聖人之旨，作者之風，往往而得，蓋曲江自張文獻以文章爲嶺表開先，繼之者軻也。所著《三傳指要》十五卷、《帝王曆數歌》一篇，唐《藝文志》皆著錄。此外，《唐年曆》（鄭樵《通志》）、《帝王鏡略》（《郡齋讀書志》）、《牛羊日曆》（《直齋書錄解題》）、《黄中通理》、《翼孟》、《隋鑑》、《三禪五革》、《漢書右史》、《十三代名臣議》、《豢龍子》（並阮補傳），今皆不存。惟《欽定全唐文》載其文十餘篇，南海伍氏采入《嶺南遺書》中，名曰《劉希仁文集》。

上崔相國書　再上崔相國書　上座主書　上韋右丞書　擬荀卿上春申君書　與馬植書　與陸虞賓書　三傳指要序　黄石巖院記　王氏廣陵散記　智滿律師塔銘　棲霞寺故大德玭律師碑　廬山東林寺故臨壇大師塔銘　大唐三藏大徧覺大師塔銘　農夫禱

韋昌明　循州龍川人。唐長慶中進士，累官校書郎，轉祕書丞。祕書清華之選，東南人士鮮有任者，世以爲榮。

按：《惠州志》稱，舊志謂「昌明」應作「思明」。指《越井記》坂塘書室石刻爲訛，然記中「昌明」名凡兩見，恐未必訛，而石刻乃唐循州刺史楊在堯所題，同是唐人，尤爲可信。潘《志》仍舊志之誤，而反疑石刻，未審何據。

越井記

鄭愚　番禺人。唐開成二年進士，授祕書省校書郎，累遷尚書郎。咸通初，爲桂管觀察使，旋領嶺南西道節度使，有禦守功，徵拜禮部侍郎。八年，知貢舉。舊制詩賦，多出古句爲題，士蹈襲成篇。時詔放雲南子弟還國，愚以此命題，士多擱筆。擢鄭洪業爲第一人，輿論咸頌其公。黄巢平後，廣州殘破，僖宗復命愚出鎮南海，以撫綏功，召拜尚書右僕射。其鎮廣州，嘗於越王山搆亭作記，今不傳。《阮志·藝文略》：《鄭愚集》，見《遂初堂書目》，今佚。

潭洲大溈山同慶寺大圓禪師碑銘

劉瞻　字幾之，彭城人，徙桂陽。今連州。大中進士，登博學鴻詞科，累官至中書侍郎同平章事。新舊《唐書》皆有傳。

按：《舊唐書》載，同昌公主薨，懿宗以翰林醫官韓宗紹用藥無效，逮捕至三百餘人。瞻上疏切諫，帝即日罷瞻相位。《新唐書》又言，瞻既累貶，公主壻路巖等意未慊，按圖，視驩州道萬里，再貶驩州司戶參軍。僖宗立，復入相，居位三月，卒。

諫捕翰林醫官疏　劉遵禮墓志銘

◎五代

黃損 字益之，連州人。梁龍德二年進士，仕南漢主劉龑幕府，授永州團練判官，累遷尚書左僕射。損初爲高祖親任，略地封建，多出損策；後以諫建南薰殿，忤旨，退居永州北滄塘湖上，病卒。所著《三要》，無卷數；《射法》一卷；《桂香集》十卷，佚。

諫南漢主建南薰殿疏

鍾允章 其先邕州人，徙番禺。南漢劉龑時進士及第，累遷至中書舍人。晟嗣位，尤見知，拜工部郎中。使楚求婚，不遂，還言楚可攻取狀。晟遣指揮吳珣伐之，克賀、桂、連、宜、嚴、梧、蒙七州。以首議功，賞賚甚盛。命教長子鋹，鋹嗣位，擢尚書左丞參政事。時鋹委政宦者，允章數請誅之，羣小側目。爲宦者許彥真誣害，族誅。

碧落洞天雲華御室記

石文德 連州人。仕楚王希範，爲水部員外郎，出爲融州副使。文德以文學受知楚王，秦夫人卒，文德輓詩有『月沈湘浦冷，花謝漢宮秋』之句，王評以爲諸文士冠。王性侈汰，營建征討無虛日，上書切諫，幾獲重譴。或誚其剛方，真與姓同，文德應曰：『第方爲我，不圓爲卿，子不見石上可補天，次可攻玉耶？』是可想其風概矣。

上楚王馬希範書

◎宋

古成之 字亞奭。本惠州河源人，五季末避地增城，結廬羅浮山，文譽動四方。宋太宗雍熙改元，充秋賦，《督府勸駕詩》云：『寰中有道逢千載，嶺外觀光只一人。』蓋紀實也。端拱初，再舉登第。宋興，廣州舉進士者，自成之始。初任元氏尉，改知青州益都縣，爲政以惠愛爲本。召試館職，除祕書郎。張詠薦知綿州魏城縣，立學校，課農桑，俗爲一變。再知綿竹縣，卒於官。成之以文章爲南越倡，尤工於詩。雅意林壑，有《思羅浮》詩，人以爲仙，稱『紫虛先生』。所作《湯泉記》，見阮《通志》。著有《刪易注疏》若干卷、詩集三卷，今佚。

湯泉記

馮元 字道宗，南海人。大中祥符元年進士，授江陰尉，累官至戶部侍郎，贈本部尚書，謚章靖。元幼從崔頤正、孫奭受五經大義，既官禁近，與奭並以經義進講。宋興，嶺南人以進士爲朝官致通顯者，自元始。尤精樂律，嘗與宋祁合撰《景祐廣樂記》八十一卷，此據《宋志》，《書錄解題》作『一百卷』。今佚；又黃《通志》『《馮章靖集》二十卷』，亦佚。

駮李照樂律書四清聲議　郭稹爲嫁母持服議

許申　字維之，潮陽人。咸平中，陳堯佐通判潮州，與語，奇之。大中祥符初舉賢良，召試，擢第一，授校書郎，出知相州。歷廣西提點刑獄，改江西、湖南路轉運使，終刑部郎中。嘗因災異言事，極詆時弊，凜然有直臣風。爲文淵洽溫潤，根於所養云。所著《高陽集》，今佚。

柳州待蘇樓記

余靖　字安道，曲江人。天聖初舉進士，累官祕書丞。建言班書舛謬，詔與王洙校正，並及遷、范二史。擢集賢校理，遷右正言，與歐陽修、蔡襄、王素稱『四諫』。屢言邊事，再使契丹，擢知制誥。坐以契丹語爲詩，爲御史王平劾，出知吉州。尋丁父憂，去官。儂智高反，就喪次，起知潭州，經制廣南西路，與狄青破賊邕州，安撫交阯。拜工部尚書，始興開國郡公。卒年六十五，贈少師，謚曰襄。所著《武溪集》，據《四庫全書總目》，明邱文莊公在館閣羣書中錄出行世，其奏議別爲一編，不在集中。《宋志》作『《諫草》三卷』，今佚。又有《三史刊誤》四十五卷，見《崇文總目》。《慶曆正旦國信語錄》，使遼時所記，見《書錄解題》，並佚。

勑蔡襄知福州　勑文彦博知益州　勑翰林學士宋祁　勑樞密副使富弼加都尉　進平蠻碑記表　虔州謝上表　廣州謝上表　上校正後漢書疏　論河北榷監疏　乞嚴定捕賊賞罰疏　論元昊請和當令權在我疏　請審裁邊事疏　乞宣勑並送封駮司審省疏　論太白犯歲星疏　乞韓琦兼領大帥鎮秦州疏　乞侍從與聞兵事疏　論敵人求索不宜輕許疏　乞平時蓄養賢俊疏　論契丹請絕元昊進貢疏　乞罷修京城疏　論張堯佐不當與府界提點疏　論狄青與劉滬爭水洛城疏　堯舜非謚論　三統論　禘祫論　正瑞論　秦論　漢論　宋職方補注周易序　孫工部詩集序　海潮圖序　韶州府新建公署記　洪州新置州學記　羅漢院記　善化院記　樂昌縣寶林禪院記　湧泉亭記　韶州新修望京樓記　西巖石室記　同遊汾溪石室記　韶州新置永通監記　大宋平蠻碑記　宋贈中書令狄武襄公墓志銘　從政六箴

王陶　字子元，曲江人。天聖中進士，官至京東提刑度支郎中。

按：陶與父式同登天聖王堯臣榜進士第，子履古亦登進士，三世進士，時以爲榮。

碧落洞記

李渤　字子文，樂昌人。登嘉祐三年進士，郡人號爲『李夫子』。嘗試南昌，作《聞伯夷之風頑夫廉賦》，中魁，時人膾炙，稱爲『李伯夷』。有詩云：『嶺北嘗聞夫子號，江西曾振伯夷風。』與弟巖，事母至孝。巖亦賜同進士出身，官皆至朝奉郎。樂昌泐溪巖有渤題名刻石。

侯司空廟碑

譚粹　字文叔，始興人。父侁，皇祐壬辰進士，博通經史，教三子皆成名，粹名望尤著。於張九齡爲外家十世孫，每歲詣墓致祭。熙寧初知惠州，有善政。嘗輯《羅浮志》，序之以傳。詩文皆可觀，人稱其學行。所著《羅浮集》十卷，《阮志》著錄，注『佚』。子煥，字文煥，篤志好學，舉八行，仍登大觀乙丑進士，官至朝散大夫。

羅浮集序

丁璉　字玉甫，番禺人。元豐二年進士，授融州司戶，累官至朝議郎。元祐中，以諫討西夏，出爲桂州學教授，尋改知連州，轉朝散大夫，致仕。璉博學多識，退藏若愚。知廣州蔣之奇負才，輕廣南士大夫，嘗與璉同遊九曜石，劇談至夜分，驚其精博，歎爲中州士不如云。

徙南恩州學記

侯晉升　字德昭，曲江人。元豐八年進士，爲程鄉令。與蘇軾兄弟往還款密，家藏二公墨帖甚富。軾一帖云：『蒙示新論，利害炳然。文亦溫麗，歎伏不已。但恨罪廢之餘，不能少有發明爾！』後知南恩州，賑卹窮寡，禮待英豪，期年而卒。

比部李公廟記

李南仲　英州湞陽人。今英德。十歲舉神童，中童子科。元豐後賜出身者五人，南仲其一也。授從事郎。自以學未大成，讀書羅浮山，因作《羅浮山賦》，傳於世。大觀中授奉議郎，知康州，以治行聞。

按：饒平有李南仲，重和元年進士，另一人。

羅浮山賦

霍暐　字明甫，南海人。篤志好學。元祐初入太學，時詔舉八行，暐修己教家，人無間言，遂以應命。官終海豐縣尉。同舉者東莞王知，二人而已。其爲文淵雋奇古，不與俗合，鄱陽馬存極推許之。尤具特識：新會龍山水色變而爲紫，人以爲瑞，暐言水陰物，陰之類爲小人，爲夷狄，爲盜賊，今水失其常性，關於國家者大也。後蔡京、童貫當國，有金人之變，盜賊蠭起，皆如所言。著有《霍暐集》，《阮志》注『佚』。

冲虛觀記

歐陽獻可　字晉叔，連州人。元祐三年進士。工古文詞，嘗作所居《見山堂記》，張浚謫連，大爲激賞，因名其讀書處曰致一堂，作記，親書之。

上州郡乞蠲免上供銀額書

李修　字季長，湞陽人。元祐三年廣文館進士。志行修潔，善屬文，工書法。廣帥蔣之奇素勵清節，不輕許人，修出其門。崇寧詔籍元祐黨人，立碑於端禮門，修名與焉。同時有鄭準、劉緯，俱英州進士，亦預黨籍。

衆樂亭記

石汝礪　英德人，號碧落子。讀書過目成誦，自以嶺嶠局於聞見，乃踰嶺之江西，從文人遊。五經多有講說，於《易》尤契微妙。所著《易解》、《易圖》，爲王安石所抑。蘇軾謫惠州，過英德，遇之南山聖壽寺，與談《易》，又談羅浮之勝，至暮乃去。題記石壁，稱爲『隱者』。汝礪明於樂律，以琴爲準，著《碧落子琴斷》一卷，鄭樵最稱之。又《乾生歸一圖》十卷，見《宋史·藝文志》，並佚。

南山聖壽寺水車記

鄭總　字清叟，英州人。生平達性命，了生死，齊物我。蘇軾贈詩云：『年來萬事足，所欠唯一死。澹然兩無求，滑淨空棐几。』[一]嘗撰有羅浮仙人《藍喬傳》，軾《和陶雜詩》即詠之。《阮志》有傳。

按：陳伯陶《羅浮志補》引《宋詩紀事補遺》，疑總與鄭价爲一人，與《阮志》異。

藍喬傳

[一]：欠，原作『少』；滑淨，原作『滑靜』，據蘇詩改。

張勱　字深道，長樂人。政和三年，自鄉郡移守廣州。是年徽宗以天錫元圭，冬祀大赦，文令福地靈祠，聖跡所在，守令嚴加崇奉。勱於是重修廣州五仙祠，而爲之記。碑在五仙觀，《阮志》、《金石略》注『存』。《吳禮部詩話》：張公翊《清溪圖》畫，坡公題詞，後有張勱深道長句，仿佛蘇體，亦佳；碑刻筆意，亦近蘇云。

廣州重修五仙祠記

王大寶　字元龜，海陽人。建炎二年廷試第二，[一]授南雄州教授。移病家居，起知連州。表進所著《詩書易解》，內除國子司業兼崇正殿說書。旋出知溫州，提點福建、廣東刑獄。孝宗立，除禮部侍郎，擢右諫議大夫，除侍講。會張浚起復爲都督，符離失律，湯思退力主和議，請罷督府，大寶非之。除兵部侍郎，尋請致仕。既而金復犯邊，詔思退都督軍馬，辭不行。上怒，竄思退，起大寶爲禮部尚書。以前復免行錢，爲右正言程叔達所劾，致仕。卒年七十七。所著有《周易證義》十卷、《經筵講義》二卷、《諫垣奏議》六卷、《遺文》十五卷。

按：趙鼎謫潮時，大寶日從講《論語》。及知連州，張浚亦謫居，命其子栻與講學。和議之興，張、趙客貶斥無虛日，人爲累息，大寶獨泰然。其後以經學受知，卒以梗和議不安其位。其去也，胡銓惜之。蓋吾粵宋南渡後，高、孝兩朝人物，當以大寶爲首屈一指，不止『潮州八賢』之冠也。

大雲洞贊　韓木贊

[一] 按：王大寶爲建炎二年榜眼，《宋史》、《潮州府志》均

作『廷試第二』。原誤作『廷試第一』，今據正。

廖顒　字季邛，連州人。九歲能屬文。紹興五年進士，授封州教官。父玖，任新州守，有政聲。秩滿辭歸，顒迎養之。父卒，歸葬哀咷，感動行路。服闋，知化州。郴寇李金聚萬人圍城，漓水猺乘時爲亂，顒統諸將討之。部分嚴整，金宵遁。召猺開諭順逆，而猺人降。有詔褒賞。及守英州，招集流民，盡剗宿弊，號能吏。乾道八年，陞提舉廣南東路茶鹽事。淳熙三年，改廣南西路提點刑獄事，尋卒。

重修南海廟記

張宋卿　字恭父，博羅人。警敏强記，嘗與留正講學於羅浮。紹興丁丑，以《春秋》魁，爲天下第一，擢進士第，除祕書省正字，遷祕書郎。正色立朝，剛而有禮。胡銓嘗稱其『鯁直可任臺諫』，張浚亦力薦之，終肇慶守。鄉人祀於惠之聚賢堂。

教授題名記

陳中　長樂人。紹興間任惠州文學掾。嘗取東坡先生文集有關羅浮者，得雜書十五篇，申自跋其後。

題東坡先生雜書後

陳宗諤　字昌言，連州人。工文章，不從時尚。家有養源堂，著述甚富。張浚在連，喜與論文。浚子栻嚴事之，爲賦《養源堂詩》。以特奏仕瀧水丞，擢端溪令。後浚欲薦於朝，聞宗諤卒，乃止。

重建集靈廟碑記

王中行　揭陽人。隆興元年正奏第四甲進士，淳熙十二年爲東莞令。博學能文，爲政有古循吏風。其所著《遷學記》及《縣令題名記》，文皆高簡有法，存《東莞志金石略》中。

遷學記　東莞縣令舊題名記

李大性　字伯和，四會人。父積中，官御史，入元祐黨籍。大性以父任入官，爲湖北提刑司幹。丁母艱，服闋，進《典故辨疑》百篇，孝宗嘉之，擢大理司直，尋除大理寺丞。孝宗崩，光宗未能執喪，上疏極諫，遷軍器少監，累遷司農卿、兵部侍郎，出知紹興。召還，升戶部尚書。條陳利害，忤韓侂胄，出知平江府。尋遷荊湖制置使，除刑部尚書，以端明學士再出知平江，引疾歸。所著《典故辨疑》二十卷，《宋史》本傳稱其『網羅野史，訂以日曆實錄，正其舛誤，率有依據』，與《書錄解題》卷數合，今存。

論光宗未能執喪疏　典故辨疑序

蒙天民　仁化人。淳熙間貢生，以特奏知仁化縣。

錦石巖記

崔與之　字正子，增城人。初遊太學，紹熙癸丑進士。粵士由太學擢第，自與之始。授潯州司法，歷官有聲，累遷成都路安撫使。盡護四蜀之師，開誠布公，將士悅服。防邊積穀，蜀賴以全。尋乞歸。值廣州兵叛，與之登城開諭，降之，授經略安撫使。踰年，拜右丞相，辭不受。詔即家條上時政，先後疏數萬言，皆嘉納。年八十二卒，贈太師，謚清獻。與之嘗摘取處士劉皋語爲座右銘，曰『無以嗜慾殺身，無以貨財殺子孫，無以政事殺民，無以學術殺天下後世』。榜所居曰菊坡，理宗以問李昴英，即書二字賜其家。蜀人以比張詠、趙抃，稱『三賢』；粵人以比張九齡，稱『二獻』。著有《崔清獻公集》五卷。

辭免資政學士疏　論人才用舍行政得失疏　易氏族譜序　重建東嶽行宮記

許騫　潮陽人，申之八世孫。登紹熙四年進士乙科，爲惠州府推官，調南恩僉幕。居官有守，遇事不詭隨。丁父憂歸，卒於家，官終從仕郎。

重闢西湖記　重建西新橋記

梁該　東莞人。從父文奎，開禧元年進士，博學強記，廷對時，韓侂胄當國，以策語切直，抑置乙科，著有《正論模楷》二卷。該長於記問，世號『書笥』。嘉定七年進士，通判欽州，與文奎並祀鄉賢。弟詡，嘉泰四年鄉貢，亦以博稱。

重建德生橋記

吳純臣　番禺人。父羣，通判瓊州，以廉慎稱。純臣有父風，居官口不言錢。官連州時，值嘉定乙亥，春夏不雨，露行酷日中，禱於神，雨大澍，歲獲收，郡民刻碑頌之。崔與之薦其賢，除提點廣西刑獄，剖析無滯，一境以爲神明。事蹟載黃佐《廣州人物傳》。

釋奠圖記

李昴英　字俊明，號文溪，番禺人。寶慶丙戌舉進士，以第三人及第。授汀州推官，屢平叛寇。除太學博士，試館職，除校書郎。累疏言事，上意嚮納。淳祐初，擢右正言，劾史嵩之罪狀，上爲動容。又劾趙與⿱竹悤聚斂害民，上卻其疏，至牽裾力諫。後罷歸，用徐清叟薦起，除直寶謨閣、江西提刑，兼知贛州。被召赴闕，兼國史實錄院檢討，尋擢龍圖閣待制、吏部侍郎，封番禺開國男。屬御史洪天錫以劾中官董宋臣竊弄威福，解言職。昴英乞與俱罷，留疏拜辭，歸隱文溪之上。卒，謚忠簡。所著有《文溪集》二十卷、詞一卷，南海伍氏刊入《粵十三家集》中。

請謚李韶方大琮狀　除正言上殿奏疏　論陳樞密疏　論文丞相疏　再論史丞相疏　上理宗四戒奏劄　端平丙申大博賜金奏劄　嘉熙諭崔相國回朝劄　嘉熙己

亥著作郎奏劄　淳祐侍右郎官赴闕劄　淳祐丙午十二月正言劄子　寶祐甲寅宗正卿上殿奏劄　與廣權帥邱迪嚞治盜書　韶石説送曲江趙廣文　重修南海志序　游忠公鑑虛集序　送邵淑序　送糾曹吴雍之官序　題節推張端義荃翁集　跋真西山送李桂高序　跋節愍王公行實　德慶府營造記　壽安院記　增城新刱貢士庫記　廣州新刱備安庫記　放生咸若亭記　元老壯猷堂記　東莞縣經史閣記　廣帥方右史行鄉飲酒記　林隱君墓志銘　游忠公傳　崔清獻公行狀　祭方鐵庵文　祭鍾子鴻文　淨慈僧刺血寫經贊　畫像自贊

朱篆　歸善人。寶慶丙戌進士，從事郎，梅州司法。

羅浮圖誌續跋

吴文震　字竑發，番禺人。紹定壬辰進士，官至欽州倅，攝守全州。

重修光孝寺佛殿記

屈竦　保昌人。今南雄州。端平乙未進士。

黄太守祠記

劉宗　東莞人。以賦中鄉舉，淳祐三年特奏進士，官封川司法，秩迪功郎。宋亡，與從弟玉退隱員山，互相唱和。著有《塤篪偶詠》，《阮志》著録，已佚。

張母劉安人墓碑

區仕衡　字邦銓，南海人。今析置順德。淳祐鄉貢，入太學爲上舍生。景定中，上書論賈似道誤國，不報。德祐二年，端宗幸閩、廣，仕衡陳恢復策，亦不見用。歸，講學九峰書院，學者稱『九峰先生』。著有《九峰集》三卷、《理學簡言》一卷。

按：《九峰集》今列《粤十三家》，《理學簡言》見《嶺南遺書》，皆南海伍氏刊本。《阮志》不載《九峰集》，《理學簡言》亦注『未見』，兩書爲黄石谿明經藏本，晚始出也。

論姦臣誤國疏　奏宰臣矯詔行私朋奸害正疏　上陳丞相宜中書　糾集鄉兵書　書王汝善所藏詩卷後　送窮文　説離送趙睢翁鄒鳳叔

區子美　仕衡子。貢元，自號天由子。有《林館集》二卷，今不傳。

素馨花賦

李志道　字立翁，番禺人。昴英子。寶祐癸丑進士，除京邸教授。明年，昴英爲大宗正，引嫌乞外，改浙江僉憲，參幹事諸軍事。丁父艱，服闋，補都憲御史。咸淳間，爲朝散大夫、廣南東路提點刑獄、節制兵馬兼屯田使、工部侍郎。賈似道專政，屢疏乞歸。端宗航海，元兵日逼，志道糾鄉勇督戰於潮州，上粟十萬石餉軍，帝重其忠。宋亡，志道大哭，奉先帝木主於家嚮陽堂，率子弟鄉人，朝夕哀奠。未幾，憤鬱而卒。

鍾三陽墓志銘

陳大震　字希聲，番禺人。寶祐癸丑進士，授博羅主簿，擢長樂令，以寬厚稱。調廣濟，有平盜功。咸淳七年，權知雷州，擢守全州。端宗入廣，召爲吏部侍郎，不就。宋亡，至元中甄録舊臣，授司農卿、廣東儒學提舉，避貫，請閒居，從之。嘗深衣廣袖，自號蘧覺先生。立靈位以待死，日曰：『吾可以下見穆陵矣！』卒年八十。其權知雷州時，治最有聲，判語數百，人刻之爲《蘧翁山判》。性愛山水，有附郭亭榭數所，皆樸陋。老不釋卷，爲文典雅。著有《陳大震集》、《阮志》注『佚』。

重建波羅廟記　知魚亭記

翟龕　字景先，號遯庵，東莞人。景定二年鄉貢，六年再舉都魁，官本邑主簿。宋亡不仕，建聚秀樓，延士講習。元末盜陷邑城，故居無一在者，惟聚秀樓獨存。學者稱『遯翁先生』。

修東莞縣學記

李春叟　字子先，號梅外，東莞人。父用，潛心理學，世稱『竹隱先生』。春叟以景定二年舉，特奏提刑。楊允恭復以經明行修薦，除肇慶府司理，遷德慶教授。秩滿歸，除軍器大監，辭不就。宋末有保邑功，邑人德之，肖像於竹隱祠祀焉。所著有《論語傳說》、《詠歸集》。

文溪先生集序　重建經史閣記

趙必瑑　字玉淵，號秋曉。系出濮安懿王，家東莞。登咸淳元年進士，官至南安軍南康縣丞，謝病歸。文璧守惠州，辟爲郡從事。景炎二年，文天祥復惠州，必瑑往謁，辟朝散郎，簽書惠州軍事。五坡嶺之敗，天祥被執，必瑑察璧無堅守意，遁歸。宋亡，隱邑之溫塘村，自署所居曰：『詩人只宜住茅屋，天下未嘗無菜羹。』所著《覆瓿集》今刻《粤十三家集》中。

與惠守貫菊巖書　答宋矩昌侍郎書　答趙鶩湖書　答陳清溪書　答文文溪書　送瀛洲學士圖與縣齋　回長官送玉面狸　借米書　薦僧子謁外邑　祭父墓文　祭趙北山文

吳桂發　南海人。咸淳乙丑二甲進士，嘉議大夫、道州路同知。

何恕堂先生墓志銘

陳庚　字南金，號月橋，東莞人。咸淳三年鄉貢。與趙必瑑交善，必瑑卒，庚爲詩哭之，有『湖海襟期別，風濤患難同』之句。

竹隱梅外二先生祠堂記　祭趙秋曉文

陳紀　字景元，號淡交。庚之弟，東莞人。咸淳九年鄉貢。宋亡，與庚皆不仕。著有《越斐吟稿》，《阮志》著錄，注『未見』。

故宋朝散郎簽書惠州軍事秋曉趙公行狀

梁起　字起莘，號定山，順德人。咸淳三年鄉薦，累拜中順大夫、嶺南招討使，以忤同官解兵柄。及宋帝殂厓山，江南傳其在占城，起率義兵，爲書與馬南賓，詞甚慷慨。衆推南賓爲帥，起副之。與制置使黎德，以迎駕號召，聚衆二十萬，爲元將王守信所敗，遂易名隱匿。後元詔大赦，求宋遺民，起與謝枋得有舊，當事者薦枋得，起亦被薦。與枋得書言：『舍生取義，千古綱常，今與足下特未知死所耳！』枋得不食死，起亦卒不往。久之，海濱盜剽掠居民，里人黎耕叟以起才略白閫帥，里中父老泣求，起往討平之。閫帥上其功，授賓州路同知。起歎曰：『天不祚宋，我反以官爵自污，何以見吾君於地下乎？』力辭不受。自是浪跡江湖，無復人間事，卒年六十。

按：明黄佐《通志·馬南賓傳》云：『招討使黎德、梁起莘起兵，爲王守信敗。起莘仕元，爲都元帥。』考諸志，起名無下一字。據梁氏家譜，起卒後，子祐以至正八年官都元帥。何經撰起傳，以子祐贈都元帥。李嗣撰祐傳，亦言起不受賓州。何、李二人，皆去起未遠，見聞自確；黄《志》蓋以死後推贈之爵，移爲生前身受之官，其錯誤無疑。阮《通志》亦沿黄《志》之誤，未見何、李二傳也。起裔孫廷枏，有《書始祖定山公宋亡後事》，考證最詳。

與謝枋得書　與馬南賓書

張鎮孫　字鼎卿，番禺人。咸淳辛未進士，廷對第一。其制策有云：『帝王之治天下，自積一念之仁始；帝王之仁天下，自積一念之敬始。』爲一時傳誦。授祕書省正字，遷校書郎，出判婺州。景炎元年，元兵攻廣州，詔以鎮孫爲龍圖待制、廣東制置使兼經略安撫使，會元右丞塔出會呂師夔合攻廣州，鎮孫力不支，被執以北，至大庾嶺道卒，文天祥作詩悼之。

廷對策

王元甲　字士遷，番禺人。咸淳辛未進士，與張鎮孫同榜，李忠簡公壻也。官陽江縣主簿，兼尉事，有惠政。罷歸，廬於先塋之旁。元師下廣州，張鎮孫死之，元甲護其柩歸葬。宋亡，朝夕望厓門而哭，人目爲狂。會海盜俶擾，元將聘入幕，不就；鄉父老以安危力請，乃爲籌策捍禦。事平，元將欲以其績上聞，亟辭去。隱於番禺之沙灣，環所居種梅數十本，徜徉其間，因自號梅灣居士。年七十二卒。

家訓三戒

張登辰　字恕齋，東莞人。系出張九皋之後。登辰善屬文，有器識。舉咸淳癸酉鄉貢，試南省歸，感慨時事，說邑宰爲保障計。兄元吉、弟衡，皆有名。元吉當宋末爲邑尉，張弘範率兵至，邑人驚恐。元吉使登辰罄家資往賂，由是兵不犯境。命元吉攝宰，登辰攝丞。帥府欲增東莞稅額，登辰力爭得免。事定後，授將仕佐郎、靖江路儒學教授，登辰笑曰：『豈吾志哉！』即謝病不出。歿後，李春叟爲詩哭之；祀鄉賢。有《恕齋集》，《阮志》注『佚』。子維寅，力學有才譽。元因南漢媚川都之舊，役民採珠，惟寅力言不便，竟得罷免，邑人德之。

祭趙秋曉文

曾宋珍　東莞人。咸淳十年進士，官龍川縣尉。有《曾宋珍遺刻》，《阮志》著錄，注『未見』。

雲溪寺捨田祠記

邢夢璜　文昌人。父宣議，知本縣。夢璜咸淳間以辟薦任朱厓軍簽判，擢知萬安軍。

磨崖碑記

黎獻　字子文，號拙翁，東莞人。性警敏，富於學問。弱冠授徒，一依紫陽白鹿規爲教，時人方諸王通，稱『拙翁先生』。宋亡，與趙必瑑卜鄰，恆以詩筒往來。必瑑卒，哭以詩，復偕學中諸友往祭。嘗取經史子集，與埤雅小說，擇其的對，編爲《事類蒙求》九卷。明焦竑撰《國史經籍志》，錄入『小學』中；《阮志》著錄，注『未見』。

按：張登辰《壽黎拙庵詩》：『六壬又慶始。』時獻年六十一，以甲子推之，當生於宋紹定五年。《東莞縣志》宋、元選舉表，俱無獻名，蓋宋亡不復進取也。《廣州府志》以獻爲元季人，《阮志》因之，誤。

祭趙秋曉文　代學中諸友祭趙秋曉文

侯圭　東莞人。元皇慶初作《廉泉亭記》，自稱『前進士』，而選舉表無考。

按：元代科舉，始於延祐，皇慶前尚未舉行。圭爲宋末進士，但未詳何年。元中葉時，宋亡已久，猶稱『前進士』，比於唐之梁震，是宋遺民也。溫氏《文海》誤爲元人，今改正。

廉泉亭記

廣東文徵作者考卷二

番禺吳道鎔纂

◎元

阮泳　香山人。至元初領鄉薦，官邑學教諭，遷惠州路學教授。學博行修，一時視爲儀表。工古文詞，以韓、歐爲宗。子士桂，亦以文行名其後。同邑有趙梅南、楊士元，皆以詩翰鳴于時，由泳倡之。

香山縣署記

趙梅南　香山人。本宋宗室，善書翰。香山自阮泳後，梅南與同邑楊士元，皆以詩鳴。嘗作《潮居八詠》，士元序之，以爲因事陳詞，氣嚴理正，遂賡和焉。梅南往復辨論，必求工而後已。寓意佳山水，自號意翁，浮游物外，隨在而樂。於竹徑搆亭曰漪筞，門牓云：『但存方寸有餘地，不可一日無此君。』不仕終。著有《家範》一卷、《漪筞詩集》。

與楊士元書

謝應子　新州人。今新興。仕履未詳。大德八年，新州猺人作亂，宣慰使阿里元帥討平之，州人建生祠，紀功立石，應子作《平猺碑》。

新州宣慰使阿里元帥平猺碑

徐心遠　惠州人。郡儒，負宿望。元貞乙未，廣東廉訪司唐古台約同遊羅浮，心遠爲作《登山記》。

登山記

趙孟傑　號橘隱。宋燕王德昭後，流寓廣東。至大元年，任博羅縣尹。

醮山記

陳穎　東莞人。縣志《金石略》載所作《均賦役記》，結銜稱『至正八年戊子邑士陳穎撰』，而選舉表無名。著有《山中日課》，《阮志》著錄，注『未見』。

均賦役記

陳光大　海康人。以薦辟授本府教授，見《阮志·選舉表》。至順間，雷州路廉訪司經歷郭思誠重修邑之西湖惠濟橋，建亭其上，光大爲之記。

雷郡西湖惠濟橋記

簡祖英　字世英，東莞人。學問該博，有才略。元末辟薦爲江西都督員外；又從何真起兵，保護鄉邑；平邵宗愚，贊畫有功。明廖永忠下廣東，詔徵祖英赴闕，授建平知縣；以母老上表固辭，自言叨食元祿，不能殉國，罪戾已深，母年逾耄，孤苦特甚，乞賜矜恤，許之。時太祖方以道德風厲天下，凡元降臣，如危素、張以寧輩，始班顯榮，終必擯辱；祖英抗節不仕，世服其先見。

辭拜建平縣知縣表

黎貞　字彥晦，號秫坡，新會人，世稱『秫坡先生』。洪武初，以明經薦辟，至都，不肯赴吏部試而歸；部使者署爲縣訓導，亦不就。後坐事爲訟者所誣，戍遼東，尋赦歸，聲聞益著。從遊之士，遠近畢至。陳獻章謂：『吾邑以文行誨後進，百餘年來，秫坡先生一人而已。』

按：貞爲孫蕡弟子，明史附入蕡傳。然貞於明初薦辟，不赴試署；爲縣訓導，亦不就；至遣戍遼東，赦歸講學，白沙推爲江門倡道之先聲，是元遺老也。《阮志·藝文略》「《秫坡詩稿》七卷、附錄一卷」，注『存』。又別引《四庫書目》，詩詞賦三卷，雜文四卷，卷八附以『贈言』，與今盛氏重刊本合，知但云詩稿七卷者誤也。

盧陵聾公辨　南越山翁後跋　西岩記　賓風亭記　靜適軒記　平川記　秀林記　溪隱記　穀食祠記　臨清先生行狀　賢母傳　趙氏二節婦傳　問月軒賦　伍秀峰像贊元縣尉伍梅邊像贊　厚本堂銘　冠禮詞

◎明

孫蕡　字仲衍，號西庵，南海人。洪武庚戌舉於鄉，初授織染局使，遷虹縣主簿，入爲翰林典籍。蕡自元季，避亂山澤。東莞何真保有南海，征南將軍廖永忠南下，蕡爲真作書，請歸附，廖永忠嘉其誠款，不戮一人；嶺表晏然，蕡之力也。性敏邁，工詩，與黃哲、王佐、李德、趙介爲南園詩社，振興風雅，世稱『南園前五先生』。後以題畫坐藍玉黨，被禍。既登科第仕宦二十餘年，一禁繫，一謫戍，四爲下僚，僅一入史局，而不免於凶終，論者惜之。所著有《通鑑前編》、《孝經集善》、《理學訓蒙》、《和陶集古》，皆佚；《西庵集》原稱九卷，今存者文數篇、詩二卷而已。

夜遊棲禪寺紀事詩序　黃連鄉敦義祠記　五仙觀記　和歸去來辭　祭竈文

何子海　字百川，番禺人。宋進士起龍之後。洪武辛亥進士，歷睢寧、永康二縣縣丞。博學能詩，嘗擬《秋風三疊》，清婉沈蔚，評者謂遠過居實。著有《百川集》，《阮志》著錄，未見。

肯構堂記

梁敏　字以訥，高要人。年十九，舉洪武壬子鄉薦。歷清遠教諭，繁昌、宛平丞。以文學薦擢左春坊左贊善，嘗被命賦詩，操筆立就，成祖稱賞不已。以乞休忤旨，謫官歸。自奉如寒儒，以勤儉訓諸子。暇日多所著詠，著有《雲屏集》，《阮志》注「未見」。

星岩書屋記

黎光　字仲輝，東莞人。博學能文。洪武壬子鄉薦，與張唯、王輝等十八人，選入禁中文華堂讀書。拜監察御史，巡蘇州，請賑水災，存活甚衆；巡鳳陽，上封事，甚切時弊。擢刑部侍郎，爲御史大夫陳寧所忌，坐事中之，死貶所，時人惜焉。父伯原，元季連山教諭，歷德慶、惠陽教授，所至學者尊之，有《漁唱集》傳世。黄佐爲《廣州人物傳》，謂光之學行才識，蓋得家庭之樂云。

趙處士傳

黄子平　字觀瀾，電白人。洪武乙丑進士，任山東、雲南、京畿三道御史。

潘氏三賢記

陳璉　字廷器，東莞人。洪武丁卯舉人，初選桂林教授，遷國子助教。永樂初，以人才薦，召試高等，擢知許州，改滁州。累擢揚州知府、四川按察使。宣德間召還，改南京通政使。正統初，擢南京禮部侍郎，致仕卒。

按：璉以文學受知成祖，嘗進《平胡頌》、《平安南頌》，又嘗仿柳宗元爲《鐃歌曲》、《鼓吹曲》十二首，皆稱於時。士夫求爲碑銘記序者，不絕於道。尤好記述山川人物、風俗物產，以備志乘。阮《藝文志》載，《琴軒集》三十卷，與明《志》卷數合；又《寶安新志》二卷，並注「存」。

羅浮山志序　上舍區公墓表　梅外李公墓表　登泰山賦　驄馬賦　河清頌

鄧林　初名彝，字士林，新會人。洪武壬申舉人，任貴縣教諭。入都與修《永樂大典》，出爲南昌教授。秩滿，試高等，遷吏部主事。宣宗時，以言事謫杭州，日爲湖山之遊，吟詠甚富；後田汝成作《西湖志》，多采之。尋放歸。著有《退庵集》十二卷，《阮志·藝文略》作「七卷」，注「存」。據《四庫提要》，此爲會稽陳贄官廣東參議時，掇合殘稿而成，蓋非原帙矣。

懷春賦　皇都大一統頌并序

梁致育　字遂初，高要人。通五經。洪武癸酉鄉舉，歷紹興、建昌訓導，六典文衡，致仕家居。嘗修郡志。天順初，流賊劫掠蓮塘，以竹輿舁之，行至逕口深淵，遂投淵死。有《竹屏稿》，《阮志》注「未見」。

肇慶府儒學記

唐豫　字用之，南海人。父奎，洪武初鄉貢，博洽羣書，有《龜峰集》傳於時。豫少穎悟，從孫蕡遊，詩文有古人風度。性剛介，尤篤於孝思，作蓼莪亭，主事劉履爲之記。自號樂澹，學者稱『樂澹先生』。所居平步鄉，時有『平步六逸』，謂東皋周祖生、南軒周祖念、節庵劉子羽、芸庵何淮、素庵劉子高及豫也。嘗相與定鄉約，鄉人信守行之，一時公卿間皆待以賓禮。所著《樂澹集》五卷，《阮志》著錄，未見。子璧，亦有文行，築主一齋，遠近尊師之。

鄉約十則

廖謹　字慎初，南海人。恬靜力學，經史百家，靡不淹貫。不妄交遊，以『澹交』名其齋，學士解縉以『名儒』稱之。名聞公府，識與不識，皆曰『廖五經』云。舉明經，爲四會訓導，轉通山教諭，以教績著聞，陞南安府學教授，致仕卒。所著有《澹交集》，《阮志》著錄，未見。

古必解

羅亨信　字用實，東莞人。永樂甲申進士，改庶吉士，累擢工科、吏部給事中。坐累謫交阯，尋召爲監察御史。丁父憂歸，起，巡撫宣府、大同。土木之變，內屏京師，外禦強寇，著兜鍪處，顛髮盡禿。進副都御史，致仕歸。著有《覺非集》十二卷，《阮志》著錄，與《明史·藝文志》卷數同。

書吏部尚書蹇公欽賜忠貞圖卷後　敕賜彌陀禪寺碑記

勤政堂記　武定侯郭公墓志銘

李齡　字景齡，潮陽人。正統丙辰乙榜進士，授賓州學正。以尚書胡濙祭酒李時勉薦，補國子學錄，轉江西道監察御史。景泰初，選充宮僚。英宗復辟，護導官多獲譴，齡以弗與建儲議，改太僕寺丞。出爲江西提學，訓士子敦本尚行，建二陸講堂，延餘干胡居仁主白鹿洞教事，士論翕然；卒祀白鹿洞。所著《宮詹集》，《阮志》未著錄，順德馮奉初選其文一卷入《潮州耆舊集》中。馮選在道光末年，其例言稱『所選二十家，皆有專集』，是當時全集尚存也。

金文靖公文集序　送文州判之賓州序　重修白鹿洞書院記　嘉瓜賦

袁衷　字秉中，東莞人。祖友信，號雲蘿，洪武、永樂兩朝徵聘，以材幹稱，湛甘泉爲作傳。衷正統六年辛酉鄉貢，初授戶部主事，歷梧州知府，改平樂。爲郡守三十餘年，所至公正廉明，民蒙其惠。尤長於詩文，所著有《竹庭稿》。

重修富川縣學記　稼軒記

盧祥　字仲和，東莞人。正統壬戌進士，官南京禮科給事中。丁外艱，服闋，補吏科，謫山西蒲州判。天順改元，召爲禮科給事中，擢南京太僕寺少卿，以內艱歸。起，補順天府丞，擢都察院右僉都御史，巡撫延綏，上言延安、慶陽各州縣，邊民驍果敢鬥，若選以訓練，各護鄉里，不煩調募，請敕御史會點，編爲土兵。得精壯五千餘人，是爲陝西土兵之始。逾年，謝病歸，尋卒，年六十六。著有《行素集》六卷，《阮志》注『存』。

廉泉箴

鄭敬 字德聚，東莞人。正統壬戌進士，授南京湖南道監察御史，陞江西按察僉事，改雲南。考滿，將之京，土酋循故事，贐以兼金異貨，家人勸之受，叱曰：『我司風紀二十年，享有常祿，猶懼弗稱，敢改節以欺天乎？』竟却之。累擢至山東副使致仕。卒於家，幾無以殮，人皆稱之。

譙樓記

陳獻章 字公甫，新會人。舉正統丁卯鄉試，再上禮部不第。從吳與弼講學，居半載，歸築陽春臺，靜坐其中。久之，復游太學，祭酒邢讓試《和楊時此日不再得》詩一篇，驚曰：『龜山不如也！』由是名震京師。既歸，四方來學者日衆。廣東布政使彭韶、總督朱英交薦，召至京，令就試吏部，辭疾不赴，疏乞終養，授翰林院檢討。自是屢徵不起。弘治十三年卒，年七十三。萬曆初，從祀孔廟，追謚文恭。

按：白沙之學，以靜爲主，或勸以著述，不答。今唯詩文全集九卷，《阮志》注『存』。《文行錄》十卷，亦未見。其教學者，但令端坐澄心，於靜中養出端倪，論者或疑其近禪。然嘗云：『名節，道之藩籬，不固其中，未有能自存者也。』又曰：『過此以往，儘有分殊處，切須理會。』是白沙之所謂『自得』，與禪學之所謂『自得』，固灼然有辨矣。故欲觀先生立身大節，當讀惲子居《白沙祠堂記》；欲知先生論學宗旨，當讀胡大靈《白沙子論》，可略識其微矣。

乞終養疏　復趙提學書　與朱都憲書　復江右藩憲諸公書　與趙明府書　與陳魁書　答林光書　雜說　心符篇　詩教篇　內化篇　仁術篇　銖視軒冕塵視金玉論　夕惕齋詩集後序　李文溪先生文集序　東圃詩序　劉李二生使還江右詩序　送張廷實序　道學傳序　贈東曉序　湯氏族譜序　書蓮塘書屋冊後　新會縣輔城記　古蒙州學記　程鄉縣儒學記　重修梧州學記　肇慶城隍廟記　增城劉氏祠堂記　雲潭記　朱維慶墓志銘　林彥愈墓志銘　朱夫人胡氏墓志銘　羅倫傳　丁知縣行狀　湖山雅趣賦　止遷蕭節母墓賦　忍字贊

王佐 字與學。所居門巷多刺桐，又號桐鄉。臨高人。正統丁卯舉人，卒業太學，爲祭酒吳節所賞譽，與白沙齊名。官高州府同知，丁憂服闋，改邵武，復改臨江。以未登甲科，故低徊三郡二十餘年，一官不擢。然在高州時，防猺山流寇；在邵武時，諭降泰寧盜；復著《珠厓錄》，洞知邊境利害，表進於朝。其詩文皆和平正大之音，至今瓊人瞻仰，不亞於邱文莊，固南溟中奇士也。著有《雞肋集》，存。

進珠厓錄表　進珠厓錄奏　名實辨　論古史孔子列傳　海南候潮前論　海南候潮後論　平黎記　湛鉞平黎記　重建載酒堂記　樂菜軒記　酒箴

邢宥　字克寬，文昌人。正統戊辰進士，授御史，出巡福建，治獄有聲。天順中，爲台州知府，改知蘇州，爲治嚴而不苛。加浙江左參政，尋以右僉都御史巡撫南畿，開丹陽河，築奔牛閘，省兑運冗費，民以爲便。奏黜屬吏不職者百七十餘人。居數載，再上章，始得致仕。宥性廉介，好讀書；於詩文不苟作，作必有意趣；字遒美有法。歸後囊橐蕭然，如書生時。所著有《湄邱集》。

瓊州府學射圃記

羅顯韶　字九成，順德人。簡默多智略。正統十四年，黃蕭養作亂。明年，侍郎揭稽以節鉞鎮廣，顯韶率父老詣軍門，上書言：『地遠民悍，樹長畫，定遠計，莫若置縣。』稽善其策，聞於朝。景泰三年，遂析南海四鄉，稍割新會北徼，益之置順德縣，治大良。自是民無兵擾者八十年，顯韶之力也。顯韶別號東澗人，因稱『東澗義士』。縣大夫過式其閭，或比之龐公云。

上侍郎揭稽請置縣書

邱濬　字仲深，瓊山人。景泰甲戌進士，改庶吉士，授編修。成化元年，兩廣用兵，濬奏記大學士李賢，指陳形勢。賢善之，聞於上，命錄示巡撫韓雍、總兵官趙輔。其後破賊，雖不用其說，而濬以此名重公卿間。秩滿，進侍講，與修《英宗實錄》。進侍講學士，《續通鑑綱目》成，擢學士，遷國子祭酒，尋進吏部左侍郎，掌祭酒事。濬以真德秀《大學衍義》於『治國』『平天下』條目未具，博采羣書以補之。孝宗嗣位，表上其書，命有司刊行。特進禮部尚書，掌詹事府事，充《憲宗實錄》副總裁。書成，加太子太保，尋命兼文淵閣大學士，參與機務。尚書入內閣，自濬始，時年七十一矣。濬以《衍義補》所載，皆可見之行事，請擇要奏聞，下內閣議行；又條列時弊二十二事，帝皆納之。六年，以目疾免朝參。卒年七十六，贈太傅，謚文莊。所著有《大學衍義補》、《瓊臺會編》、《世史正綱》、《家禮儀節》、《朱子學的》等書。子敦，有學行，最知名。

勑天下朝覲官員　勑兵部侍郎張海　敕東廠總督行事太監　勑法司官　勑各邊鎮嚴禁砍伐樹木　進大學衍義補表　進大學衍義補疏　擬擇大學衍義補要義上獻疏　請申明舊制慎罰恤刑疏　請昧爽視朝疏　乞嚴禁自宮人犯疏　乞免撰玉樞北斗二經文疏　入閣辭任第三疏　長城議　不嗜殺人論　許文正公論　木說送沙文遠　考隸送張正夫　大學衍義補自序　世史正綱序　家禮儀節序　崇禎辨序　曲江集序　武溪集序　玉溪師傅集序　丁守彝先生哀詩序　送山

東張布政序　送宮保涪陵劉公序　贈王郎中往遼東序　送林黃門使滿剌加序　贈潮州張推官序　送梁弘道教諭序　開鑿大庾嶺碑陰記　賜進士題名記　瓊山縣學記　南海縣儒學記　藏書石室記　南海黃氏祠堂記　都察院左僉都御史恭惠楊公神道碑　南溟奇甸賦　石鐘山賦　懷鄉賦　別知己賦　後幽懷賦　德馨堂銘　貪泉對

邱敦　字一成，瓊山人。濬長子，以廕爲太學生，試京闈不第。屏去舉業，精研百家。其學以積思爲主，終日凝然，有所得，發而爲文，皆敻遠絕俗。酷嗜《素問》，著《醫史》。時中官李廣輩將復成化故事，敦作《發塚論》以示蔣冕。卒年三十一，冕哭之慟，爲序其書行世。

發塚論與蔣冕書

陳政　字宣之，番禺人。大震五世孫。正統六年，與邱濬同赴省試，濬見所作，驚曰：『解元屬之子矣！』不終場而去，榜發果然。景泰甲戌成進士，選翰林院庶吉士，轉湖廣道監察御史，提督北直隸學校，升山東按察司副使，督學如故。改雲南按察司副使，任滿之京，至湖湘遘疾，致仕，歸二年卒。著有《東井集》，《阮志》著錄，注『未見』。

獻英宗修文頌　自訟文

黃瑜　字廷美，香山人。景泰丙子舉人。成化中，官長樂縣知縣，以剛直棄官。歸羊城，手植二槐，搆亭吟嘯其間，自稱『雙槐老人』。今城北有雙槐洞，其故址也。所著《雙槐歲鈔》十卷，刻伍氏《嶺南遺書》中；《文集》十卷，《阮志》注『未見』，其後人補輯，刊行爲《雙槐集》四卷。

應詔六事疏　雙槐歲鈔自序

黃畿　字宗大，香山人。瑜子。少補諸生，絕意科舉，隱粵山之椒，研辨九流，通三才五行之蘊，著《三五玄書》二十五卷。既讀邵子《皇極經世》，歎曰：『自箕子以來，合術於道，其堯夫乎？』因著《皇極經世書傳》八卷。晚年潛心《大易》、《中庸》，述《易說》若干篇，嘗著書羅浮山中。屈大均謂粵人書之精奧者，以畿爲最。正德癸酉，與子佐計偕如京師，歿於儀真。學者稱『粵洲先生』。所著書多佚，今存者《三五玄書貫道論》一篇、《皇極管窺》十三篇、詩文若干首，後人彙輯爲《粵洲集》四卷。

三五玄書貫道論　皇極經世書傳序

謝廷舉　番禺人。景泰丙子舉人，官湖廣興國同知。

知長樂縣事雙槐黃公行狀

祁順　字致和，東莞人。天順庚辰進士，授兵部主事，累官江左參政，左遷大理府知府，尋擢江西左布政使，卒官。

嘗使朝鮮，謝絕供給，韓人爲築卻金亭記之。守石阡，尤多善政。著有《巽川集》，《明史》作『二十卷』，《四庫提要》作『十六卷附錄二卷』，存。《阮志》又載『《石阡志》十卷』，未見。《寶安雜詠》一卷、《皇華集》二卷，並存。

廷對策　與朝鮮國王書一　與朝鮮國王書二　西門豹論　藝文論　北征稿序　東溪詩序　寶安詩錄前後集序　方伯吴公墓表　羅中丞傳　郊祀瑞應頌

張善昭　字彥充，順德人。天順壬午舉人，試吏部高等，授兵部司務，擢按察司僉事，坐謫臨江通判，致仕。善昭慷慨喜言事，在兵部條陳，選政臺官，惡其越俎。擢按僉，以治屯田事被揭，謫判臨江。有練子寧親黨八十餘人，連坐謫戍，善昭上言：『太宗嘗言：「子寧若在，朕當用之。」仁宗亦稱方孝孺等忠臣。夫既忠之矣，何以外親末屬，百年不宥？乞除其籍。』疏雖不行，中外壯之。

乞釋忠義戎伍疏

林光　字緝熙，東莞人。舉成化乙酉鄉試，甲辰會試中乙榜，授平湖教諭。部使者以卓異薦，升兖州府教授，尋升襄王府長史。進中順大夫致仕，卒年八十一。光師事陳獻章，築室欖山，往來問學者二十年。任平湖教諭時，嘗上《敦風化養廉恥疏》，言甚懇切；又嘗以《朱子大全》多自悔之言，因取其警切要會，錄爲一書，曰《晦翁學驗》。獻章弟子百餘人，首推光，次則湛若水云。所著《晦翁學驗》，《阮志》注『未見』；《南川集》十卷，存。

敦風俗養廉恥疏　論士風疏　上陳白沙先生書　奉陳石齋先生書　報桂陽巡撫朱英書　進學解　晦翁學驗序　潘府長史徐用起輓詩序　唐府由訓齋記

黎暹　字景升，順德人。穎博能文。成化乙酉舉人，卒業胄監，爲祭酒邱濬所稱。授金華府同知，當道有述作，必出其手。罷歸，搆羅江書院，吟嘯其中。哀誄銘表之文，人多求之；有求誌生壙者，以腴田百畝爲壽，誌成，竟返其券。垂老自誌其墓，其曠達如此。有《草庭稿》。

玉溪詩集序

蕭龍　字宜中，潮陽人。成化丙戌進士，官南京戶科給事中。雷震奉天門，上《弭災疏》，劾參贊大臣不職，爲所中傷，落職戍邊。尚書馬文升爲辯誣，復原職。休致家居，自號湖山逸叟。著有《湖山類稿》，《阮志·藝文略》著錄，注『未見』。《潮州耆舊集》選其文一卷。

修政弭災疏

梁儲　字叔厚，號厚齋，更號鬱州，順德人。成化戊戌會試第一，選庶吉士，授編修。侍孝宗東宮講讀，孝宗立，進侍講，改洗馬。侍武宗於東宮，拜吏部右侍郎。正德初，改左侍郎，晉尚書。以忤劉瑾，摘所修《會典》小疵，謂壞祖宗制，書雜以新例，坐降右侍郎。尋復尚書，調南吏部。瑾誅，以吏部尚書入參機務。帝崩，與定國公徐光祚等，迎世子安陸邸。既即位，儲爲言官彈劾，三疏求去，罷歸。卒年七十七，謚文康。所著有《鬱州稿》，今存。

案：文康未入閣前，扼於劉瑾。既入閣後，值楊廷和遭喪去，己爲首輔，遭帝失德，思與廷和同心輔政，故於其服闋，力薦起之，遜居己上。其後秦王請牧地，武宗命閣臣草制，廷和與蔣冕皆引疾，文康卒以譎詞草制，潛回帝意。至定策迎鑾，廷和實與冕合謀，激文康使行；及還朝，忌者陰嗾其黨論之，遂以去位。然宸濠假護衛事，當制者實楊廷和，霍文敏、黃文裕皆鑿鑿言之，而文康當日第曰『吾去已矣』，未嘗疏辨也。

牧馬地制　請重大祀疏　請迴鑾疏一　請迴鑾疏六
請迴鑾疏八　議郊祀疏一　議郊祀疏二　議郊祀
疏三　議邊務疏　送毛廷用司斷東都序　送林給事
使暹羅序　送陳文用任潮州推官序　大觀橋記

鄭稽　字考夫，瓊山人。成化癸卯舉人，任洛容知縣。與兄毯早失怙恃，孤苦相依。及長，不忍分爨，凡出入之需，皆兄主之，財帛不入私室。毯歿，奉嫂益恭。鄉人取田真之事，名其居曰『荊茂』，賦詩頌之。

修塘記

張詡　字廷實，番禺人。師事白沙，白沙稱其學『以自然爲宗，以忘己爲大，以無欲爲至』。成化甲辰登進士第，授戶部主事。丁艱歸，屢薦不起。正德中，召爲南京通政司參議，一謁孝陵即歸。所著《厓山志》十八卷、《白沙遺言纂要》十卷、《南海雜詠》十卷，《阮志》並注『存』。惟《東所文集》，《明史》作『十卷』，《阮志》作『十三卷』，互異。然據《四庫提要》，文十卷，詩三卷，知《明史》但據文集著錄，《阮志》則並詩附入而已。

謝彭方伯書　贈緝熙林先生教諭平湖序　厓山新志序
見素集序　章恭毅公文集序　陸丞相祠記　全節
廟碑記　彭烈女墓銘

胡濂　定安人，成化丙午舉人。

定安學田記

蘇葵　字伯誠，順德人。成化丁未進士，授編修，累官至福建左布政。其提學江西、四川，皆得士心。在江西，嘗以忤中官董讓，被誣劾；法司臨治，諸生數百擁葵出，事始白。後關中李夢陽視江西學，請祀之白鹿洞，其祭文云：『公昔省方，威武不屈。茲洞之興，公實有力。』推許甚至。著有《吹劍集》。

按：《吹劍集》十卷，阮《通志》注『未見』，後其邑人龍太常元僖重刊行。

補注李太白詩集序　送林善信掌教陽朔序　送羅宗傑
尹永福序　東劉十景序爲景熙侍御　送藩幕楊侯某尹
蕭山序　雅州遷修儒學記　絲綸世實記　黃封君傳

陶魯　字自強。其先鬱林人。父成，死倭難。以廕授新會丞，破賊保城有功，遷知縣，晉廣州同知。從韓雍征大藤峽有功，擢僉事。韓雍去，罷總督不設，師臣觀望相推諉，盜益滋蔓。成化五年，魯奏請重臣開府梧州，遂爲定制。魯治兵久，賊銜之次骨，刦其鬱林故居，焚誥命，發先塋，詔徙藉番禺。《明史》但言『徙藉廣東』，此據陳恭尹撰陶璜行狀。其後累官至湖廣按察使、右布政使，治兵兩廣如故。魯言身居兩廣，而官以湖廣名，事體非便，乃改湖廣左布政使兼廣東按察副使，領嶺西道事，人稱爲『三廣公』云。

請建總制開府兩廣疏　請建三大忠祠疏　敢勇祠記

張褧　南海人。明成化間爲藩掾，事左布政使陳選，以詿誤黜。尋選以忼直忤宦官韋眷，被逮問官李行媚眷，啗褧同陷選，不可，同逮入都。至南昌，選病，行利其死，不爲醫療。褧憤上疏，訟選冤事得白。其疏附見《明史·陳選傳》。

爲陳選訟冤疏

倫文敍　字伯疇，南海人。明弘治己酉，以儒士應鄉試中式。己未，會試、殿試皆第一，授翰林修撰。武宗即位，擢右春坊右諭德兼翰林院侍講。壬申，主應天試，事竣，卒於京師，年四十七。文敍天性純厚，器量恢宏，人皆以公輔期之，而以早歿。三子，以諒、以訓、以詵，皆成進士。以諒鄉試第一，以訓會試第一、廷試第一，父子四元，世傳爲盛事。著有《迂岡集》，《明史·志》作『十卷』，《阮志》同。

擬宋錄魏徵狄仁傑子孫謝表　廷對策　送李參將序

重修欞星門記

劉存業　字可大，東莞人。弘治庚戌，以一甲第二名進士，授編修。孝宗小祥，恭祀山陵，歸而疾作，卒，年四十七。所著《簡庵稿》、《東莞縣志》並佚。

廷對策

陳文輔　字以道，番禺人。弘治庚戌進士。官大理寺正，剛方明決，讞獄不右中官，劉瑾惡之，罷歸。瑾誅，起知台州府，不赴，年未五十，士論高之。著有《坡山集》。

都憲汪公遺愛祠記

湛若水　字元明，增城人。弘治壬子舉於鄉，從陳獻章遊。乙丑成進士，選庶吉士，授編修。時王守仁在吏部講學，若水與相應和。尋丁母憂，廬墓三年。召補原官，遷南祭酒，晉禮部侍郎。累遷南京吏、禮、兵三部尚書，以老致仕。卒年九十五，謚文簡。所著有《修復古易經傳測》十卷、《儀禮補逸經傳測》一卷、《二禮經傳測》六十八卷、《春秋正傳》三十七卷，《古大學測》、《中庸測》各一卷，又《難》、《語》各一卷，《古樂經傳》三卷、《聖學格物通》一百卷、《白沙子古詩教解》二卷、《心性書》、《遵道錄》八卷、《揚子折衷》六卷、《甘泉新論》一卷、《大科訓規》一卷，《樵語》、《雍語》各一卷，《二業合一編》一卷、《獻納編》二卷、《甘泉文集》，《阮志》并注『存』。《詩釐正》二十卷、《三禮訂疑》五卷、《古四書訓測》十九卷、《補樂經》二百七十四卷、《古文小學》六卷、《問辨錄》六卷、《非老子略》、《精選古體詩》、《增城縣志》，皆未見。

按：若水服闋不赴官，築西樵講舍。來學者先令習禮，然後聽講。及再入朝，上《天德王道》及《禪聖學》諸疏。爲祭酒，作《心性圖說》以教士。爲禮部侍郎，仿《大學衍義補》作《格物通》，上於朝。生平所至，必建書院，以祀獻章。初與守仁同講學，後各立宗旨。守仁以『致良知』爲宗，若水以『隨處體認天理』爲宗。守仁謂若水之學爲求之於外，若水亦謂守仁格物之說不可信，一時學者，遂分王、湛之學。然兩家門人，或始從湛遊而畢業於王，或始從王遊而畢業於湛，大約出入兩家之間而別爲一義，或調停兩家而互救其失，皆不盡守師說。

進古文小學疏　謹天戒急親賢疏　進聖學疏　進頌賦陳天德王道疏　陳天德王道第二疏　進君臣同遊雅詩疏　勸收斂精神疏　乞歸田疏　治權論　用兵之道教戒爲先論　心性圖說　約言　古樂經傳或問　春秋正傳序　補樂經序　二禮經傳測序　釐正詩經誦序　節定燕射禮儀序　聖學格物通序　表章忠義錄序　嘉忠詩序　平寇錄序　白沙先生集序　送巡按兩廣白厓王公還朝序　送殿撰倫伯疇使安南序　送都諫王文哲序　賀憲伯尤迴溪之江右序　上元縣明道先生書院記　虎邱三賢書院記　五經館記　泰州胡安定先生祠堂記　海珠李忠簡公祠像記　都閫劉東谷先生祠記　李氏祠堂記　稽勳司題名記　琴川記　親民堂記　尚書吳東湖公神道碑　陳白沙先生墓志銘　漢中壘劉子政先生墓表　林南川先生墓表　宋貞女吳氏墓表　貞烈謝婦戴氏墓銘　交南賦　四勿總箴　自然堂銘　廣孝篇

鍾曉　字景暘，順德人。弘治壬子舉人，授梧州訓導，累官思恩知府。曉爲御史時，嘗劾宸濠黨參政王奎等，又嘗諫迎生佛，奏停采木，以此負直聲。知歸州，時值湖廣忠路與四川石砫兩土司爭地，積四十餘年不决，奉檄訊治，片言而服。曉師事石城謫宦鄒智，故遇事能自勵風節云。

劾不軌以奠宗社疏　抑異端節財用培國本疏　保聖躬固大本疏　贈總戎毛公轉鎮漕運序　大節集後序

王縝　字文哲，東莞人。弘治癸丑進士，選庶吉士，改兵科給事中。出使安南，卻所餽金，得使臣體，擢工科都給事中，轉山西參政，調雲南。時逆瑾擅權，縝不爲禮，罰米五百石，俸不足，至鬻產以輸。瑾誅，起爲福建右布政使，晉副都御史，巡撫應天。以《乾清宮災疏》，陳『正大本』、『省内臣』、『蘇驛遞』、『廣延納』四事，皆切時弊。武宗欲西巡，力爭，不報。丁内艱，服闋，以父老乞終養。詔起，撫治鄖陽。是時武宗行幸，供億煩費，悉令罷之。宦官呂震、李文貪虐，一束以法。擢南刑部侍郎。嘉靖改元，疏陳十事，皆見採納。晉南戶部尚書。值畿内大饑，區處得宜，存活甚衆。卒於官，祀鄉賢。著有《梧山集》二十卷。

爲遵成憲黜異端疏　爲修省事疏　爲陳言激切疏　内修外攘事疏　慎用人以安邊方疏　條陳急切時政疏　蘇民困疏　正德謹始敬陳十事疏　復舊規以蘇民病疏　乾清宮災奉詔陳言疏　東湖吴公奏議序

黄衷　字子和，南海人。弘治丙辰進士，授南京戶部主事，累遷至吏部郎中。出知湖州府，稍遷福建轉運使。巡撫胡世寧薦理糧政，遂遷廣西參政督糧。尋晉雲南右布政使，擢右副都御史，巡撫雲南。會營仁壽宮及顯陵，晉工部右侍郎兼僉都御史。以病足乞休，旋中蜚語，勒冠帶閑住。給事中魏良弼訟其冤，久之，奉詔復職致仕，卒。所著有《榘洲文集》十卷、《詩集》十卷、《奏議》十卷、《海語》一卷、《世載》一卷。

按：《榘洲詩文集》、《奏議》、《世載》各書，今皆未見。《榘洲詩集》，《四庫書目》作『十一卷』，乃並其弟裳《樗亭集》一卷計之，其實仍十卷也。《海語》一卷，嘉應吴蘭修從甘鄉江氏借得鈔本，與張氏學津討原本互校釐正，以付南海伍氏，刊入《嶺南遺書》中。

上錢總制避薦書　羅浮山志序　海語序　雙槐歲鈔序　草木子序　南中集序　伐檀集序　鬱洲遺稿序　懷耋謁帝詩序　雲南鄉試後序　贈東堂毛公還朝序　送王柏山入爲少司寇序　贈江憲副海防靖寇序　贈少司馬林公省吾還莆序　贈林次厓擢南大理寺丞序　贈大司徒錢桐溪任留都序　大理府諸葛武侯祠記　三忠祠記　敕賜金籙大醮之碑　唐氏節婦傳　淨慧寺千佛寶塔頌

趙善鳴　字元默，順德人。弘治辛酉舉人，南京戶部員外郎，陞雲南曲靖府。少誦白沙詩，心輒馳慕，乙未拜門下。工書，入神品，爲世珍寶。稱『丹山先生』。有《朱鳥洞集》，《阮志》著錄，未見。

重修復厓山祠廟議

嚴逢　高明人。弘治辛酉舉人，湖廣龍陽訓導。

古崧臺書院記

唐冑　字平侯，瓊山人。弘治壬戌進士，授戶部主事，以憂歸。嘉靖初，起故官，進員外郎，遷廣西提學僉事、雲南金騰副使。累遷廣西左布政使，擢右副都御史，巡撫南贛，移山東。遷南京戶部左侍郎，改北部。時安南久不貢，帝將致討，詔遣錦衣官問狀，中外嚴兵待命。胄請停遣勘官，罷一切征調，而帝意甚決。侍郎潘珍、總督潘旦、巡撫徐光相繼諫，皆不納。後遣毛伯溫往，卒撫降之。帝欲祀獻皇帝，以配上帝，胄力言不可，下詔獄拷掠，削籍歸，尋卒。《明史》稱其『有執持，爲嶺南人士之冠』。隆慶初，贈右都御史。胄爲文有理致，篤嗜白玉蟾文，爲之精選，名《海瓊摘稿》。所著《瓊臺志》、《江閩湖嶺都臺志》，皆未見；《西洲存稿》，今存。

諫止討安南疏　矜言官以荅天眷疏　崇聖德以延國祚疏　奏出內家疏　請江王府宗室支補疏　請止差蘇杭提督織造疏　棄朱厓論　愚窩說　平蠻錄序　三祠錄序　杖策壯遊卷序　贈雲南黃少參允吉進表序　儋州學記　青雲橋路記

陳志敬　字一之，東莞人。弘治甲子舉人，除潯州府判，累擢至府同知。從王守仁征八寨，守仁疏薦之，遽乞致仕，聞者多其勇退云。

省賦役以甦鹽丁疏

方獻夫　字叔賢，南海人。祖權，見聞博洽，世稱『方書櫃』，著《亭秋集》十卷。獻夫，弘治乙丑進士，選庶吉士，丁母憂歸。正德中，授禮部主事，調吏部，晉員外郎。與主事王守仁論學，悅之，遂請爲弟子。尋謝病歸，讀書西樵山中。嘉靖改元，還朝，道聞大禮議未定，草疏具，見廷臣方觝排異議，懼不敢上。爲桂萼所見，與席書疏並表上之，帝喜，下廷議。廷臣遂目獻夫爲奸邪。獻夫乃杜門乞假，既不得請，則進《大禮》上下二論，其說益詳。時已召張璁、桂萼於南京，至，即用爲翰林學士，而用獻夫爲侍講；學士攻者四起，獻夫亦力辭。帝卒用諸人議定大禮，由是荷上眷與璁、萼埒，尋進少詹事。獻夫終不自安，謝病去。六年，與同里霍韜，並被召修《明倫大典》，乃合上《洗羣疑彰聖孝疏》。尋命署大理寺事，拜禮部右侍郎，仍兼學士。代萼爲吏部左侍郎，復代爲禮部尚書。《明倫大典》成，加太子太保，晉吏部尚書。兩疏引疾，報允，猶虛位以待。十年，召還，獻夫濳入西樵，以疾辭；及使命再至，云將別用，乃就道。至都，命以故官兼武英殿大學士，入閣輔政。居職二載，三疏引疾，優詔許之。家居十年卒，贈太保，諡文襄。獻夫緣議禮驟貴，與璁、萼共事，持論頗平恕，故璁、萼爲世詬而不及獻夫云。所著有《周易約說》十卷、《程子語》十二篇、《西樵遺稿》。

議大禮疏　再上議大禮疏　應詔議禮疏　陳洪範皇極疏　應詔陳言疏　上大禮論　廣東通志序　明倫大典後序　忠襄祠記　靈雪應制賦

方藁　字清臣，南海人。獻夫次子。多智略，善騎射，以平寇功官贛州府同知，終武定府知府。著有《龍井集》，阮《藝文略》注『未見』。

伏日集竹在亭記

劉竑 字伯度，陽江人。父芳，成化戊戌進士，授靖安縣，擢廣西南寧府；忤上官去職，郡人思慕之，祀名宦祠。竑，弘治乙丑進士，授如臯縣，陞駕部主事，轉光禄寺丞。時嚴嵩執政，以竑有重望，欲羅致之，託疾告歸。博采羣書，輯《陽江縣志》，成於正德戊寅，《阮志》著錄，注『佚』。

澹庵祠記

陳錫 字祐卿，南海人。弘治乙丑進士，授戶部主事，歷官至順天府尹。著有《天游集》，《阮志》注『未見』。錫官戶部，當劉瑾用事，羣璫列中外，束芻出納，亦溷主計，錫能一繩以法。官吏部，援祖制駮朱騏請襲公爵，後遂著爲令。蓋有執持之士，惜未竟其用也。

易說序

廣東文徵作者考卷三

番禺吳道鎔纂

◎明　續一

鍾芳　字仲寔，瓊山人。正德戊辰一甲二名進士，授編修。歷官至戶部右侍郎，卒贈右都御史。在戶部，總督太倉，經略邊儲，政大舉。值南京太廟災，疏陳修省，尋乞休。名所居曰對齋，取『對越上帝』之意。所學精博，律曆醫卜，無不通貫，而折衷於孔孟正論，世稱爲『嶺海鉅儒』。所著有《易學疑義》、見《經義考》、《阮志》注『未見』。《崖州志》四卷、《阮志》注『佚』。《春秋集要》十二卷、《鍾筠溪集》三十卷，並著錄《四庫提要》。《阮志》注『存』。

復蔡半洲都堂書　重刻稽古錄序　送南兵尚書涇川張公致仕序　送瓊州林太守序　婺源縣廉惠倉記　瓊州府學科目題名記

黃重　字子任，南海人。正德戊辰進士，授行人。歷戶、吏、兵科給事中，遷太常寺少卿。重官吏科，時值嘉靖初元，市魁李鳳陽挾中官勢爲姦利，上《慎政令圖治安疏》。會災異，復上《修人事銷災變疏》。大禮議起，被杖左順門，世多重其風節。其自陳致仕，同年呂柟書『喬岳大川氣象，青天白日襟懷』聯語贈之，咸以爲不愧云。所著《諫院疏略》、《草堂存稿》、《毅齋集》等書，皆未見。

修人事以銷災變疏

劉文瑞　字廷麟，新會人。正德辛未進士，授行人，擢刑科給事中。以武宗數出巡遊，疏請迴鑾，詞甚剴切，尋出爲湖廣僉事，致仕歸。

請迴鑾疏

張潔　字景川，順德人。善昭孫。正德辛未進士，授建平知縣，調廣昌縣，遷禮部主事。尚書王瓊與中官錢寧，比借許土魯番以金幣贖哈密城印事，爲都御史彭澤罪，潔抗不署牒，世重其風節。尋晉員外郎，以議大禮進《正綱常疏》，復哭諫左順門，杖卒，年三十八。隆慶初，贈太常少卿。

明綱常疏　乞何喬新謚蔭疏　乞禮處林廷玉疏

霍韜　字渭厓，南海人。正德甲戌進士，除職方主事，累官至禮部尚書，協掌詹事府事，卒贈太子太保，謚文敏。韜學博才高，以議禮驟貴，而性褊狹，與楊一清、夏言皆相齟齬，帝亦心厭之，不果大用，然先後所建白，皆關國家大計。又好講學，黃宗羲著《明儒學案》，別以《渭厓學案》爲一冊。所著《詩經注解》、《象山學辨》、《程朱訓釋》，皆未見。《渭厓文集》存，今刻有《霍文敏公全集》。

嘉靖改元更化三劄疏　議郊禮疏　辭禮部尚書疏　禅治疏　地方疏　謹天戒疏　應詔獻言疏　任大臣疏　公薦舉疏　公薦武職疏　擴大公以贊聖治疏　救積弊疏　儲材疏　論大臣封伯疏　議鹽政疏　議黄河疏　大同事宜疏　夷情疏禅東宫聖學疏　乞宥憲臣疏　正風俗疏　禁訛言疏　大禮議　上楊邃菴書　復毛先生書　與朱都憲書　與王晉溪先生書　與于中丞書　與汪成齋書　與張甬川書　與孫副憲性甫書　與張少宰書　春王正月辨　監曆刻序　征西詩集序　龍湖隕玉卷序　送謝少傅致仕南歸序　民謠序爲兵備王蘗谷作　贈賀長教歸廬陵序　贈戚邑侯考績序　觀潮序　龍厓序　恭題良朋集後　嶺表書院記　余襄公祠記　吏部尚書前少師謚恭襄王公神道碑　南京吏部尚書湛公神道碑　李子長先生墓表　前順天府尹劉公墓志銘　贈太傅梁文康公傳　三廣公傳　橘洲傳　移峡山神文　祭莊定山文　告墓文

梁焯　字日孚，南海人。正德九年甲戌進士，授禮部主客主事。十四年，帝南巡，與姜龍等十九人上疏諫止，罰跪五日，杖三十。夷人加必丹末等至京，入四夷館，不行跪禮，焯執問，杖之。又以法約束番夷。忤時彬，將奏聞治罪，焯治後事以待命。武宗晏駕，陞俸一級。嘉靖初，改兵部職方司員外。聞弟訃而病，告養，卒於家。焯與揭陽薛侃從陽明學，有《傳習錄》。嶺南王氏學自梁、薛始，辨問『居敬窮理』，悚然有悟。與霍韜同年，韜最重之，焯卒，每過其墓，必往祭云。

按：《嶺南文獻補遺》：焯子孫式微，無能世其業者，文集、語錄無可考。其被杖疏略，亦俱湮沒。錄其《與陽明先生答問》一篇，使後人知有梁日孚先生也。

陽明先生答問

王天與　字性之，興寧人。正德甲戌進士，授江西寧都知縣，有異績，民戴之如父母。從王守仁征横水、桶岡、浰頭諸寨有功，及宸濠之變，守仁徵諸郡兵共討之，天與率兵以從，冒暑疾作，卒於南昌。守仁哭之哀，解衣爲斂。寧都人建祠祀焉。著有《平寇錄》，湛甘泉爲之序，《阮志》注『未見』。

和山麻石巖記

鍾干　字君錫，順德人。曉之子。正德丙子舉人，官瑞州同知。瑞州俗好佛，上元出遊，縻費萬計。干毀像杖僧，以其地爲社學。干父曉嘗官其地，人稱爲『父子濟美』云。

李伯厓孝義傳

張潮　字允信，號春江，增城人。正德丙子舉人，官建始知縣。晚受業湛文簡門，年七十三矣。文簡請爲明誠書院院長，文簡或臨講院，潮展書侍立，終日無倦色。論者以文簡之有春江，猶文成之有蘿石云。年八十四卒，祀鄉賢。著有《游藝集》，《阮志》注『未見』。

封建議　潮汐議　答張一鵬年丈書　人論　宋明四子書序　竹軒遺興序　題九鸞圖序　耕雲序　湛甘泉先生九十序　日纂通要序　大溪書舍序　代樹樓記　孝感賢節張母黎宜人墓表　社潭王孺人墓表　靜翁賦　日月問

陳岳　海陽人。正德丙子舉人，官橫州知州。

袁公鳴鳳生祠記

倫以訓　字式彥，南海人。文敍次子。正德丁丑會試第一，廷試第一，授翰林院編修，官至南京國子監祭酒。著有《白山集》十卷，《阮志》注『未見』；又《明史·志》『《國朝彝憲》二十卷』，今佚。

廣州人物傳序　書丹山奏章後　修欽州堂記　重修海康縣儒學記　重修寶陀寺碑

王漸逵　字用儀，一字伯鴻，番禺人。正德丁丑進士，授刑部主事。家居三十年，霍韜薦之，補刑部郎。疏請行帝王之政四事，又上《乞朔立以存根本疏》，不報，乞歸，不再出。漸逵少師湛甘泉，晚益究心理學，所居在沙灣青蘿山下，世稱『青蘿先生』。所著《青蘿集》，《明志》『十六卷』，《四庫提要》作『二十卷』，《阮志》注『存』，今亦不可得全帙矣。

乞陳愚見以裨聖化疏　與方西樵書　與項東甌書　與王龍溪書一　與王龍溪書二　性論　讀易記序　讀詩記序　嶺南耆舊遺傳序　葵山記　遊羅浮賦　青蘿山賦　舜祠賦

薛侃　字尚謙，揭陽人。正德丁丑進士。嘉靖中官行人，以疏請建副儲事，斥爲民。隆慶初復官，贈御史。侃爲『潮州八賢』之一，嘗從王守仁遊，歸語其兄俊，俊率子弟宗鎧等往師之。王氏之學盛行嶺南，自侃始。居有中離溪，學者稱『中離先生』。著有《中離集》，存，順德馮氏選其文二卷入《潮州耆舊集》中。

案：侃疏建副儲，吏部尚書彭澤得其稿，示張孚敬，澤與孚敬欲因之傾夏言，促之上，事詳《明史》本傳。

復古制以新士習疏　敷言試功疏　與聶雙江書　與王心齋書　明倫論　鄉約序　圖書質疑序　重修兗州府儒學記》

陳大器　潮陽人。正德丁丑進士，河南道御史。

潮河疏濬記

劉士奇　字邦正，順德人。正德丁丑進士，授刑部主事，遷郎中，出守梧州，官至山東右布政使。士奇當議禮時，與張潔等伏闕哭諫，予杖不死。出任外僚，所至以廉介稱。

《徵獻錄》載其告歸後不名一錢，欲市蜆，謀之婦，婦笑曰：『何不以清字與之？』時以爲真廉吏云。

嶺表書院萃書記

蕭與成　字宗樂，潮陽人。正德丁丑進士，官國史檢討，預修《武宗實錄》。丁外艱歸，母老，不再出。著有《鐵峰集》，《阮志》未著錄，順德馮奉初選其文一卷入《潮州耆舊集》。

徐州洪志序　東坡寓惠集序　贈劉印山先生序　贈李維肖令霍山序　贈王廷賢分教松江序　送梁君用宰七家嶺驛序

楊天祥　字休徵，歸善人。正德丁丑進士，官戶部主事。弱年讀書白鶴峰，刻苦勤摯。甫通籍，即蚤世，著述未就，惟傳其與友人書一通，簡要平實，時以爲名言云。

與友人書

黎貫　字宣卿，從化人。正德丁丑進士，改庶吉士，轉陜西道監察御史。奉命清軍，劾鎮守內官侵帑狀。世宗繼統，兩廣多盜，請行鵰剿法；又請復起居注之制，命詞臣類編章奏，備纂述。時登極詔書，禁四方貢獻，貫疏言：『陛下明詔甫頒，而內臣曲說營私，其假朝命徵取者謂之額，而自挾私以獻者謂之額外，罔虐百姓，非所以彰大信、昭君德。』又言：『歲入日減，歲出日增，請通稽祖宗以來賦額，及今日經費之數，知歲入有限，則費用不容不節。』尋出按江西，以父喪歸。起故官，會帝從張孚敬議，去孔子王號，改稱『先師』，並損籩豆、佾舞之數。御製《正祀典說》，孚敬復爲《祀典或問》，希合帝意。貫率同官合疏爭，帝怒，悉下法司，讞上，當贖杖還職，特命褫貫爲民。後撫按科道保疏十三上，竟不得起。卒於家。所著有《臺中稿》、《使閩稿》、《西巡稿》共十二卷，文集八卷。

請起用大臣總制三邊疏　請兩廣舉行鵰勦法疏　請表直臣通言路疏　論孔子祀典疏

鄧文憲　字一新，新會人。正德己卯舉人。嘉靖時官南京御史，以疏救霍韜，謫之邊方。後任江西臨江知府。

按《阮志·藝文略》：《律呂解註》二卷，明鄧文憲撰；《四庫》著錄：文憲號念齋，新會人，官晉江教諭，其書成於萬曆癸未。當另爲一人。

正禮儀疏

倫以諒　字彥周。文敍子。正德庚辰進士，選庶吉士，轉山西道御史，累官至南京通政司參議。以諒與青蘿王漸逵最相得，而不以講學名。出處進退，立身制行，一衷於道，故爲士論所宗。所著有《右溪集》。

霍文敏公集序　長樂增城記

黄佐　字才伯，香山人。正德庚辰進士，選庶吉士，授編修。值朝議出諸翰林爲外僚，除江西僉事，改督廣西學。聞母病，不俟報，遽去官。撫臣擬逮問，朝議以爲親受過，於情可原，令致仕。尋簡宫僚，命以翰林兼司諫，累遷南京祭酒。母憂起復，除少詹事。與夏言論河套事不合，會吏部左侍郎缺，所司擢崔桐及佐，有忌之者請止勿用，言從中主之，皆賜罷。佐爲學以博約爲宗，嘗曰：『詞章之說勝，始有無用之文；虚寂之説行，始有無文之學。』故出其門者，多以學行交修自飭，而梁有譽、黎民表、歐大任爲最著云。學者稱『泰泉先生』。卒年七十七，穆宗朝贈吏部右侍郎，謚文裕。

案：泰泉祖雙槐先生，父粤洲先生，累世儒宗，至泰泉而益著，論者謂瓊臺、江門二氏之後，粹然一出於正者也。嘗言『學必博通六經，而後能知本』。所著書，陳紹儒《泰泉集序》共二十餘種，《明史》稱『二百六十餘卷』，茲從《阮志·藝文略》錄出，以備參考：凡《詩傳通解》二十五卷（存）、《禮典》四十卷（未見）、《續春秋明經》十二卷（存）、《樂典》三十六卷（存）、《樂記解》十一卷（存）、《通曆》三十六卷（未見）、《南廱志》二十四卷（存）、《革除遺事》十六卷（未見）、《節本》六卷（存）、《東嘉先哲錄》二十卷（未見）、《廣州人物傳》二十四卷（存）、《廣東通志》七十卷（存）、《廣州府志》（佚）、《香山縣志》八卷（未見）、《羅浮山志》十二卷（存）、《翰林記》二十卷（存）、《小學古訓》一卷（存）、《理學本原》（未見）、《姆訓》一卷（存）、《庸言》十二卷（存）、《明千家姓纂》十二卷（佚）、《漱芳錄》（未見）、《泰泉集》十卷（存）、《泰泉全集》六十卷（存）、《兩都賦》二卷（存）。又番禺梁文忠藏有《泰泉鄉禮》一書手鈔本，乾隆時採進四庫館，書成發還，《阮志》未著錄。

考定朝儀以正夷禮疏　郊祀禮成廣恩疏　擬大合樂疏　乞恩休致以便侍養疏　郊祀議　禘祫議　宗廟議　薛文清公從祀孔廟議　策鄉試諸生並擬對　上楊石淙書　與葛子中論禮書　天地論　陰陽論　韶樂論　周禮辨　放攝辨　官爵辨　古文尚書辨　冬官考　明堂考　論學考　宗法考　律曆易範合一圖說　舟說　釋讓　原佛　醫原　卜原　詩經通解序　理學本原序　小學古訓序　樂典序　姆訓序　通曆序　廣東通志序　廣東圖經序　東莞縣志序　肇慶府志序　羅浮山志序　宋史新編序　革除遺事序　明音類選序　永思詩序　六藝流別序　兵部奏議序　送竹岡張方伯歸黄州序　贈九霞山人歸慧山序　贈鄒憲副序　送李古冲序　送詔使之安南序　送琉球官生歸國序　禮典自書後　孤忠祠記　翰林院廳壁記　一虚亭記　補齋記　肇慶府沿江新城記　重修分巡嶺南道署記　遊南岳記　重修宋太傅張公祠碑　歐陽公平安南逆黨碑　祭酒魯文恪公神道碑　三廣公逸事傳　國子三賢傳　詩人邵謁傳　邵貞女傳　周憲使傳　徐妙錦傳　郡志自敘先世行狀　乾清宮賦　兩京賦　粤會賦　耕籍頌　燕喜圖贊　尺銘

梁世驃　順德人。有譽之父。正德庚辰進士，官御史，累遷福建按察僉事。

重惜官職以正國典疏　乞回成命以保戚屬疏　正國法以安人心弭天變疏

黄宸　字拱宸，和平人。正德中貢生，授洛容知縣，遷仙遊，皆有惠政。嘗修仙遊諸邑志。

和平建城記

潘光統　字少承，順德人。以廩生貢太學，官光祿寺署丞，升京府通判，尋卒。光統出黄泰泉門，操守峻介，學亦篤實。泰泉編《唐音類選》，光統爲之搜訪，并作序。著有《史漢存疑》、《山房紀聞》若干卷，《滋蘭集》二十卷，《阮志·藝文略》注「未見」。

唐音類選序

姚文粹　字純夫，南海人。師事黄泰泉，嘗疏鍾律萬餘言，爲泰泉所嘉與。爲詩俊逸，不規規字句爲工。蓄古圖籍甚富，分授諸子姪，相繼掇科第。以嗣子光泮贈御史。

寄潛清舍記

林大典　字秉彝，番禺人。嘉靖壬午舉人，知浙江開化縣。開化民氣悍戾，四方亡命嘯聚八千餘人，盜開銀礦，肆抄掠。大典率民兵捕之，盜拒捕，戕及門隸，不爲動，卒平盜。踰年，值積雨，平地水深四五丈，漂沒民舍，既百計拯溺，復繼以大旱，民益惶懼。因上疏自劾，且乞免租稅。又倣宋人救荒法，導利緩征，省刑弭盜。城垣衝塌者，捐俸修之。礦盜乘荒復集，密部勒兵民，盡覆之。士民感其德，立祠以祀。會有忌之者，遂乞老歸。從湛若水遊，卒於家。

乞免開化縣租稅並自劾疏

李義壯　字稚大，號三洲，番禺人。嘉靖癸未進士，授仁和縣知縣，擢戶部主事、禮部郎中。官至左僉都御史，巡撫貴州，與總制張岳牴牾，乞歸。義壯遊甘泉之門，兼工古文詞。官禮部時，同官田汝成、王慎中、屠應峻、王煒等，皆負宿望，與義壯雅相引重。既罷官，杜門著書，所學益進。著有《三洲初稿》十五卷；阮《藝文志》「《三洲集》二十卷」，未見。

周易或問序　宋史新編序　督撫奏議序　理數或問序　雲巢子序　寓越詩序　贈侍御青田陳公還朝序　康州東西二山刊木記　捍海堤記　越望樓記　廣東新築子城記　泌沖鄒氏始祖宋承德郎墓碑　明湖廣按察使吴公墓表　柔箴　剛箴

薛僑　揭陽人。嘉靖癸未進士，官春坊司直。

案：《海陽志》載，薛侃自贛州師事王守仁，歸語其兄俊，俊大喜，率其羣子弟往學，自是王氏之學盛行嶺南。僑爲俊之弟，疑亦宗王學者也。

程鄉縣志序

袁郵 字伯高，號溫溪，東莞人。友信之後。嘉靖甲申歲貢，廣西慶遠府教授。師事湛甘泉，講學天關，其弟子黎養真、黃慎齋、吳藤川，皆年逾八十，稱爲『三皓』；郵年七十餘，與黃慎齋同注甘泉《心性圖》，一堂之上，龐眉鶴髮，好事者合繪爲圖，曰《師弟六皓》。著有《溫溪集》。

岳飛奉詔班師還鄂論　讀大學衍義補

翁萬達 字仁夫，揭陽人。嘉靖丙戌進士，授戶部主事，遷郎中，出知梧州。助毛伯溫討安南莫登庸，功第一，遷四川按察使。累擢兵部侍郎，總督宣、大、山西、保定軍務，疏請修築邊墻，兵部撓其議，帝不聽，工成，晉都御史。萬達歷事久，帝倚任之，所請無不從，惟論俺答貢事，與帝意左。是時曾銑有復套議，夏言主之，力詘貢議，萬達條陳利害甚悉，皆不省。會俺答內犯，萬達馳剿之。帝偵得其督戰狀，大喜，晉兵部尚書。以父憂歸。明年，大同失事，起萬達代總督郭宗皋。疏請終制，未達，而俺答犯都城，萬達自潮倍道行四十日，抵近京。帝久待不至，入嚴嵩譖，遂舍萬達而用王邦瑞。萬達至，自陳狀，帝責其欺慢，降兵部侍郎，尋免歸。瀕行疏謝，復摘疏中譌字爲不敬，斥爲民。隆慶中，賜謚襄敏。萬達通曉邊事，而好談性命之學，與歐陽德、羅洪光、唐順之、魏良政等，數書辨論，往復千言。爲人剛介，勇往任事，尤善御將士，得其死力。嘉靖中，邊臣行事適機宜、章奏中肯綮者，萬達稱首。所著有《翁襄敏集》，存。

陳宣大事宜疏　乞錄毛伯溫疏　論併守第二疏　復河套議　與唐荊川書　與黃泰泉書　上毛東塘尚書書　與黃芹岡按察書　情法論　宣大等處邊關圖說　宣大增築長墻圖說　主靜說　渼陂續集序　送陳宏感之福州節推序　賀桐溪公陟留都大司徒序　贈陳太守入覲序　雙節婦傳

謝邦信 字瑜卿，東莞人。嘉靖丙戌進士，建寧府同知。

北龍橋記

岑萬 字體一，順德人。嘉靖丙戌進士，授戶部主事，歷官至河南右布政使。忤直指使者，以年老致仕，其時萬年甫五十六也。

懷德祠集序

陳建 字廷肇，號清瀾，東莞人。嘉靖戊子舉人，選侯官教諭，擢陽信知縣，以母老告養歸。建所學，在究心因革治亂之迹，及道術邪正之分，既解官，益覃思著述。輯洪武以來，迄於正德，爲《皇明通紀》三十卷；又著《學蔀通辨》十二卷，破王氏、朱子晚年定論之說，歷七年書成，顧亭林所稱爲『今日之中流砥柱』者也。

按：《明史·志》『《皇明通紀》廿七卷、《續明通紀》十卷』，今所稱『三十卷』，與史志稍不合。《學蔀通辨》十二卷，今刻《正誼堂全書》中，其後吳鼎復撰《東莞學案》相詰難，《四庫提要》指爲門戶之見。《皇明通紀》，楊升庵謂爲梁文康公弟億所撰，駕名於建。則以《通紀》載不草大將勅事，歸功文康，爲新都懟德，故造此不根之論耳。

任官十議　制兵議　修車戰議　屯田經略議　強弩議　宗藩議　繁植林木梔伏議　皇明通紀序例　學蔀通辨自序

潘梅　字元夫，順德人。嘉靖戊子舉人，卒業太學，官撫州通判，歷官至戶部郎中。

上吏部孫季泉少宰用人議　弭盜議　上總制自湖吳公

李德貞　吳川人。嘉靖戊子舉人，官天長知縣。

遂溪縣闢學路記

潘大賓　海陽人。嘉靖己丑進士，官禮科都給事中。

乞竄逐奸欺疏

鍾卿　字懋敬，東莞人。嘉靖己丑進士，知許州，擢南兵部員外郎，官至福建左布政史。隆慶初起耆舊，復出，官至光祿寺卿致仕。卿居官，所至以廉介稱。家居貧甚，同

官潘季馴巡按至郡，檄府以運鹽官牒給之，卿投之火，諸子駭愕，卿曰：『一邑之利，何可專之？火之，爲汝曹門戶計也。』其守己之介，老而彌篤如此。

平嶺東諸寇碑

戴銑　字子聲，東莞人。嘉靖己丑進士，官禮部主事，轉四川道監察御史。劾刑部尚書聶賢、兵部尚書劉龍等六人，又劾尚書汪鋐黨庇奸邪，中傷言官，爲當道切忌，罷歸。年四十六卒。銑學於湛甘泉，臨卒神思不亂，曰：『修身俟命，無慮可澄。』其養之定如此。著有《子聲家集》十卷。《阮志》注『未見』。

裨治疏

羅虞臣　字熙載，號華原，自稱原子，順德人。嘉靖己丑進士，補建昌推官，召爲刑部主事，改吏部。提牢時寬假張延齡，爲大猾劉東山所訐，杖斥爲民。卒年三十五。有《羅司勳集》八卷，今存。

案：《明史》，羅虞臣《原子集》八卷，《藝文志》著錄。

議禮疏　獄中上皇帝書　上霍相公書　上毛東塘尚書書　答夏子中書　復翁東涯書　與關德甫道長書　辨惑論　小宗辨　送祭酒倫白山之南京序　贈宋通判歸高凉序　送太守約齋張公述職序　壽梁伯充序　家子政公傳　張溪山傳　家顯韶公傳　家祿萬公傳　中官傳　百歲張氏傳　李氏傳　紀聞贈袁子溥

竹所先生像讚　擬田叔燒梁王獄對

馮彬　字用先，海康人。嘉靖己丑進士，知平陽、上海二縣，徵爲監察御史，出按廣西，尋補松江知府，罷歸。著有《桐岡集》，《阮志》未著錄。

莊節婦傳

王希文　字景純，東莞人。嘉靖己丑進士，授刑科給事中。時稅璫所至，暴斂不法，而粵市舶珠池尤甚，希文奏罷之。以忤輔臣夏言，改南垣。卒以鯁直爲權貴所忌，抗疏歸。家居卒。著有《石屏疏草》，《阮志》注『存』。

重邊防以甦民命疏　衛邑武坊記　卻金坊記　都轉運使黃公墓志銘

許炯　字吾野，新會人。嘉靖辛卯舉人。著有《吾野漫筆》十三卷。《四庫提要》著錄：前有自序，謂少時不慧，從羣兒騎竹馬、黏蜻蜓、捕黃雀爲戲，既而病痁劇甚，夢老人出袖中書授之，遂能詩；其集文七卷、詩六卷。《阮志》注『存』。又輯有《唐四家文類》、《古今奇文百篇》，皆注『佚』。

張道孝感記

薛雍　字子容，饒平人。嘉靖辛卯舉人，以親老不赴禮部試，讀書蓮花山下。工律曆之學，尤究心時務，爲策四十

三篇，詳博有要。親歿，數上公車不第。著有《南潮集》，《阮志》注『未見』，然馮氏《潮州耆舊集》選其文一卷，是當時尚有其書也。

籌邊策三　籌邊策五　金山讀書記

林大欽　字敬夫，海陽人。嘉靖壬辰進士，廷試第一。官詞垣三年，乞養歸。築室以聚族人，結講堂華巖山，與鄉中子弟講貫六經。海內名流王龍溪、羅念菴、唐荊川，及同郡翁東涯、薛中離輩，郵書講學，反覆討論，大旨在刊落見聞，獨見性體，能於隱微處着力。修存所作詩歌，翛然自得。丁內艱，葬母莆山之麓，歸道病卒。著有《東莆先生集》六卷，《阮志》注『存』，今《潮州耆舊集》選其文爲一卷。

廷對策　史諫策　復羅念菴書　復薛中離書　與王汝中論東廓書　復翁東涯書一　復翁東涯書二　牛李黨論　潮州八賢論　饒平縣志序　重修寶雲巖記

黎民表　字維敬，自號瑤石山人。貫之子也。嘉靖甲午舉鄉試，久不第，授翰林孔目，遷吏部司務。執政知其能文，用爲制敕房中書，供事內閣。擢南京兵部職方員外郎。丁母憂，服闋，補浙江司員外郎，監通州倉，轉餉雲中。召還，掌祕閣，侍經筵，預修武宗、世宗《實錄》。晉河南布政司參議，乞致仕。著有《瑤石山人稿》行世。明自孫蕡五人開南園詩社，世稱『南園前五先生』，至民表與吳

旦、梁有譽、歐大任、李時行結社南園，嶺南詩學復振。五人皆出黄泰泉之門，世稱爲『南園後五先生』，今並崇祀於抗風軒。所著有《瑤石類稿》十六卷、《明音類選》十二卷，並存。

送李少偕令嘉興序　從化縣重修三壇記　江公均田德政記　古墨齋記　越王臺賦　雙節賦　釋志賦

龐嵩　字振卿，南海人。嘉靖甲午舉人，歷官順天通判，進治中，屢攝府尹事。《明史》本傳稱：『京府佐貳，鮮有能舉其職者，至嵩以善政特聞。』歲時行縣，壺漿自隨，一蔬片楮，不以累民，民目爲『龐青天』。遷南京刑部員外郎，晉郎中，撰《刑曹志》四篇。出爲曲靖知府，刻《同文編》，以通三種夷字；行鄉約保甲，以變夷俗。爲忌者擠，中察典，年五十一竟以老罷歸。嵩初出王守仁門，歸後復從湛若水遊。所著有《圖書解》、《弼唐語錄》、《弼唐存稿》，《阮志》並注『存』。

經說　羅浮同游錄序　南京刑部志總敍　矩洲文集序　天關贈别穎泉鄒公祖先生序　都閫朱公羅旁成功序　更定鄉約錄序　風雅頌總序　滇南諸河源委記

毛紹齡　海陽人。嘉靖甲午舉人，官知縣。

何仙姑傳　朱神仙傳　司馬承徵傳

何維柏　字喬仲，南海人。嘉靖乙未進士，選庶吉士，授監察御史，謝病歸。起按福建，劾嚴嵩罪，比之李林甫、盧杞，詔逮治，廷杖除名。隆慶初起用，擢大理卿，遷副都御史，晉吏部侍郎。以議張居正奪情事，出爲南京禮部尚書，致仕。卒年七十七，謚端恪。所著《易學義》、《禮經說》、《太極圖解》，皆未見。《天山堂集》八卷，存，《明志》作『二十卷』。

按《阮志》：端恪致仕後，闢天山書院，發明白沙之學，歸善葉夢熊尚書、新會陳吾德僉憲，皆出其門。其故址在今珠江南，番禺梁文忠嘗修復之。

責大臣終制以植綱常疏　慎修聖德以成中興疏　答劉素予論春王正月書　答甌東論性書　答趙寧宇書　答何粤橋計部　崔菊坡先生言行錄序　廣寧縣學田記　改建曲江縣學記　重修曲江張公祠記　新安經始碑記　忠烈李君太華死事傳　會祭司成白山倫先生文　祭羅整菴先生文

何彦　字善充，順德人。嘉靖乙未進士，授行人，擢南京戶科給事中，出守荊衡，官至太僕寺卿致仕。彦居諫垣，嘗劾吏部尚書許讚徇私骫法、禮部尚書嚴嵩宣淫納賂；又武定侯郭勛請復内官鎮守，彦援祖制，歷陳其害，事得寢。世服其敢言。卒年九十，祀鄉賢。所著《石川集》，未見。

論復鎮守疏　議革言官互劾疏　惠安縣志序　督府洋山凌公平寇序　總督吴公築省外城序

冼桂奇　字奕信，號秋白，南海人。嘉靖乙未進士，官戶部主事，改南京刑部，尋疏乞終養。師事湛若水，與遊匡廬、武夷。歸隱羅浮山中，草屐素服，無異野人，世多其清節。嘗與同門纂輯師說，有《問疑續錄》；又著有《鶴園》、《廣居堂》等集，皆未見。

羅司勳集序

饒相　字志尹，號三溪，大埔縣人。嘉靖乙未進士，初授中書，歷官至饒州兵備道，乞歸。值湘寇張璉亂，以三河爲邑門戶，建議築城；大埔之有城，自此始。著有《三溪文集》，阮《藝文略》未著錄，馮氏《潮州耆舊集》選其文一卷。

三河鎮建城記

盧夢陽　字少明，號星野，南海人。嘉靖戊戌進士，授刑部主事，歷官至福建右布政使。夢陽工文詞，著有《煥初堂集》四卷，阮《藝文略》注『存』。

懷德書院記　修遶州文脈水記　世濟忠義記

陳紹儒　字師孔，南海人。嘉靖戊戌進士，授戶部主事，歷官至南京工部尚書。明習財計，兼精騎射，敭歷中外，皆能舉其職。其學以濂洛爲宗，文尚《史》、《漢》，詩祖杜。所著《陳大司空遺稿》，阮《藝文略》注『存』，《明史》作『二十卷』，《四庫書目》稱『文十八卷、詩二卷』，與史志合。子壯，其曾孫也。

獻邊計以裨治安疏　國家萬年儲蓄疏　京營議一　京營議二　京營議三　泰泉先生文集序　浮邱題詞　潘羅江公墓志銘

譚大初　字宗元，始興人。嘉靖戊戌進士，初授工部主事，歷官至南京戶部尚書，謚莊懿。其任江西副使，於清軍多所釋，謂失額罪小，殃民罪大。嚴嵩親黨奪民，治之不少貸。又嘗力薦海瑞，故《明史》與陶琰、韓邦靖諸人同傳，皆清操峻特，持素絲之節者也。著有《次川存稿》，阮《藝文略》注『存』。

舉實才以濟時艱乞休退以避賢路疏　征古田議　上楊虞坡太宰書　章文懿公年譜後跋　延村水城記　德星祠重修記　西津橋重修記　鄭侯生祠記[一]　石埭令梧岡陳公傳　養拙羅公墓表　祭李占冲哀詞

[一] 生祠，原作『生詞』，當誤。

鄭廷鵠　字元侍，瓊山人。嘉靖戊戌進士，授工部主事，晉吏科左給事。以地震上四事，皆關至計，擢江西副提學，遷參政，乞養歸。著有《易禮春秋》、《說瓊志稿》、《蘭省》、《掖垣》、《石湖》、《學臺》等集，《阮志・藝文略》皆注『未見』。

按：廷鵠所上四事，未詳其目，亦未言其疏之分合。顧亭林《郡國利病書》載其勤黎匪一疏，疑即四事之一也。

勦黎經略疏　送提督程公雪厓赴鎮序　俞義士傳

倫以訦　字彥羣，南海人。文敍季子。嘉靖戊戌進士，授禮部主事，轉兵部，乞養歸。從湛甘泉遊，言動衣冠，多率古禮，於鄉閭恂恂如也。年八十卒。著有《穗石集》。

青霞李先生像讚

黃城　曲江人。嘉靖庚子舉人，官知縣。嘗與曾旦重修《南華志》，阮《藝文志》注『未見』。

重修南華志序　贈兵巡劉公仁山平寇奇功序

何其厚　字粵橋，南海人。嘉靖庚子舉人，官至南京戶部郎中。

重修晏公廟碑

李時行　字少偕，番禺人。嘉靖辛丑進士，知浙江嘉興縣。御史行部，至交章薦，徵爲南兵部車駕司主事。同官忌之，中以蜚語，時行即引退。縱遊西湖、天竺，下會稽，探禹穴，陟天目，臨虎邱，東登泰岱，西上匡廬，歷燕、趙、齊、梁故都，謁孔林而歸。在西郊築浮邱草堂，北城開小雲林別業。少嘗讀書羅浮青霞谷，自號青霞子，因榜曰『青霞洞天』。甘泉、泰泉倡學於東南，時行皆先後及門。其文章法漢魏，古詩、歌行、律絕，奄有顏謝、李杜、沈宋、王孟諸大家之長，爲『南園後五先生』之一。卒年五

十六。所著有《駕部集》三卷，阮《藝文略》注『存』；《青霞漫稿》、《天求子》、《雲巢子》、《癯瘉子》諸書，皆注『未見』。

答文衡山書　與田豫陽先生書　黜浮論　葆光子對　義命論　泰泉先生詩集序　同仁祠記　三義堂記　前御史姚公傳　霍文敏公傳　草衣道人傳　吊岳將軍文　平交頌

吳守貞　電白人。嘉靖辛丑進士，官戶部主事，以議蠲賦事忤時宰意，謫漳州通判，尋擢四川僉事。勦羌寇有功，晉貴州參議，分巡思仁道。丁外艱歸，不復出。

重修陽春縣堂記

蕭端蒙　字曰啓，潮陽人。與成子。嘉靖辛丑進士，選庶吉士，遷貴州道御史。貴州夷中地，嘉靖時始置一道，端蒙請置重臣撫綏其地。秩滿歸，復爲浙江道御史。行江西，劾藩王不道，自是與大吏忤，廷議欲遷廷尉，會病卒。著有《同野集》，《阮志》注『未見』，馮氏選其文一卷入《潮州耆舊集》中。

請申諭兩省撫臣同心討賊疏　特設總督重臣疏　治運河議　贈楊靖州序　贈姚君西川任宜山令序　贈兩川郭子拜袁州教授序　贈郭子知南靖序

廣東文徵作者考卷四

番禺吳道鎔纂

◎明　續二

章熙　字世曜，海陽人。嘉靖甲辰進士，授行人，歷官至廣西按察司僉事。

與彭西川書　送容塘林先生之任德化序　遊湖山記　翠微亭記

嚴文輔　高明人。嘉靖丙午舉人，官平南知縣。

星渚橋記

陳一松　字宗巖，海陽人。嘉靖丁未進士，選庶吉士，除兵部主事，歷官至工部左侍郎。一松家玉簡山，爲一邑名勝，即以名其集爲《玉簡山堂》。阮《藝文志》注『未見』；光緒中，其後人重刻，今存。

地方傷殘不堪增設府治疏　賀大司馬督府自湖吳公平倭凱旋序　潮州府職官題名記

李价　字少藩，番禺人。嘉靖丁未進士，知當塗縣，薦擢戶部主事，遷員外郎，晉稽勳郎中。值三殿灾，欲上封事，爲親知所阻，引疾歸。价出黃泰泉門，講學知本，不事空言。任當塗時，清操治行，爲一時冠。所著《思齊堂稿》十二卷，阮《藝文略》注『未見』。

按：所封事，即《劾嚴嵩父子十罪疏》。潮陽林大春撰《思齊堂稿序》，詳載其事，見大春《井丹集》中。

劾嚴嵩父子十罪疏

海瑞　字汝賢，一字應麟，又字國開，號剛峰，瓊山人。以番禺籍中嘉靖己酉舉人，計偕，伏闕上《平黎策》，尋授南平教諭。揭申棖剛者之辨，鄉原、忠信、廉潔之似，古人不見諸侯之守，以廣厲學士。遷知淳安縣，轉嘉興，擢戶部主事。時世宗尚清修，久不御朝廷，臣無敢言者。瑞獨抗疏數千言，上大怒，擲其章於地，留中數月，乃逮詔獄。隆慶改元，復官，擢僉都御史。巡撫應天，墨吏望風斂戢，然以是搆怨，遂解官。萬曆中，起爲南僉都御史，晉南京吏部侍郎，擢右都御史，掌南院。議革有司諸冗役冗費，極言軍民利病。時御史房寰督學南畿，物議沸騰，瑞欲糾之。寰覺，先疏詆瑞；觀政進士諸壽言等，抗言寰故誣瑞欺罔，俱寢不下。瑞亦屢疏乞休，慰留不允。丁亥卒於官，贈太子太保，謚忠介。著有《備忘集》十卷，《明志》作『七卷』；《元祐黨人碑考》一卷，今並存；又有《淳安政事稿》，未見。

請治邪黨言官以定國是疏　區處兵後地方以絕後患疏　治安疏　開吳淞江疏　革募兵疏　乞終養疏　乞養病疏　與胡杞泉都掌科書　與瓊臺諸鄉先生書

泰伯論　嚴光論　出處論　贈顧懷東晉京兆丞序　贈養齋蔡太守撫黎序　贈總督劉凝齋平八寨序　贈黃體齋任國學助教序　贈史方齋升浙藩大參序　稿引　元祐黨籍碑考跋　樂耕堂記　梁端懿先生墓志銘　官箴禁諭條約

羅兆鵬　字少南，新會人。嘉靖己酉舉人，初選長樂教諭，擢長泰知縣，移治寧洋，以讒罷歸。著有《滄溟一螺集》，《阮志》未著錄；又有《家禮注補》，《阮志》注『未見』。

雙山五松序

陳良珍　字在璞，南海人。嘉靖己酉舉人，官永州丞。

祭文丞相祠文　祭沈見心文

黃夢說　字肖浦，增城人。嘉靖己酉舉人，知韶武縣。以平土寇功，遷辰州府判。辰介黔、楚，苗人弗靖，夢說單騎入溪峒，諭其酋，俯伏效順，人服其偉略。丁外艱歸，不再出。著有《拾餘稿》，阮《藝文略》注『未見』。

明處士單公暨配廖孺人墓志銘

梁有譽　字公實，順德人。嘉靖庚戌進士，官刑部主事。有譽出黃泰泉門，爲『南園後五先生』之一。其官刑部，初與李攀龍、謝榛、王世貞、宗臣稱『五子』，徐中行、吳國倫繼至，改稱『七子』。當是時，『七子』之名播天下，而有譽在官，旅食三年，蕭然一室。嚴嵩柄國，其子世蕃欲與交親，有譽恥且畏之，遂乞養歸。築拙清樓，讀書見志。遊羅浮，遭颶風，感寒卒，年三十六。著有《蘭汀集》八卷，存。

姆訓後序　送吳仁卿之樂安序　送錢舜臣出宰晉江序　送汪伯陽出守慶陽序　送張朝伯宰長泰序　贈雷州大夫祁陽羅公序　贈安源廖君序　雅約序

林大春　字井丹，潮陽人。嘉靖庚戌進士，除行人，晉戶部主事，歷官至浙江副使兼提學使。其在河南官睢陳僉事時，以置高拱私人於法，被計議。拱免相，起蒼梧僉事，尋移浙江。比拱再相，言官希拱意，劾大春命題割裂經義，罷歸。大春精熟《史》、《漢》，工古文詞。以忤權相去官，世尤多其風節云。所著有《井丹集》，阮《藝文略》注『未見』，馮氏《潮州耆舊集》選其文得二卷，是其集尚存也。

論海寇必誅狀　請嚴禁貪酷疏　上谷中丞書　復何賓巖書　報陶蘭亭書之一　答陶蘭亭書之二　報陳玉叔書　與顏冲宇書　與黃督學書　與蘇粵峰書　與李定齋書　致趙都諫書　報曾見臺書　報董原溪書　報郭督學書　報王恆叔書　思齊堂稿序　重校鄒襄惠公文集序　送少司徒趙公赴召北上序　送黃惠州入覲序　賀督府吳公平二源序　賀督府張公平逆奏

功序　賀兩廣總制吳公奏績序　黃金臺遊覽序　潮州郭使君壽序　重修總督部院公署記　潮州府平遠縣鑿石通河碑記　平蠻碑　新建澄海縣城碑　重建東山靈感廟碑　蕭御史傳　沈少卿傳　孫忠烈遺事　東莆太史傳　北征賦

胡庭蘭　字伯賢，號桐江，增城人。嘉靖庚戌進士，授南戶部主事，尋督學福建，官至雲南僉事。庭蘭文人，而以廉幹稱。官戶部時，督揚州稅，所羨餘皆籍報。督閩學，倭人入寇，助城守，復迭殲之莆江。官滇時，以監軍指揮擒賊，功尤偉，兩臺爲立石碧雞紀其事。所著有《桐江子集》，阮《藝文略》注『未見』。

答張內山副憲書　漫談　雜說　福建武舉試錄後序　贈邑侯張公入覲序　福建會城太平臺記　重修增城縣儒學記　龍門縣義倉記　樊雉賦

韋憲文　字純顯，號洪初，順德人。嘉靖壬子舉人，歷官泰和、龍川教諭，擢助教，調黑鹽井提舉，終靖江長史。憲文少工文詞，中年折而講學。任鹽提時，師事李見羅，著有《學測》一書。晚歸會城，闢石渠洞，與葉春及、霍與瑕往復辨論理學宗旨，其學蓋源出江門，參合姚江，而以豐城爲宗云。案：《學測》，《阮志》未著錄，疑佚。

辯惑論上　辨惑論中　辨惑論下

陳一敬　程鄉人。父舜民，祀鄉賢。一敬中嘉靖壬子舉人，歷官東安、同安知縣，擢上思知州。

青雲橋記

葉春及　字仕甫，號絅齋，歸善人。嘉靖壬子舉人。隆慶初，應詔上書，灑灑三萬餘言，都下稱爲『劉蕡復出』。尋授福清教諭，遷惠安令。以平賦役、均境內田忤權要，引疾歸。會擢賓州守，惠民乞留，不允。忌者又匿賓州檄，使不得赴新，遂挂冠去。大吏劾其在逃，削籍爲民。即入羅浮洞，築逃庵以居，自爲《逃庵記》。萬曆中，起知興國州，入爲戶部郎中，筦崇文稅，以勞卒官。春及文學與治行相副，在惠安著有《政書》；筦崇文稅，著有《榷書》。世皆稱其措置經畫，詳察不苟，今皆不可見。其所著《肇慶府志》，阮《藝文略》亦注『佚』；惟《順德縣志》十卷、《永安縣志》及《石洞集》十八卷，並注『存』。

崇正疏　應詔書疏　畿輔墾田疏　軍屯疏　練兵議　保甲名籍留縣議　順德縣志序　太極辨疑序　平世急民詩序　節推孫公考績序　兩廣總制連江吳公考績序　甌寧滕公晉撫浙江序　戚大將軍請告歸登州序　壽黃龍龐先生序　鄭烈婦輓詩序　新築北津寨記　瀫陽趙公浮邱社大雅堂像記　涵江翟先生傳　和歸去來辭　止百姓乞留禁諭

王天性　字則衷，號槐軒，別號半憨，澄海人。嘉靖壬子舉人，歷官盱眙教諭，豐城、上高縣令，擢南昌通判。南昌處省會，多要宦，天性落落多與忤，于是南科以不職劾，吏部覆留調用，天性不赴調，遽引疾歸。生平喜爲古文，時澄海初建縣，因裒輯所見聞爲志略，澄之有志自此始。所著《半憨集》、《阮略》注『未見』，《潮州耆舊集》選其文一卷。

羅后山詩集序　北溪詩集序　代州府贈張梅巖榮獎序

孔煦　廣州人。嘉靖壬子舉人。分教湖口，講脩身爲本之學。升新興教諭，擢知龍南縣。爲異己者所排，遷衡州教授。著有《易經粹意》、《學庸說旨》、《兩京》等賦，《遊燕鐘音》、《龍山》、《筠城》諸集，並見《廣州府志》；唯《阮志·選舉表》無孔煦名，所著書《藝文略》亦注『未見』。

擬湖廣賦　廣東賦

龐尚鵬　字少南，南海人。嘉靖癸丑進士，授江西樂平知縣，召爲監察御史，累官至左副都御史。生平忠介有膽略，其立朝知有法紀，而不避權奸；其當官知恤民艱，而不避讒謗。官兩浙時，有『請均徭役杜偏累』一疏，後遂通行爲一條鞭法，海內尤利賴焉。天啓初，賜謚敏惠。所著《百可亭摘稿》九卷、《龐氏家訓》一卷，今並存。其餘《奏議》、《行邊漫紀》等書，並佚。

撫濠鏡澳夷疏　請設府治疏　弘猷納以光聖治疏　進會計錄疏　均徭役疏　均糧役疏　清理屯田疏　誅逆賊以正國法疏　通變宜民以蘇困苦疏　乞存恤大臣以勸忠義疏　乞矜錄遠臣疏　上江陵張相公書　與陳偕所中丞　與吳怡齋　簡耿楚侗道長　簡郭夢菊督學　冠垢說　南京兵部車駕司主事青霞李先生傳

龐尚鴻　字少襄，南海人。尚鵬弟。以貢入國學，上書政府，復獻飛車、飛舟，得旨下部，授鹽城訓導，擢英山知縣。時河決，爲祖陵患，尚鴻撰進《治河三策》，值巡撫與河臣議不合，遷怒尚鴻，謫西安縣教諭。官終崑山縣丞。尚鴻在鹽城時，講求治河方略，設爲或問，成《治水或問》一書；《四庫書目》已著錄，阮《藝文略》稱『《治水方略》四卷』，注『存』。

《安邊方略條議》

黃在袞　字公補，號水南，順德人。嘉靖乙卯舉人，官縉靈教諭，擢廣西賀縣知縣。在袞爲黎民表之甥，學有淵源，負文名，詩尤爲世所重。與弟在裘同舉於鄉，計偕入都，朝士慕其名，爭相結納，每一篇出，衆咸推服，特不竟其用，學者惜之。

抽清樓社稿序

潘大行　順德人。嘉靖乙卯舉人，官寧化知縣。

送從兄少承公車待詔序

周子造 英德人。嘉靖乙卯舉人。

明化寺新建公館記

李邦義 字宜之，連州人。嘉靖丙辰進士，知上虞縣。盡心民瘼，尤加意學校，以績最召爲戶科給事中。歷兵科都給事，修舉時政，直斥權奸，言多剴切。升太常寺少卿，請告歸。性方直，恥爲婞婀，人多忌之。明興，連士登甲科者自邦義始，大節侃侃，允足表正流俗焉。

剿東南劇賊疏

陳萬言 字道襄，南海人。嘉靖丙辰進士，授池州府推官，擢監察御史，累官至大名兵備副使。萬言習於邊務，風聲所播，民皆感服。其官御史時，鄒應龍疏劾嚴世蕃，懼不測，萬言往訊，相與鼓琴終日，人尤服其雅量云。卒年七十五。

賀自湖吴公新建外城序　開西山大路記　埭學田碑記

重建惠民賓記

鄭旻 字以穆，揭陽人。嘉靖丙辰進士，官兵部主事，出守大名，終貴州布政使。旻官大名時，秩滿入覲，力陳馬政之弊，言地以養馬，戶有編也，自馬廢而租輸于官府，租存而地沒於豪右，民以不勝誅求，斃死囹圄。冢宰上其事，得旨豁免，民深德之。著有《峚山談言》、《裒拙稿》，阮《藝文略》注「未見」。

總督閩廣殷公靖寇綏民碑　節孝蕭婦鄭氏傳

張大猷 字元敬，番禺人。嘉靖丙辰進士，官戶部主事，治徐州河有功。後出判外郡，復疏陳漕河利弊甚悉。工爲文，嘗謂文大成於司馬，靡於班，壞於韓，作《文章原委》七篇，今不傳，傳者惟河漕一疏云。

申成議以權河漕疏

李茂魁 號雙江，番禺人。嘉靖戊午舉人，潯州府同知。家波羅南海神祠之西，嘗築西臺，延陳獻章講學。子化龍歲貢，赴廷試時，在廷諸人咸重之。著有《旅懷書》，奇行最多，黎遂球爲之傳。

番禺穆侯去思碑

陳克侯 字士鵠，順德人。嘉靖戊午舉人。與黎維敬、歐楨伯、袁茂文、梁彦國爲詩文社。署閩縣教諭，擢令永福，遷騰越州。值地震，下令救一人予三金，存活甚衆。州徼近緬甸，緬人來犯，張幟爲疑兵，緬不敢逼。高國春、木元瑞起徒步，爲萬戶侯，感克侯恩，以千金爲壽，正色却之。土酋例以五百金贄，畏其廉不敢進。遷大理郡丞，仍管州事，從民願也。所部屢薦行能，以事罷，尋復官致仕，家居卒。著有《南墅集》。

飛雲樓集序　鹿門李公墓志

梁柑　字挺豫，番禺人。性孝友。嘉靖戊午舉人，官合州學正，累官戶部郎中，督鳳陽糧儲。出守貴州都勻府，勤於撫字，都勻人尸祝之。弟桐，亦博雅，潛心性理之學。著有《續近思錄》。

贈藩伯芹山陳公序

岑用賓　字允穆[一]，順德人。萬子。嘉靖己未進士，授衢州推官，擢南京戶科給事中。劾福建巡撫汪道昆闒茸，不宜久握兵柄；又劾大學士高拱剛愎，宜令致仕，全進退之節。時道昆負文名，拱柄臣人莫敢犯，用賓論列，不少假借，故居諫垣三年，直聲籍甚。拱憾之，出爲紹興知府。會入覲，拱方掌吏部，謫宜川丞，卒貶所。著有《小谷集》，太倉王世貞梓之，今《阮志·藝文略》注『未見』。

陳末議以効愚忠疏　請公勸懲疏　精鑒別以定國是疏　贈郭禹承賓貢之京師序　玩月賦

[一] 岑用賓字允穆，原作『元穆』，誤。

霍與瑕　號勉齋，南海人。嘉靖己未進士，授慈谿知縣，歷官至江西鹺憲。與瑕爲韜仲子，官慈谿時，與海瑞齊名。鄢懋卿巡鹽淮、浙，亦與瑞同被劾去官，故世多其風節。著有《勉齋集》二十二卷，今存。

復代巡陳青田書　病鶴獨舞賦　粵山煙樹賦　躍魚賦

蒙詔　字廷綸，別號近野，番禺人。嘉靖壬戌進士，初官行人，擢監察御史，提督南贛韶汀軍務。詔負經濟才，其爲御史，巡歷延慶、宣大，轉差浙、直，督運漕糧，皆有陳奏條議，切中肯要。又著有《百戰奇法》一書，論用兵之要，自爲之序。今存其《奏議》十八卷、《蒙廷綸文集》六卷，《阮志》注『未見』。

與趙瀔陽太史　百戰奇法序　鄂國尉遲公廟記

郭棐　字篤周，南海人。嘉靖壬戌進士，初授戶部主事，改禮部。遇事侃侃，嘗疏陳十事，如設史局，錄于謙後，進薛瑄、陳獻章從祀孔廟，皆見采納。出知夔州府，晉擢藩臬，入爲光祿寺卿致仕。棐少師湛若水。著有《粵大記》、《嶺海名勝志》、《西陽正俎》，《阮志》並注『存』。又《明史·志》有所著《四川通志》三十六卷、《右江大志》十二卷、《賓州志》四冊，皆未見。其自著之《夢菊集》、《正心堂摘稿》，亦未見。

答岑小谷黃門書　與劉晉川方伯書　朴楫二弟字說　抒衷疏草序　廣州通志序　四川通志序　粵大記序　右江大志序　西陽正俎自序　重刻三蘇文集序　贈胡肖元任象州司訓序　贈黎瑤石吏部轉留都職方序　送吳制府擢留都司空序　賀鄧元宇將軍平黎序　贈王印州節推金華序　讀本紀　讀汲冢周書　讀世表　王陽明公祠記　重修漢伏波將軍廟碑　東莞布

衣陳一教先生墓志銘　廣州太守周公傳　柱國太傅虞坡楊公誄　蕃頤津賦　崑崙賦　石門泉賦　懷賢賦　弔湘賦　拚愚文

歐大任　字楨伯，號崙山，順德人。嘉靖癸亥，以歲貢從天下郡邑士試，瞿文懿景淳得其卷，驚曰：『一代才也！』初授江都訓導，轉光州學正，入爲國子助教，擢大理寺評事，終工部虞衡司主事。大任與梁有譽、黎民表、李時行、吳旦稱『南園後五子』。其北遊歷下、琅琊，諸詞壇一見，爭相推轂，與『七才子』並驅海內。出黃泰泉門，讀書纘言，並有原本，頗脱蹶張叫囂之習，識者尤有取焉。所著《百越先賢志》四卷、《虞部集》四十三卷，《明史》作二十二卷。今並存。

論殷相割肝狀　答梁公實論藝書　河圖洛書辨　詩二南辨　詩問　百越先賢志序　理學簡言序　入粵集序　襜帷集序　奥川集序　泰泉全集後序　重刻徐迪功集序　九峰先生集序　六藝流別序　送尚寶司丞王君敬美使秦詩序　送林幹夫掌教確石序　題三江水利圖説後　翁尚書傳　趙按察傳　漢二孝頌　孔林頌　漢董子祠堂頌　臨雍頌　大婚頌　秦關銘

鄭用淵　順德人。嘉靖甲子舉人，官松江府通判。

報馮令公書

龐一夔　字仲虔，南海人。嘉靖甲子舉人，知蒼梧縣，歷官至九江同知，擢唐府長史，不赴。一夔爲嵩長子，能承家學，故治行略與嵩近，而見忌亦同。著有《蒼梧養利志》、《江門正脈》、《諭俗編》等書，阮《藝文略》皆注『未見』。

言之必可行説　改建龍王廟記

葉夢熊　字男兆，歸善人。嘉靖乙丑進士，初授福清知縣，入爲戶部主事，歷官至兵、工兩部尚書，加太子太保。平生忠勇過人，多智略。萬曆中，哱拜擾寧夏，殺撫臣，劫宗室，爲亂朝命。夢熊自陝西移撫甘肅，與總督魏學曾同討之。學曾尋罷，以夢熊代，卒平寇亂，戰功爲一時最。所著《運籌綱目》十卷、《決勝綱目》十卷，《四庫》著錄，《阮略》並注『存』；《雲華集》，注『未見』。

請勤政疏　虜詐多變早決大計疏　請慎處納降疏　崇敬畏以安社稷疏　邊籌議　處長昂議　上石司馬書　萬世文字之祖論　龍南縣志序　歸善天泉書院記　重修商阿衡伊尹墓記　重建弦所李侯卻金亭記　平哱拜露布

陳吾德　字懋修，號省齋，新會人。嘉靖乙丑進士，初授行人，擢工科給事中，以諫令中官崔敏言市珠寶事，削籍爲民。尋起用，因忤張居正，出守饒州，復坐削籍。居正死，以紹興同知起用，終湖廣按察僉事，卒官。所著《謝山存稿》十卷，《四庫》著錄，今存；又有《律呂說》四卷，未見。

斥姦邪以肅官常疏　禁戲豫以迓天休疏　白沙先生遺稿序　贈新寧揭大尹考績序　送朱山人北還詩序　贈梁處士六十壽序

王弘誨　字紹傳，定安人。嘉靖乙丑進士，官編修，歷官至南京禮部尚書。弘誨在翰林時，張居正用事，嘗作《大樹篇》、《春雪歌》刺之。又嘗以廣東提學考校駐雷陽瓊之考生，有《渡海之險疏》，請海南兵備道就近考校，諸生稱便。所著《天池草》二十六卷，《四庫》著錄，《阮志》注『存』；又有《尚友堂稿》，注『未見』。

東閣大學士申時行誥命　少保大學士張四維誥命　劉黎寇善後事宜疏　請改海南兵備道兼提學疏　請朝講公疏　請建儲公疏　謝恩陳言疏　上大行皇帝謚議　敬和堂集序　重刻文章正宗序　送陸宮諭典試還朝序　贈藩伯胡瑞芝平黎蒙恩序　贈大參董公奏績序　贈冢宰孫公立峰北上序　書狄梁公傳後　方正學先生祠堂記　少保王襄毅公祠碑　重修忠義熊氏祠碑　清海碑　平黎善後碑記　太保工部尚書龍塘葉公神道碑　右都御史西洲唐公神道碑　都御史霖予梁公墓志銘　擬無逸殿箴　李家都盟約引　李家都會盟防守約

李一迪　號我山，高州人。嘉靖乙丑進士，歷官彝陵知州，戶部郎中，廣西左江、浙江金衢嚴副使，所至以風節稱。其爲政，便於民而不便於津要，故亦不得大用。所著有《拙宦存稿》。

甘雨亭記

姚光泮　字繼昭，南海人。嘉靖乙丑進士，官山西道監察御史，出知泉州。告歸，闢郭西荒畦，結社賦詩，題曰『亦自丹邱』。

乞定禮儀以資法守疏

譚清海　字永明，東莞人。嘉靖初，以布衣上十事於朝；穆宗即位，復上《三大典禮疏》。大學士張居正、都御史龐尚鵬、尚書葉夢熊，皆稱爲『當今奏疏第一』。將留讀中祕書，固辭。其生平足跡，幾徧天下，嘗仗劍出關，閱戚繼光營戍，論置守勢，爲戚推服。既歸，以家近羅浮，每翱翔見日臺間，自稱『見日山人』。著有《靈洲草》，《阮志》注『未見』。

三大典禮疏

薛虞畿　字舜祥，海陽人。明嘉靖間諸生，隱韓山之麓。嘗按《春秋》紀年，自隱迄哀，於三傳、《國語》、《檀弓》及《莊》、《列》寓言，外綜舊史遺文，輯爲《春秋別典》十五卷，其弟虞賓續成之。《四庫提要》著錄，言秀水朱彝尊惜其未注出書；其後南海伍氏得曾釗所藏浙人洪筠軒借鈔本，刻入《嶺南遺書》，則已有注，蓋陽湖孫星衍所補云。又著有《聽雨篷稿》，《阮志》未著録。

春秋別典序例

薛虞賓　虞畿弟。有《春秋別典跋》，稱『先仲氏未脱稿而下世，不無挂甲漏乙、年代倒置之病，故特參互考訂，刪其繁複者十一，苴其闕略者十三』。蓋兄弟二人，相續而成此書也。虞賓仕履未詳。

案：陳伯陶《明遺民録》，虞畿在第四卷。《潮州府志》列入《隱逸傳》，言其『棄諸生，隱韓山之麓，郡長史欲致之，鑿垣而遁』。不詳時代，唯虞賓《春秋別典跋》言『郭郡公臚其目於郡乘《藝文志》中』。郭名春震，嘉靖間修潮志，似虞畿卒於萬曆以前，不及見明亡也。

春秋別典跋

葉懋　字維新，南海人。嘉靖間任文昌訓導，與教諭李遇春同修邑乘。著有《瓊厓集》、《幽居集》，《阮志》注『未見』。

撫安崖州亂夷記

陳一教　字在修，東莞人。以鹽筴起家。嘉靖以後，兩廣積引壅滯，課逋商困，一教以布衣上疏，乞止官運，並敕下江西袁、臨等路復銷廣引，得請允行，鹽課無滯，商灶大甦。爲人有智略，又嘗以五策干撫按，有不逞者欲擠之法，番禺令馮渠夙知其志，故得無事。南海郭棐誌其墓。

復通鹽路疏

李以麟　字應叔，號滄湝，新會人。諸生。與兄以龍，皆慕白沙之學，署其軒曰『敬存』。尤工書畫，爲世所重。著有《宋儒格言》，《阮志·藝文略》著録，又稱其編《薛文清公讀書録》及《諸儒履歷粹言》，是不純宗白沙者也。子之世，有逸才，萬曆丙午舉人，官池州府推官。著有《鶴汀全集》十卷，《阮志》注『未見』。

刪定畫山水賦

馮思皋　番禺人。父元，師香山黄佐，嘉靖辛丑進士，官知縣，擢郎中，致仕里居；著有《天文邃體》、《詹詹草》。思皋補邑諸生，有學識，達治體，嘗論屯營馬政，人皆稱之；所著《文賞齋稿》、《武夷遊記》，並佚。

屯營策略　馬政策略

劉鴻漸　字紹嘉，東莞人，世稱『磐石先生』。著有《格物要》、《致知辨》、《易説》、《彙雅》、《省勸録》、《蘭軒詩文集》，皆未見。

東莞宋八遺民録序　格物要序　示諸生手帖

趙應斗　字運垣，東莞人。趙秋曉之後，諸生。

北坡趙公行狀

朱士讚　清遠人。官詹事府主簿。士讚有《出山詩》云：『奉檄非余志，山雲愿未違。暫時通仕籍，何日遂初衣。一爲紅塵役，其如紫蕨肥。遲回不忍去，魂繞瀑泉飛。』蓋亦懷抱高尚而託迹微官之士也。

前飛泉洞記

鄭學醇　字承孟，順德人。隆慶丁卯舉人，官武緣知縣。工詩，著有《勾漏草》一卷，存。

潘松原誄文

李學一　字萬卿，歸善人。隆慶戊辰進士，選庶吉士，歷刑科、吏科給事中，出爲湖廣參議，官終苑馬寺卿。學一在籍時，目擊山寇充斥，當事彌縫掩飾，及居言路，發憤疏陳，廷議大舉，始就殲滅。其後長寧改府議起，學一既與潮陽工部尚書周光鎬合疏諫止，復與戶部尚書王國光力陳其『六不便』，卒寢其議。一事尤有功於桑梓云。

擬貢禹節儉疏　七日來復說　秋防無警頌　六有箴

陳堂　字明佐，南海人。隆慶戊辰進士。父其魯，出湛甘泉門。堂承家學，居官多著風節。初授嚴州司理，以治行最，徵拜南京監察御史。屢奉敕巡視京營及上下江，監兌漕糧，所至激濁揚清，釐奸剔蠹。萬曆丁丑，以星變上疏，論河套貢市、漕河、段疋諸宜興革狀，及請斥權璫、易樞部、宥諫臣，纚纚數萬言，皆切中時弊。會張居正奪情，抗不署保留狀，貶歸。再起，爲廣西僉事。轉光祿寺卿，復疏裁冗費、請皇太子冠婚，危言激論，如在南臺時。遂以南京尚寶卿致仕。所著有《朱明洞稿》及《湘南》、《皇華》、《南歸》諸集，皆未見。

陳邊事疏　陳河道疏　再陳河道疏　台鼎崇瞻詩序

送按察使陳公遷徐州序　重修月溪禪寺碑記

李壽　字若臨，河源人。隆慶戊辰進士，授泉州司李，以廉敏稱。改金華郡丞，遷南職方員外，晉營繕正郎，擢守楚衡，遷長蘆鹺司。參知粵西，化猺戶爲編民，道不拾遺。改楚臬，值楚宗骫法，奉勅五路會勦，賴壽寢格，諸藩帖然。晉巡撫雲南，加都御史，爲治七載，囹圄皆空，膏潤不染。歸休，改邑城，濬濠源，興學訓俗，鄉人感其德。年八十二卒。

河源遷縣治始末記　河源縣儒學記

陳大猷　字鳴翊，南海人。隆慶戊辰進士，雲南副使。

助修城隍廟記

夏弘　字用德，號銘乾，海陽人。隆慶庚午舉人，官詔安知縣。罷官歸，授徒講學，深研性命之理，學者稱『銘乾先生』。

太空何所有　衛夫人　海有四　中土何似　西北骨利幹　草木有知　有影不移

周光鎬　字國雍，號耿西，潮陽人。隆慶辛未進士，初除寧波府推官，累官至四川副使。邛筰不靖，朝廷發兵征討，光鎬爲監軍，事平敘功，擢四川右參政。值寧夏哱拜之變，擢臨鞏按察使，移駐賀蘭。寧夏平，晉左僉都御史，巡撫寧夏，尋轉大理寺卿致仕。築明農草堂於峽山先墓側，即以名其集，《阮志》注「未見」。他著有《出峽草》、《武經考注》、《兵政集訓》等書，《阮志》皆未著録。

陳邊務疏　陳狡虜順逆靡常疏　與梅禹金孝廉書　寛嚴論　出峽草自序　武經考注序　兵政集訓小序　香山九老圖序　朱明洞全集序　遊大峨山詩序　大竹縣志序　賀總制葉龍塘戡定朔方序　司農賓季泉德政序　李侍御抒衷疏草序　送趙少河戶部轉北序　韓子選鈔序　褒節祠堂碑　王婦張氏奇節傳　黄河賦

袁昌祚　原名炳，字茂文，東莞人。隆慶辛未進士，初授左州知州，調湖廣彝陵，歷仕至四川參議。王世貞極重之，嘗稱彝陵守袁君爲文古而暢，且其人長者。以憂歸，優游林下二十年。與王學曾、郭棐同輯《廣東通志》；著《莞沙文集》十卷，《阮志》注「存」；又輯《東莞宋八遺民録》，劉鴻漸爲之序，今佚。

答劉天虞司鹺書　答潘肖江書　律呂圖說序　嗚絃一得譜序　韻會小補後序　粵東名臣志序　粵大記序　新寧縣志序　籌海重編後序　三合初詮序　歷考芻言序　贈北溪任君擢守永平序　贈青濱張君擢守晉陽序　重修晉刺史吴隱之祠記　重修海鰲塔記　里中鼎建炳靈祠堂記　葵午童將軍去思碑

黎邦炎　字君華，號岱輿。民表子。隆慶辛未進士，授臨川知縣，薦徵稽勳司主事，歷官至江西參政。邦炎文人而饒幹略，宰臨川時，勦花園寇；官江西參政時，勦黄梅寇，皆聲威卓著。著有《南秀堂稿》，阮《藝文略》注「佚」。

賀章新渠先生陞別駕序　送陳國博歸瓊序

陳履　原名天澤，字德基，號定庵，東莞人。隆慶辛未進士，初授蒲圻令，移知休寧，俗靡，輕俠健訟，履一以長厚儉約化之。歷仕蘇州海防同知，內擢戶部郎中，以課績，復擢廣西副使，因病乞歸。結社浮邱，與南海郭棐、棐弟槃、陳堂、姚光泮、鄧于蕃、楊瑞雲、陳大猷、王學曾、金節、番禺張廷臣、黄志尹、梁士楚、黄鏊、東莞袁昌祚、鄧時雨，凡十六人。著有《懸榻齋稿》，《阮志》注「未見」。

案：《懸榻齋稿》，今東莞陳氏刊行，陳伯陶跋，言「全集已佚，其子孫兩次采輯而成」，所刊詩文各一卷，其文亦未全載，蓋非完帙也。

上三閣下言水災書　與吴軍門書　都閫潘雲臺君疏刻序　送紹蘭王君榮擢大理節推序　送羅大夫擢南太僕卿序　送同年安文二君之官序　送林大夫奉使歸省序

仁泉亭記　憲副樂華鍾公傳

尹瑾　字崑潤，東莞人。隆慶辛未進士，初授漳州推官，薦擢工科給事中，歷官至南太僕少卿。瑾官給諫時，嘗劾尚書王崇古，又疏救同官郭維賢，皆卓著風節。其海防八議，敷陳剴切，粤民尤利賴之。著有《莞石集》，阮《藝文略》注『未見』。

防海要務議

廣東文徵作者考卷五

番禺吴道鎔纂

◎明 續三

林培 字培之，東莞人。萬曆元年癸酉舉人，知湖廣新化縣，徵授南京御史，以言事謫福建鹽知事，告歸。天啓初，贈光祿少卿。培以直諫，與通州馬經綸同時得罪，其疏劾誠意伯劉世延及江東之等，與論徐維濂不當謫官及織造擾民諸事，《明史》皆附載《馬經綸傳》中。當時京師人語，有『南林北馬，臺省增價』之謠，故身後優被卹贈。所著《閩中遊記》，《阮志》注『未見』，詩集不著錄。

廣儲教搜逸才疏　東臣蔑旨啓釁疏　杜亂萌疏　重修嵩陽射圃記　南港分司記

區大樞 字用環，高明人。萬曆癸酉，與弟大相同舉於鄉。謁選得郡丞，辟内閣中書，皆不就。晚年令安遠，愛民守潔，轉岳州通判，卒於官，不贏一錢。有《振雅堂》、《廉江》、《岳陽》稿。

燈頌

蔡存仁 番禺人。萬曆癸酉舉人，官處州府通判。

按：存仁《别建昌諸父老》中有句云：『雞犬可無驚歲月，牛羊曾已遍巖扉。』是亦曾官建昌也。

欽州守宋公獲象記

袁應文 字仲奎，一字聚霞，東莞人。萬曆癸酉舉人，知福建沙縣，以治最擢御史。出爲貴州僉事，迭平緬甸、滇、黔各匪，勦撫得宜，全活以萬計，蠻夷震懾，境内肅然。年七十致仕，八十二卒。

舒令應龍去思祠碑

唐伯元 字仁卿，澄海人。萬曆甲戌進士，知萬年、泰和二縣，薦擢南京户部主事，晉郎中。伯元受業於永豐呂懷素，嫉王守仁新説，及守仁從祀，上疏爭之，爲南京給事中鍾宇淳所駁，謫海州判官。遷尚寶丞，值吏部。尚書楊巍雅不喜守仁學，疏薦伯元爲吏部員外郎，歷考功文選郎中，佐孫丕揚澄清吏治。秩滿，推太常少卿，命未下而伯元以吏部推補諸疏，皆留中賢愚同滯，引爲擬議不當所致，乞賜罷斥。帝不懌，允其去。其後吏部甄别諸郎，帝識其名，命改南京别部，而伯元已前卒。其爲人清苦淡泊，人所難堪，咸推爲嶺海士大夫儀表云。

按：伯元之學，崑山顧亭林、番禺陳東塾皆極推重；《明史》列《儒林傳》上卷，亦極寓推重之意。惟所著書，《明志》皆未著錄。據阮《藝文略》，所載者有《禮編》二十八卷、《二程年譜》，注『存』；又有《易注》、《二程語錄》、《醉經樓》、《太乙堂》、《采芳樓》稿，皆注『未見』。然《醉經樓集》，今潮郡尚有刊本，顧氏《日知錄》卷十八所采《答人書》一條，即在集中，《阮略》注『未見』，蓋采訪偶遺耳。

請告疏　答李中丞書　答顧叔時季時昆仲書　上太倉相公書　答孟叔龍書　答周時甫書　答友人書　立後說　生母服說　銓曹儀注序　寄聲集序　龔刺史文集序　醉經樓會序　讀炎檄紀聞　平遠縣儒學文廟記　壽安寺記　義阡記　平湖記　南巖記　潛龍灣記

周宗禮　澄海人。萬曆甲戌進士，廣西副使。

按：《潮州志》：宗禮，海陽人。

築南堤新涵記

祁衍曾　字羨仲，東莞人。順之曾孫。萬曆丙子舉人，不仕。性通脫，居羅浮，自號羅浮山人。嘗由朱明入閩，訪武夷，自鵝湖之白鹿，困於南昌，從二僮行乞於市。著有《綠水園集》。

與龐弼唐書　答龐惺菴書　乞食書　譚山人疏序　董令公應詔序　代邑父老送楊令公內召序　山海關題名記　遊武夷山記　盧山紀行記　陳衷素孝廉墓銘　謁葉退齋先生墓文　哭兄女貞文

高爲表　字正甫，番禺人。萬曆丙子舉人，選滄州學正，遷國子博士，晉刑部主事。讞獄多所平反，以憂去。服闋，改戶部，歷員外郎中，出知袁州府。時嚴嵩黨誘潘瑠開採銀礦，爲表力陳利害，事遂寢。舉先正陳重祠以風世，設秀江文社以課士，三年政通人和。尋乞休，年僅五十。褐衣蔬食，詩文自娛，泊如也，屢薦不起。著有《榆枋齋集》、《田間彙稿》，嘗修《番禺縣志》。卒年八十一。兄爲儀，萬曆十年舉人。

番禺縣志序

龐一德　字與虔，南海人。萬曆丙子舉人，官嘉魚知縣。秩滿，改揚州教授，歸。一德爲嵩次子，久從官吳、浙、楚、滇，諳達治體。著有《雙瀑堂稿》，阮《藝文略》注『未見』。

貫說贈吳子待銓　尊經閣記

楊起元　字貞復，歸善人。萬曆丁丑進士，選庶吉士，授編修，歷官至吏部右侍郎。起元慕羅汝芳之學，嘗奉命策封崇藩，取道盱江，就汝芳論道，乃大悟性命之旨。其學以知性爲宗，而不離日用，直窺大原，非世儒矯強義襲者比也。性至孝，以母喪哀毀卒，年五十三。天啓初謚文懿。著有文集十一卷，《明史》、《四庫》皆著錄，《阮志》注『存』；又有《識仁編》二卷、《諸經品節》二十卷，並見《四庫書目》，《阮志》注『未見』；又著有《天泉會語》，亦未見。

勸講聖學疏　原古中　學說　貞孝自天說　止於至

善解　仁解中　仁孝訓序　陰符經解序　贈郡守林公燮軒入覲序　守道吳公盪平積寇序　俞貞女傳書後　義倉記　見心堂記　明處士玉峰潘公墓表　副使鵬雲羅公墓志銘

王學曾　字唯吾，南海人。萬曆丁丑進士，知醴陵縣，擢南京御史。疏救言官鄒元標等，直聲震朝野。時吏民有罪，輒遣官校逮捕，學曾疏諫，不報。光州牛產犢若麟，帝命禮部徵之；學曾抗疏，請嚴斥邪妄；帝責其沽直，降興國判官。尋召爲光祿丞，復與少卿徐杰合疏爭三王並封，忤旨，削籍歸。泰昌改元，贈光祿少卿。著有《入楚吟》、《西遊草》，《阮志》唯稱《王唯吾集》，注『未見』。

敬陳法祖切要疏　懇乞聖明虛心疏　慎爵賞以遵祖制疏　乞停取麒麟疏　嶺海名勝志序　卻金亭記

曾象乾　榜作馬象乾，曾其本姓也。字體良，連州人。萬曆丁丑進士，選庶吉士，轉福建巡按御史，累官至都察院僉都御史。《明志》稱『所著散佚，惟存《中祕課卷》』，《阮略》注『未見』。

劾東廠太監張鯨疏　擬正士風疏　鹽法道陳公祠記　三賢祠記

金節　字持甫，南海人。萬曆丁丑進士，歷官至廣西參政。著有《吳粵草》、《缶鳴集》，《阮志·藝文略》注『未見』。

送王藩父守真定序　送范原因擢南昌守序

姚岳祥　字宇定，化州人。萬曆丁丑進士，選庶吉士。時鄒元標以劾張居正奪情下詔獄，居正令獄吏來問元標者，書名具報，岳祥坦然熟視，書名神色自若，既而歎曰：『綱維潰裂，尚可行吾志耶！』即謝病歸。著有《玄珠集》。

嶺西大捷露布

吳國光　字觀可，新安人。萬曆己卯解元。

海道劉公祠記　重修赤灣天后廟記

陳光穎　字少敏，順德人。萬曆己卯舉人，官通判。

駐月臺稿序

黃淳　字叔化，一字鳴谷，新會人。萬曆庚辰進士，官寧海令，因事謝病歸。闢洞鳴山，搆定帆亭，醉咏其中，自號六柳先生，蓋以出處自比於陶彭澤云。著有《鳴山集》。

秋坡先生傳

謝與思　字見齊，一字方壺，番禺人。萬曆庚辰進士，官諸暨知縣，轉調大田。爲蜚語所中，貶秩，慨然曰：『青山白雲，尚容傲吏！』拂衣歸，築小樓於郊坰，著述自娛。

著《抱膝居存稿》二卷，阮《藝文略》注『存』。

衛生編自序　重建萬積洋公館記　赤巖記

張萱　字孟奇，博羅人。萬曆壬午舉人，屢上春官不第，考授內閣中書，歷官吏部郎中。嘗與纂修正史，入侍經筵，故得發祕閣所藏書讀之，著《祕閣藏書錄》四卷。秩滿，奉母還里，爲園榕溪之西，不入城市，人稱『西園公』。自天地陰陽，以及兵農禮樂元乘韜鈐，無不探討淹貫。著有《西園存稿》三十卷，《阮志》注『未見』，今存。此外尚有《疑耀》七卷，今刻《嶺南遺書》中。又有《彙雅初編》二十卷、《續編》二十八卷，鈔本；《西園見聞錄》一百八卷，《阮志·藝文略》並注『存』；《西園彙史》一百六卷，注『未見』。

瓦屋張氏小宗圖說　嶺梅盟說　商契母　皋陶　三仁　后夔　許由　傅說　百里傒　虞舜妃　夏桀妃　彙雅前編自序　西園彙史義例序　西園史餘序　類說序　朱未央印略序　疑耀自序　心口語序　重編說郛序　雲笈七籤序　羅浮漫草序　南上草自序　賀中丞懷魯周公留鎮南畿序　贈劉肖庵守戎序　題北搨黃庭經　題宋搨定武蘭亭序　題聖教序　題淳化閣帖　重建太平橋記　五齊錄事傳

李元暢　字維寔，號雲泉，一號迪子，茂名人。萬曆壬午舉人，丙戌通明進士。著有前後《北征集》、《吹劍編》、《藥房稿》。元暢，《通志》無傳，所著書亦未著錄，惟吳崇宣《友竹居雜著》稱其全集經吉水李忠肅公邦華選刻，兵燹之餘，盡歸灰燼。其見於《御定歷代賦彙補遺》及郡邑志，僅得文四首，編入《高涼耆舊集》中。

重修吳川演武亭記　小函谷關賦　限門關賦

黃維貴　字周士，一字懷龍，順德人。萬曆壬午舉人，知樂清縣，遷溫州同知致仕。維貴出楊起元門，爲羅近溪學派。著有《求仁筆記》、《敦仁堂稿》等書，《阮志》注『未見』。

覺菴簡公墓志銘

馬夢吉　字一甫，又字長惺，番禺人。祖驄，嘉靖七年戊子舉人，署福建古田教諭，以師道自任，世尤稱其孝友。夢吉萬曆壬午舉人，仕至福建興化知府。

汪郡丞贈言錄序　課兒長春序

黃仕鳳　字儀廷，揭陽人。萬曆壬午舉人，瀋府長史。

揭陽縣濬河記

羅良信　字惇卓，順德人。萬曆壬午舉人，授定州學正，歷官至慶遠知府。所至有政聲，卒官。

備兵曉屏楊公守姚化屬傳

尹守衡　字用中，東莞人。萬曆壬午舉人，官清溪教諭，擢知新昌縣，左遷趙府審理。歸，采洪武以來政治人物，爲《史竊》一百餘卷，論者以爲陳建後一人；又著有《嬾庵集》。

按：《阮志·藝文略》，《史竊》一百七卷，存；《嬾菴集》，未見。

明史竊自序　三貞女記讚

林朝錀　南海人。萬曆癸未進士，戶部主事。

開建護國禪寺碑記

鄧宗齡　徐聞人。萬曆癸未進士，官翰林院檢討。

擬御製重刊資治通鑑綱目序　平海碑

林熙春　字志和，海陽人。萬曆癸未進士，由縣令擢居諫垣，上止東封及停采回青諸疏，皆關國體。乙未，軍政事起，一日斥言官馬經綸等二十四人，臺中震懼。熙春毅然上疏，降調家居。尋起用太常、太僕、大理三卿，以戶部左侍郎致仕。卒贈尚書，謚忠宣。著有《城南書莊草》，《阮志》注『未見』，馮氏采其文二卷入《潮州耆舊集》。

元旦風霾敬陳時政疏　伸救言官疏　請止東封疏

佘祖頤　字葆惺，順德人。父光裕，嘉靖乙卯鄉魁，官荊府長史，從甘泉遊，言行篤信，甘泉作《三傑歌》贈之。祖頤中，萬曆乙酉舉人，官河南蘭陽教諭，攝篆西華，皆有政績，入蘭陽、西華《名宦傳》。

祭劉暘谷座師文

林承芳　字文峰，三水人。萬曆丙戌進士，授編修，尋遷江西參議，告歸。承芳工文詞，廷對纚纚數千言，已定第一人，以筆誤置二甲。其官編修時，神廟命書中極殿額，甚嘉賞之。嘗爲國子監撰《重刻十三經注疏序》，持論平允，論者推爲信今傳後之作。著有《文峰集》、《竹窗存稿》，阮《藝文略》注『未見』。

重刻十三經注疏序　贈劉督府大司馬奏績序　宦體小序　太和山璚臺觀記　平南碑

徐兆魁　字策廷，東莞人。萬曆丙戌進士，由行人擢御史，官至刑部尚書。著有《西臺》、《三關》、《三楚》、《八閩》諸疏草、《誠求錄》、《留餘堂稿》，《阮志》著錄。

按《東莞縣志》：兆魁官刑部尚書，以救李三才死，忤璫，罷歸。及璫敗，未起用，時論惜之。與《明史》附見《崔呈秀傳》異。

重修番禺縣儒學記

謝正蒙　字中吉，惠來人。萬曆戊子舉人，知安鄉縣。始至，若不慧，久之得吏胥姦狀，逮治如法，人服其嚴明。擢御史，巡視兩淮，以河南參議告歸。著有《疏草》四卷，阮《藝文略》未著録，《潮州耆舊集》采其文一卷。

奏參福王請賜蘆州疏　粵東增遣稅使疏　邊餉清弊疏

蠲稅釋逮疏

劉景辰　字紫星，號清源，番禺人。萬曆己丑進士，授行人，擢雲南道御史。所上用人、練軍諸疏，皆裨軍國大計。著有《焚餘稿》，阮《藝文略》未著録。

辨曲直存公道疏　訓練軍務以備緩急疏

鄧光祚　字正虞，曲江人。萬曆己丑進士，官南直當塗縣，行取吏部主事，晉文選司郎中。朝參時，中官有攙越者，光祚毅然折之，朝班肅然。選事竣，當擢京卿，遽引疾歸。遺俸止四十金，人咸稱其廉介。

太守謝公祠記

區大相　字用儒，高明人。萬曆己丑進士，選庶吉士，授檢討，歷官中允，掌制誥。居詞垣十五年，自給諫調南太僕丞，以疾歸。里居八年卒。自『前後七子』談詩，以翰林爲『館閣體』，至大相，始力祛浮靡，還之風雅。再使封藩，歷齊魯、吳越、嵩洛、衡湘，咸著篇咏。著有《前使》、《後使》二集。

按：《阮志·藝文略》但稱『《區太史詩集》二十七卷』，注『存』。

正綱紀厚風俗疏　因旱修省敬陳時政疏　周禮圜鐘六變函鐘八變黃鐘九變說　候氣說　孺朗初稿序　四遊稿序　前使集自序　後使集自序　郭夢菊集序　賀總督兩廣陳公平寇序　賀南陽太守鄧公考績序　賀郡守鄰崧陳公奏績序　己丑科進士題名記　感去燕賦　草蟲投燈賦　王會圖讚　海棠果讚　木瓜讚　太和山銘

區大倫　字孝先，高明人。萬曆己丑進士。初與兄大相肄業南雍，成進士後，授東明令，擢御史。以諫不親郊祀，忤旨奪職。歸築煙霞圃，灌園讀書，晏如也。光宗立，起光祿丞，歷官至南京戶部侍郎。著《羅陽四書翼》、《江州存稿》，《阮志》並注『存』。

郊祀疏　正心堂摘稿序　郡守陳公鐸陽書院記　端州源委記

湯敬升　字小槐，新會人。萬曆辛卯舉人，官教諭。著有《朱翼》及《輯宋明四書》，《阮志》注『未見』。

族譜議

何熊祥　字乾宰，新會人。萬曆壬辰進士，選庶吉士，改御史。初按上谷，再按閩，再按三吳及南都七郡，著有《四巡疏鈔》六卷。秩滿，歷官太僕、大理卿，遷南刑部侍郎。著有《馬政事宜》、《平刑八義》共十卷。時神宗倦勤，兩都員缺多不補，熊祥在南都，嘗兼署吏、戶、禮三部尚書。又著有《南都疏略》三卷，今阮《藝文略》皆注『未見』。熊祥官至南吏部尚書，卒謚文懿。

請亟圖修省疏　修省宜亟疏　乞歸養疏

韓上桂　字孟奇，番禺人。萬曆甲午舉人。天啓初，授國子監博士；崇禎間，轉永平通判。時中外用兵，餉乏軍譟，上桂下車，設法轉運，邊事賴濟。居常握腕時事，憂形於色。尋擢建寧同知，仍留督餉。流賊陷京師，悲憤不食，歿於寧遠。乾隆時追謚節愍。著有《雷州府志》，佚；《朵雲山房稿》十二卷、《凌雲記》曲鈔本，並存。

定州古蹟志論　遊滁稿序　疑始子古賦序　擬禮樂志序　祭區海目先生文　仰蘇亭賦　沈閔賦　月賦　五惜

黎許　字國倩，增城人。萬曆甲午舉人。著有《白鹿洞稿》，《阮志》著錄。

黃使君壽詩圖序

趙應元　字葆初，一字有鶴，新會人。萬曆乙未進士。初宰無錫，過惠泉，酌以自誓曰：『清不及此，非夫也！』在任八年，剔弊去奸。擢虞部主事，晉郎中。奉使易州，乞假歸省，尋卒。著有《栖玄集》，《阮志》注『未見』。

請起廢棄疏　莫鳳巖先生三教會編序

袁崇友　字伯益，東莞人。應文子。萬曆乙未進士，授南安知縣，累擢至南昌知府，未赴。再起爲尚寶司丞，行至潛山，歌《陟岵》之章，托疾歸。崇友宰南安時，嚴懲猾吏攬賦，故課盈而民不擾，中使榷稅，復抗陳邑地磽瘠，以紓民困，南安民德之，祀名宦。著有《讀老》二十四章，《阮志》稱『《老子注》』；又有《春草堂文集》皆，注『未見』。

買官田議　保甲議　林侍御疏草序　贈邑侯馬公入覲序　黎烈婦傳

鄧雲霄　字玄度，東莞人。萬曆戊戌進士，官至四川參議。雲霄性廉正，有古大臣風，而博洽多聞。在都時，日集名流談論，每得一紙，即書投匭中，積久成帙，爲《冷邸小言》若干卷；與所著《百花洲集》、《解弢集》，《四庫提要》著錄，《阮志》注『存』。又有《漱玉齋文集》，今存。其《紫煙樓》、《竹浪齋》等集，皆未見。

重刻空同集序　冷邸小言自序　羣玉軒集序　吾詩序　李煙客詩集序　王右仲慙陶集序　披帷館詩序　重修石鼓書院鼎建大觀樓記　通政韋所顧公義助長洲縣十一都役田記　鳳臺詩社重修記　天尺庵記　增城邑侯喻公去思碑

馮昌歷　字文孺，順德人。萬曆庚子舉人，銓寶坻知縣，以母老不赴。授徒里中，講主靜之學。預知卒期，弟子爲建祠，私謚曰明善。著有《一樹齋集》，《阮志》注『未見』。

答梁騰霄書　汰多先生說　友聲錄序

馮奕垣　字弱璧，南海人。萬曆辛丑進士，選庶吉士，補監察御史。所上二弊五窮、挽亂圖治、任輔臣、平銓政諸疏，皆宗社大計。巡按貴州，值苗民土司交訌奪印，奕垣殫心規畫，黔、蜀民得息。以積勞遘疾卒，贈光祿少卿。

挽危亂圖治安疏　平銓政疏　擬濟時艱疏　黔境備兵乞停刑以迓天和疏　建文皇帝祀典議　上朱葉李三相公書　復內閣朱金庭書　善與利之間論　關雎麟趾之意論　勅建于忠肅公祠碑　乾清坤寧宮頌　鷹化爲鳩賦　王文成公贊　薛文清公贊　陳白沙先生贊　胡餘干先生贊

尹遂祈　字鏡陽，東莞人。萬曆辛丑進士，知同安縣。以忤稅監落職，歸至贛州卒。遂祈喜讀《參同契》，河洛圖緯、天文律曆、風角望氣、六壬太乙諸書，靡不研究。晚而歸宿江門之學，以致虛守寂爲主。著有《天文備考》及《叢桂堂集》二十卷，《阮志》注『未見』。餘若《陣法源流》、《璣衡要旨》、《天元玉策解》等書，皆未著錄。

復林省菴先生書　林省庵先生警語錄序　登岳先聲詩序　贈寶安丞解公　送郡侯方公祖詩跋

潘濬　字季源，南海人。萬曆辛丑進士，授安福知縣，累官至南刑部侍郎。濬官僉憲時，海內刱建忠賢祠，違命即逮捕，濬多所庇宥，忤魏閹意，故出爲南刑部侍郎。旋乞病歸，至豫章卒，贈太子少保。

題減粵東稅銀疏

曾鳴雷　南海人。萬曆癸卯經魁。

歡賦

區縉　高要人。萬曆癸卯舉人，官鹽亭知縣。

陳大尹祠記

黃儒炳　字士明，順德人。萬曆甲辰進士，官編修，歷仕至吏部左侍郎。以力諫中官出鎮，及內傳補官，積忤閹黨，告歸。尋丁母艱，以毀卒。著有《影木軒文集》。

番禺縣志序　續南雍志序　大明律集解附例序　郡守江公德潤碑記　意必固我銘

李待問　字葵孺，南海人。萬曆甲辰進士，知連城縣，尋擢禮部主事，累官至應天巡撫。時魏璫生祠當孝陵道，百官謁陵，守閹輒先責拜璫祠，待問詣陵畢，疾馳。履新列郡，呈建璫祠者並格之，因謝病歸。崇禎初，起戶部侍郎，晉尚書。以整飭漕法，籌策廢食，積勞卒官。其在戶部，數召對賜坐；御札下，第書『計臣』而不名，隆眷爲廷臣冠。贈宮保，謚忠定。著有《松柏軒稿》，《阮志》注『未見』。

限田疏　修通濟橋記　小雲林記

郭尚賓　字朝謌，南海人。萬曆甲辰進士，授吉安推官，内擢刑科給事中，累官至兵部右侍郎，卒贈尚書。尚賓官刑科時，以疏救御史翟鵬翀謫官，故《明史》附見鵬翀傳。其疏稿今刻《嶺南遺書》，仍稱『郭給諫』，不稱所歷官也。

請福王之國疏　易名重典咨詢宜審疏

黄公輔　字振璽，新會人。萬曆甲辰進士，知浦城縣，薦擢南京御史。劾魏忠賢及織監李寔，削籍。崇禎初，起湖廣參議，歷官至太僕卿，轉南左通政。明亡，陳子壯、陳邦彥、張家玉等起義兵，公輔應之。桂王晉刑部侍郎，復晉兵部尚書。陳、張等死，公輔亦潰敗，平、靖二藩招之，復書謝絶，避地新寧以終。或曰與將軍王興同死文村，骸骨不返云。著有《北燕巖集》，《阮志》未著録。孫確，以諸生授按察司副使，亦殉節死。

權璫竊柄乞正典刑以彰國法疏　復平靖二藩書

區慶雲　字子卿，南海人。萬曆丙午舉人，屢中副車。尋就教宜興，聘修《常州府志》。以忤勢璫，左遷滇倅。理煩治劇，興利除弊，所至建祠尸祝，兩臺交薦，引退杜門。著有《定香樓集》二十卷，《阮志·藝文略》注『存』。

周禮論　詩論　鬼神論

黄士俊　字亮垣，號玉崙，晚號碧灘釣叟，順德縣人。萬曆丁未進士，廷試第一。官修撰，歷仕至禮部尚書。崇禎九年，與賀逢聖、孔貞運同入閣，以爭遼餉事忤溫體仁，罷歸。明亡，唐王立於廣州，以原官召，不赴。而桂王先一月立於肇慶，改元永曆，尋與何吾騶並召入閣。大兵破南韶，桂王西奔。士俊坐閣中不去，尋歸里，坐臥一樓，閲數年卒。年八十五。

李方麓去思碑　鼎建連州治碑記

韓日纘　字緒仲，一字若海，博羅人。萬曆丁未進士，授檢討，歷官禮部尚書。魏璫用事，欲致日纘，卒不肯一見，志節卓然。負淵博名，以詞臣居講幄，兼總裁實録，教習館員。於是日則講論切磋，夜則秉燭纂録，撰次講義，敷陳旃廈，積勞卒官。謚文恪。所著《博羅縣志》、《詢蕘録》，《阮志》注『未見』；《文恪集》二十卷，存。

人主廣大人臣節儉説　建州女直考　李觀察入賀萬壽聖節序　賀象岡何公入參大政序　總督兩廣許公晉大司馬入參戎政序　吳崧輪司馬蕩平九連山寇肇建連平州治序　贈龍別駕序　贈符廣文序　題桐柏道人乞食卷　禺峽新闢諸勝記　溫公生祠碑　祭方孟旋學憲文　合祭沈蛟門相公文

陳熙韶　字仲慈，號蘭砌，南海人。紹儒孫。弱冠與弟熙昌同選貢，稱『嶺南二陳』。萬曆己酉舉人，授梧州府同知，威惠並行。陞南戶部員外，轉郎中，出守思恩府。前守苛征，民怨；熙韶一無所取，九司畏懷，奉令維謹。返里後，杜門吟詠，不事干謁。歿祀鄉賢祠。

玉帶橋記

陳子履　字順虎，南海人。熙韶子，子壯從兄。官知縣。桂王時，授禮部主事。有《東皋詩》一卷。

東皋紀略

葉廷祚　字啓明，番禺人。原名天啓。萬曆庚戌進士，官太常寺卿。

重修南海神像記　番禺父母張公甘霖頌

崔奇觀　字岷瀾，番禺人。萬曆癸丑進士，除山陰知縣。丁憂服闋，補金谿，革兌書之弊，爲邑人所稱。天啓初，擢御史。紅毛夷踞澎湖島，閩撫請令粵會勦，奇觀謂宜嚴禁接濟，不必紛紛召兵，廷議從之。復疏糾漳南道程再伊、員外郎馬明瑞，其彈劾不避，多此類。時朝政日非，疆事大壞，奇觀疏陳羣臣不和，是以有敗北之虞，乞敕督撫道將諸臣和衷共濟，無蹈前愆。帝以爲切中時弊，嘉納之。旋卒，贈太常寺少卿，祀金谿名宦、郡鄉賢祠。

閩撫請粵會剿紅毛夷駁議

李孫宸　字伯襄，香山人。萬曆癸丑進士，授庶吉士，歷官至禮部尚書。生平砥礪名節，三朝進講，剴切規陳，時有學行，俱優之褒。卒於官，贈太子太保，謚文介。著有《建霞樓集》，《阮志》注『未見』，實存。

封信王冊文　請修實政息煩言疏　原文　璿璣玉衡以齊七政考　臨雲集序　王明府膺獎序　何似公尺一樓詩選序　從兄代叢六十一壽言

林枝橋　字陽仲，新會人。萬曆丙辰進士，知當塗縣，內擢禮部主事，歷吏部郎中。以忤魏璫，與李邦華、周宗建、周順昌同日奪職。崇禎初起原官，仕至貴州按察使，以憂歸。著有《白鶴山房集》，《阮志》注『未見』。

送陳學博晉南國子學錄序

黃聖年　字逢永，順德人。維貴子。萬曆戊午舉人，官當陽教諭，以足疾歸。好學能文，尤工書法。著有《薜蕊齋詩集》。

薜蕊賦

袁崇煥　字元素，東莞人。萬曆己未進士，由兵部主事歷寧前道。時遼左發難，廣寧師潰，崇煥奮不顧身，毅然受甲。以守禦功高，尋擢巡撫，晉大司馬，授以專閫。《明史》稱，清師伐明，明之邊臣無敢議戰議守；議戰守者，自崇煥始。誠實錄也。會斬毛文龍，旋遭讒搆，天下冤之。所著《元素遺稿》，《阮志》注『未見』。

擢僉事監軍陳方略疏　乞終制第一疏　乞守制第二疏　乞給假治喪第三疏　遵旨回任兼陳時事疏　酌定兩鎮職任疏　統籌遼局疏　復陳遼地屯田疏　築錦州三城疏　謝陞任疏　錦州報捷疏　乞休疏　上當道論邊事書　祭覺華島將士文　重建三界廟疏文

陳子壯　字集生，號秋濤，南海人。熙昌子。萬曆己未進士，廷對第三，授編修。時熙昌以治行徵爲吏科給事，劾魏閹姦狀；閹黨摭子壯甲子典試浙江試錄中語，以爲誹謗，父子同日奪職。崇禎初起用，歷官至禮部右侍郎，旋以言事下獄，減死放歸。桂王時，授東閣大學士，總督四省軍務。清師入粵，子壯與陳邦彥、張家玉拒戰死，世稱爲『粵後三忠』。贈南海忠烈侯，賜謚文忠。著有《昭代經濟言》十二卷，《四庫》著錄；《練要堂前集》六卷、《後集》五卷，並存。

議改授宗秩疏　與黃逢永書　袁雪卿遺稿序　中州草堂集序　重刻南園五先生詩集序　區太史集序　從乂軒記　賢令李模德政碑　陸景鄴先生誄　西樵山賦

陳子升　字喬生，號中洲，南海人。子壯弟。年十六補郡弟子員。與同里黎遂球、陳邦彥以文章聲氣，遙應復社。福王時，舉明經第一。隆武改元，拜中書舍人，銜命入粵。汀州陷，謁桂王行在，授吏部給事中。屢上封事，爲羣小所嫉，出之外。桂王西奔，子升追不及，流落山澤間，久之得歸里。晚年與陳恭尹、梁佩蘭往還酬唱。性喜音律，善鼓琴，畫法董、倪，刻印追秦、漢，時以才子目之。所著書數十種，有《中洲草堂集》二十三卷，今刻《粵十三家集》中。

故相象岡何公行狀　刻印賦

何吾騶　字龍友，號象岡，香山人。萬曆己未進士，崇禎初改庶吉士，累官至禮部侍郎，加尚書。與王應熊同入閣，以助文震孟。忤溫體仁，罷。北都陷，唐王召爲首輔。閩敗，奉唐王弟聿𨮁至粵，與蘇觀生擁立之。廣州破，脫歸。桂王時，再入閣，尋罷。展轉募餉，奔走兵間，卒於軍。或謂其被執不屈死，史闕不能詳，故傳聞互異云。所著《日講拜稽記》四卷、《周易補注》四卷、《雲笈軒稿》二卷，皆未見；《元氣堂集》三十卷，存。

漆侯建文光塔記　雪山禪師塔銘

劉克平　字道子，番禺人，從化籍。父格，字豫誠，嘉靖庚子舉人，官信豐知縣，世稱『強項令』；歸與何維柏講學天山書院，卒祀名宦、鄉賢；生有五子：克正、克修、克齊、克治，而克平最幼。萬曆間廩於庠，工詩古文詞，善六書、花卉，中丞劉公以『謫仙』目之。克治著《訂初學記》及《許氏說文》，克平重加修訂刊行。性慷慨，曾脫人於獄，不令知；友客死，爲葬於父墓側，歲時祀之。後以兵憲李公聘修《石室志》，溽暑，中感疾卒。

遊羅浮山記　仙鶴賦　蟠桃賦

林挺　番禺人。萬曆間貢生，官知縣。

淇園集序　南舟彙草記　小海珠記

朱完　字季美，南海人。萬曆間諸生。負文名，深於《說文》之學，能詩，工篆隸，兼擅畫墨竹。歐大任、黎民表皆折年輩下交之。性閑靜，居粵城北郭之虹岡，栽竹數萬竿、梅數百株，閉門自娛，而問字索書者不絕。著有《清暉館稿》，今佚。

嗇如園賦

張鳴韶　順德人。萬曆間諸生。嘗遊羅浮，有《宿飛雲頂候日》詩。

贈溫陵陳山人東歸序　順德方侯德政碑

霍尚守　字益方，南海人。諸生。隱居西樵，博學多才。著有《西樵山志》、《粵東名臣志》，《阮志》注『存』；又著有《天下名山水志》、《樵中彙草》，未見。

與喬化論通志書　與林培之侍御書　與譚永明論交阯書　翁襄敏公安邊記序　聖功圖序　張曲江詩集序　西樵玉池記　西樵春遊記　少傅吏部尚書廖僖靖公傳　廣州布政使李公鳳書傳

朱國泰　里貫、仕履未詳。嘗著《防虜議》，《嶺南文獻》采其文，稱爲『名士』。

防虜議

鄭敦復　萬州人。歲貢生，官福州通判。

古寧野紀序

劉相　字良倩，香山人。生員，以辟薦授昭平知縣，升兵部職方司主事。相工古文詞，邑中碑銘傳記，多出其手。卒年九十餘。

衆母菴豐盈井泉記

廣東文徵作者考卷六

番禺吴道鎔纂

◎明　續四

洪錫祚　字藿藜，東莞人。天啓元年辛酉廣西籍舉人，官浙江，累擢按察司僉事。乙酉，南京陷，魯王監國，內擢太僕少卿，力辭。既而唐王稱帝，閩、浙水火，清兵破金華，乘勝而南，閩中亦破。錫祚乃歸里，匿跡完髮於鄉之三寶菴以終。

上明魯監國書

伍瑞隆　字鐵山，香山人。天啓辛酉解元，授化州學正，累遷戶部員外郎，擢河南巡道，告歸。甲申國變，入金陵，與諸名士結復社，攻馬、阮。南都陷，避兵衡嶽，數歲始歸。清師再入廣州，瑞隆被難幾死，尋放還。隱於邑南鳩、艾二山間，築少城別業。卒年八十四。或言其晚學道，不知所終，所葬唯衣冠塚耳。工詩書畫，人爭寶之。王士禎盛稱其詩，查繼佐、今釋皆極推重。所著《鳩艾遺集》、《雩樂林草》凡十二種，多佚，近人鈔存詩文二卷。

按：《永曆紀年》謂瑞隆丙戌降清，今考正。

何鼎新索畫記　少城別業記　惜士不遇賦

朱實蓮　字子潔，南海人。天啓辛酉舉人。撫按以人才薦，官德清縣知縣。以誤漕被劾，值流寇之亂，政府方事搜括，崇德令趙變自縊死。實蓮曰：『朝廷以民付我，今民旦夕死而朝廷不知，無寬政，此守土責！』遂自詣詔獄，獄中極陳地方荒苦。奏入，獄解，謫松江府照磨。起臨淮知縣，內擢，累官至戶部郎中。北都陷，陳子壯等起兵，以實蓮攝高明縣事。城破殉難，賜謚烈愍。所著《冬春草》、《積雪軒集》，未見。

獄中陳德清荒苦疏

梁元柱　字仲玉，一字森琅，順德人。天啓壬戌進士，入翰林，轉陝西道御史。魏閹欲見，峻拒之，大書二十字：『不憂不懼，君子乃能遯世；患得患失，鄙夫烏可事君？』值天變抗言，削籍歸。與黎遂球、陳子壯輩，詩酒高會，縱筆作畫。崇禎初起原官，巡按雲南，尋病卒。嘗築園粵秀山南，濬池得奇石，配以古樹，謂皆偶然也，以『偶然堂』名集；又《疏要》四卷，皆未見。

上穹蒼告變疏

黎遂球　字美周，番禺人。天啓丁卯舉人，授兵部職方主事。時流寇內訌，邊事日亟，詔舉經濟名儒，遂球被薦，以母老未赴。甲申，聞變痛哭，決意致身。乙酉，奉唐王命，監廣東兵赴贛。城破巷戰，與弟遂琪及僕盧從替、梁義、陳廣金等三十餘人同死。賜謚忠愍。著有《周易爻物當名》，《四庫》著錄，今刻伍氏《嶺南遺書》中；《蓮鬚閣集》十卷，刻入《粵十三家集》。

政教策　官人策　保舉策　答潮州李司理書　答嘉湖道吳人撫書　與友人論兵事書　與友人論湖南屯兵書　孟子不尊周論　朋黨論　許衡論　日行論　冬至前一日無陽論　明察論　諫論　孟子不以像殉論　易史序　史竊序　李氏藏書序　河村詩集序　是誰集序　別盧侯序　贈太倉知州劉子序　湞陽峽記　登泰山記　遊焦山記　遊惠山記　禺峽遊記　觀劉氏塚記　歌者張麗人壙銘　會祭座師張紫坡先生文　波羅銅鼓賦　弔南漢劉氏墓賦　惕志賦　三大忠祠賦　禜客星賦　素馨賦　詶芳草賦　荔枝賦　蝴蝶賦　水燈賦　別絲織愁賦　愛妾換馬賦　影園賦　討賊檄

區懷瑞　字啓圖，高明人。大相子。天啓丁卯舉人，歷知當陽、平山二縣。懷瑞與弟懷年並負才名，與李雲龍、羅賓王、歐必元、鄺露諸人相唱和，又與陳子壯兄弟、黎遂球、歐主遇十二人修復南園詩社。國變後，與黎遂球、鄺露奔走國事，遇害道卒。所著《二嶽遊稿》二卷、《燕吳遊稿正續集》七卷、《玉陽稿》八卷、《阮志》皆注『未見』。又《粵臺徵雅錄》載其有《嶠雅》一書，皆輯粵先輩之詩，亦佚。

當陽縣社學記　當陽縣兵器庫記　登古麥城記

區懷年　字叔承。大相子，與兄懷瑞齊名。以拔貢生歷太學，考通判職。不樂爲吏，與陳子壯等修復南園詩社。明亡，韜晦遯迹。博綜內典，一時緇流，多就質難，稱爲『天童先生』。著有《玄超堂稿》一卷，存。

擊筑吟自序　揚越名都賦　嶺南嘉卉賦

凌雲　字澹癯，仁化人。天啓丁卯舉人，授河南推官。明亡，遯迹蔚州、固始間，魏象樞嘗從之遊。尋歸里，自署『傘居』，言所居僅一傘地也。象樞屢寄以詩，置不答。所作《總持閣記》，自言身攖國難，闌入僧隊，蓋亦明之遺民，如『十今』之類。著有《集陶集杜樂此吟》，今釋爲之序。

總持閣碑記

歐主遇　字嘉可，順德人。天啓丁卯副貢。與陳子壯、黎遂球、黃聖年等十二人修復南園詩社。著有《自耕軒集》。

竹賦

郭之奇　字仲常，號正夫，揭陽人。崇禎戊辰進士，選庶吉士，歷官福建提學副使，薦升太僕寺卿，命下而北都陷。桂王立，召赴行在，奏陳安攘大計，授禮部侍郎，轉尚書。桂王尋走南寧，之奇與大學士王化澄等寓北流待命。會孫可望要封秦王，之奇疏陳不可。可望至，索誅阻封者，之奇方被召在道，密詔止之，遂來往廉、雷間，練水軍。會李定國師攻陽江，圍新會。定國敗走，之奇以督師名義從將軍王興於石井。桂王入緬，之奇走南交，交人執獻廣西使臣，不屈死。乾隆中賜謚忠節。著有《稽大篇》五十五卷，《四庫》著錄，《阮志》注『存』；《宛在堂集》若干卷，注『未見』，而《潮州耆舊集》選得其文二卷。

恢復先審定略用兵當策萬全疏　經權當求至當名器未可輕徇疏　條陳急切事宜疏　舉邊才足兵餉議　九九篇自序　司徒林忠宣公傳

李士淳　字二河，程鄉人。崇禎戊辰進士，知山西翼城縣。行取入都，考選翰林，擢第一，授編修，充東京講讀，晉侍讀學士。李自成陷京師，被刑數四，不污僞命，遁歸。唐王立，軍興餉絀。士淳僕僕興、長、程、鎮間，得餉二萬餘，張家玉疏其忠勞。桂王時，纍遷吏部右侍郎，協理詹事府事，皆未赴召。國亡後，杜門著書。順治間，以薦起用，有司敦促，堅辭不應。著有《陰那山志》二卷，《阮志》注『存』。所選《古今文範》及《三柏軒文集》，《阮志》未著錄，《嘉應州志》注『存』。

重修番禺學記　倪父母平寇記

王應華　字崇闇，號園長，東莞人。崇禎戊辰進士，累官按察副使。隆武時，晉侍郎。閩敗，紹武稱號，以東閣大學士掌部務。廣州破，唐王匿其家不得死。後仕桂王，授光祿寺卿。晚歲遁迹不出，結溪南詩社以自遣。禮空隱，號函諸，與函昰、函可爲方外交。子鴻暹，爲函昰弟子，號今回，嘗賦詩云：『猶有僧間學采薇』，亦遺民也。

重修天后廟記

辜朝薦　字端敬，海陽人。崇禎戊辰進士，除桐城令。行取，擢山東道御史，累官禮科都給事中。嘗疏劾溫體仁，又嘗上《用人聽言疏》，皆切中時弊。甲申北都失守，時方督餉粵中，聞變慟哭，歸里，著《桑浦行吟》。後仕桂王至太常寺少卿。順治癸巳，潮鎮郭尚久以城歸附桂王。越五月，清師克復，朝薦毀家避地，依鄭成功。戊辰卒於臺灣，年七十八。著有《疏草》四卷，《阮志·藝文略》注『未見』。

按：《明季南略》稱，丙戌，朝薦獻策下廣。茲據《海陽志》及江氏《臺灣外記》訂正。

用人聽言疏

胡平運　字明卿，號南石，順德人。崇禎庚午解元，辛未進士，授庶吉士，改御史。正色立朝，知無不言。時澳門爲西夷所踞，海寇恣刦，請飭地方官嚴防究緝。疏入，切責撫按，卒出兵討平粵寇，平運建言之力也。尋巡按雲南，弭邊害，振士風，黔人立祠祀之。廣東議開採珠池，平運力諫，乃止。轉福建參議、廣西參政，俱不赴。歸，日與故人飲酒賦詩。丁艱，以哀毀卒，祀鄉賢。

奏劾夷盜擾亂當事選懦疏

易際奇　字開五，號吾豫，新會人。崇禎庚午舉人。三上公車，歷齊、魯、燕、趙間，與豪俊交遊，以忠孝大節自期。己卯復赴北都，上書論邊防諸務。甲申後，與子訓避亂山間，絕意進取。講學授徒，以克己爲要，主靜爲宗。年六十三卒，門人私謚曰文哲。著有《詩書傳解》、《逸記》、《吾豫漫筆》、《拂劍草》、《僑梧集》、《大易堂集》。

修東坡亭記

陳是集　字虛斯，號筠似，文昌人。崇禎辛未進士，官中書舍人。值鼎革，以遺老終。先是，陳子壯宗伯將選嶺南歷朝詩，以奇甸屬是集，因采瓊郡自宋迄明得三十家，爲《南溟詩選》。及國變，提學林某將倡義勤王，人以爲疑，是集致張太守書，贊決其行，詞氣慷慨，亦氣節之士也。

與張太守書　經籍目錄序　溟南詩選序

龍大維　字張卿，石城人。崇禎辛未進士，官太僕少卿。

興文橋記

陳詩　字采俞，順德人。父士諤，家富於財，賑飢救溺，以經學教子弟，敦行孝讓，卒祀鄉賢，《阮志》有傳。詩少讀書，即尚節義。崇禎癸酉舉人，觀政禮部，忤權貴假還。甲申之變，閉門痛哭，不食死。子文標，諸生，殉之。著有《知鴻堂文集》，存。

卹臧獲議　周公辟管叔辨　王導論　陳巖野刪定羅浮志序　書周子拙賦後　讀書齋記　遊鼓山記　遊玉笏筆記　嫉蚊賦　夏蛙篇

羅萬傑　字貞卿，揭陽人。崇禎甲戌進士，官行人，擢吏部主事，轉驗封司員外郎。甲申國變，福王立，徵拜都察院右副都御史，以馬、阮用事，不赴。國亡後，遁居豐順之藍田隆煙寨。已，復逃於禪，居大埔西髻峰麓盤湖菴。卒年六十八。著有《瞻六堂稿》二卷。鄉人謚曰『文節先生』。

貞社序

李楩　字其礎，程鄉人。士淳子。崇禎己卯舉人。嗜古好學，書法直逼鍾、王。甲申聞變，痛哭狂走。其後士淳生還，抗節不仕，楩亦與張琚等四人偕隱。刻有《溪聲堂帖》，著有《函祕齋詩文集》。

黃一淵遙峰閣集序

黃鶴仙　字友松，一字鍊菴。其先福建人，萬曆間占籍番禺。崇禎庚辰進士，初授豐城令，歷官至雲南道御史。廣州破，妻盧爲亂軍所脅，大罵曰：『吾命婦，豈受辱耶！』遂投水死。國亡後，自稱『柱下遺史』。同里潘楳元作《廣州鄉賢傳》，鶴仙序之曰：『士君子生於世，得志則殊勛偉績，不得志則氣節文章，所趨不同，原其心，皆欲不朽。』蓋自寓也。所著有《東園草堂稿》。

廣州鄉賢傳序

李際明 字伯章，順德人。昴英十四世孫。崇禎庚辰進士，官建德令。杜絕苞苴，贖鍰悉歸公庫，不自私。累遷吏部禮部郎中、浙江道御史，國變後不復仕。有《風操堂集》十六卷，《阮志》注『存』。《廣東詩粹》際明有《樵懷集》，未見。

宋輅院大夫澗泉李公墓志銘

鍾丁先 字後覺，永安人。少有神童之目。崇禎壬午，夏公允彝主廣東鄉試，舉第一。北上會試，遇流寇不果行。甲申，京師陷，聞變痛哭，破家起義，集民兵數千人，屯於永安之凹山，爲恢復計。永曆時，授監軍道，遷廣東按察副使。桂王奔廣西，號令不及，丁先知事不可為，乃散其軍。削髮爲僧，號懺雲。永安令王孫蘭、副總黃應傑及平、靖二藩，皆以書招之，堅不出，所答書大義凜然。尋卒於藍塘之彼岸庵。著有《四書明微》、《鍾義士文集》，並存。

答耿尚二王書　答副總黃應傑書　再答副總黃應傑書　答李副將榮華書　答永安令王孫蘭書　答劉遊府書

梁朝鍾 字未央，號車匿，番禺人。崇禎壬午舉人，紹武時官國子監祭酒。丙戌城陷殉難，桂王贈禮部尚書，謚文貞。朝鍾博學倜儻，好奇計，有大志，文豪逸如其人。著有《喻園集》，存。

夏閣如上書羣議序　銼書樹記　太子太保禮部尚書文恪韓公神道碑

謝元汴[一] 字梁也，澄海人。崇禎癸未進士，未授職，假歸。唐王監國，赴行在，上《朋黨策》，授兵科給事中，以忤鄭芝龍落職。桂王立，起原官，奉命募兵平遠。而桂王西奔不返，元汴遂僑居豐順，授徒養母。卒披緇入臺灣，不知所終。著有《雪山堂集》，《阮志》注『未見』。馮氏《潮州耆舊集》選其文一卷，原名《霜崖集》，學使惠士奇嘗得其稿，與梁朝鍾、胡方并刻爲《三家文選》。

時事六太息疏　官方冗濫已極疏　朋黨策　至誠與天地同久論　霜崖制義自序

[一] 元汴，原誤作『元忭』，據《潮州府志》改。

張家玉 字玄子，號芷園，東莞人。崇禎癸未進士，選庶吉士。李自成陷京師，脅降不從，逃歸，尋赴南京。福王北狩，從唐王於福州，條陳恢復大計，進侍講兼給事中。監鄭彩軍，迭立奇功，授僉都御史，以文臣爲彩所扼。返粵之惠、潮，招撫山寇，得數萬人，建武興營。糧盡，不能戰，歎息曰：『廉頗思用趙人，集吾東莞子弟，尚可爲也！』桂王稱號，陳子壯、陳邦彥起義。家玉與其師林洊謀，率主事韓如琰、邑人陳文豹等，舉兵爲應，鄉民從之，爭先赴敵。戰屢捷，相持數月。兵敗，赴水死。大母、陳母、黎妻、彭妹、石寶皆死，桂王贈增城侯，謚文烈。著有《名山集》，今存；又有《大易纂義》、《歷代帝王世說》，未見。

敕諭工部尚書曾櫻僉都御史郭維經　敕諭九江總督袁繼咸贛州巡撫李永茂　出閩入粵陳利害三策疏　乞破格收攬人才疏　答佟養甲書　梁都督詩草序

蘇觀生　字宇霖，東莞人。崇禎歲貢，以薦舉授無極知縣，累官至山東登萊道。北都破，仕唐王聿鍵，授吏部尚書、武英殿大學士，視師南贛。聿鍵卒，桂王監國於肇慶，尋奔梧州。時觀生已歸粵，因遣陳邦彥勸進，力請迴鑾，未報。聿鍵弟聿鐭與何吾騶自閩至，遂擁立之，改元紹武。桂王以兵來攻，既敗，復益兵，於是廣州精兵皆西出，而清兵已自潮、惠入廣州。觀生被執，不屈死。觀生擁立紹武，陳子壯、陳邦彥皆不謂然，張家玉亦力辭徵命。然觀生本意在固守廣州，以圖恢復，其援兄終弟及議，自爲宗社大計，固無私意於其間，後之萁豆相煎，歸於兩敗，非始料所及。觀其臨終書壁曰：『大明忠臣義士，固當死！』復題詩曰：『人皆受國恩，時危我獨苦。』夫既自命忠義，死即死耳，何苦之有？誠苦此忠義爲國之心，至死而不白於後世也。《明史》本傳似未審端末，故附識所見於此。

廉憲張五若先生墓志銘

歐必元　字子建。大任從孫。崇禎間歲貢，嘗上書粵撫，言救時急務。晚年遨遊山水。興至落筆，千言立就。著有《琭玉齋稿》十四卷、《勾漏草》、《羅浮草》、《溪上草》各一卷，《阮志》合爲《歐子建集》十七卷，注『存』。

報何友龍書　本朝禦倭始末論　送陳經國還淳安序　遊七星巖記　遊白石洞天記　遊峽山始末記　羅浮游記　明府翟公宗魯傳　大司徒張公津傳　家虞部公傳　黎公民表傳　述懷賦　苦熱賦

溫玉振　字覺斯，順德人。諸生博洽，無所不讀，尋棄去。好山水，歷閩、粵、楚、吳、齊、魯、燕、趙，兩度入滇，以世亂不能入蜀爲恨。遊金陵，陳文忠公子壯贈以詩，極相推重。嘗脫師湯某於獄，千里赴友人喪，慷慨尚義，鄉里化之。明亡後，翛然高舉。年八十餘卒。其題像贊，以陶元亮、魯仲連自比。與薛始亨父天植友善，始亨爲之傳。所著詩歌有漢魏風格，文章爾雅，今不傳。

自題像贊

陳邦彥　字會斌，順德人。諸生，講學錦巖山下，學者稱『巖野先生』。弘光時，上《中興政要》數萬言，世比之賈太傅、范文正，南都格不用。唐王讀而偉之，授監紀推官，未任。舉隆武乙酉鄉試，徵拜職方主事，監廣西狼兵援贛。[一]閩陷後，桂王授兵科給事中。丙戌，清師入粵，擁兵拒戰，退保清遠，力竭被執，不屈死。永曆時贈兵部尚書，謚忠愍。著有《雪聲堂集》、《南上草》，未見。溫汝能輯《巖野集》四卷，存。又著有《易韻數法》，《阮志》注『存』。

上監國桂殿下乞迴鑾啓　上桂殿下乞褫職啓　上中興政要疏　乞迴鑾疏　時務策二　時務策三　時務策四　中興政要八策　梧還再上蘇閣部書　三上蘇閣部書　梧行留上蘇閣部書　答潘孜亭書　與張侍郎書　南上草自序　易韻數法序

[一] 援，原作『授』，誤。

陳恭尹　字元孝，順德人。邦彥子。以卹廕授錦衣衛指揮僉事，嘗上疏條陳時事，旋假歸。桂王奔雲南，恭尹與何絳出厓門，渡銅鼓洋。至昭潭，會清兵三路進剿，滇、黔路絕，乃汎洞庭，自漢口南還。康熙間，以嫌疑下獄，百日始得解。晚寓廣州，居小禺山舍，間與當道往還酬唱，忠義之氣，時時流露，志固未降，身亦未爲辱也。自稱獨漉子，亦號羅浮布衣。詩爲『嶺南三大家』之一，[一]著有《獨漉堂詩文集》，今存。

請卹疏　答梁藥亭論詩書　復八十老人祝石書　劉項論　二禺峽志序　先友集序　屈翁山文鈔序　劉顯之文鈔序　海日堂集序　送何不階遠遊序　先府君巖野陳公行狀　朱山人厓傳　登鎮海樓賦　浚貪泉賦　命賦　荔枝賦　小齋賦　北征賦　東皋武廟鼎銘[二]　七別

[一] 嶺南，原作『南嶺』，誤。

[二] 東皋，原作『東皁』，誤。

王邦畿　字誠籥，番禺人。隆武乙酉舉人，紹武中以薦官御史。桂王立，復從之肇慶。桂王西奔不返，邦畿避地順德之龍江。晚歲禮僧函昰於雷峰，名今吼。其感時傷事，一託於詩，自名曰《耳鳴集》，意謂託之微詞，惟自聽之，人不得而聽之也。《阮志》『《耳鳴集》一卷』，注『存』。

耳鳴集自序　戊子哀文

王鳴雷　字震生，番禺人。邦畿從子。隆武乙酉鄉試，兼五經，考官奇其才，以格於例，置榜末。鳴雷學於梁朝鍾，爲文有師法，奇古奥勁，似戰國諸子。康熙初，與修《廣東志》，時稱典核。著有《王中祕文集》十卷、《空雪樓詩集》十卷；又著有《續易林上下經》二篇、《從蒙子語錄》一卷、《東村講學錄》一卷，《阮志》並注『存』。

與梁藥亭書　答張庶常書　桀紂論　旅說　汪漢翀虞部詩集序　送繆仲容歸漢陰序　送恆修上人歸東山序　東海朿氏祠記　五人墓記　民夫記　遊廬山棲賢寺至大鵬峰記　循州永福寺雷猗堂記　翁烈婦俞氏傳　僮者張三愛傳　祭灶文　祭共塚文　神龜賦

告三閭大夫賦　東府花園賦　西銜書齋賦　楚女賦

農稻賦　招鸚鵡賦　祛蝎文

王隼　號蒲衣，番禺人。邦畿子。早年棄家，入丹霞爲僧，久之返於儒。卒年五十七，同人私謚清隱。先生著有《大樗堂集》七卷、《外集》一卷、《詩經正譌》、《嶺南詩紀》各若干卷、《琵琶楔子》一卷；又嘗選屈大均、陳恭尹、梁佩蘭三家詩行世，今並存。

六瑩堂集序[一]

[一] 瑩，原作『塋』，誤。

方國驊　字楚卿，番禺人。隆武乙酉舉人，明亡不仕。子顓愷，亦棄諸生爲僧，即跡刪和尚也。著有《學守堂集》，《阮志》注『存』。

司馬相如論

廖衷赤　字蓋孟，程鄉人。隆武乙酉舉人。明亡，食貧力學，詩酒自娛。嘗作《悲今昔》詩，寓禾黍之感云。著有《五園集》，《阮志》注『未見』。

禰衡論　論二世之失

庾樓　字木叔，歸善人。隆武乙酉舉人。爲人俶儻奇偉，落筆纚纚千言。明亡隱居，授徒以終。著有《西湖志》五卷、《敦行堂集》十四卷，《阮志》皆注『未見』。

始如處女敵人開户終如脱免敵不及距論

彭釬　字耑玉，番禺人。隆武乙酉舉人，領薦後，隱居教授。所著《世紀史鈔》、《五傳彙鈔》、《諸史彙鈔》等書，皆佚；惟《夢草堂文集》十卷，阮《藝文志》注『存』。

弭盜議　粵東鹽政議　曹相國論　荀彧論　高侯祝言序

林皋　字應沚，號頑庵，新會人。諸生，舉隆武乙酉鄉薦，後棄去。閉户十年，成《通鑑綱目大成》六十卷。已，踰嶺，自贛越徧遊吳會，復西遊蒼梧，歷熊湘，厄於洞庭，作《洞庭春》三十韻。卒年六十三。著有《圭峰志》一卷、《懿文堂古近體詩》各一卷，皆未見。

家譜前編序

林際亨　字丹九，鎮平人。隆武乙酉舉人。清師入鎮平，際亨率鄉人於長潭石砦，扼險固守。都督許有信、鎮平令黃夢麟先後以書招之，答書不屈。尋母卒，乃服故衣冠，投長潭石厓死。門人私謚曰文節先生。

答許有信書　答黃夢麟書

黎景義　字內美，順德人。諸生，少讀書舅氏羅虞臣家，通□掌故。與黎遂球、梁朝鍾、陳子壯、陳邦彥交好，而尤善邦彥。明亡，奉母桃山，不與世事。嘗采舜二妃以來，迄宋、明賢女子，合爲一傳，名曰《豔史》，寓美人香草之意。又著有《二丸居集》八卷。乾隆中，同邑羅天尺始序而行之，今存。

文廟從祀議　綱目書卒總論　綱目死節總論　孟子魏齊事辨　家禮祠廟圖説　皇朝文武名臣易名錄序　五言古詩選序　七言古詩選序　我生賦

鄺露　字湛若，南海人。工篆、隸諸體。爲諸生時，學使以恭、寬、信、敏、惠題校士，露五比爲文，以真、行、篆、隸、八分五體書之，學使黜置五等，大笑棄去。遊吳、楚、燕、趙間，賦詩數百章，才名大起。又遊廣西，尋鬼門、銅柱舊跡，遂入岑、藍、胡、侯、槃五土司境，歸撰《赤雅》一書，紀其山川風土。旋以薦擢中書舍人，還廣州。清兵至，與諸將戮力死守，凡十閱月。辛卯城陷，幅巾抱琴出，騎以白刃擬之，湛若笑曰：『此何物，可相戲耶？』騎亦失笑。徐還所居海雪堂，列古器圖書於左右，抱所寶古琴，不食死。所著《赤雅》三卷，《四庫》著錄；又《嶠雅》四卷，今並存。

舜南巡論　赤雅自序　張穆之詩序　陳孟長集古詩序　雲潭記　遊虞山記　遊桂林招隱山小記　自讚　海覽

黃一淵　字積水，大埔人。歲貢生，篤學能文。國變後，潮郡盜賊徧地，一淵集鄉人守衛，賴以保存。隆武時，張家玉招之出山。未幾，閩省陷，家玉起兵惠州，尋亦殉難。遂不復出，人咸呼『黃處士』。平日喜任俠，戇直無忌諱，爲仇家所害。其論詩宗《詩歸》，而所作感慨似杜。著有《遙峰閣集》，《阮志》未著錄。馮氏《潮州耆舊集》選其文一卷，稱爲『勝國遺民，匹夫而以天下爲憂』，又稱其與同里隱士藍嗣蘭、程鄉孝廉李梗爲莫逆交云。

案：陳伯陶《勝朝遺民錄》：『梗與張琚等四人偕隱。』其二未詳，疑即一淵與嗣蘭也。

李其礎噫吟序　送巫氏子之吳越序

謝長文　字伯子，號花城，番禺人。貢生，官溳陽知縣，國變後不復出。著有《雲航稿》、《秋水稿》、《謝伯子遊草》，皆未見。

遊五子山賦

賴其肖　字未若，一字若夫，鎮平人。諸生。甲申國變，練鄉兵自衛。唐王立，張穆赴閩，取道鎮平，得交其肖。既而穆隨張家玉募兵惠、潮，以書招之，其肖因以兵附家玉，得萬人。因勑武興營，題授其肖職方司主事。會唐王敗，家玉歸東莞，其肖遂據鎮平，以宗室朱慈畜主軍事。清兵至，設伏殺副使文貴金。總兵許有信至，復敗之牛圳磜。逾年，以兵襲和平，不克。清兵已破廣州，陳子壯、張家玉、陳邦彥同起義師，其肖將應之，而楊可鏡事洩，子壯敗死。其肖乃返鎮平，於邑西北長潭江據險自固，與平遠爲犄角。既而巡道陸振芬、總兵班志富克鎮平，其肖勢益蹙。振芬故幾社名士，心敬其肖，易服至砦，説之歸命。其肖以死自誓，振芬因以實告，使自爲計。是夕，火炬由西北山路去。越二日，志富兵至，僅空寨，其肖竟不知所往。

案：《明史》，其肖附《張家玉傳》，頗簡略。兹據黄釗《讀白華草堂文》補正。黄，鎮平人也。

答朱應乾抗節書

張穆　字穆之，號鐵橋，東莞人。父世域，萬曆舉人，官博白令。穆倜儻任俠，工詩，善擊劍，好蓄馬，又善畫馬。年二十七，踰嶺北遊，思立功邊塞。有欲薦於督師楊嗣昌者，或阻之，乃止。崇禎甲申，聞北都陷，穆爲位哭於茶山雁塔寺。唐王立，侯官曹學佺疏薦，詔與張家玉募兵惠、潮。招鎮平賴其肖，得兵萬人，以餉不繼。家玉偕穆回里，廣州擁立，歎曰：『諸當事不虞敵，而急修內難，亡不旋踵矣！』遂不復出。少與黎遂球、梁朝鍾、鄺露遊，露稱許甚至。後屢遊衡岳，泛湖湘，歷吳越，[一]所作紀遊詩皆奇傑。嘗讀書羅浮石洞中。晚好道，年八十餘卒。著有《鐵橋山人稿》。

記從石洞登絕頂觀日出記　遊石洞

[一] 吳越，原作『漢越』，非，據陳伯陶《勝朝粵東遺民錄》卷二改。

屈大均　字翁山，又字介子，番禺人。隆武時補諸生。從陳邦彦遊，邦彦殉節，大均棄諸生。從函昰於雷峰爲僧，名今種，字一靈。十數年，[一]返儒服。吳三桂叛，以蓄髮、復衣冠號召天下。大均奔走楚、粵間，既知其有僭竊志，遂辭歸。吳興祚督粵，欲疏薦之，以著書未竟辭。蓋自弱冠後，出入儒釋，歷遊荊、楚、吳、越、燕、齊、秦、晉數萬里，所至通人鉅儒，交相傾倒，故聲華遍海內。然性至孝，遠遊念母，輒歸省。母年九十餘卒，踰三年，大均亦卒。所著有《九歌草堂集》、《寅卯軍中集》、《道援堂集》，後彙爲《文外》、《詩外》各十七卷，附《騷屑詞》二卷。又著有《易外》、《廣東新語》、《四朝成仁錄》等書，並存。所纂集有《廣東文集》、《廣東文選》，《文集》佚，《文選》存。

陸梁解　易外自序　六瑩堂集序　廣東文集序　林光祿集序　譚處士集序　天崇宮詞序　廣東文選序　廣東新語序　麥薇集序　東莞詩集序　宗周遊記序　書夏臣靡事後　書李淑人行狀後　自代東入京記　自代北入京記　御琴記　華姜墓志銘　明贈兵部尚書巖野陳公傳　增城侯文烈張公行狀　靈渠銘　東皋武廟鐘銘　羅浮

[一] 按：大均為僧僅十數年，原作『數千年』，顯誤。

何絳　字不偕，號孟門，順德人。布衣。好讀書，淹貫羣籍。會明季，遭世變，遂入羅浮、西樵山中，不復出。日與詩人雅士賦詩贈答，而與屈、陳、梁三家尤善。已，乃出梅關，走金陵，遊燕、薊、齊、魯、趙、魏、秦、楚，以縱耳目之奇，而洩其胸中塊壘。晚歸鄉里，隱跡北田，與陶窳、梁槤、陳恭尹及兄衡，稱『北田五子』。著有《皇明紀略》，未見；《不去廬稿》，今存。

不宜平黎立縣議　雲峰禪院記

薛始亨　字剛生，順德人。父天植，萬曆丙午舉人，官閩清知縣，有循吏稱。始亨能詩古文，兼工畫，通諸藝術。明亡後，棄儒冠學道。嘗寶藏一古劍，又遇異人，授以論劍書，因自號劍公。著有《南枝堂集》，《阮志》注『存』。

與楊憲卿書　與朱竹垞書　司馬相如論　木說　四書正韻序　玄超堂稿序　明七家詩選序　賀江村司孫巡簡除巨盜序　山陲精舍記　梁克頫墓志銘　贈兵部尚書陳巖野先生傳　祭梁克頫文　弈賦　歸故園賦　竹杖銘

薛起蛟　字牟山，一字炎洲，順德貢生。與兄始亨并負文學名。康熙中，李士楨撫粵有聲，使纂《撫粵政略》；有大建置，輒屬爲文記之。所修《順德縣志》、《新會縣志》，皆詳核有法。卒年九十八。著有《木末山房稿》，《阮志》注『未見』。

順德志傳論二十二首　順德縣志序　南華經合注　吹影序　撫粵政略序　名將陳將軍傳

李稔　字祈年，番禺人。善奕與詩。遭亂，奉母隱於順德之龍江，與陳恭尹、薛起蛟、僧成鷟等遊。嘗語人曰：『吾棋不如琴，琴不如畫，畫不如詩，詩不如文，文不如道。』恭尹贈以詩，成鷟亦有詩寄懷，歎爲『天下畸人』云。所著作多不傳。

劍道人小傳

廣東文徵作者考卷七

番禺吴道鎔纂

◎清

程可則　字周量，南海人。先世自河南遷粵，爲明道十八世孫。順治壬辰會試第一，以磨勘不得與殿試。庚子春應閣試，授撰文中書，改内祕書院，又改户部主事，晉員外郎，擢兵部職方郎中。勘案山西，爲總兵趙良棟白其冤。出知桂林府，會撤藩，百務紛拏，以敏幹稱，尋卒於任。可則詩文與穎川劉體仁、長洲汪琬、新城王士正齊名，著有《海日堂詩文集》、《遙集樓詩草》、《萍花草》。

案：《海日堂集》五卷，《阮志·藝文略》注『存』，有王漁洋序。

勅諭安南都統使莫敬耀　遵諭陳言疏　韓非論　駁柳子厚桐葉封弟辨　奉旨擬御製藏經序　張登子漫遊草序　萍花草自序　書汪苕文四子詩卷後　書鮑子韶畫像後　跋顏魯公廣平碑　五烈傳　陳節婦傳　蔣淑人墓志銘　祭吴鹿友先生文

尹源進　字振民，號瀾莊，東莞人。順治乙未進士，官吏部主事，洊擢郎中，乞養歸。康熙中，兩粵變亂，源進匿跡山中，叛帥脅以兵，不從。十八年，起補原官，擢太常少卿，卒於官。著有《愛日堂集》，《阮志》注『未見』。

重修平湖堤記　修香山文廟復九曲水記　重建尊經閣記　韶州府學記

梁佩蘭　字芝五，號藥亭，南海人。年二十六，舉順治丁酉鄉試。康熙戊辰進士，選庶吉士，年五十餘矣。又十五年，入都，散館歸班，尋返里，不再出。佩蘭出陳邦彦門，通經史百家學，能文章，而尤長於詩，與屈大均、陳恭尹稱『嶺南三大家』。新城王士正、秀水朱彝尊、吴江潘耒遊粵，皆推重之。著有《六瑩堂詩前後集》十六卷，今存；又《四庫提要》别載《藥亭詩》二卷，休寧汪觀所選近體詩，未見。

與王瑤湘女史書　與謝霜厓書　南海縣志序　金茅山堂詩集序　題陳獻孟遊羅浮詩序　大樗堂集序　唐詩五律英華序　東皋武廟鐘銘

黄易　字子參，號蒼潭，海豐人。順治己亥進士，除福建開化縣，有惠政。康熙十三年耿逆之變，微服間道，乞援於贛。已，復走粵，而粵亂更甚。復棄家，奔贛走閩。以孤憤勞瘁，卒於旅舍，尋議卹贈按察司僉事。易初登進士第，時朝議以鄭成功亂，令沿海居民遷界。海豐邑境，臨海背山，居民内遷，多患虎狼，易因奏請開界，疏端稱『觀政進士某』，蓋時尚未授職也。

奏開界疏

李作楫　字白川，又字濟臣，東莞人。順治辛丑進士，官溧陽知縣，擢雲南鶴慶府。丁憂，起復補大理府。潔己率屬，郡以大治，尋告歸。著有《藏公堂集》。

四書存俟序　重修東莞儒學記

佘象斗　字公輔，號齊樞，順德人。順治辛丑進士，授刑部主事，以母老告歸。壬子、丁卯，兩修邑志。性冲淡而好客，年八十仍相與賦詩，令子孫屬和爲樂。著有《韻府羣玉》、《嘯園詩稿》。

案：《韻府羣玉》，今存；《嘯園詩稿》，《阮志》注「未見」。

順德縣志序

陳鑑　字子明，化州人。萬曆戊午經魁，官江夏教諭。入新朝，授華亭知縣。鑑聰明絕代，下筆橫溢，豪邁酷類大蘇。罷官後，遨遊江浙間，尤展成、毛西河、徐而庵輩皆推重之。[一]晚年落拓，僑居蘇州，藉其妾賣畫以給。著有《癖草》、《天南酒樓集》，今《高涼耆舊集》選《癖草》一卷，僅得文七首。

羅山紀行詩序　遊七星巖詩序　癖草序　哭臥子陳公文　石龍賦　廣騷

[一] 徐而庵，即徐增，號而庵，長洲人。原作「徐而農」，非。

屈騶　字友石，號澹翁，番禺人。崇禎壬午舉人。清初授信宜教諭，遷國子監學正，不就。歸隱沙亭，築存耕堂，因即以名其集，阮《藝文志》注「存」。

《蒞園記》、《石頭觀潮記》

洪泮洙　遂溪人。父化龍，諸生，舉優行，里黨有緩急，不以有無爲解，人稱其溫厚。泮洙中崇禎壬午舉人，順治戊戌進士，官休寧知縣，咸以爲世德所貽云。

湖光巖記

陳衍虞　字伯宗，號園公，海陽人。崇禎壬午舉人。入新朝，歷官番禺教諭，廣西平樂縣知縣，乞歸。兩修府邑志。著有《園公詩文前後集》，存；又著有《明世說》二十卷，其家藏有鈔本。

明世說前序　明世說後序　重建陸丞相祠碑記

方殿元　字九谷，番禺人。康熙甲辰進士，歷官歷城、郯城、江寧縣知縣，能以經術飾吏治。罷官後，僑寓蘇州。所著《環書》，究天人窾奧，自成一家。詩高華伉爽，沈德潛稱爲「不在嶺南三家下」。其集《四庫提要》稱「樂府二卷、諸體詩二卷、雜文一卷、末卷爲《環書》上下篇」，《阮志·藝文略》所稱「《九谷集》六卷」，當即此本，今刻南海《伍氏粵十三家集》中。

昇平二十策　上當事乞休書　九谷集自序　大宗祠

祭田記　歸歟難賦　逸民賦　畫像自贊　神告形文

湯命夔　本姓梅，新寧人。康熙丙午舉人，官貴州新貴知縣，尋致仕，教授於鄉以終。

刱建西巖寺大悲閣記

黃士龍　字非潛，番禺人，今隸花縣。康熙壬子舉人，官蒼溪知縣，卒官。先是，縣境花山隸番禺從化，明季劇寇踞爲淵藪，朝議征勦，迄于無效，民逃亡失業者數十年。士龍上書大吏，陳勦撫方略，併倡議建縣，是爲析分花縣之始。邑人德之，呈祀鄉賢。

李大中丞靖寇安民碑　李大中丞平定花山碑記

李師錫　南海人。康熙壬子舉人，官從化學教諭。

乳源興福寺蠲免差務記

龔章　字惕持，號含五，歸善人。康熙癸丑進士，官翰林院編修，典江南丁卯鄉試，尋告歸，杜門著述。著有《晦齋集》、《綱鑑捷錄》，《阮志》皆未著錄。

重修博羅縣儒學記　連侯去思碑

陳金閶　字崑圃，曲江人。康熙乙卯舉人，官直隸肅寧知縣。著有《啓賢堂詩集》。曲江戶丁科派滋累，金閶請於邑令，除之，人懷其德。郡志、邑志，皆其手編。

延祥寺重修大殿佛像記

鄭際泰　字德道，號珠江，順德人。康熙丙辰進士，以庶吉士派習國書，授編修，擢吏科給事中，條上五事，與修《三朝實錄》、《一統志》，尋謝病歸。官翰林時，召試瀛臺，嘗以『道德真僞論』命題，際泰言：『古無所謂理學，止有五倫；亦無所謂講學，止有躬行實踐。五倫中實踐者真，粉飾者僞。惟天子倡率於上，則臣下爭相濯磨，所謂聖作物覩也。』論者咸服其識。

湛公書院記

吳紹宗　字學可，潮陽人。康熙戊午歲貢，官清遠訓導。

東巖記

陳遇夫　字廷際，又字交甫，新寧人。康熙庚午解元。雍正元年詔舉孝廉方正，邑令以遇夫應，力辭。嘗撰《正學續》一書，以明漢、唐諸儒學統相承，未嘗中絕；又重訂楊起元《白沙語錄》，明白沙之學由博反約，非墮禪悟，所見皆卓著。有《史見》一卷，存；《正學續》四卷、《迂言百則》一卷，今刻《嶺南遺書》中；又著《涉需堂詩文集》，並存。

答張北山論學書　正學續序　白沙語錄後序　古文見序　嶺海詩見序　樂府見序　樂府見後序　賦見序　書張北山儒釋合一辨後　家譜言行考書後　穎

源記略　待園記　萩園藏書記　嶼門賦　峽山賦

周陳鰲　新寧人。所居官滘鄉，陳遇夫門人。

正學續序

李象元　字伯猷，嘉應州人。康熙辛未進士，官檢討。著有《賜書堂集》，《阮志》未著錄，今存鈔本。集中載《讀程旼傳書後》一篇，光緒《嘉應州志》辨旼生卒年日，歷引諸地志及晉江王氏說，而不及此篇，疑亦未見此集。子端，雍正元年進士，選庶吉士，散館，改中行評博，以保薦授荊溪縣。時始析宜興，置荊溪，象元爲作新建署記。

錢糧則議　儒林錄序　讀程旼傳記疑　新建荊溪縣衙署記

李琛　字少遊，嘉應州人。康熙癸酉舉人，官井陘知縣，徵授刑部主事。著有《一草廬集》，《阮志》注『未見』。

凌風樓賦

陳璸　字文煥，號眉川，海康人。康熙甲戌進士，授福建古田令，歷官至福建巡撫，兼署閩浙總督。璸疾吏治媮敝，率之以廉儉，所屬憚之，治績甚著。始爲張伯行所薦，後與之齊名，聖祖嘗稱爲『苦行頭陀』。卒謚清端。所著有《清端集》，存。

防海疏　重刻海忠介公備忘集序　送葉南田樞部出守廣州序　重修臺灣孔子廟記　古田縣重修聖廟記　新建臺灣朱子祠記　臺邑求雨牒城隍文

張德桂　字蕙蘭，從化人。康熙甲戌進士，官編修，歷官至副都御史，親老乞歸。德桂居館職，侍直應制諸作，多稱旨。粵米向徵折色，嘗陳其病，得改本色，粵人賴之。所著《天文管見》六十卷、《玉堂文集》三十卷、《介節堂草》二十卷，《阮志》皆著錄，注『未見』。

縣署十箴

梁學源　字克祖，順德人。康熙丁丑進士，除安福令。前令虧帑，知府責代償。學源自計，承之取償於下，病民；不償忤上，病己；與其病民，不如病己，且潔身而去，己猶未病也，遽上書謝病歸。時省中剏設粵秀書院，延主院席，以講學終。所著《梁壺洲集》，《阮志》注『未見』；又有《宦遊囊賸雜記》鈔本，存。

上當事謝病書

汪後來　字白岸，號鹿岡，番禺人。康熙壬午武舉人，官千總，分防佛山。能詩工畫，性高介，不輕以尺幅與人。嘗倡爲汾江詩社，遠近名士，翕然響應。總督某公以鴻博薦，託疾不赴。其爲詩，始學韓、孟，繼益雄深，上闚杜陵堂奧。所著《王右丞詩箋》二卷、《杜詩注》四卷、《畫史》一卷、《汾江詩社選》二卷、《鹿岡詩集》二卷。

自然堂詩集序

許登庸　揭陽人。康熙乙未進士，官太原知縣。叔祖國佐，崇禎辛未進士，與黎遂球、陳子壯相唱和；官兵部郎中，乞歸；唐王時以原官召，未赴，遇賊被害。著有《九洲堂集》，登庸輯而梓之。

重建尊經閣記

車騰芳　字圖南，番禺人。康熙庚子舉人，乾隆丙辰舉鴻博，至京後期，不得與試。尋官海豐教諭，在官七年，乞休歸。卒年八十四。著有《螢照閣集》十六卷，弟子莊有恭爲之序，《阮志》注『存』。

禰衡論　黨錮論　西江考　李駕部集序　重建番禺縣儒學記　天妃廟祝神記　新會兩生傳　錦溪華光廟頌神文　琵洲徐氏頌社文　鎮海樓賦　樂律賦　羅浮賦　扶桑花賦

黃栻　字君球，號喬瞻，番禺人。生明季，習於世務。唐、桂二王時，儒士以言求進者，輒不次擢用，視之蔑如也。丙戌後，廣州數被兵，攜家居佛山。康熙十三年，吳三桂據雲南叛，尚之信密與通。栻以粵再反側則民無孑遺，毅然詣平南府上書，尚覽未竟，劍擊案，促縛之。其母曰：『此人言是，但過於悻直耳。』會報資寺僧某馳救，得釋。自是杜門，屏絕人事，講學課子以終，年六十四卒。同邑呂堅爲作《黃喬瞻先生傳》。

上平南王書

梁無技　字王顧，番禺人。貢生，年十一能詩。東莞尹源進嘗集廣州才俊爲詩會，倩梁佩蘭、陳恭尹甲乙高下，無技第一，以此負詩名。生平潛心力學，性復敦篤，道義之交，死生無間。晚年主粵秀講席，年八十以明經終。所著《南樵初集》十四卷、《二集》十一卷，《阮志》注『存』；又選《唐詩絕句英華》九卷，有刻本存。

唐詩絕句英華序　仙人跨五色羊賦　鎮海樓賦　花田賦

易弘　字秋河，鶴山人。奇際子。嘗入粵制府吳興祚幕，興祚遷瀋陽，弘偕行。北極窮邊，東踰寧台，西出雁塞，五嶽遊者四焉。至晉，聞喜有張侯廟，祀粵人張文烈公家玉，示夢命弘爲作碑，事絕奇異。晚年寓肇慶法輪寺，自號雲華子，竟卒寺中。所著書，阮志皆未著錄。《道德經注》、《金丹會輯》、《青山外史》，已佚，惟《雲華閣詩略》、《坡亭詞鈔》，今刻南海伍氏《粵十三家集》中。

雲華閣詩略自序　聞喜縣張侯廟碑　重修朝雲亭記

廖燕　字人也，號柴舟，曲江人。諸生。性簡傲，不肯下一世人。邑令歲周餽之，求一詩不可得，人共目爲高尚士。後隱居武溪。著有《二十七松堂集》，《阮志》注『未見』，今存，日本有刻本。

上郡守書　與某翰林書　復張泰亭明府書　與魏和公先生書　答謝小榭書　明太祖論　張浚論一　張浚論二　焚家祀神像說一　焚家祀神像說二　三統辨物我說贈馬天門　春秋巵言序　橫溪詩集序　小品自序　黃少涯文集序　送杭簡夫遊翠微峰序　意園圖序　自書宋高宗殺岳忠武論後　書手錄李非庵文後　重開湞陽大廟清遠三峽路橋記　遊碧落洞記　遊潮水巖記　遊丹霞山記　樂韶亭記　南陽伯李公傳　哭澹歸和尚文　畫羅漢頌　海月大士讚　隻履西歸圖讚　丹殼讚　天然端硯銘

唐化鵬　字海門，新會人。番禺籍廩生。嘗有《夫務議》，極論用兵取夫之弊，賀氏採入《經世文編》中。其論百峰山請立縣治條議，規畫形勢，尤爲詳盡。著有《思翁堂集》，《阮志》著錄，注『存』。

夫務議　請百峰山花田立縣條議

羅衮　韶州人，拔貢。

修瀧道及韓公祠記

顔希聖　字宜居，號西野，連平人。雍正癸卯進士，翰林院庶吉士，散館，改中行評博。

聖跡巖記

黎偉光　字樸園，順德人。雍正癸卯舉人，除揭陽教諭，舉卓異，擢四川射洪知縣，復改就高要教諭。淹貫能文，尤工詩。著有《冷香前後集》、《燕遊草》，《阮志》注『存』。

岳王論　希言集序

李琯朗　字崇樸，順德人。雍正癸卯，巡撫薦舉博學鴻詞科，以母老辭。所著《崇樸山書》八十二種、《貫珠詩文集》八卷，任城王少參元樞序之；《阮志》又錄其《一簣山房集》十卷，注『存』。

南園五先生詩序

衛廷璞　字嶽瞻，番禺人。雍正甲辰進士，選江南建平知縣，發奸摘伏，弊俗丕變。乾隆元年徵授禮部主事，歷官至太僕少卿。所著《妄蟄草》，《阮志·藝文略》注『未見』。

重建番禺縣儒學記

衛廷珙　字壯謀。番禺諸生，廷璞弟。嘗考《明史》所載，得千一百五十人，人錄一藝，載其事於簡末，爲《文行集》二十四卷，自爲之序，《阮志·藝文略》注『存』。

文行集自序

梁聯德　字惇一，號恆峰，茂名人。雍正丁未進士，官江西興國知縣，以卓異薦調宜黃，有聲績。所爲詩古文，俶詭獨造，無所因循。尤篤於孝友，好施與。年四十以憂去官，遂不復仕。立義田以贍其族，教養兼備；捐石鼓墟租值千金，充書院膏火，郡士賴之。卒年七十六。著有《恆峰稿》，《阮志·藝文略》未著錄。

祭張公汝藻文

楊仲興　字直廷，號訒菴，嘉應州人。雍正庚戌進士，授福建臨清知縣，罣吏議去。再起，改廣西興安縣，疏築陡河，建太平六峒及諸社倉。奏最，擢思恩府同知，累官至湖北按察使。入覲，改補刑部郎中，乞歸。卒年八十一。仲興精力過人，在官案牘，手批口答，五官並用。宦轍所至，山川阨塞，民食緩急，文教興廢，無不悉心鈎考。所著《性學錄》二卷、《觀察紀略》二卷、《四餘偶錄》二卷，《阮志》並注『存』；《讀史提要》四卷，注『未見』。

名任生三說　鎮安府志序　重刻文章正宗序　唐宋八家文鈔序　諸子文鈔序　送夏位三赴舉序　贈瑞州都閫沈立方序　修育嬰堂引　修李衛公東山祠引　唐宋八家文鈔跋四則　興安陡河記　剏建瀨江書院記　建大愚寺呂公祠記　幸龍王廟記　剏建興安太堡社倉記　誥授奉政大夫世襲土田州知州岑君山公墓志銘　世襲上林土縣知縣黃君仁長墓志銘　宋大愚叟呂公墓題碣

何夢瑤　字報之，號西池，南海人。雍正庚戌進士，知廣西岑溪縣，遷奉天遼陽州牧。其宰岑溪時，大吏將以鴻博薦，力辭。比遷奉天，貧不能具舟車。其學旁通百家，富於著述，而尤以詩名。所著《賡和錄》一卷、《皇極經世易知》八卷、《醫碥》二卷、《算迪》十二卷、《莊子故》六卷、《匊芳園詩鈔》八卷，《阮志》並注『存』；《三角輯要》注『未見』。

按：《賡和錄》，《四庫提要》著錄，與《算迪》今併刻《嶺南遺書》中。又《嶺海詩鈔》稱其尚有《匊芳園文鈔》、《移橙餘話》、《紫棉樓樂府》、《傷寒論近言箋注》、《婦嬰痘三科輯要》、《紺山醫案》、《針灸吹雲集》、《比例尺解》、《匊芳園詩續鈔》等書，今皆未見。

春秋詩話序　鴻桷堂詩序　吳淞巖硯志跋

韓海　字緯五，[一]番禺人。雍正癸丑進士，官封川教諭。著有《東皋草堂詩文集》，《阮志》注『存』。乾隆中舉鴻博，當時欲以海薦，賦詩有『欲待移根歸太液，須尋十丈藕如船』之句，當事知其意，乃不果薦。

簾泉寺記　海珠賦

[一] 韓海字緯五，原誤作『緝五』，茲據光緒《廣州府志》卷一三〇改。

李東紹　字見南，信宜人。雍正癸丑拔貢，官合浦教授。東紹爲惠士奇督學時所拔士，既貢太學，名噪公卿。其在官，餐錢外不受主撮。居鄉尤多義行，卒之日，赴弔者千餘人。著有《雪溪集》、《阮志》未著錄，其略見《高涼耆舊集》。

軍工木料記　復合征分解記

胡方　字大靈，新會人。居金竹岡，學者稱『金竹先生』。以番禺籍補諸生，充歲貢。學使惠士奇督學時，欲見之，不可。比試竣投刺，至，長揖曰：『方年邁，無受教地，今日齋沐謝知己！』惠因問粵中能文者，曰：『並世無人，必欲求之，惟明季謝元汴、梁朝鍾耳。』惠因取謝、梁文及方文刻之，名曰《嶺南文選》。而疏薦之於朝，稱其積學力行，粵人比之陳獻章，乞賜命服，以式士林。所著《周易本義注》六卷、《四子書注》十卷、《莊子注》四卷、《鴻桷堂詩文集》六卷，《阮志》並注『存』。今本《鴻桷堂集》乃咸豐六年重刊，番禺陳澧序，止五卷，前詩後文，止二十餘篇，溫氏《文海》所采文二首已不載，疑重刻時已非全帙；末附《家訓》一卷，則澧所增入者。

與任肇林書　白沙子論　改兒子名中一命字頔民說　四書講義自序　制義集自序　醒堂詩集序　古文端序　鴻桷堂詩集自序　紀言　紀事

勞孝輿　字阮齋，南海人。拔貢生。與何夢瑤、羅天尺、蘇珥並出惠士奇門，世稱爲『惠門四子』。雍正間，詔修《一統志》，與纂粵乘。乾隆丙辰舉鴻博，報罷。出爲黔宰，措置屯田，藺足萬山中。歷任錦屏、清鎮、龍泉、畢節諸縣，不名一錢。尋還鎮遠，卒官。著有《阮齋詩文鈔》十二卷、《春秋詩話》五卷，《阮志》並著錄，注『存』。

西江考　瘦暈山房詩鈔序　那扶堡醴泉記

楊世達　揭陽人。貢生，雍正間官河南知縣。

棉湖社學記

嚴大昌　字而大，順德人。諸生，雍正中舉賢良，乾隆初舉鴻博，三院交辟，皆辭不就。詔給六品冠帶。邑令聘修《順德縣志》。著有《不窺園集》。

邑志總目序　陳南敬行狀

何湋　字雨望，號小山。新會貢生，明尚書何熊祥裔孫。與兄大山齊名，爲胡大靈弟子。性慷慨，傾資結客，無所惜。何絳《不去廬集·仙湖客舍同野望雨望兩侄賦》有句云：『白髮吾衰老，青年汝弟兄。少孤能自立，早歲負才名。』可以見其概云。

大山兄涼踽堂詩集序

楊節　字式卿，號九峰，香山人。歲貢生。著有《九峰文集》十二卷，《阮志》著錄，注『未見』。

熱池記

李殿苞 字桐君，順德人。忠簡公裔孫。邑志入《文苑傳》。著有《碧梧園集》九卷，《阮志》注『存』。

忠簡公行狀

廣東文徵作者考卷八

番禺吴道鎔纂

◎清　續一

鄭大進　字退谷，揭陽人。乾隆丙辰進士，授直隸肥鄉縣，累官至直隸總督。卒謚勤恪。大進讀書，不屑治章句，通知時務，岸然以名臣自命。起家縣令，洊擢畿封，皆以特達受知，不由薦引。所陳奏多中窾要，然其疏稿《阮志》已不著録，疑久佚矣。所著《愛日堂文集》，亦未著録。

張惕庵先生翼注論文序　梅岡書院記　榕江書院記

羅天尺　字履先，[一]順德人。乾隆丙辰舉人。巡撫傅泰將舉鴻博，以母老辭。一上公車，亦不再赴。隱石湖以終，故又號石湖。天尺少以淹博聞，年十七試有司，日竟十三藝，督學惠士奇手録其詞賦示諸生。與同縣蘇珥、南海勞孝輿、何夢瑶稱『惠門四子』。所著《五山志林》，今刻《嶺南遺書》中；《瘦暈山房詩鈔》十卷，《阮志》注『存』；《文集》注『未見』。

五山志林自序　二丸居集序　匊芳園詩鈔序　阮齋文集序　春秋詩話後序　南湖詩社序　問安路記

[一] 羅天尺字履先，原作『履元』，誤也。

陳份　字于吼，[一]順德人。少居陳恭尹家，與四方詩人唱和，詩輒先成。乾隆丙辰開鴻博科，鄂爾達督粵，將有所薦，集份等二十二人試署中，最賞份作，既而皆不果薦。而份以是年舉於鄉，益肆力古文詞。授書將軍署以終。著有《水庝集》，存。

七星巖賦　廣北遊賦

[一] 陳份字于吼，原誤作『子吼』，據羅學鵬編《廣東文獻》改。

鄭之僑　字茂雲，號東里，潮陽人。乾隆丁巳進士，官鉛山縣知縣，調弋陽，遷饒州府同知，擢寶慶府知府，歷濟東泰武、安襄鄖道，致仕。之僑通達治體，所至政聲卓然。平生服膺陽明，故雖講學，而頗切實用。尤好提倡士類，其官鉛山時，嘗招蔣士銓編修讀書署中，遂成一代名流；見蔣所著《年譜》。所刻《六經圖》二十四卷，[一]今存；又著有《鵝湖講學會編》十二卷，《四庫》著録；《農桑易知録》二卷、《勸學編》六卷，未見。

農桑易知録序　濂溪書院勸學編序

[一] 六經圖，原作『六維圖』，非。

曾受一　字正萬，號靜庵，東安人。乾隆戊午鄉試，以第二人冠一經。揀發四川，署珙縣，調江津。以署合州事降秩，尋開復，補長壽，兼攝巴縣。所至勸學勸農，值歲荒，作『救命會』，籌建義倉；作《訓俗瑣言》以教民，風俗不變。珙人預奉主入名宦祠；巴人作四有亭，以比子產；江津建曾夫子祠。凡所莅諸邑，民咸瞻拜伏謁，愛戴不衰。受一少讀朱子《四書》，有所得輒劄記其旁，成《四書講義》二十卷、《朱子或問文集纂注》七十七卷；又考洙泗以來淵源授受，成《尊聞錄》八卷；又考歷代政治得失，推本經義，旁及諸史，成《學古錄》六卷。致仕後，家居授徒，復著《易說》四卷、《春秋》四卷、《四書》若干卷。新寧吳應逵爲之傳。

學校論　尊聞錄自序

蘇珥　字瑞一，順德人。乾隆戊午舉人。少負異稟，惠士奇督粵學時，稱爲『南海明珠』，爲『惠門四士』之一。乾隆丙辰舉鴻博，與南海勞孝輿同被徵，勞約與俱，曰：『予有母八十，獨不畏碧玉老人笑乎？』辭不赴。後舉於鄉，亦一赴禮闈，即不再出。所著《宏簡錄辨定》、《阮志》注『佚』。其《筆山堂類書》、《前明登科入仕考》、《安舟遺稿》，亦注『未見』。

春秋詩話序

莊有恭　字容可，號滋甫，番禺人。乾隆己未，以廷試第一人賜進士第，授修撰，累官至戶部侍郎。出撫江蘇，擢河督，坐在蘇罰贖事逮問，值丁內艱，詔護喪還籍。謫成軍臺，中途起授湖北巡撫，調浙江，再調江蘇。建議大修三江水利，自是吳淞無水患。尋以協辦大學士入都，復坐劾段成功事，頌繫半載。授福建巡撫，卒官。有恭識度閎達，膺東南重寄十餘載，自登巍科至參政，皆出特擢，累蹶累起，卒以功名終。平居好吟詠，南巡幸嘉興煙雨樓，嘗給札聯句，詩成勒石，世以爲榮。經進詩文，數承上獎，其家彙輯爲若干卷，鈔本存。

大修三江水利疏　螢照閣集序　重建番禺縣學記
廣東城隍廟記

馮成修　字達夫，號潛齋，南海人。乾隆己未進士，選庶吉士，改吏部主事，擢郎中。督學貴州，揭示訓士文十四條。又疏陳學政事宜，禁止割截命題、免勘童生試卷二事，下部議行。尋假歸，主講越華、粵秀書院，授經里中，粹然師範。乙卯重宴鹿鳴，逾年卒，年九十有五。著有《養正要規》、《學庸集要》、《人生必讀書纂要》，並存。初，成修以父進遊廣西年久不歸，自計偕時，即徧訪蹤跡；得官後，復兩次乞假尋親，皆無所遇。年八十，計其父已逾百齡，乃持服三年，布衣終身。世稱爲『馮孝子』，入祀廣州鄉賢祠。

四書集要序　重修南海縣學記

何毅夫　原名懋，以字行，順德人。乾隆乙丑進士，歷官廣西雒容、[二]永安諸縣，最後補昭平，尤多善政。其去官，以報災被劾，昭平人深惜之。邑志入《名宦傳》。著有《浣花堂集》八卷，《阮志》注『未見』。

送黃正善之楚補官序　三貞婦記

［一］雒容，原作『容雒』，非。

林明倫　號穆庵，始興人。乾隆戊辰進士，由翰林薦御史，未補官，出爲浙江衢州府。在任三年，降調入京，未引見卒，年三十五。明倫有志於聖賢之學，于義利之介，確乎如黑白之不可淆。其守衢州，盡心民事，歲旱禱于神，天大雨，遂以豐稔。城南有正誼書院，爲治講堂學舍，與諸生相礱錯，以教化爲必可行。上官謂其迂闊，坐是劾罷。吏民思之，皆曰『林太守賢』。卒後，朱笥河爲作行狀，朱文正公及同年秦峙齋收拾其遺書擇錄之，朱梅崖爲之序。著有《學庸通解》二卷、《讀書邇言》一卷、《穆堂遺文》一卷、《續刻》一卷、詩一卷，皆未見。

上雷副憲書　答闕橋孺書　答朱筠園書　答朱梅崖書　再答朱梅崖書　答紀生書　答陳來章同年書　答秦峙齋同年書　朱梅崖文集序　看山閣集序　楊欽齋文集序　送段密臣之任乳源序　送譚子衢亭南歸序　送朱梅崖之任夏津序　費廣文七十壽序　王母陳孺人七十晉五壽序　榆次縣錢侯惠政記　隱士劉公畫像記　觀水樓記

凌魚　字滄洲，一字西陂，番禺人。乾隆戊辰進士，歷知湖南桂陽、昭陵、醴陵諸縣，以廉敏稱。嘗與檀萃同輯《番禺縣志》，今稱『任志』。又著有《書耘前後集》，《阮志》注『未見』，其族孫鶴書藏有鈔本一冊，不分前後集。

謝澄江太史集序　藍田書院記　蓮湖社學碑記　揭陽榕江書院記

黃如栻　茂名人。乾隆戊辰進士。

水火災積貯記

蘇夢篆　字見南，順德人。乾隆庚午舉人，歷官新興、儋州學正，江西萬年縣知縣。羅元煥《歲暮懷人》詩云：『忽憶蘇君懷抱開，膽肝長照十年來［一］。白頭共有慈親在，晏歲先余負米回。』其題目署名『丹山』，疑亦其別號也。

葉節婦傳

［一］膽肝，原作『肝膽』，不合律，誤。

馮慈　字子持，南海人。始由西樵之簡村，卜宅羊城。乾隆辛未進士，歷任浙江縉雲、歸安、龍游知縣。著有《大埜詩文集》。

張躍珍傳

黃紹統　字燕勳，一字翼堂，香山人。乾隆己卯舉人，官石城訓導，擢瓊州教授。訓諸生以實踐之學，學者稱『仰山先生』。嘉慶中，國史館修《儒林》、《文苑》傳，嘗徵其遺書。著有《仰山堂集》三卷，《阮志》注『存』。子培芳最知名。

石城縣志序　石城横山李氏族規序

陳子承　揭陽人。乾隆庚辰進士。

榕江書院賦

龔驂文　字熙上，號蘭庵，高要人。乾隆癸未進士，官翰林院檢討。以大考罷職，改主事，擢御史。會舉行召試，驂文請令大臣子弟不得與寒士競進，上溫諭嘉奬。累遷至宗人府丞。嘉慶丙辰，與千叟宴。致仕歸，家居貧甚，自奉如儒生。課士於端江義學，有函白金乞關說公事者，峻拒之。其諫草、詩文多散佚，後人想望丰采，僅搜得詩文數篇，刻入《端溪詩述》、《文述》中云。

彭樸園先生兄弟壽序

胡定　號靜圃，保昌人。乾隆癸未進士，官檢討，轉御史。連劾甘肅、湖南巡撫，直聲震一時。後以劾内務府郎中某，褫職逮繫，久之放歸。著有《雙柏廬文集》十卷、《保昌志》十四卷，《阮志》並注『存』。

芙蓉亭詩序　四餘偶錄序　羅良會列郡名賢錄跋

顔鳴漢　字濟川，嘉應州人。乾隆癸未武進士，由侍衛授西安府都司，累官至福建陸路提督，皆以捕勦著功。然能文章，識政體，操防緝捕，其餘事也。

與洪刺史書

勞潼　字潤之，號莪野[一]，南海人。孝輿子。乾隆乙酉舉人。一上公車，母老，思念殊切，不再赴試。以倡明正學、利濟鄉黨爲己任。每授徒，必先講《孝經》，以爲德不本於孝則非德，教不本於孝則非教。立《學約》、《戒約》，受學者歲常數百人。值歲饑，倡議捐賑，出社倉粟平糶，全活無算。嘗言後世庠序之不教能如古，所恃以善民心者在重小學；三代井田之法不可復行，所恃以活民命者在謀積貯。平生致力在此兩端，其裨益於世道人心者大也。少師事馮成修，弟子吳應逵、林伯桐能傳其學。所著書已刻者，《四書擇粹》十二卷、《孝經考異選注》二卷、《救荒備覽》四卷、《四禮翼》一卷、《人生必讀擇要》四卷、《荷經堂稿》四卷；未刻者，《周易擇粹》、《朱子學粹》、《興觀錄》、《追慕繼志編》、《養正編》等書，藏於家。祀郡學、鄉賢祠。

與胡定先書　又與胡定先書　訓蒙論　粵臺徵雅錄序　送洪瑤圃序　救荒備覽序　學約八則　戒約七則

[一] 勞潼號莪野，原作『義野』，誤。

黃柱覺　字惺章，號夢庵，化州人。乾隆乙酉拔貢，出翁方綱門。官連山教諭，未報滿，即告歸。主講羅江書院以終。柱覺嘗取明以來名家制義與李唐三百年之詩相比例，凡所論列，皆撤前人藩籬而躋其堂奥，故其所爲制義文，皆戛戛獨造。古文則宗韓、歐而出入於柳。所著有《覺庵稿》，《阮志》未著錄，今刻入《高涼耆舊集》中。

有明制義總論

馮城 字子維，南海人。乾隆庚寅舉人，官湖南永興知縣，調善化。能詩，與順德張錦芳、胡亦常、黎簡、欽州馮敏昌齊名。在官時，值方征苗，所撰行軍諸什，風格逼少陵。以忤方伯某，既引疾歸，仍摭其增收穀價事，嚴檄追繳。落職旅居，而士民索書求詩文者不絕。著有《左傳批竅》、《三史精華》、《七言摘粹》、《七律翻新》、《五律龍天》及《傳經堂詩文鈔》等書，皆未見。

五律龍天自序

馮經 字世則，一號耒廬，南海人。乾隆庚寅舉人，官教諭。經邃於易學，少得何夢瑤指授，又嘗從戴震問業。所著《周易略解》、《算略》及《周髀算經述》，皆刊入伍氏《嶺南遺書》。

周易略解自序

王時宇 字慎齋，瓊山人。乾隆庚寅舉人。嘗以宋蘇軾《居儋錄》久佚，後人採蘇詩編爲《海外集》，頗病其略，時宇補成四卷，《阮志》著錄，注『存』。

瓊山縣白沙東西新橋記

陳昌齊 字賓臣，一字觀樓，海康人。乾隆辛卯進士，官編修，擢中允。大考左遷，復由編修轉河南道御史、兵科給事中。出爲浙江溫處道，以審案遲延鐫級歸。歷主雷陽、粵秀講席。卒年七十八。昌齊工測算，任溫處道時，值海寇蔡牽騷擾閩、浙，細繪諸洋全圖，諦審形勢，武弁開報有不實者，輒能斥其謬。尤精考證之學，著有《大戴禮考證》二卷、[一]《經典釋文附錄》四十卷、《雷州府志》若干卷、《荀子考證》二卷、《老子正誤》二卷、《呂氏春秋正誤》二卷、《淮南子考證》六卷、《測天約術》一卷、《天學臆說》一卷、《楚辭韻辨》一卷、《賜書堂文》六卷、《詩》一卷，並存。

海隄水則碑議案　雷祖志序　南海陳氏續修族譜序
測天約術自序　韓節愍公集序　重修粵秀書院碑記
吳石華守經堂記　報恩精舍記　石城惜字塚記

[一] 大戴禮，原作『大載禮』，誤。

鄭安道 字茂周，號梅村，潮陽人。生而穎異，通經學，熟《左氏》秦漢諸書，作文有奇氣。學使鄭虎文試潮，以『出經入史』目之。揭陽鄭勤恪公著《愛日堂文集》，屬偕江右蔣士銓刪定，文名藉甚。乾隆戊子舉於鄉，辛卯成進士。邑令李文藻聘主東山書院，以先正根柢之學共相討論，[二]士品文風，一時稱盛。己亥銓知縣，以親老辭，或有勸駕者，曰：『君親無二致，未有不能事親而可以忠君者，名爵奚慕焉？』及父母相繼逝，服闋，補國子監丞，卒於官。著有《西山集》。

贈李侯豳風七月圖序　遊西山記

[一] 根柢之學，『之』字原文無，據句意補。

簡榮　番禺人。乾隆辛卯舉人，歷官安徽、霍山、南陵知縣，池州府同知，潁州通判。補建德縣知縣，地瘠民貧，能以廉勤舉其職。秩滿，大吏擬卓薦，自以年逾七十，引退。

靈應祠記

胡亦常　字同謙，一字豸浦，順德人。乾隆辛卯舉人。鐫詩稿，時年二十五。越四載領鄉薦，旋卒。錢曉徵少詹謂其『妙悟天成，能於南園諸子外，自成一家』。凌揚藻采其詩入《嶺海詩鈔》，極推許之。著有《賜書樓詩鈔》。

賜書樓詩鈔自序

饒慶捷　字曼塘，一字桐陰，大埔人。乾隆乙未進士，官內閣中書。著有《桐陰詩集》，《阮志》注『存』。

擬梁簡文箏賦　楊梅賦

顏檢　字惺甫，連平州人。乾隆丁酉拔貢，由禮部小京官洊擢郎中，出守吉安，累擢至雲南按察使。值安南夷民擾邊，邊吏以反聞，檢願佩兵符往詰，檄國王立界石，約不得犯境。事定，福文襄歎爲『真封疆才』。自是由布按擢

豫撫，移督直隸，以易州虧庫事，降主事。又緣直藩任內失察書吏，謫戍烏魯木齊。召還，授主事，擢黔撫，復以前督直失察邪匪，降部郎。尋出爲山東鹽運使，擢浙江巡撫，坐庇所屬，落職回籍。未幾，復督閩浙，移督直隸。內召爲戶部侍郎，調倉場，改漕督，以河淤滯漕休致。所著有《衍慶堂稿》。

直隸河道大概情形疏　覆議減差輕徭利弊疏

馮敏昌　字伯求，號魚山，欽州人。乾隆戊戌進士，官編修。大考，改官刑部主事。晚年講學於鄉，學者稱『魚山先生』。敏昌至性純篤，而學兼衆長。丁內外艱，廬墓六年。其論學云：『聖門之學，大抵就事上見心。至公無我，可以處處推廣。又知權達變，無歉於己而有濟於人，是之謂仁。』其論詩云：『詩者，心聲也。天地之中聲，流於人心而發於詩，正如元氣之鼓萬物而不自知，萬象咸該，滴水不漏，此之謂大家，非節節而爲之也。』故其詩由昌黎、山谷上追李、杜，穿穴諸家，自闢面目，於『嶺南三家』後卓然傑出，王蘭泉、翁覃溪皆極稱之。書法由褚入大令，尤精研《蘭亭》。平生遍遊五嶽，皆造巔題其厓壁。丁憂後，遂不復出，主粵秀、端溪講席以終。所著有《孟縣志》十卷、《小羅浮草堂詩鈔》四十卷，《阮志·藝文略》並注『存』；《河陽金石錄》，注『未見』。又著有《華山小志》、《師友淵源錄》，阮《藝文略》皆未著錄。

聽竹軒詩鈔序　傳經堂詩鈔序　吳亦山文集序　魏

南秦州刺史司馬進宗墓志銘跋　魏司馬元興墓志銘跋　大唐故上護軍獨孤府君碑跋　冬集紀程跋　重修靈山縣學記　重修伯益廟碑記　太守康公德政碑　高要縣儒學教諭周君墓志銘　贈徵仕郎李公墓志銘　文學潘公墓志銘　處士李公墓志銘

何文明　字堯臣，香山人。乾隆己亥舉人，大挑，分發河南，補淯川縣。在官三年，以廉能稱。引疾南歸，舟至洞庭，端坐卒。著有《諸子粹白》四卷、《二思齋文存》六卷、[一]《詩鈔》六卷，存。子曰愈，四川知縣；孫璟，閩浙總督。

擬平賊疏　尹德毅說蕭砮論　諸子粹白序

[一] 二思齋爲何文明室號，原作「二恩齋」，誤。

莫元伯　字召可，一字曜山，高要人。乾隆己亥舉人，官番禺縣訓導。著有《柏香齋詩鈔》。

重修端溪社學記

趙希璜　字渭川，長寧人。乾隆己亥舉人，歷官陝西延川、永壽縣知縣，調補河南安陽知縣。希璜工吟詠，與黃仲則交好，嘗刊其詩集。其自著《四百三十二峰草堂詩鈔》，《阮志》注「存」。《惠州志》又載其有《研筏齋文集》、《五經文字通正》、《安陽金石錄》等書，《阮志》皆未著錄。

議征邪教疏　與顏侍郎論教匪書　再論川楚兵事書　漳河天平閘故渠圖說

李世芳　字仙澤，號潤菴，信宜人。乾隆己亥副貢，官廣寧教諭。世芳父宜昌，與其叔祖東述、世父宜達、仲父宜相，並出王文肅安國門。四李遺文，嘗乞文肅孫引之尚書爲序。茂名吳徽敍，則謂世芳之學，心自得之，故錢塘戴文節公表其墓，稱其不及於庭訓而學紹先業，尤難能可貴云。著有《青藜閣文集》。

上王伯申宗伯書　復陸次山廣文書　陸次山廣文墓表

陸樹芝　字見廷，一字次山。乾隆庚子舉人，嘉慶丙辰舉孝廉方正，不就。官會同教諭。生平酷好學問文章，朱墨未嘗去手。所著《莊子雪》、《左傳意解》，已梓行。尤畢力於四子書，有《會要錄》二十五卷。

莊子雪自序

李符清　字仲節，一字載園，合浦人。乾隆癸卯順天舉人，歷官直隸、束鹿、清豐知縣，擢開州知州。符清能文章，尤工詩，馮魚山稱爲「合浦珠光炎異彩」云。著有《海門詩鈔》。

寶昌聯吟集序　重修束鹿縣城隍廟記　重修滿城抱陽山定慧寺記

楊揆敘　字鄂臣，嘉應州人。乾隆癸卯舉人。

定州李公墓志銘

溫汝适　字步容，號篔坡，順德人。乾隆甲辰進士，改庶常，授編修，累官至兵部右侍郎，告養歸。會丁內艱，哀毀成疾，聞仁宗賓天，力疾奔赴，至吉安道卒。汝适籌築桑園圍，嘗言於大吏，奏借帑金八萬爲歲修費，至今南、順諸縣，田廬皆獲保障，最爲有功桑梓。其學以朱文正、紀文達爲師資，具有根柢。所著《咫聞錄》二卷、《曲江集考證》二卷、《曲江年譜》一卷、《攜雪齋詩文鈔》十三卷，並存。

禮以養人爲本論　韻學紀聞序　張曲江年譜序　靈淵詩集序　曲江集考證序　龍山鄉祀張陳兩先生碑記

龍廷槐　字沃堂，一字春岩，順德人。乾隆丁未進士，官編修，擢贊善。大考左遷，旋記名御史。告歸，築園奉母，不再出。著有《敬學軒文集》，阮文達爲之序，言廷槐將爲權相羅致，既乖其指，遂不復出，都門羣彥爲書勸駕，不知其操守，莫可明言云。

與瑚中丞言廣東沙坦屯田利弊書　與陳望坡廉察論捕匪書　胡同謙賜書樓詩草序　岸舫記

溫汝能　字希禹，號謙山，順德人。乾隆戊申舉人，官中書科中書。中歲告歸，築室蓮溪上，藏書數萬卷。又廣搜鄉先哲詩文集，輯爲《粵東文海》六十六卷、《詩海》一百卷、《補遺》六卷行世。其自著有《謙山詩文鈔》、《孝經約解》、《龍山鄉志》等書，並存。

文海自序　詩海自序　陶詩彙評序　陶詩合箋跋

張錦芳　字粲夫，一字藥房，順德人。乾隆己酉進士，改庶常，授編修，尋乞歸。卒年四十七。錦芳淹貫羣籍，通《說文》，能篆籀、分隸，以餘事爲山水、花卉，尤工詩。早年以優行入都，已爲嘉定錢大昕、河間紀昀賞識，自後所造益邃。與欽州馮敏昌、同邑胡亦常稱爲『嶺南三子』，三子詩合刻，流播都下。後益州李文藻官粵，又合其同邑黄丹書、黎簡與番禺呂堅稱『嶺南四家』，皆以錦芳爲首云。所著《逃虛閣詩》六卷、《詩餘》一卷，存。《南雪軒文鈔》二卷，《阮志》未著錄。

剏建金甌堡白雲洞三湖書院碑記

黎簡　字簡民，號二樵，順德人。乾隆己酉拔貢。簡生於廣西南寧，弱冠始歸里。以《擬石鼎聯句》，受知督學李調元，取入縣學，因又號石鼎。越十年，選拔，以父憂未赴廷試。足跡不踰嶺海，其名益著。袁枚遊粵，簡不與相見，而海內鉅公翁方綱、[二]王昶、洪亮吉、許宗彥，皆極推重之。生平擅詩、書、畫三絕。李文藻嘗稱『張黃黎呂』，簡頗不喜，謂有盧後意也。論者謂嶺南自屈、陳、梁三家後，繼起者以簡爲冠云。著有《五百四峰草堂詩鈔》、

《藥煙閣詞》、《芙蓉亭曲》、《注莊》等書。

弼教元君古廟碑

〔一〕翁方綱，原作『翁方剛』，誤。

韓懋林　字淳修，番禺人。乾隆己酉舉人。節愍公上桂之後。節愍殉節後，所著書已散佚，懋林剔蠹搜殘，近諏遠訪，必欲哀成先集，及任海康教諭，乞陳昌齊作序刊行。早負文譽，以敦慤周慎見稱於時。性嗜書，披吟無倦，晚築別館嘯詠其中。著有《竹香吟草》。

明建寧司馬節愍韓先生事蹟碑

邵詠　字子言，號芝房，電白人。乾隆壬子優貢，官韶州訓導。詠性冲淡寡累，故所學博涉。而能精古文，義法精嚴，風格在南豐、半山之間。古今體詩出入三唐，亦王、孟流亞。繪事摹刻，皆臻能品。詩文散佚，其弟子秀琨錄存僅十七篇爲《種芝山房集》，今《高涼耆舊集》已選者十六篇，止佚其一而已。

裴晉公論　寓憫忠寺題名冊子序　荊香齋試帖序
存杜軒記　東溪草堂記　天馬山廟祈雨記　汪芟湖學博傳　族父樂山公墓碣　殤兒兆朴壙志

葉鈞　字貽孫，一字石亭，嘉應人。乾隆甲寅解元，官直隸曲陽、肥鄉縣知縣，祁州知州，卒官。身後蕭然，僅存著書數種。《重訂三家詩拾遺》二卷，今刻《嶺南遺書》中；《南田吟舍遺草》二卷，《阮志》注『存』，張維屏《詩人徵略》稱《石亭詩文集》。

毛氏出王廟辨　臺南從軍義民紀略　東略頌

鄭士超　字卓仁，號貫亭，陽山人。乾隆乙卯進士，授工部主事，歷官員外郎郎中。轉御史，疏陳粵盜，條陳剴切。好講社倉法，門人官縣令者必以告，後遂舉行於鄉。微時爲欽州馮敏昌所知，馮彌留，尤思一見。士超至，爲經紀其喪，哭以詩云：『難堪元伯彌留際，猶自呻吟待巨卿。』又云：『真性瀰漫忠與孝，寄懷空闊海兼天。』觀其所與，品概可知矣。

臚陳廣東五弊疏

黃丹書　字廷授，一字虛舟，順德人。乾隆乙卯舉人，官開平訓導。馮敏昌主講粵秀書院，以丹書監院事。爲人狷介不苟。工書畫及詩，與黎簡並稱『三絕』。簡自粵西還，聲譽未廣，丹書爲之揄揚，後遂與齊名。著有《鴻雪齋詩鈔》八卷、《文鈔》一卷。子玉衡，嘉慶辛未翰林，改御史。詩文書畫，皆傳家學。玉繩、玉露，並工畫。

明經二樵黎君行狀

吳應逵　字鴻來，別字雁山，新寧人。乾隆乙卯舉人。著有《雁山文集》，《阮志》未著錄。新興陳在謙稱其文瓣香永叔，表揚諸節烈，動色驚心，足與歸太僕《張氏女子神異記》抗衡。姚氏椿撰《國朝文錄》，於吾粵惟錄應逵一人，核其文目，皆與在謙《嶺南文鈔》同，疑即從陳氏選本轉錄，於雁山全集，未得見也。

白沙學出濂溪說　贈勞需大序　書謝里甫三烈婦傳後　東坡亭記　記雷異　勞莪野先生傳　溫處兵備道陳公傳　虎門總鎮黃公傳　長壽縣知縣曾公傳　黃烈婦傳　薛貞女傳　兩節婦傳　書鍾錫朋　處士西愚馮君墓志銘

呂堅　字介卿，一字石飄，番禺人。歲貢生。學於同邑張大進，大進博極羣書，文筆奧贍，堅盡受其學。益都李文藻見其詩，奇之，因以堅詩與順德張錦芳、黃丹書、黎簡，並稱『嶺南四子』。文亦奇情鬱勃，不作常語。顧老而不遇，在四家爲最後歿云。著有《遲刪集》，文二卷、詩四卷，存。

靈洲妙高臺碑記

潘炳綱　名彰國，以字行，更字同人，號野亭，南海人。乾隆間諸生。食貧力學，遇未見書，輒典衣購之。久困童子試，中歲屏舉業，負弩從軍。晚爲黃提督梅亭課子，藉館穀以自贍，益肆力漢、唐諸儒傳說，五經皆有纂述。所著《禮記庭訓》、《阮志・藝文略》注『存』。

禮記庭訓自序

談樵　字用修，號五山，順德人。著有《一枕亭詩草》二卷。

石緣詩鈔序　愛日樓序　王楊盧駱論

方天根　字應復，一字子谷，香山人。諸生，縣府院試俱第一。所爲詩古文詞、繪事、篆刻，皆卓然可傳。年三十八卒。黎簡哭以詩云：『使我同斯世，得君誠古人。』著有《風佩軒遺草》一卷，《阮志・藝文略》注『存』。

新美齋銘

仇巨川　字匯洲，號秦山，順德人。與同邑溫汝能舍人交好，汝能所輯《龍山鄉志》，多宗其論。著有《羊城古鈔》八卷，存。

蕭曹魏丙相業論　約齋賸草序　家監紀公傳

羅元煥　字超倫，號章山。南海諸生，後棄去。有《歲暮懷人詩》五十首，邑人陳仲鴻爲之箋注，世並稱之。著有《萬石堂集》，未見。

因竹齋詩序

陳仲鴻　字南賓，南海人。與羅元煥同邑，嘗注其所作《歲暮懷人詩》，題曰《粵臺徵雅錄》，并爲之序。張維屏《聽松廬詩話》稱爲『百年來詩人韻事，略見一斑』。今刻伍氏《嶺南遺書》中。

溫承恭 字莊亭，德慶人。乾隆間諸生。好經世遠略，嘉慶初川楚用兵，出入蜀、漢間，久之客松潘，著《松潘防守議》及《松潘廳志》三卷。復遊齊、魯，遊浙，遊黔，再至松潘，二十餘年，足跡幾徧海內。十踏鄉闈不售，以歲貢終。所著散佚，子颺輯存之。後颺弟子某刻颺遺書，援黃氏《伐檀集》例，取冠集端，題曰《溫氏家集》，《德慶州志》注『存』。

錦石山記

溫瑞柏 字茂承，號漢臺，德慶人。貢生。與同州溫承恭善，相偕遊蜀，卒蜀中。著有《遊蜀日記》二卷、《漢臺詩文集》各二卷，並佚。

案：《德慶州志》瑞柏僅存詩七首，附刻承恭《蜀遊集》中，然順德溫氏選《文海》時，尚得其文八篇，疑瑞柏文其初尚有傳本，後乃佚也。

蕭曹魏丙相業論　火井考　溫湯井記　鹽井記　謝貞女傳　猴僧煥然傳　新會伯傳　擬張衡周天大象賦

廣東文徵作者考卷九

番禺吳道鎔纂

◎清　續二

莫紹悳　定安人。嘉慶丙辰進士，官內閣中書。

《補刻蘇文忠洞酌亭詩記》

宋湘　字煥襄，號芷灣，嘉應州人。嘉慶己未進士，官編修，出知雲南曲靖府，擢湖北督糧道。官雲南時，所屬土州知州某卒遠族有景在東者，聚黨奪印，謀襲土職。湘慮爲前明二夷續，練鄉兵，以計散其黨，搗其巢，斬在東。不費公家斗粟，而邊境以安，郡人建生祠祀之。早以詩名海內。粵東詩家，前有馮敏昌、黎簡，後有張維屏、黃培芳，湘名與埒，并爲大興翁方綱所稱。所爲詩雄奇奔放，如其爲人。著有《紅杏山房詩集》，內分《不易居齋》、《豐湖漫草》、《燕臺賸瀋》、《滇蹄草》、《南行草》、《楚艘吟》、《兩漢摘詠》，凡七種。惟文無專集，今錄其詩集自序數首而已。

不易居齋詩自序　豐湖漫草自序　滇蹄集自序

吳榮光　字伯榮，號荷屋，南海人。嘉慶己未進士，官編修，授江南道御史。落職，改刑部郎中，入直軍機處。出爲陝安道，累官至湖南巡撫兼署兩湖總督。榮光出阮文達門，在兩湖時，仿浙詁經精舍、粵學海堂故事，置湘水校經堂，所造就皆一時之選。緣事降四品京堂，再藩閩中，休致，卒於家。榮光寡嗜好，惟於法書名畫、吉金樂石、冢書壁簡，視若性命，嘗築賜書樓，儲古籍以訓子孫，自爲之記。所著有《歷代名人年譜》、《吾學錄》、《石雲山人文稿》、《綠伽楠館詩稿》。

吾學錄初編敘　帖鏡自敘　送程春海視學楚南序

石畫記序　賜書樓藏書記　重修詩人梁藥亭先生墓碑

吳徽敍　字惇倫，號香樵，茂名人。嘉慶庚申舉人，一上公車，即不再赴。官博羅教諭，解官後，主講郡邑書院二十餘年。文清而行高，能以繩墨約束門下士。所著有《鍼石集》，存。

曾了瑕傳

劉彬華　字藻林，號樸石，番禺人。嘉慶辛酉進士，官編修，乞養歸。主講端溪、越華書院。阮文達修《廣東通志》，延爲總纂。又選粵人詩，名《嶺南羣雅集》，今存。

嶺南羣雅集自序

林伯桐　字桐君，號月亭，番禺人。嘉慶辛酉舉人，官德慶州學正。伯桐踐履篤實宗宋儒，而治經則宗漢儒，《十三經注疏》手自丹鉛，又嘗作《朱子不廢古訓說》，故所學通博而無門戶。阮文達建學海堂，首延爲學長。所著有《毛詩通考》、《毛詩識小錄》、《史記蠡測》、《供冀小言》、《古諺箋》、《公車聞見錄》、《學海堂志》、《四禮通考》、《修本堂詩文稿》，統名爲《修本堂叢書》，存。

天道好還論　儀禮名義說　爾雅足以辨言說　禮意說　士有百行說　周禮故書考　釋名　冠昏喪祭儀考自序　讀戰國策書後　書東莞陳氏學蔀通辨後　至山亭銘并序

招元傳[一]　字巖升，號晝野，茂名人。嘉慶辛酉舉人，官高要訓導，調欽州，復調雷州。三考皆卓異，擢國子監典籍。其官欽州時，州人掘地得石，字迹斑駁，元傳洗濯搨之，知爲隋寧贙墓碑文，亟以搨本牒府，此碑遂傳於世。所著有《三峚山房文鈔》，見《高涼耆舊集》。

上張郡伯書　歸邵芝房舊書冊頁後跋

[一] 招元傳，原作『招元傳』，誤。

崔弼　字積匡，番禺人。嘉慶辛酉舉人。未弱冠即成詩一卷，名《丱兮集》。比長，才氣橫溢，傾倒時賢。南城曾燠爲布政使，枉駕訪之，贈以粟帛，堅辭乃受。燠嘗贈詩云：『崔子商歌出金石，豪氣不爲飢寒銷。』其自守可知矣。卒年八十一，阮文達題其墓曰『詩人崔鼎來寶藏』。著有《珍帚編》、《遊寧草》、《兩粵水經注》、《波羅外紀》等書，今存。

新建粵秀山學海堂記

謝蘭生　字佩士，號澧浦，南海人。嘉慶壬戌進士，館選後不再出，以庶常終。累主越秀、越華、羊城書院講席。能詩工畫，酷嗜古文，新興陳在謙稱其『沈實高華，具有典則』。詩文之外，尤工八法，雄俊中而以書卷氣勝。自言得書訣於族祖銓，後同邑朱次琦復從之受書訣，述其論書語甚詳，見《九江集》中。著有《常惺惺齋詩文集》八卷、《書畫題跋》二卷、《羅浮日記》一卷、《北遊記略》四卷。

答溫莊亭書　與梁璜溪書　定湖筆談序　臆說序　小羅浮詩集序　菊溪大司寇還朝圖序　送程月川先生任兗沂曹濟道序　送徐友白歸試序　酥醪觀齋堂記　鄉飲記　馮魚山先生傳　袁致堂小傳　二烈婦傳　蘇瑞一先生逸事

金菁莪　字藝圃，一字蘿香，番禺人。嘉慶壬戌進士，官兵部主事。喜爲文，河間紀文達極稱其『文筆健舉』。年四十，丁父憂歸，尋卒。陳在謙選《嶺南文鈔》，僅從張維屏處得其文五首。別有《軒木齋詩鈔》四卷，《阮志》注『存』。

殛鯀論　焚陰宅論　十八灘說　題鄭蘐坪吟秋草後　重修韓山書院碑

金菁華　字殿選，番禺人。嘉慶甲子副貢生。周歲而父卒，母沈守節撫孤，有末疾，菁華侍養備至，因博觀醫家言，悉心以療，母疾竟瘳。既就教職，歷署廉州府、博羅縣訓導，永安縣教諭，欽州學正，能勤其官，月課親爲講貫，諸生多所興起。爲人悃愊任真，寬和自適，至所願爲者，必盡心力，不少瞻顧，於族黨尤任勞而讓善。同邑林伯桐，稱其質則能勤，厚則不忮，無意外飾，爲足多云。子錫齡，舉人，以學行稱，爲士林所重。

醫藥輯要自序

陳在謙　字六吉，號雪漁，新興人。嘉慶甲子舉人，官清遠教諭。在謙少往來南北，又嘗客山左，生平遊跡，多見於詩。而尤肆力古文，論者謂其功較詩爲深。其官教諭時，嘗委監越華書院，當錄科有奸民以番夷妖書散給考生，高要彭泰來得之，書數百言簡端，語至激切。在謙立白學使，令捕之，燬其版。其持正如此。所著《夢香居士集》十五卷、《七十二草堂文勺》四卷；所選《嶺南文鈔》十八卷、《續鈔》三卷，今並存。

與喻明府論平糴書　與曾勉士論沙田書　與陳仲卿書　再與陳仲卿書　博浪沙擊秦論　鼂錯論　嶺南文鈔序　夢香詩鈔序　夢香居自序　宛在錄跋　東齋脩竹記　化身潭記　定海鎮總兵羅公神道碑　郭御史傳　梁菊泉傳　二何傳　陳政達傳　李苑芝傳　柯英傳

黄培芳　字子實，號香石，香山人。紹統子。嘉慶甲子副貢，肄業太學，充武英殿校錄，官乳源縣教諭。大興翁方綱所定粵中三子詩，培芳其一也。邃於《易》，著有《易宗》一書，今未見。生平六上羅浮，稱羅浮爲『粵嶽』，築祠絕頂觀日出。有《粵嶽詩話》、《浮山小志》，今存；又有《嶺海樓詩文集》。

復蔭亭二兄家書　漢學宋學論　駮侯朝宗太子丹論　張邦昌非僭竊辨　易宗自序　臨溪文集序　良方偶存自序　書香山縣志目錄後　增修雲泉山館記　方竹孫傳　冼冰玉傳　記汪瑚事

李黼平　字繡子，嘉應州人。嘉慶乙丑進士，由庶常改官昭文縣知縣，以革漕規，爲漕棍中傷，繫獄七載。歸粵，阮文達重其學行，延課諸子，並評定學海堂課藝。所著有《毛詩紬義》二十四卷、《著花庵集》八卷、《續集》四卷，已刊。《堪輿六家選注》八卷、《小學檮言》二卷、《說文羣經古字考》二卷，順德梁廷枏錄有副本，今未見。

著花庵集自序　漁石初稿續稿序

李清華　原名殿芳，字漱六，順德人。嘉慶丁卯舉人，羅定州訓導、內閣中書。子應田，翰林院檢討；應棠，舉人。

吳門集序　端州石室銘

梁烔 初名炅，[一]字蓼圃，一字蔗坡，靈山人。嘉慶丁卯優貢，充正黃旗教習，期滿，以知縣用。癸酉中順天舉人，改就教職。道光三年任曲江教諭，倡建劉希仁祠，自爲之記。著有《蔗境軒詩草》。

新建唐劉希仁先生祠堂記

[一] 梁烔，初名炅，見凌揚藻《國朝嶺海詩鈔》卷二一。原作「靈」，非，蓋「炅」「灵」形近，復訛爲「靈」也。

張杓 字磬泉，番禺人。嘉慶戊辰舉人[一]，選揭陽教諭，改國子監學錄，舉學海堂學長。杓少坐黑室中，目炯炯如炬。過目成誦，世稱「神童」。工詩文駢體，善隸書。中年以後，折而治經，考證注疏金石文字，晝夜點勘甄錄，目眚大作，至暮年竟瞽焉。所著書皆散佚，南海桂文燦訪輯之，得《儀禮古今文》一卷、《經史筆記》一卷、《增校尸子》三卷、《四民月令》一卷，皆未見；惟《磨甋齋文存》二卷，今刻《學海堂叢刊》中。

尚書之訓解　春秋之傳解　黃應麟周易述翼序　陳氏仲卿鄺齋雜記序　顧亭林日知錄跋　重修新寧縣學記

[一] 舉人，原作「進人」，據阮元修《廣東通志》本傳改。

吳蘭修 字石華。嘉慶戊辰舉人，官信宜訓導，舉學海堂學長。蘭修工詩文，善倚聲，兼通算學，著有《方程考》、《荔村吟草》、《桐華閣詞》、《石華文集》等書。其文學六朝者得其韻，學八家者得其法，論事之作，尤通達治體，切中事情。兼精考證，所著《南漢紀》五卷，竭十年精力而成。後以餘力，爲《南漢地理志》一卷、《南漢金石志》二卷、《端溪硯史》三卷，今皆刻《嶺南遺書》中。嘗自言：「喚作文人，死不瞑目。」其自負可知矣。

與葉耘圃書　與劉墨池書　與陳雪漁書　與曾勉士書　與沈香泉明府書　論米票　論米船　說硯　釋車　登雲山人文稿序　送楊桂山都轉之任兩淮序　顧亭林日知錄跋　楊訒庵廉訪文集跋　鄺湛若傳　三典史傳　李喬基傳

孫大焜 字南瀛，吳川人。嘉慶戊辰舉人，歷官福建尤溪、壽寧、沙縣知縣，所至興革，凡牒陳大吏章程，皆手自裁定。罷官後，築藝蘭山房，藏書極富，所著詩文即名《藝蘭山房集》。

壽寧鰲陽書院詳定章程碑　捐置冬至始祖祭田碑

趙均 字國章，一字平垣，順德人。嘉慶戊辰歲貢生，歷官羅定州學正，饒平、豐順、揭陽學教諭，學海堂學長，均有治事才。阮文達闢粵秀山，開學海堂，建文瀾閣，皆所營畫，學海堂磚鐫有「趙博士監造」等字。今山堂已毀，惜無有如張瓊之於漢楊議郎南雪者。所著有《自鳴軒吟草》。

新建粵秀山學海堂記

朱程萬 號南溟，南海人。嘉慶戊辰歲貢。著有《植蘭庭遺稿》。

記己巳平寇事

張岳崧 字子駿，一字翰山，定安人。嘉慶己巳一甲第三人及第，授編修，累官至湖北布政使。岳崧以纂修《明鑑》，按語有誤，部議革職。道光初元以原官起用，歷官皆有聲績。平生學宗程朱，詩宗漢魏，書宗歐柳。著有《筠心堂集》，今存。

上朱幹臣中丞書　與顏魯輿觀察書　再與顏魯輿觀察書　淮陽下河水利論上　淮陽下河水利論中　淮陽下河水利論下　續瓊州府志序　羅茗香四元玉鑑細草序　馮魚山小羅浮草堂詩序　戚蓉臺洗馬同年哀詞

吳懋清 字澄觀，吳川人。嘉慶庚午舉人。年十二，能誦十三經。稍長，益致力於箋注義疏，漢唐以來作者，皆搜剔纂錄，以爲生古人後，讀書始得如是。會試不第，館京師，陳昌齊、張岳崧皆推重之。尋歸里，著書自娱，教人以敦行稽古，學者以列弟子籍爲榮，稱『迴溪先生』。弟懋基，癸酉舉人。有《二吳先生唱于集》，陳喬森爲之序。喬森復次懋清所著書，有《尚書解》、《詩經解》、《四書解》、《尚書古今文測》、《詩經測》、《周官測》、《儀禮測》、《禮記測》、《春秋傳注訂訛》、《纂輯十三經注疏》、《地理雜書》，凡一百七十餘卷，詩文十三卷。

山行吟序　保家訓

鄭灝若 字蕿坪，番禺人。嘉慶癸酉拔貢。學問淹雅，阮文達公開學海堂，識拔最先。嘗撰《四書文源流考》，文達因令輯《四書文話》。其論學，謂明初諸儒皆朱子流裔，學術之分自白沙、姚江始，白沙孤行獨詣，仍本周子『主靜』之旨，實與朱子不遠。工詩及駢文，爲曾燠所稱賞。李兆洛來粵，歡若舊識。恆與湯貽汾酬唱。劉彬華、凌揚藻並推重之。所居曰榕屋，謝觀生爲作《榕屋橫琴圖》。著有《榕屋詩鈔》、《吟秋草》。

四書文源流考

彭泰來 字子大，號春洲，高要人。父輅，工詩文，著《詩義堂集》。泰來嘉慶癸酉拔貢，道光元年舉孝廉方正，不就。負雋才，而性行高介，不諧於俗。以能古文名，其爲《歐陽文忠公像贊》，隱寓私淑之意，而所爲文，能自闢門戶。既絕意進取，抗志立言，憤時感事，一託之文。嘗自爲詩云：『不令斯人窮，孰寫天地心？』其自命可想矣。所著《昨夢齋文集》四卷、《詩集》六卷、《外集》二卷；修縣志，撰《金石略》四卷；別選《端人集》十卷，並存。

答人問爲後書　復黄香石書　復蘇賡堂書　說賑上

說賑下　端人集自序　端江公餞圖序　明河南柘城縣知縣梁公塋域記　修堤記　記水災　水災後記　高要縣重修學宮碑　重建紫林寺碑　署澄海縣訓導陳君墓志銘　國子監周君墓碣　溫仲道墓碣　莫氏子蘭森墓碣　劉節婦傳　施彰文傳　歐陽文忠公像贊

譚敬昭　字子晉，一字康侯，陽春人。嘉慶丁丑進士，官戶部主事。敬昭天才俊逸，詩學最深，尤長樂府，而兼工文筆。所擬《答客難》、《七稽》等篇，及雜文一卷，新寧吳應逵嘗刻之《譜荔軒筆記》中，今不可見。惟《楚庭耆舊集》刻其《聽雲樓詩》一卷，存。

夢香居初集序　詩義堂集後序　遊通真巖詩序

陸殿邦　字磬石，一字達泉，番禺人。嘉慶戊寅舉人。丁父憂，哀毀至嘔血。大挑二等，補吳川訓導，母老不就養，舍去。課徒，以修脯養母。性直，能任事，雖處里閈，而留心當世之務。總督祁𡎴耳其名，以禮延訪，殿邦爲畫防海之策。咸豐四年紅匪之亂，與贊善何若瑤議設局平賊，大吏請奬，敘擢教授。六年，餘匪乘夷變，竄據彬江，殿邦率鄉勇擊賊，盡焚賊舟，各鄉賴以安堵。選高州教授；賊圍城，課諸生不輟，人心堅定，城卒不陷。以老告歸，尋卒。著有《大學臆》、《中庸通論》、《孟述》、《四書故》共十卷；《維心亨室文集》一卷。

武臺山寺碑記

溫颺　字仲道，號陶舟，德慶人。嘉慶己卯舉人，四試禮部不第，卒京師。颺爲承恭子，承恭深於史，颺則好研經。高要彭泰來志其墓，謂能出入漢、宋諸儒水火之說，平心以求其安。所著有《易繫詞解》一卷、《古本大學解》二卷、《書序辨》一卷、《秦楚之際月表辨》一卷、《宜善堂集》六卷，《德慶志》注『存』。

書序辨論　陳孝女傳

黃釗　字穀生，一字香鐵，鎮平人。嘉慶己卯舉人，官潮陽教諭，除翰林院待詔。釗負詩名，與張維屏、黃培芳、譚敬昭等稱『七子』。性亮直，篤於交友，盛大士謂爲『《獨行傳》中人』。著有《讀白華草堂詩鈔初集》九卷、《二集》十二卷、《苜蓿集》八卷，梅曾亮、凌堃、包世臣爲之序；《讀白華草堂文集》若干卷，並存。

覆顔魯輿開府書　楊明經論　明謝霜厓給諫詩序　明義士江寧黃石齋先生祠記　賴其肖傳

勞光泰　字靜庵，南海人。嘉慶庚辰進士，官湖北蒲圻縣知縣，累官至武昌清軍同知。落職，以軍功開復原官，再以帶勇潰散罷歸。光泰喜任事，尤熟於河防水利。宰蒲圻時，成瀨江大堤三千六百丈，尋監利堤勢岌岌，大吏以光泰通河務，檄權縣事，光泰不待檄下，先期規畫，全堤鞏固，然後到任，民以爲神。

監利堤工記

陳曇 字仲卿，番禺人。廩生。曇生有異稟，寧化伊秉綬、南城曾燠皆奇其才。嘉慶中，新會盧某濫祀鄉賢，與同縣劉華東，合廣州士人，訟於大府。事尋上聞，欽使涖訊，對簿抗論。卒罷祀，舉者及巡撫以下皆獲譴。曇亦罹薄罰，而當道有嗛之者。遂入都應順天試，不遇。尋爲澄海訓導，卒。曇生與明鄺露同物，人謂爲露後身，故又號鄺齋。著有《感遇齋詩集》八卷、《文集》四卷、《外集》四卷、《師友集》二十卷、《文學碎金》、《南北史姓名詳錄》若干卷、《鄺齋雜記》八卷。

端人集跋

馮龍官 字孟蒼，自稱馮孟山人，順德人。年十二，補縣學生，送粵秀書院肄業。甫冠，出作汗漫遊，沿楚入蜀，[一]所至與名流講求學問。歸則聚羣書，窮日夜研究。嘗取周秦廿八書、《文選》、《玉臺新詠》，各爲考證。又集《弟子職　急就章》爲《幼學十書》。思注十四經，先成《孝經》數萬言，爲蟻蝕，歎息中止。平生尚風節，敦古處，南城曾燠、汀州伊秉綬慕其名，皆不得一晤。[二]及伊得罪入獄，就獄中與訂交。阮文達聘修志，不就。爲文洋灑千言，考據精博，喜金石文字。著有《十四經附錄》、《爾雅注》、《說文解字注》、《古籀文註》、《幼學十書》十五冊、《馮孟文》二卷。

遊羅浮山序　擬唐翰林志序　梁氏春堂藏書圖記

[一] 沿，原誤作「沼」，據光緒《廣東通志》改。

[二] 晤，原作「昭」，句義未允，徑改。

羅學鵬 字秩宗，順德人。國學生。喜談經濟。嘉慶中海賊張保內犯，上書制府，條陳勦禦方略，不報。又好搜集鄉先正詩文集，雖殘篇斷簡，皆手自纂錄。既累試不售，乃累所錄成《廣東文獻》五集，鬻所居，次第刊行焉。今存其自著，別有《春暉草堂詩集》，未見。

廣東文獻初集序　廣東文獻二集序　廣東文獻三集序

凌揚藻 字譽釗，番禺人。增生。學者稱「藥洲先生」。嘉、道間最知名，爲一時所宗仰。其論學以毋自欺爲端，以躬行爲本，以期於有用爲歸宿。時海寇剽掠鄉落，揚藻爲畫方略，盜不敢犯。所著有《藥洲詩略》六卷、《文略》十六卷、《續編》十二卷、《柱楣葩記》六卷、《四書紀疑錄》六卷、《春秋咫聞鈔》十二卷；所選《嶺海詩鈔》二十四卷，並存；又有《蠡勺編》四十卷，今刻《嶺南遺書》中。

嫡繼並祔議　答李燕濤書　虞祭辨　雜說　嶺海詩鈔序　募修大通寺祖師堂引　書史記六國表後　跋南宋書　書柳子厚童區寄傳後　望江三圖善後條例記　鳳凰岡社稷壇碑　彭邊真武廟碑　石井墟張王廟

碑　都督僉事林公傳　劉忠毅公像讚　釋載山自寫止觀圖讚

黃芝　字子皓，號瑞谷，香山人。文裕公八世孫，世居泰泉舊里之寶書樓。於書無弗讀，邃於羣經，旁通算術。屢試不售，遂絕意進取。嘗攟集嶺表名蹟往事，編爲紀録，題曰《粵小記》。巡撫祁恭恪公，於省會建惠濟倉以備饑，即採其說。與從弟培芳，一門切劘，有文雄之目。詩則天籟自鳴，同時詞宗，咸相推許。學行篤實，不求聞達。所著《粵小記》外，有《四書句讀正譌》、《詩經正字》、《粵諧》、《瑞谷詩鈔》、《文鈔》、《叢鈔》等若干卷。

書瓊山邱氏朱子學的後

陳旦　字扶初，高要人。諸生。與彭泰來友善，嘗以墓銘相屬，又曰：『定吾文者，非子而誰？』其雅相推重如此。

南雪草堂詩集序　昨夢軒文集跋　彭春洲先生墓表

羅瑗　字玉符，高要人。諸生。與彭泰來、陳旦往還論古學，時稱名宿。

包孝肅石刻像賛

梁傑　高要人。諸生，肄業學海堂。所作《四書文源流考》，賀氏採入《經世文編》。

四書文源流考

宋淳　花縣人。有文名。康熙初，析番禺縣境置花縣，水道久未修治；嘉慶五年，邑令狄尚絅涖任，從事疏濬，居民賴之，淳爲作記。

花縣水道修濬記

黃大幹　字子直，別字臨溪，香山人。少年棄科舉，專嗜古文。著有《臨溪文集》，未見，陳在謙選入《嶺南文鈔》，極推重之。

文種論　鼂錯論　郁離子論　方孝孺論　宦者張永論　虛谷弟四十序　伍孺人傳略

趙古農　原名鳳宜，字聖伊，一字巢阿，番禺人。諸生。勤於撰述。南海林青門茂才輝，康熙間人，著《嶺海賸》四卷，未百年，莫有舉其姓氏者，古農購得斷爛稿本，爲審定刊行之。其古誼不易及，多此類。著有《抱影吟草》、《闕疑殆齋雜録》六卷、《骨董二編》四卷、《玉尺樓賦選》五卷、《菸經》二卷、《龍眼譜》、《梹榔譜》各一卷。

闕疑殆齋雜録自序　骨董二編自序

尹光五　字謙中，番禺人。廩生。少孤力學。父未葬，每風雨暴作，輒趨省父柩。母卒，亟卜兆迎父柩合厝焉。遇歲除，家人埽舍，光五輒持帚掃墓。友有貧無以殮者，出百金，告其子曰：『吾囊貸汝父金，茲還汝以備殯葬事。』實未嘗貸友金也。著有《四書解》、《多識圖》、《詩講義》、《粵東土物聞見》各若干卷。

多識圖自序

吳岳 字正方，鶴山人。歲貢生。嘗從勞莪野遊，博通經史。講學廣州，弟子以千數，一時粵中知名之士，多出其門。著有《易說旁通》十卷，同治辛未刊行，卷首有自序。

書學蔀通辨後　新建粵秀山學海堂碑

張璐[一] 字伊佩，號漁石，東莞人。道光辛巳恩貢。著有《海氛紀聞》、《桑梓識佚》、《漁石初稿》、《續稿》。

上胡邑侯請安奉邵先正書　海氛紀聞自序　寶安文萃初集自序　聽蟲翁傳　東莞賦

[一] 張璐，原作「張潞」，誤，據張其淦編《東莞詩錄》卷五一改。

鄧淳 字粹如，一字樸庵，東莞人。舉道光辛巳孝廉方正特科。生平博涉羣籍，尤究心古今道學源流，嘗搜訪粵東故事，爲《嶺南叢述》六十卷，又輯《廣東名儒言行錄》二十四卷。其爲文醇懿淵茂，陳在謙選入《嶺南文鈔》，謂『學人之文，不必有心求古而自古』云。

白沙學出濂溪說　說蟻　牂牁江考　粵東名儒言行錄序　嶺南叢述序　強學堂序　直養齋序　湫藝堂序　重修福隆堤記　鄧氏南陽書院記　養拙齋記　黎孝女傳　陳貞女傳

羅文俊 號蘿村，南海人。道光壬午一甲第三名進士，授編修，記名御史，大考翰詹，兩次高等，累擢通政司副使、工部侍郎。以冒寒查東陵工程，得疾告歸。文俊迴翔史館，累掌文衡，其主順天鄉試，得人最盛；視學浙中，識深寒畯。阮文達刱詁經精舍，文俊重修之，課士親爲校閱，浙中人以配祀文達。所著有《綠蘿書屋文集》，存。

倚松閣詩鈔序　重建三原縣文廟記　新建華林寺五百羅漢堂碑記

曾望顔 字瞻孔，號卓如，香山人。道光壬午進士，由翰林改御史，累擢陝西巡撫、四川總督，以事劾罷。旋被召入都，[一]賞四品京堂，乞歸。望顔官御史時，有直聲，宣宗稱其『遇事敢言』。擢任京卿，洊膺疆寄，清介有惠政。光緒六年，陝督左宗棠奏請將政績宣付史館，於陝西省城建立專祠。今《清史》未爲立傳，其諫垣奏議，亦無可考矣。

請嚴禁陝西州縣諱盜爲竊疏　重修九曲水石壩碑記

[一] 旋，原作「旅」，誤。

林召棠 字愛封，號芾南，吳川人。道光癸未一甲第一名進士，授修撰。辛卯典陝甘省試，尋引疾歸，主講端溪書院以終。召棠工書能文，而性耽禪悅，其自輓有『問今安往，本未曾來』語，可謂澈底透悟。文亦淵靜閒適，如其爲人。著有《心亭亭居文鈔》，存。

東安縣志序　吴川易氏族譜序　端硯銘

張維屏　字子樹，號南山，番禺人。道光癸未進士，歷官湖北黄梅、廣濟縣知縣。以不願收漕告病，大吏異之，令署襄陽同知。尋丁父憂，服闋，改官江西，歷署袁州同知、吉安通判、南康府知府。假歸，不復出。維屏未通籍時，已負詩名，嘗與同邑林伯桐、黄喬松、段佩蘭、香山黄培芳、陽春譚敬昭、南海孔繼勳，築雲泉仙館於白雲山麓，據蒲澗、濂泉之勝，汀州伊秉綬題曰『七子詩壇』，爲之銘記。及告歸，復於花埭西築聽松園，榜其堂曰松心，著書其中。所著有《松心文集》、《詩集》、《國朝詩人徵略》、《藝談錄》；自六十後，述生平事蹟爲《花甲閒談》，並存。又著有《讀經求異》、《經字異同》、《海天史鏡》等書，皆未見。

關雎　虞許　原命　五行　德勝　治要　粤食　聖穀　規士　箴漁　黍離降爲國風辨　儀禮之記之傳春秋之傳辨　陳清端公詩集序　見星廬詩集序　夢香居詩集序　粤東詞鈔序　石洲詩話跋　白鹿洞講書記　羅浮分霞嶺記　陸大夫祠碑

黎攀鏐　字伯慈，號半樵，東莞人。道光癸未進士，官戶部主事，擢員外郎，除湖廣道御史，官至江南河庫道。河督某薦其才可大用，以親老，遽乞養歸。在言路時，因粤東積弊，疏陳十事。又當時論鴉片事，或主嚴禁，或主弛禁，聚訟紛呶，攀鏐獨疏請嚴禁，以抽稅爲非計，語尤切至。著有《詒蔭堂奏議》，存；《鷺門集》，未見。

請嚴禁鴉片以塞漏卮疏[一]　裕國足民疏

[一] 卮，原作『巵』，誤。

溫訓　字伊初，長樂人。道光乙酉拔貢。壬辰鄉試，試官程恩澤以星經、輿地策問，訓所對獨奥博冠場，遂中式。時嘉應吴蘭修著《弭害論》，以煙禁不能止，不若弛禁自種，訓著論駁之，名《弭害續錄》；鴻臚寺卿黄爵滋采其說，奏行。著有《梧溪石屋詩鈔》、《登雲山房文集》。所爲文有奇氣，番禺陳澧極賞其《觀運》、《觀民》諸篇，新興陳在謙取其諸遊記，選入《嶺南文鈔》，謂得半山神骨，今並存之。

觀運　觀民　慎麗　白諱　晏平仲論　梧溪石屋詩鈔自序　書東林傳後　遊龍澗記　遊靈峰洞記　白龍窟記　記西關火　南嶺文丞相廟碑　原任甘肅通渭縣少尹溫公傳

曾釗　字勉士，南海人。道光乙酉拔貢，官合浦教諭，調欽州學正，舉學海堂學長。吾粤自馮成修講學，一傳爲馮經、勞潼，並稱爲經師。潼弟子吳應逵、林伯桐，皆勞門都講，博通羣籍，恪守師傳。伯桐治漢學最深，而亦溝通漢、宋；惟釗專治漢學，於諸經訓詁，能交互以通其說。其爲文根柢既深，氣息自厚，不規規於八家繩尺，一時人士，奉爲眉目。祁恭恪公撫粵，與樊封、儀克中同客幕中，於籌設海防，疏濬水利，有所建議，亦以經濟自命。嘗築面城樓，藏書數萬卷，自爲之記。著有《周禮注疏小箋》、《面城樓文存》。

與馬止齋書　繫詞說上　繫詞說中　繫詞說下　友說　說性　宋義論　希古堂文課序　古輸廖山館藏書目錄序　王文成文鈔序　歸熙甫文鈔序　榕蔭習靜圖序　編輯楊議郎著書跋　編輯異物志跋　編輯交州記跋　編輯始興記跋　虎鈐經跋　百越先賢志跋　書長樂縣志張守備傳後　思源橋記　記沙鑽　袁先生傳略　何邵公贊

林聯桂　原名家桂，字道子，號辛山，吳川人。道光丙戌進士，歷官湖南綏寧、新化、邵陽等縣知縣。林召棠稱其文『聲生勢長，以氣自豪』，與同郡吳徽敍並以能文積學稱，而氣格迥別。所著有《見星廬駢文》、《古文》、《詩集》，存。

綱鑑總論序　高廉羅總鎮府職官題名碑記　聖駕東巡謁陵禮成賦

陳其錕　字吾山，號棠溪，番禺人。道光丙戌進士，以知縣用，改禮部主事。丁外艱歸里，母老乞養，遂不復出。主講羊城書院垂三十年，勤於課士。譚瑩、李光廷、許其光皆所識拔。廣州地廣人稠，米粟恆苦不足，遇歲歉，民益困，其錕創議，設惠濟義倉。總督祁恭恪公墳最倚重之，每有諮訪，指陳利害，未嘗干以私。平居以藝蘭、臨池自娛，精鑑古，通琴理，詩、文、詞皆博雅，書逼真歐陽率更。所著《陳禮部文集》一卷；詩有《含香》、《循陔》、《載酒》等集，共十六卷；詞有《月波樓琴言》三卷。

月波樓琴言自序

梁梅　字子春，順德人。道光戊子優貢。梅年三十尚困童子試，南城曾燠蒞粵，賞其文，延致署中，遂工駢文。阮文達以蓮鬚閣黃牡丹詩記事課學海堂，梅有『可憐賓主皆奇節，獨愧當年校藝人』之句，文達大加歎賞。既貢成均，歸途自津沽道汶泗，達江泝漢，遍遊衡岳、涪溪、桂林諸勝。所著有《寒木齋詩》二卷、文二卷。

武功縣志跋　端溪硯石賦

黃子高　字叔立，號石溪，番禺人。縣學生。道光戊子，常熟翁文端督粵學，以南海對試士子高文最工，文端驚異，比之汪中，遂以優行貢太學。平生喜考金石，尤工小篆，蓄書甚富。南海伍氏刻《嶺南遺書》，多得其藏本。著有《知稼軒詩鈔》九卷、《續三十五舉》一卷、《粵詩蒐逸》

四卷，並存；《知稼軒文集》二卷，未見。

千秋金鑑錄真僞辨　粵詩蒐逸自序　一切經音義跋　郡齋讀書志跋　端溪硯石賦

馬福安　字聖敬，號止齋，順德人。道光己丑進士，選庶吉士。散館，授犍爲縣知縣。丁艱起復，改官福建，累知順昌、邵安、漳浦縣事。舉循良，擢知六安州。再丁艱，服闋，尋卒。福安學有根柢，嘗與曾釗等結希古堂文社，通古文義法。阮文達剏設學海堂，舉爲學長。著有《止齋文集》，今載《學海堂叢刊》中；又著有《鑑古錄》，未見。

與曾冕士書　再與曾冕士論古文書　李鄴侯論　服問　揭曼碩先生文鈔序　面城樓記　止齋記

桂文燿　字星垣，南海人。道光己丑進士，官編修，轉湖廣道監察御史。出爲常州府知府，調蘇州府知府，擢淮海道。丁艱歸，尋卒。文燿官御史時，疏言州縣官任重權輕，近如崇陽、武岡賊皆戕官，州縣無兵，束手待斃；萬一歲歉衆飢，奸宄煽誘，恐復有三省邪教之事；今爲防亂未然計，請州縣仿軍民同知例，知府仿兵備道例，兼轄營伍，責以治賊。奉部議駁。尋廣西賊起，蹂躪半天下，州縣殘破如所言。歸里後，羣盜肆擾，奮然有撥亂之志。每論時事，皆有先見，以通達治體之才，不竟其用，世多惜之。

寄十七弟書　中憲大夫鄒君墓志銘

楊懋建〔一〕　字掌生，嘉應人。道光辛卯舉人。著有《留香小閣詩鈔》一卷、《詞鈔》一卷；又著有《禹貢新圖說》，番禺陳澧爲之序云：『自來說《禹貢》者，綜覈羣籍，無如胡朏明；專明鄭注，無如焦里堂；君博通羣書，多識本朝事，所著又出二者之外。其所考黃帝以下至本朝，自九州而外遍大地，蓋君主講席，欲學者因《禹貢》一篇而通知古今，此君之善教也。』所著書，《嘉應州志》並注『存』。

與張彥高書　釋奠釋菜考　禹貢新圖說序　魏收魏書跋

〔一〕懋建姓楊，原作『揚』，非。

吳文起　字子瑜，一字鶴岑，鶴山人。岳子。道光辛卯副貢。學海堂初次專課生，同舉者陳澧、朱次琦、張其翻、李能定、侯度、金錫齡、許玉彬、〔二〕吳俜、潘繼李共十人，皆知名之士。咸豐間，以防剿紅巾賊敘功，授直隸州判。文起生平宗漢學，治《大戴禮記》。爲詩清淡靜穆。所著《大戴禮記考》、《周初洛邑宗廟考》，已選入《學海堂集》；又有《西行雜錄》、《鶴岑詩鈔》。

釋士

〔二〕許玉彬，原作『詩玉彬』，誤。

駱秉章　原名俊，以字行，又字籲門，花縣人。道光壬辰進士，自編修轉御史，累官至奉天府丞。緣在御史任失察銀庫事，褫職罰賠，完繳，以庶子用。時同罰者皆用主事，秉章獨得宮僚，其以廉正受知自此始。尋遷翰林院侍讀學士，出爲湖南按察使，累擢至湖南巡撫。咸豐十年，入蜀視師，擢四川總督、協辦大學士。同治六年卒官，贈太子太傅，謚文忠。秉章外樸内明，能鑑別真才，得其死力。凡所識拔，起自營弁、布衣，及握軍四出，倚以辦賊，名臣良將，滿布海内。能以楚南一隅籌備全局，援鄂援江，援粤援黔，助餉助軍，不分畛域。獨遣將不相遙制，故出境多以功名自見，而己反無赫赫名。迨統軍入蜀，兵無選鋒，部無宿將，而運籌帷幄，摧撲羣寇，發輒破的，登糜爛之蜀人於衽席。然後北定秦、隴，南拓滇、黔，使上游財富之區，克完疆宇。故其卒也，蜀人喪之七日，靈舟東下，湘人臨江哭奠。前後相望，乃知其神機潛運，威德遐孚，非僅以知人善任稱也。所著奏疏若干卷，附自定年譜二卷。

請淮鹽由浙河轉運湖南疏　瀝陳軍務繁難請旨飭撥協餉疏　瀝陳湖南籌餉情形疏　覆陳武昌失守情形疏　遵旨陳川省軍務疏　生擒逆首勦滅髮逆巨股疏　請接辦川省鼇金疏　籌撥新疆暨慶陽糧臺餉項疏　粤省捐輸流弊疏　采買淮鹽濟食分岸納課濟餉疏　統籌新疆各省用兵緩急情形疏

陳澧　字蘭浦，番禺人。道光壬辰舉人，選河源訓導。揀選到班，得國子監學錄銜。爲學海堂學長數十年，晚爲菊坡山長。光緒中，粤督張樹聲、巡撫裕寬奏請賞五品卿銜。卒年七十三，學者稱『東塾先生』。澧少好爲詩，及長棄去。凡天文、地理、樂律、算術、古文、駢文、填詞、篆隸真行書，無不研究。中年讀朱子書，及諸經注疏、子、史，日有課程，尤好讀《孟子》。服膺鄭學，以爲鄭學有宗主，復有不同，中正無弊。讀《後漢書》，言學漢儒之學，尤當學漢儒之行。讀朱子書，言本朝考據之學源出朱子，不可反詆朱子。晚年乃尋求微言大義，及經學源流正變，得失所在。其言治經之法，當遵鄭氏《六藝論》，以《孝經》爲道之根源，六藝之總匯。學《易》不信虞翻，學《禮》必求禮意。其次考周末諸子流派，剔其疵而取其淳。其次又表章漢、晉以後潛德諸儒。嘗曰：『吾之書但論學術，非無意天下事也。政治出於人才，人才出於學術。讀書明理者多出而從政，必有濟於天下，此其效在數十年以後。』故與諸生講論，嘗書顧林亭『行己有恥，博學於文』以爲教。所著《東塾讀書記》十五卷、《聲律通考》十卷、《切韻考》六卷、《漢儒通義》七卷、《水經注西南諸水考》二卷、《三統術詳說》三卷、《弧三角平視法》一卷、《摹印述》一卷、《文集》六卷、《申范》一卷、《朱子語類日鈔》一卷、《讀詩日錄》一卷、《公孫龍子注》一卷、《東塾遺詩》二卷、《憶江南館詞》一卷，已刊行。尚有《說文聲表》十七卷、《水經注提綱》四十卷、《琴律譜》一卷，稿藏於家。《水道》、《聲律》二書，湘鄉曾文正公服其精博。邵陽魏源《海國圖志》成，澧嘗著論糾正之，源見而大悅，遂改正其書。寶應劉寶楠著《論語正義》，未成而卒，命其子恭冕成之，並言當就正於澧。其爲海內引重如此。

科場議一　科場議二　科場議三　推廣拔貢議　講書議　與周孟貽書　復王倬甫書　復戴子高書　復劉叔俛書　復曹葛民書　字說　廣州音說　喪服說　明堂圖說一　明堂圖說二　說長白山　牂牁江考　黑水入南海解　說文聲表序　等韻通序　切韻考序　聲律通考序　漢西域圖考序　綴玉集序　贈王玉農序　書江艮庭徵君六書說後　書僞韓文公與大顛書後　逐啓諆鼎銘跋　重刻琅邪臺秦篆拓本跋　素馨燈賦　錦鷄賦　擬江文通閩中草木頌　補楊孚南方草木贊　拱北樓時辰香贊

儀克中　字協一，號墨農，番禺人。道光壬辰舉人。負經世才，嘗入粵撫祁恭恪公幕。值官窰大水，堤決，建言濬靈洲渠，以殺其勢。與南海曾釗，自石門溯蘆苞，相度水勢，閱三月工成。又采《丙丁龜鑑》言，請建惠濟倉，經畫周年，積勞病卒。所學通博，修省志時，采訪金石，多翁氏《金石錄》所未及。身後遺著散佚，祁恭恪公搜得其文集二卷，詩集八卷；今存者《劍光樓詩鈔》四卷、《文鈔》一卷，光緒八年重刻本。

大學衍義補書後

林廷式　原名模，以字行，信宜人。道光壬辰鄉舉人，歷官湖南益陽、衡陽知縣，祀益陽名宦。其調衡陽，甫受事，值流賊犯鄰境，籌畫捍禦，境內晏然，故『林青天』之名遍湖湘間。所著有《怡雲山房文鈔》，見《高涼耆舊集》。

答周鼎卿論州縣書　書家翰猷公逸事

李徵霨　原名鳴韶，字孟夔，號阮庵，南海人。道光壬辰舉人，官高要訓導，截取知縣，不赴，舉爲學海堂學長。[一] 徵霨與同邑朱次琦、徐台英友善，同治初元，朱、徐並特旨召用，朱不起而徐應徵，徵霨爲《十策》贈之，其文不傳。卒後，次琦擬輯其遺文付梓，今亦未見。

南海廟波羅蜜讚

[一] 學海堂，原脫『海』字，據宣統《南海縣志》卷一五補。

廣東文徵作者考卷十

番禺吴道鎔纂

◎清　續三

孟鴻光 字蒲生，番禺人。道光甲午舉人，屢試禮闈不售，以孝廉終。鴻光記誦浩博，好小學及金石文字，能篆、隸書，尤工刻印。同邑陳澧嘗問其讀注疏幾部，鴻光曰：『徧讀十三部矣。』又與談小學，《凡將》佚文，誦之無遺誤，且言所出，以是畏服之。所著詩文皆佚，存者刻入《學海堂集》數首而已。

後漢書文苑列傳跋一　後漢書文苑列傳跋二　後漢書文苑列傳跋三

張其翻 字彥高，嘉應州人。道光甲午舉人，歷官陝西紫陽、臨潼知縣，引疾歸。錢唐汪鳴鑾視學廣東，奏舉積學耆儒，賞四品卿銜。其翻讀書有專功，尤精中西算法，所著有《春秋前漢三統閏朔表》、《後漢四分閏朔表》、《兩漢日月徵信》、《算法統宗》、《難題衍述》、《方程正負定式》、《量倉入法》等書。其說經訂史，則著有《兩漢提要劄記》、《三國志討論》、《南樓讀書雜記》等書。惟《辮貞諒室文稿》、《賦稿》已刊行。

復陳蘭浦書　又致陳蘭浦書　與陳蘭浦論宋范蔚宗傳書　復楊掌生書　求地中辨　人在地球面足版相抵說　論語北辰解　五嶺考　長厤三統校勘表記自序　閱泰西全體新論眼官妙用書後　張磬泉先生墓表　銅鼓賦　藤鼓賦　秋蟲賦　嘉魚賦　寶硯賦　白雲山九龍泉銘　拱北樓延祐銅漏壺銘

楊廷桂 字天馥，茂名人。道光甲午舉於鄉。不仕，而喜談經世學，嘗言顧氏《日知録》、賀氏《經世文編》閎深淹貫，精熟二書，終身用之不盡。咸豐辛酉，髮逆陷信宜，逼近邑境。廷桂籌策，與郡守蔣立昂誓以死守，危城獲安，人以此益信其所學。其說經不拘漢、宋，時有刱獲。詩古文詞，亦具家法。所著《嶺隅文鈔》，存有鈔本。

與羅椒生少宰書　今考定禮記序　古文準序

梁廷枏 字章冉，順德人。道光甲午副貢，官澄海訓導。時夷氛不靖，大吏聘修《海防彙覽》。林文忠公則徐督粤，詢以籌防戰守事宜，繪《海防圖》以進。祁墳、徐廣縉莅粤，並聘入幕中，襄辦團練。以薦賞內閣中書，加侍讀銜。嘗著《南漢書》十八卷、《考異》十八卷、《叢録》二卷、《金石文字記》四卷，網羅散佚，鈎稽同異，論者謂足與馬令、陸游《南唐書》並傳。他著有《南越五主傳》二卷、《論語古解》十卷、《東坡事彙》二十二卷、《金石稱例》四卷續一卷、《書餘》一卷、《藤花亭文集》十四卷、《詩集》四卷、《書畫跋》四卷、《曲譜》五卷，並見《順德續志》;《夷氛紀聞》五卷、《碑文摘奇》一卷、《蘭亭考》一卷、《鏡譜》八卷、《東行日記》一卷、《澄海訓士錄》四卷,《順德志》未著錄;又有《粵秀書院志》,張維屏《藝談錄》稱其『有關文獻』,亦未見。

與吳石華論南漢書書　正統道統論　南漢書本紀論[一]　先主傳論　二主傳論　三主傳論　四主傳論　五主傳論　宋龍圖閣待制張鎮孫死節論　順德大成殿土像木主並設論　張氏藏周壺考　漢龍氏鏡考　商父己尊考　己酉戊命尊考　史逗敦考　南越五主傳序　南越叢述序　金石稱例序　書袁子才後出師表辨後　登仕郎梁君秀山墓志銘　書始祖定山公宋亡後事

[一] 南漢書,原作『南選書』,誤。

蘇廷魁　字賡堂,高要人。道光乙未進士,官編修,遷御史,累官至河道總督,尋內召,引疾歸。廷魁官臺垣時,嘗因天變劾樞臣穆彰阿;又因賽尚阿出督師,舉內閣侍讀穆蔭入軍機,劾其壞舊制、用私親,上隱其名,出疏示賽,賽退,飲臺垣酒,問『誰實彈我』,廷魁起曰:『公負國,某不敢負公!』舉座肅然。故當時與晉江陳慶鏞、臨桂朱琦,並稱『三直』;合之錢塘金應麟,又稱『四虎』。咸豐戊午,英、法聯軍入粵,與順德羅文恪公惇衍、龍太常元僖同爲團練大臣,嚴清野,絕漢奸,並爲桑梓所稱云。

慎始毋言疏　駱文忠公神道碑

梁同新　初名綸機,字應宸,別字榘亭,番禺人。道光乙未進士,官編修,轉御史,累官至順天府尹。同新精鑒衡,有遠識,督學湖南,所取士如羅澤南、王鑫,皆一代偉人。其官御史時,禁煙議起,嘗疏請飭疆臣示以威德,毋見輕外夷。又嘗請禁邪教,絕亂源。及後變起,悉如所料。其《恭擬喪儀》一疏,尤洞審大體,識者推服。晚年講周子主靜之學。著有《圖書奧義》,今存於家。

恭擬喪儀疏　弭盜疏　疆吏不畏事則不生事疏　請嚴禁天主教疏　重修廣濟王桐君廟碑

羅惇衍　字兆蕃,號椒生。道光乙未進士,官編修,累官至刑部侍郎。丁父憂歸,值廣州戊午英夷之變,詔偕太常卿龍元僖、給事中蘇廷魁並充團練大臣,事竣入都,累擢左都御史、戶部尚書,丁母憂歸。卒謚文恪。惇衍以詞臣荷三朝知遇,致位正卿,值夷氛寇亂,敷陳密切,皆中外大計。自以身爲大臣,有以人事君之義,如曾國藩、林則徐、周天爵、駱秉章、倭仁等,皆以同志夙相推重,登諸章奏;粵吏如吳昌壽、李福泰等,並以守令薦擢爲封疆重臣;所取士孫家鼐、張兆棟等,皆致大位,有聲於時,故世咸稱其知人。所著有《奏議》四卷,存;《孔子集語》十四卷、《詠史七律》一千六百餘首,合爲若干卷,藏於家。

崇儉去奢疏　法祖以端本善俗疏　請派大員專勦粵西

土匪疏　請飭廷臣修省以回天變疏　請飭禁官紳兵役苛索商販疏　法祖愛民疏　請獎廉懲貪以厲臣工疏　請飭粵督急委大員勦滅土匪疏　請飭統兵大員聯絡鄉團疏

侯康　字君謨，[一]番禺人。道光乙未舉人，少讀南北朝史傳所載文，好之，執筆摹擬即肖。及長，熟洽諸史，兼研經學，遂稱經師。年甫四十即卒。所著書多未就，成者爲《後漢書補注》、《三國志補注》，未見；《補後漢書藝文志》、《補三國志藝文志》、[二]《穀梁禮證》，今刻《嶺南遺書》中。

雅詩多言文王少言武王解　說文假借例釋　古經說自序　易例跋　晉書跋一　晉書跋二　百粤先賢志跋　唐張九皋碑跋　龍眼賦　甘溪賦

[一] 君謨，原作「君模」，誤，據《清史稿》本傳改。

[二] 原脫「補」字，今據《嶺南遺書》補。

侯度　字子琴，番禺人。康弟。與兄同中道光乙未舉人，大挑知縣，分發廣西，署河池州知州。州在萬山中，無城郭，多盜賊，度地設險，力行保甲。規畫甫定，會爲奸民告訐，奉檄詣省，其後雖解，而所規畫敗於垂成。引疾歸，鬱鬱卒。度熟洽經史，兼通算學，與康齊名。嘗采古書名言爲一編，曰《述古軒家訓》，今佚。

南唐書馬陸兩家孰長論　宗法考

金錫齡　字芑堂，番禺人。道光乙未舉人。同治初元舉孝廉方正，力辭。截取知縣，到班不赴，得京職國子監丞。舉學海堂學長、禺山書院山長。光緒中，汪鳴鑾侍郎督粵學，以積學耆儒保奏，賞加光祿寺署正銜。錫齡爲同邑林伯桐高弟，性情學問，一本師承。於先儒學術，是非疑似，別白尤審。嘗謂《上蔡語錄》以禪證儒，分別判然，與陽儒陰釋者不同。謂王學不待層累曲折而冀一旦之獲，故欲速者便之；不必讀書稽古而侈談靜悟之妙，故空疏者尤便之；皆深中姚江末流之弊。所著有《周易雅訓》、《毛詩釋例》、《禮記陳氏集說》、《刊正左傳補疏》、《穀梁釋義》、《理學庸言》，皆存於家；惟《劬書室集》若干卷，已刊行。

與楊黼香同年書　與侯子琴同年書　答崔敬坡茂才書　箋詩有聲無詞辨　長言短言內言外言說　後漢書當補曹操傳說　漢書地理志推表山川得禹遺意說　禮經稱記釋義　黄梨洲明儒學案書後　讀史記司馬相如傳

龍元僖　字蘭簃，順德人。道光丙申進士，官編修。大考一等，擢翰林院侍講學士。官至太常寺卿，乞養歸。督辦團練，咸豐戊午，奉旨偕羅惇衍、蘇廷魁辦理廣東防務。年七十五卒。

重刻吹劍集序　正大光明殿賦

徐榮 字鐵孫。廣州駐防漢軍，正黃旗人。道光丙申進士。浙江遂昌、嘉興知縣，以清廉著聲。遷玉環同知，升紹興府，調杭州。嚴行保甲法，夜必躬巡，不辭勞瘁。署杭嘉湖道，於潛盜趙四作亂，督兵擣其巢，餘黨悉平。會粵賊竄擾浙境，大府檄令籌防。咸豐四年，祁門失守，榮馳至徽州，扼險防守。五年，賊衆大至，自率新軍屯營漁亭，遇賊禦之，中矛被害，年六十四。榮少時肄業學海堂，爲阮文達所賞譽，尋爲學海堂學長。工詩，精隸書，善畫梅，稱三絶。尤嚴義利之辨，服膺先儒呂新吾、劉念臺之書。著有《大戴禮記補注》、《日新要錄》、《懷古田舍詩集》。孫受廉，光緒丙戌進士，翰林院編修。

知稼軒詩鈔序

李能定 字碧玲，番禺人。道光丙申舉人，舉學海堂學長。工詩善畫，喜作喬松，筆勢奇崛。而性獨曠逸，其《下第詩》云：『如天一路平安福，權作春風及第看。』可想見其胸次矣。著有《花南詩文稿》四卷、《筆記》二卷，皆未見。

服問　昏問　日月爲易解

陳良玉 字朗山，一字鐵禪。廣州駐防漢軍，鑲白旗人。道光丁酉舉人。工詩詞，尤熟史部，遺文逸事，記誦不遺。館新寧縣廨，有富人以千金求言訟事，斥之去，人目爲迂夫子。選通州學正，保升知縣、直隸州，丁艱歸。居近越王山之麓，闢地種梅，因名梅窩。爲學海堂學長及同文館總教習。生平意度豁達，有用世之志，乃迄不得遇，徒以詩詞名，論者惜之。將軍長善修《八旗志》，樊封草創觕具而卒，良玉繼之，加以討論修飾，書成刊行。著有《梅窩詩鈔》三卷、詞一卷。

隨山館詞稿序

朱士琦 字贊虔，號畹亭，南海人。次琦兄。道光己亥舉人。著有《谷泉吟草》、《北行》、《南還》、《西行》等集，《怡怡堂集》、《畹亭文存》。

南順十一堡禦盜方略自序

楊炳南 字秋衡，嘉應人。道光己亥舉人。邑人謝清高遊海外，日述所聞，見多舊籍所未載，炳南筆而錄之，爲《海錄》一書，番禺潘氏刻《海山仙館叢書》中。

海錄序

廖亮祖 字伯雪。道光己亥舉人。負文名，授徒廣州，從者數百人。著有《東岸草堂詩文集》二卷，存；《東岸草堂隨筆》若干卷，未見。

讀五代史龍敏傳書後　讀孟子

徐台英 字佩韋，南海人。道光辛丑進士，歷官湖南、華容、耒陽縣知縣，以交代虧空雜款去官。同治初元特旨召用，分發浙江，時左文襄撫浙，奇其才，爲捐升同知，委署台州府知府，未到官卒。文襄奏陳其官湖南治績，請宣付史館。所著有《鉛刀集》若干卷。

治水論　與淝水客論包征之弊　新修耒陽縣黌宮碑

何若瑤　字石卿，番禺人。道光辛丑進士，官編修，擢右贊善。告歸，主講禺山書院。總纂邑志，未成書而卒。著有《公羊注疏質疑》二卷、《兩漢考證》二卷、《海陀華館文集》一卷、《詩集》一卷，統名《何宮贊遺書》，存。

與黎竹賓書　智勇論　謝蔚林詩序

梁國珍　字希聘，號玉臣，番禺人。道光辛丑進士，官中書。丁憂，服闋還京，卒獻縣旅次。國珍初肄業學海堂，工詩、駢文，後乃一意治經。身後遺著散佚，僅存刻學海堂文數篇而已。

文筆考　詩之雅解　儀禮之記之傳解

梁紹獻　字國樂，號槐軒，南海人。道光辛丑進士，由翰林改御史，屢上封事，皆有關大計，見陳澧所作墓志。乞歸，主講羊城書院。著有《怡雲山房詩文集》。

請園居聽政預戒安逸疏　請擇良有司以息械鬥疏

馮譽驥　字展雲，高要人。道光甲辰進士，由編修累官至陝西巡撫。譽驥弱冠通籍，迴翔詞館，洊擢卿貳，外任封圻。文章丰采，爲後進眉目。書法逼真歐陽率更，晚效李北海，世爭寶之。罷官，僑寓揚州。遺文散佚，存者惟隻鱗片羽而已。

陝省捐建義倉已有成數疏　修復龍洞渠工疏　芝隱室詩存序

黃經　號確泉，順德人。父樂之，官給事中，屢上封章，仕至浙江按察使。經道光甲辰進士，由翰林補御史。前後疏凡十九上，其切要者，如散脅從以孤賊黨、清江路以收金陵、厲嚴斷以肅紀綱、節財流以裕國用，皆有關大計；而薦前輔臣湯金釗、督臣林則徐一疏，尤爲當務之急。尋擢河東道，百廢俱興，著《鹺務錄》、《鹽池記》各一卷。升按察使，瀕行，以前諸商所送，陳設萬金，封識納於庫。士夫作爲歌詠，以誌去思。抵任後旋卒，祀河東名宦祠。

請起用舊臣疏

譚瑩　字兆仁，別字玉生，南海人。道光甲辰舉人，官化州訓導，擢瓊州府教授，不赴。卒年七十二。瑩少爲文，懸粵秀山寺壁，粵督阮文達賞之。時方縣考，以告邑令而不言姓氏，令得瑩所試賦以呈文達，笑曰：『得之矣。』以第一人入縣學，由是遂知名。南海伍氏好刻古籍，延瑩主其事，凡刻《嶺南遺書》五十九種三百四十三卷、《楚庭耆舊遺詩》七十四卷。又博采海內罕覯書籍，彙爲《粵雅堂叢書》一百八十種，共千餘卷，皆手自校刊，凡爲跋尾二百餘通。生平精力，略盡於此矣。尤工駢體文，著有《樂志堂文集》三十二卷，存。

丙丁龜鑑書後　黄衷海語跋　鹽田賦　紅豆賦　江瑤柱賦　擬孫樵乞巧對并序

袁梓貴　字仲芳，一字琴知，高要人。道光甲辰舉人，國史館《文苑》有傳，稱其『生平介介不苟，所爲文，沈博絕麗中時露矯激』。著有《小潛樓集》十二卷，存。

坎離爲乾坤之家說　讀易乾鑿度　寒暑鍼賦　木棉花賦

何曰愈　字德持，號雲畡，香山人。文明子。捐納州吏目，分發四川，補會理州吏目。秩滿，以獲盜功，送部引見，尋擢岳池縣知縣。大吏奏參總兵占泰軍事，勦寧遠猓夷。事平，就養長子璟廬鳳道署，尋歸里，卒。曰愈出身不由科目，作吏有聲績；在軍時，鎮撫夷回，威望尤著。爲文議論風發，如其爲人。所著有《玉帳狐腋》四卷、《存誠齋文集》十四卷、《餘甘軒詩集》十二卷、《退庵詩話》十二卷。

擬綏邊策奏　明興獻王大禮論上　明興獻王大禮論下　張居正論　瀘水辨　交說　甘瘋子傳　書明都督總兵秦良玉逸事　太子太傅陝甘總督一等昭勇侯楊忠武公墓志銘

何璟　字伯玉，號小宋，香山人。曰愈子。道光丁未進士，官編修，轉御史，累官至閩浙總督。璟在諫垣，條陳夷務、軍事及吏治利弊，皆中竅要。既膺節鉞，忠清貞亮，爲一時冠。中法之變，閩疆告急，朝廷別簡大臣，名曰會辦，實則主持戰事。馬江敗衄，璟以不能援救被議。既解任，宦橐蕭然，主應元書院講席以終。著有《春秋大戰録》、《通鑑大戰録》、《奏議》十五卷、《事餘軒詩》十卷。

急籌夷務大局疏　嚴定京官章程疏　請飭查辦廣東客匪脅官虐民疏　報銷疏濬河道經費疏

朱次琦　字浩虔，一字子襄，號稚圭，南海人。道光丁未進士，官山西襄陵知縣，百九十日引去，歸里教授。同治初元特旨召用，稱疾不起。光緒七年，粵督張靖達公奏請，以耆年碩德，賞加五品卿銜。次琦需次山西時，值邊蒙搆釁，單騎諭解，立弭巨變。宰襄陵，世多傳其異政。時粵賊據金陵，出淮陽，勢將北犯。次琦嘗奏記晉撫哈興，謂宜綢繆全晉，聯絡關陝，爲保障北方計，哈不能用。尋告歸，歸時語襄陵縉紳，言賊雖去晉遠，然晉號富饒，且嬴馬、硝礦所出，終必見犯，犯則襄陵當孔道，尤懼不免。惟賊勢流而不止，易者取，難者去。無已，則燔河汾之舟，毀沿河之室，使賊至不得渡，渡亦無可掠，庶保全萬一耳。其後賊出鳳、亳，趨豫，渡河入晉，喋血千里。襄陵守次琦遺策，城得獨完。故邑人至今尸祝之，稱爲『山西賢令，自程明道後一人』。其歸而講學，所設條目，於行曰敦行孝弟、崇尚名節、檢攝威儀、變化氣質；於學曰經史、性理、掌故、詞章，意在持漢、宋之平，而要歸於實用。又嘗告爲學者曰：『天於億兆愚民中，獨賦一人以材慧，明明以憂樂寄之矣。吉凶與民同患，聖者出之安，賢者體之勉。出則舉其事，處則盡其心』。味所言，知其被徵不出，意未嘗忘世也。所著書，臨歿皆自焚之。惟《九江朱氏譜條例》，皆其手訂。門人輯其遺文遺詩，爲《九江集》若干卷，並存。

擬請復漢儒盧植從祀疏　與所親書　答王菉友書一　答王菉友書二　去襄陵後答王菉友書三　復郭雲仙中丞書　九江朱氏家譜序　籯金集序　格物說跋　澹泊齋記　明四川夔州府知府朱公神道碑　皇朝賜謚烈愍明贈兵部侍郎朱公神道碑　南沙三十鄉建石隄祭河神文

劉錫鴻　字雲生，番禺人。道光戊申舉於鄉。魁岸負氣，初從按察使張敬修策畫兵事，積功，保刑部員外郎。毛文達公昶熙督河南團練，奏調隨營。丁憂服闋，入都補官。光緒二年，擢光祿寺少卿，副郭嵩燾爲出使英國大臣。錫鴻與嵩燾有舊，既共事，議多不合。調德國正使。五年，差竣，奏進築造礮臺模式，臚陳未盡事宜十條。復奏籌海軍劃一章程，語皆切實，後亦次第施行。又言購械委員浮報牟利，尤中時弊。臺撫劉銘傳請開鐵路，廷臣多主之。錫鴻上疏，以爲八不可行，無一利而有九害，洋洋數千言，竟寢其議。七年，奏劾直督李鴻章有『帝制自爲』語，詔責以信口誣衊，嚴議革職。同時梁文忠鼎芬，亦以劾李相降調。李嘗語人：『梁少年氣盛，不足怪；雲生數十年交舊，妄肆攻擊，爲可詫耳！』由是坐廢，居京師數年，卒。有小印鐫『儒俠』二字，亦其志也。著有《英軺日記》、《劉光祿遺稿》。

奏進築造礮臺模式疏　籌畫一海防章程疏　奏陳鐵路八不可行疏

何仁山　別字梅士，東莞人。道光己酉解元。著有《鋤月山房詩文集》。

黃花集序　贈黃香樹序

丁杰　字仲文，番禺人。道光己酉舉人，官福建松溪縣知縣。值髮匪楊輔清自江西竄陷松溪、政和、浦城三縣，克復，功第一而論列獨後，松溪士紳咸不平，爲集資捐升道員，而杰已決意引退，遂稱疾歸。著有《陰符經直解》一卷、《道德經直解》一卷、《蛾術齋詩草》一卷。

爲張忠武公辨誣書　止閂論上　止閂論中　止閂論下

黃以宏　字子謙，南海人。道光己酉舉人。治經通漢學，嘗撰《詩中篇名考》三篇，論者稱其考證精當，持論明通。

詩中篇名解上　詩中篇名解中　詩中篇名解下

桂文燦　字子白，一字皓庭，南海人。道光己酉舉人，出番禺陳澧門。同治元年，進呈所著經學諸書，奉旨留覽。二年，應詔陳言，曰嚴甄別以清仕途，曰設幕職以重考成，曰分三途以勵科甲，曰裁孱弱以節糜費，曰鑄銀錢以資利用。若津貼京員、製造輪船、海運滇銅，皆先後允行。光緒九年，授湖北鄖縣知縣，卒官。大吏以積學敦行、經濟宏通，請宣付史館入《儒林傳》，詔稱其『潛心經術，講求實學，足爲士林矜式，准如所請』，今《清史稿》有傳。文燦學兼漢、宋，負用世才。守阮元遺言，謂周公尚文，範之以禮；尼山論道，教之以孝；茍博文而不能約禮，明辨而不能篤行，非聖人之學也。鄭君、朱子皆大儒，因著《朱子述鄭錄》二卷；《潛心堂文集》十卷、《詩集》二卷、《桂氏家譜》，並存。他著《四書集注箋》四卷、《毛詩釋地》六卷、《周禮通釋》六卷、《經學博采錄》十二卷，餘經、史、地理凡數十種。子壇，舉人，以孝稱，入縣志《孝義傳》。

請禁策問專尚楷字以挽頹風疏　禹貢字義說　禹貢川澤考自序　孝經集解自序　桂氏家譜序　書經典釋文序錄後

許其光　字懋昭，號涑文，番禺人。道光庚戌進士一甲第二人，授編修，轉御史。以疏劾某親王，歸原衙門行走，尋值大考，擢侍講。以京察出爲桂林遺缺知府，補思恩府。保道員，署廣西左江道，改省直隸，未及補官而卒。其光少負才名，既登上第，居諫垣遇事敢言。出守邊方，攘除奸莠，尤著聲績。晚年舉爲學海堂學長，猶禮接後進，娓娓談文不倦。其卒也，年未六十。

擬重修五仙觀碑銘

許應騤　字筠菴，番禺人。道光庚戌進士，咸豐壬子選庶吉士，授檢討，累遷吏、戶、兵部侍郎。總督倉場；督學順天、甘肅，迭主鄉、會試。以清介稱，李文正公鴻藻尤相推重。尋擢禮部尚書、總理各國事務大臣。光緒戊戌變政，御史宋伯魯、楊深秀以迂謬阻撓，合詞糾參。應騤遵旨覆奏，並劾康有爲聯絡臺諫，混淆國事，請罷斥回籍。疏上，免議。旋以奏劾禮部主事王照條陳時務，藉端挾制，嚴旨詰責，奪職。踰月，康有爲得罪。起家，授閩浙總督。在任五年，持以鎮靜，獨留意將才，交涉得大體。庚子之變，海疆晏然。平日惡外吏圓滑，嚴絕請託。與閩紳積忤，爲忌者所搆，罷歸，卒於家。應騤歷中外數十年，歿後家僅中資，其操守不茍，至是始見。著有《許尚書奏議》。子秉琦，光緒癸巳舉人。以廕生授兵部主事，直政務處，爲大學士榮祿所倚重。秉琦不事干進，歷官至宗人府府丞。辛亥變起，亟上書辭職，以憂憤卒。

明白回奏疏　覆陳時務八策疏

丁日昌　字雨生，豐順人。廪貢生，官瓊州訓導。以守城功保知縣，歷官萬安、廬陵知縣。積功保道員，授蘇松太道，調兩淮鹽運使，擢蘇藩，歷官至江蘇、福建巡撫。日昌起家諸生，周知民隱，壯歷宦途，諳練條約公法；譯書購報，明於各國成敗、利鈍、強弱之故。撫吳時，耳目周燭，吏無隱情，雖在僻遠，詗察必周。其治閩，一如治吳，至事關交涉，斷斷與爭，力持大局。甲申越南之變，甲午臺澎之變，皆其燭照數計，逆料於未然者。會直督李鴻章丁艱，將奏請以日昌繼其任，而日昌已卒。尋賜祭葬；生平事蹟，宣付史館立傳。所著《百蘭山館詩》，已刊行。其《巡滬公牘》、《淮鹾擇要》、《藩吳公牘》、《吳閩奏稿》、《手訂法人遊探記》、《地球圖說》、《西法兵略》各若干卷，皆存鈔本。

清理積案以蘇民困疏　核定錢漕科則疏　河運難復擴充海運情形疏　條陳力戒因循疏　代粵撫奏陳洋務疏　酌改蘇省營制裁餉增兵疏　改易營制片　統籌臺灣全局疏　赴津幫辦情形疏　請開辦臺灣鐵路礦務疏　天津官民罪名請量從寬減疏　詳陳委曲片　上李宮保密陳修約章程書　上粵督論高州兵事書　與朱修伯書　法人遊探記序　揭陽縣公倉序　善堂序　榕江試舍記

樊封　字昆吾，廣州駐防漢軍人。爲諸生，倜儻負才氣。道光初，阮文達督粵，嘗使纂輯《三朝御製詩注》，分校《皇清經解》。戊子鄉試對策，引紫光閣功臣畫像，一一枚列，主試者懼有外誤，置之。與南海曾釗客粵督祁𡎴幕中，建議於虎門外築堤捍潮，圍沙田二百餘頃，召佃耕墾，以其租給軍儲，祁用其議，蓋陰師屯田遺法也。咸豐甲寅，土匪起，請開局鑄火器，選丁壯協同戰守。事平，賞通判銜。同治庚午，恩賜副貢，充學海堂學長。所著有《論語注商》、《讀孟稽疑》、《海語閣日記》、《樸庵筆記》、《續南海百詠》、《樸學山房文集》、《輶北》、《帆南》、《艣尾》詩集若干卷。

梅嶺考　隱君黃瑞谷先生墓志銘　粵秀山新建學海堂銘

胡調德　字道卿，一字稌香，南海諸生。與同邑曾釗友善，嘗與釗及嘉應吳蘭修、番禺張維屏二十餘人，結希古堂文社，故雖樸學專家，而亦能文。其家居西、北江下游，目擊水患，自以一老諸生，無可建白，會纂邑志，師古人河渠、溝洫書例，參考源流，驗以聞見，刱編爲《江防略》，論者稱之。所著有《尺木齋文集》四卷，未見。

江防論一 築護　江防論二 疏浚

潘繼李　字文彬，一字緒卿，南海歲貢生。受業於邑人曾釗，得通知漢儒治經家法，兼工詞賦。屢試不第。自道光初創設學海堂已，與朱次琦、陳澧等爲專課生。同治七年，始以廪滿貢太學，尋襄校山左，督學幕。所著《求是齋集》八卷、《詩地理續考》二卷、《聶氏三禮圖辨證》二卷、《山左游草》若干卷，皆未見。

詩譜次第説　師儒宗友得民解　賦賦　巨魚賦　五仙觀大鐘賦　榕賦　擬傅元鷹賦有序

陳夢照　番禺生員，學海堂專課生。嘗遊白雲山，與李秋田、黄香石、江瀛濤流連終日，作文紀之。

遊白雲山記

顔薰　字伯辰，號紫墟，南海人。布衣。工詩。肄業學海堂，爲黄培芳弟子。嘗署所居曰半園，培芳爲作圖，陳璞贈以詩。著有《紫墟詩鈔》。

羅浮遊記

許玉彬　字璘甫，後改名鍑，字伯鬲，唯自號『青皋』不改，番禺人。嘉應吴蘭修弟子。所居曰水莊老屋，繪圖徵詩。生平好詩詞、名畫、古器；尤好收書，危坐吟諷，久而其書如新。嘗佩玉剛卯，適學政以『玉剛卯賦』試，士多不識，玉彬賦甚工，取入府學爲生員。館於伍氏萬松園。嘗與友人結詞社，又校刊黄仲則《兩當軒詩》十四卷、《竹眠詞》二卷，與沈世良輯嶺南自五代以來六十餘家詞，爲《粤東詞鈔》六卷。晚厭詩詞之學，榜其書室曰蜕學齋。欲寫十三經，甫下筆而病，遂卒。著有《冬榮館詩》五卷、詞一卷。陳澧爲銘墓。

冬榮館詩鈔自序

沈世良　字白眉。番禺諸生，出同邑張維屏門。詩學吴梅村，尤工填詞。著有《楞華室詞》，兼玉田、石帚之勝；又著有《倪雲林年譜》，考訂精博，七易稿始成，今並存。

香櫞賦

易其霈　字公亮，鶴山人。增貢生，考選訓導。著有《四益友樓文鈔》五卷。吾粤道、咸後治古文者，推高要彭氏泰來，其霈嘗從受義法，故存文不多而體皆雅潔。

嚴子陵論　氏族辨　書智烈馮孺子事

梁汝璠　字魯儕，茂名人。歲貢生，官鶴山訓導。以足疾告歸，閉門著述。有《本學居文集》，歸安陸心源爲之序。

茂名改置國籍議　弭土盜議　致和亭記

居鍠　原名樟華，又名溥，號少楠，番禺人。諸生。嘗作《白菊詩》百首，才名噪一時。客死韶州。所著《灘江草》、《梅溪草》，皆少作，饒平陳氏用影本采入《繡詩樓叢書》中。

案《番禺縣志》：《灘江草》、《梅溪草》，居鍠撰；《續志》：《居少楠文鈔》一卷、《詩鈔》一卷，居溥撰。其實一人。

擬張融海賦　孔雀賦

丁照　字鑑湖，番禺人。貢生，揭陽學訓導。

二帝子祠碣銘

劉天惠　南海生員。文見《學海堂初集》。

文筆考

李中培　字根五，嘉應州人。年十六補州學。道光戊申，學海堂季課，以『朱子不廢古訓』發題，中培卷第一。嗣以所考未盡，復博采朱子書，成書十六卷，自爲之序，今存。

朱子不廢古訓說自序

桂文熾　字子蕃，一字海霞，南海人。出同邑譚瑩、番禺陳澧門，治史學，工駢文、古今體詩。道光戊申年十八，全慶視粵學，補博士弟子員。盧坤督粵，初設學海堂專課，文熾與焉。少時能背誦《史記》全書，晚年爲學海堂學長。著有《鹿鳴山館駢文》、《詩稿》。

玉山泉銘并序

黃子健　字江皋，南海增生。爲文不逐時習，久不第。肆力於醫，取《內經》及《傷寒論》、《金匱要略》，殫思研慮二十年，遂精其術。所著《訂正金匱玉函經集注》，今存於家。

訂正金匱玉函經全書集注自序

陳禮庸　字秩卿，番禺人。文詞淹雅，書學大令，尤神似。性恬淡和易，恥逐時名，年垂七十，以諸生終。

擬呂衡州由鹿賦并序

陳希獻　字述甫，番禺人。年十一能爲文，而恥事帖括之學。其爲學服膺白沙，命名及字皆取此意，以志景仰。晚年博觀宋、明儒書，所學益粹。自言慎言慎行，功皆由慎，獨出而慮，又爲慎獨之原，因擬更名慎三，號虛齋。卒年八十餘，學者稱爲『述齋先生』。所著有《儒先語要》、《詩教摘粹》、《詩學選雋》等書，皆燬於火，惟《事餘隨筆叢稿》藏於家。

維心亨室文集序

廣東文徵作者考卷十一

番禺吴道鎔纂

◎清　續四

鄧華熙　字筱赤，順德人。咸豐辛亥舉人。籌餉，議敘員外郎，分刑部。庚申之變，京師設巡防處，派充辦事員，條陳數千言，爲恭邸所激賞，晉郎中。轉御史，屢上封事，請免桂米運粵稅釐，請飭疆臣整頓捕務，皆奉俞旨。出知雲南府，升迤南道。時大亂初平，華熙抵任，即以養士保民爲亟。修復書院。愚民被誘入哥老會者，概不問，保全甚衆。擢滇臬，清理積案，平反寃獄，嚴懲監役剋扣之弊。轉蘇藩，會連歲被水，濬河建堤，並著聲績。尋授安徽巡撫，舉辦清賦，力除中飽，不事搜括，稅增而民不擾。調貴州，值拳禍，派攤賠款，亦不以加抽病民，黔人稱頌。歷官數十年，不求赫赫之名而能持大體，吏民安之。移病歸。辛亥重逢鄉舉，加太子少保銜。國變後，屏迹韜晦，年九十餘卒，賜謚和簡。著有《奏議》六卷、《納楹書屋偶存》二卷。

　遵議武闈改試鎗礮並設武備學堂摺　籌辦農桑種植並開辦桑園蠶絲請立案摺　重修京師廣東舊義園記

陳璞　字子瑜，號古樵，番禺人。咸豐辛亥舉人，官江西安福知縣，丁艱歸，不再出。舉學海堂學長，主安良局事。爲某太守引重，言者劾太守，並及璞，乃閉門却掃，於所居村南築息園，自號息翁。所爲文雅潔，兼工詩、書、畫，世稱三絶。著有《尺岡草堂詩》八卷、文四卷，並存；又著有《繆篆分韻補正》一卷，未見。

　與人書　答伯典書　宛湄書屋文鈔序　鄒徵君遺書序　何宮贊遺書序　送黎召民觀察臺灣序　湧金亭詩碑跋　遊白水山記　重修鄭仙巖記　霍文敏王文成論學圖像贊

李光廷　字著道，號恢垣，番禺人。咸豐壬子進士，官吏部主事。乞假歸，值髮逆踞江寧，粵寇應之。光廷倡辦團練保鄉里，自率鄉勇，擊寇於岡尾，敗之，遂駐岡尾，設局搜捕餘孽。事平，奏獎員外郎。入都，未幾歸，主講端溪書院以終。光廷工詩及駢散文，尤精研史學、地理，著有《漢西域圖考》七卷、《廣元遺山年譜》二卷、《北程考實》二卷、《宛湄書屋文鈔》八卷、《詩鈔》二卷。晚年鈔書自娛，凡六十三種，各繫以跋，爲《守約齋叢書》一百六十卷，並存。

　與譚玉笙學博書　與方子嚴論齊明堂　建武用兵不至東南論　蕉軒隨錄序　葉氏醫案括要序　行河集後序　跋長春西遊記　跋西使記　題評選四六法海後

陳銘珪　字京瑜，一字友珊，東莞人。咸豐壬子副貢。著有《長春道教源流》一書，搜取金、元軼事遺文，足補史闕，《西遊記》中地理、人物，世所不能知者，並詳考無遺，可與李侍郎文田《元祕史注》互相發明。又著有《荔莊隨筆》、《荔莊詩文存》等書，其子伯陶校刊行世。

梅花村事蹟考　浮山志序　邱長春道教源流序

楊榮緒　初名榮，字黼香，番禺人。咸豐癸丑進士，授編修，轉河南道御史。出知湖州府，時郡城甫經收復，榮緒招集流亡，墾荒田，編保甲，建學校，興蠶桑，在官數年，百事修舉，尤盡心鞫獄，訟牒日稀。以年老，有歸志。值大計，例不得告病，乃捐升道員離任，尋卒。吏民悲泣，爲立德政碑，崇祀名宦。浙人談循吏者，必首推之。少時肄業粵秀書院，與陳澧、桂文燿、盧同伯，并爲院長陳鍾麟激賞。博通經史，尤精《說文》學。入官後，著《讀律提綱》，以解經之法精析律義，今刊《學海堂叢刻》中；又著有《讀左漫筆》，存於家。

擬陸士龍歲暮賦　漢南宮侯秉正廟碑銘　擬虎門銘一
擬虎門銘二　鎮海樓銘

馮焌光　字竹儒，南海人。舉咸豐乙卯順天鄉試。少治舉業，溫溫恂雅，以父玉衡謫戍伊犁，發憤治經世學，凡中外輿地、天算、製造之法，博綜詳究，一變爲沈毅雄壯。入曾文正幕，保舉同知，累官至蘇松泰道。時玉衡卒戍所十餘年，焌光兩次奔喪，皆阻回亂不達，至是乞解官。求父柩，運之南行，沿途哭泣，甫至滬上而卒。大吏上其事，奉旨宣付史館《孝子傳》，世因稱爲「馮孝子」。其生平好蓄書，得祕笈，必求善本互校，自爲序跋，刊刻行世，其風雅又如此。

說汝水　函谷關考　重刻金石三例跋　皇甫持正文集跋　李文公集跋　孫可之集跋

葉衍蘭　字蘭臺，一字南雪，番禺人。父英華，工詩詞，有《斜月杏花屋詩》四卷、《花影吹笙詞》二卷。衍蘭咸豐丙辰進士，選庶吉士，散館，改主事，分戶部，累擢郎中。僕值樞垣二十餘年，潔己奉職，杜絕苞苴。退值，唯與輦下名流吟嘯爲樂。忤某邸，告歸，行裝書畫數簏外，無長物也。少時以詠鴛鴦得名，人以崔珏比之。尤擅填詞，體格綿麗。工小篆、行楷。間作丹青，亦嫣然深秀。精鑒賞，收藏書畫，皆入妙品。晚年主講越華書院，提倡風雅。年已古稀，蠅頭細書，精整不懈。所刊《黎二樵批點李昌谷詩》一冊，人皆寶之。著有《海雲閣詩》一卷、《秋夢盦詞》二卷、續一卷。

粵東三家詞鈔序

李文田　字仲約，一字若農，順德人。咸豐己未一甲第三名進士，授編修，歷官至禮部侍郎，直南書房。督學順天、江西，典試江浙，才彥多出其門。文田學問淹貫，名重海內，而不欲以文學見稱，常思發攄忠讜，一救世敝，其諫修圓明園疏，世無傳稿，略見李慈銘《越縵堂日記》。中日之變，請起用恭親王，請停萬壽點景，請免償日本賠款，慷慨激烈，皆人所不敢言。指斥要人，不少假借，或面爭至於痛哭。以是鬱鬱，遂卒於位，年六十三。後十餘年，番禺梁文忠疏請易名，追謚文誠。所著有《元聖武親征錄注》一卷、《元祕史注》十五卷、《雙溪醉隱集箋》六卷、《西遊錄注》一卷、《朔方備乘札記》一卷、《和林金石錄》一卷、《和林詩》一卷、《撼龍經注》一卷，已刊行。《元聖武親征錄注》、《元祕史注》，尤精博，爲世所稱。別有《元史地名考》、《西使記注》、《塞北路程考》、《進四庫全書表注》、詩文集、金石跋尾若干卷，稿藏於家。

請起用恭親王疏　請停萬壽點景疏　請免償日本賠款疏　撼龍經注自序　雙溪醉隱集跋　誥贈資政大夫靜安李公墓志銘　誥贈資政大夫節齋李公墓志銘　原任江蘇福建巡撫丁公行狀　甘竹灘石硯銘

梁僧寶　原名思問，字伯乞，順德人。咸豐己未進士，授主事，升郎中，擢御史，歷官至鴻臚寺少卿。僧寶性狷狹，不諧俗。嫉科場積弊，磨勘試卷，不少假借，司文衡者多牽連被黜降，以此不安於位，引疾歸。杜門著書，有《古易義》、《尚書涇渭錄》、《毛詩可歌》、《三禮問對》、《經籍纂詁訂訛》、《字書三要》、《說文條系隸正》、《切韻蒙求》、《四聲韻語譜》等書。尤精天算，所著《古術今測》若干卷，存。

古術今測自序

林彭年　原名殿芳，字朝珊，南海人。咸豐庚申一甲第二名進士，官編修，出知雲南慶遠府知府，卒官。彭年當咸豐初元，嘗因計偕，上王侍郎茂蔭書，論髮逆之亂，謂宜舉賢能、黜貪懦，詞甚剴切。及官詞垣，復疏陳捻禍，條畫攻勦、守險、招撫之策甚備；其後捻之戡定，卒如其策。而當時屢疏留中，旋官萬里；身後遺著，湮沒不傳，論者惜之。

上王侍郎茂蔭書

鄧承修　字伯訥，一字鐵香，歸善人。咸豐辛酉舉人，刑部郎中，轉浙江道御史，累擢鴻臚寺卿、總理各國事務大臣。會勘中、越分界，事竣回京，尋乞養歸。卒年五十二。承修自居言路，彈劾不避權貴。法越事起，陳說兵事，疏凡十三上，多見采納。旋值譯署，爲要人所忌，藉疏救中允樊恭煦事，擬旨嚴斥，承修謇諤如故。在總署，與同官數爭辯不勝，退輒扼腕太息。奉使勘界，兩次出關，分圖定界，收回嘉隆河、八莊、分茅嶺、十萬山、三不要諸地；而江平、黃竹、白龍尾屢爭未決之地，廷議徇法使，請在京商定，非其本意也。歸里，主豐湖講席，建尚志堂，提倡古學。[一]嘗手題聯云：『暫此息羈鞅，何處下漁竿？』尋亦辭退，竟不復出。卒後十餘年，粵督張人駿奏陳學行，宣付史館，今《清史稿》有傳。所著《語冰閣奏疏》若干卷，附《中越畫界來往電文》一卷，存。

請勤修省疏　請調輔臣入贊樞務疏　劾督臣徇私瀆請疏　請任賢去邪以應天譴疏　請飭查關稅侵蝕以裕國用疏　乞罷樞臣疏　訟戍員陳國瑞疏　劾疆臣喪師辱國疏　請急籌戰守疏　請派大員節制軍務以一事權疏　辭總署兼銜疏

〔一〕提倡，原誤作『堤倡』。

潘存　字孺初，文昌人。咸豐辛酉舉人，官戶部員外郎。同治初，在都下與會稽李慈銘、遂溪陳喬森齊名；光緒初，復爲『松雲十友』推重；尤與歸善鄧承修善，每有章疏，時與商定，然不務標榜，闇然郎署如故也。尤工八法，與承修及宜都楊守敬，嘗彙魏晉至唐碑帖精刻，依《康熙字典》偏旁，分部類聚，名曰《楷法溯源》，楊爲雙鈎刊印行世，號稱精審。鄧之書名遍海內，其實則瓣香於存，世罕知者。至其通達治體，立身萬仞，自足千古，區區藝術，其餘事也。

水經注要刪題詞

陳喬森　原名桂林，字一山，又字逸珊，遂溪人。咸豐辛酉舉人，官戶部主事。喬森在部時，與會稽李慈銘、文昌潘存齊名，都下號『三才子』。詩文雄駿，兼善山水，湘鄉曾文正、衡陽彭剛直、南皮張文襄、奉新許文敏皆推重之。著有《海客詩文雜存》。

吳迴溪先生家傳　禮部左侍郎麗秋陳公誄文　擬柳子厚乞巧文

林達泉　大埔人。咸豐辛酉舉人。豐順丁中丞日昌撫蘇，器其才，延致幕中。歷宰崇明、江陰，擢補海州直隸州知州，皆有惠政。福建船政大臣沈葆楨，奏調署臺北府知府，朝廷特許之，蓋異數也。赴任後，規畫過勞，得咯血疾。丁艱歸，尋卒。

客說　全臺形勢論　張忠武公述略

歐樾華　曲江人。咸豐辛酉拔貢，同治甲子舉人。修《曲江縣志》，時稱其精核。

曲江縣志序

張品楨　字肖廬，南海人。咸豐間諸生。少孤貧力學，尚氣節，能文章，博覽多聞，凡於天文、地理、岐黃、青烏之術，靡弗通。年古稀外，精神心力未嘗稍懈，日中仍手不釋卷。所著《清修閣稿》，其門人黃仲簡、陳惕菴之付梓云。〔一〕

趙高論　駁柳子厚四維論　于忠肅論　荊軻論　郡縣論書後　朝漢臺記

〔一〕原文如此，疑『之』前脫一字。

徐灝　字子遠，自號靈洲山人。原籍浙江錢塘，先世遊幕留粵，遂籍番禺。年十八佐縣幕，敏斷過於老吏。由是迭佐名郡大邑，上參節幕，兵食大政，皆資擘畫。改官廣西，迭署柳州府通判、陸川縣知縣、慶遠府知府，皆有政聲。能以經術飭吏治，尋擢道員。年七十卒。其所學於經訓、《說文》、諸史、百氏、樂律、天算，博涉多通，有專家所不逮者。南海譚瑩以爲『具萬夫之稟，通四部之全，儒林、文苑，各分一席』，信不誣也。所著有《通介堂文集》一卷、《靈洲山人詩》六卷，已刊；《九數比例》、《算學提綱》若干卷、《蠶桑譜》二卷、《洞淵餘錄》二卷、《擭雲閣詞》二卷，皆刊入《學海堂叢書》中。又著《通介堂說文箋》三十卷。

虞氏易論上　虞氏易論下　今文泰誓論　卦變說　筮之繇說

汪瑔　字芙生，又號穀菴，番禺人。生平博極羣籍，尤工詩詞，精漢隸書。著有《隨山館詩》十二卷、文四卷、詞一卷、《無聞子》一卷、《松煙小錄》一卷。瑔始客曲江縣幕，賊圍縣城，以策焚賊船數百，城賴以固。漢軍秀琨爲繪《秋城夜角圖》，名流題詠盈卷。其後劉忠誠公坤一、張靖達公樹聲、曾忠襄公國荃督粵，居幕府者十餘年，沈機應變，多倚重之。

謝頒賜平定粵匪捻匪紀略表　慎議　辨氣　法論　雜讔一　雜讔二　雜讔三　雜讔四　前後守寶錄序　祭王補帆撫部文　愍川賦　鶴舒臺賦　新涼賦　同冠峽銘并序

鄒伯奇　字特夫，南海諸生。通經學、音韻學，而算學尤精。於經中有關天文、算術，先儒未發、發而未明者，一經榷證，皆昭晰無疑。旁及諸子書及西法，因悟《墨子書》爲西法所祖，陳澧極稱之。同治初，粵撫郭嵩燾以算學薦徵，不赴。舉學海堂學長。所著有《學計一得》二卷；《補小爾雅度量衡》，三篇爲一卷；《對數尺記》一卷；《乘方捷術》三卷；《存稿》一卷，統名曰《鄒徵君遺書》，並存。

論西法皆古所有　王制九州周禮九畿禹貢五服辨　明堂會通圖說　太歲無超辰說　夏小正南門星考　宣夜說　終日七襄解　周初黃赤大距周天度里考　古尺步考　嘉量形制考　深衣考　戈戟考　釋阿　補小爾雅釋度　釋量　釋衡　夏紫笙算書遺稿序　道鄉集跋

鄒仲庸　南海人。伯奇弟。學海堂專課生。

月令中星考

孔繼藩　字惠疇，南海諸生。鄒伯奇弟子。精天算之學，伯奇以女弟妻之。

平晷銘并序

伊德齡　南海人。學海堂專課生，鄒伯奇弟子，精天算。

綴術考

陳士龍　里貫仕履未詳。著有《理數究隱》。

理數究隱自序

黎維樅　字簾廷，南海人，原籍新會。貢生，候選訓導。學海堂學長，監越華書院十餘年。善駢文，工畫，榜所居曰『蓮根館』。

卞忠貞公贊

虞必芳　字子馨，番禺人。布衣，陳澧弟子。澧稱其文『沈博絕麗，並時無兩』，張維屏謂『乾坤清氣，獨鍾斯人』，譚瑩自謂不如。值學署火焚三千人，必芳爲文祭之，人比汪中，今不傳。

綠鳩賦　明太祖功臣頌　擬江文通閩中草木頌頌粵中草木　兩漢循吏贊

趙齊嬰　字子韶。幼時趙氏養爲子，遂襲其姓。居廣州城北，隸番禺籍。應學政試不售，自以不知所生，不復與試。性狷介，爲古學穎鋭勤篤，尤究心地理。同治三年，詔各直省繪地圖以進，粵大吏命地方官繪圖，而開局總核之。齊嬰與其事，以官所繪圖與志書舊圖齟齬不合，晝夜鉤校，後遂病，夜起仆地，越日卒。陳澧銘其墓，稱爲『番禺賢士』。嘗考雷翥海外至西域諸國土，著《漢書西域傳圖考》四卷，學海堂有刻本，《番禺志》著錄，今存。

張燕公變府兵爲彍騎得失論　揚子雲太元測法考　水經注溫水浪水考　漢書西域傳圖考自序

黎永椿　字震伯，番禺人。陳澧弟子。少孤力學，嘗讀《說文》，苦檢字之難，著《說文通檢》一書，澧爲之序；南皮張文襄著《書目答問》，極稱其便。屢舉不第，以諸生終。

漢書水道圖說跋

高學燿　字星宜，番禺人。歲貢生。肄業學海堂，專習《禮記》，出陳澧門，曾爲澧校《漢儒通義》。同治五年，編輯《廣東圖說》，當道延爲繪圖兼總校。弟學瀛，同治癸亥進士，翰林院編修。

盤庚說書後　漢書鄭康成傳後

劉昌齡　字星南，番禺人。增貢生。學海堂學長，陳澧弟子。光緒十四年，學使汪鳴鑾以昌齡與舉人金錫齡砥行通經，品端學贍，均堪矜式士林，奏請獎勵，賞翰林院待詔銜。

羣經古文今文家法考　易當位不當位說

唐光瀛　番禺縣學生。以《月令》一書先儒蔡邕、馬融等多以爲周公作，因取篇中與周時不符者辨之，爲《月令考》一卷。

月令考

曹秉濬　字朗川，番禺人。同治壬戌進士，官編修，出守江西南康府，歷署饒州、贛州府，調補南昌府，卒官。秉濬督學福建，以宋儒陳瓘攻王氏新學，衛道甚力，疏請從祀聖廟。官南康時，濬蓼花池水道達彭蠡湖，使環池田萬餘畝、居民數千家，免於水患，贛人至今頌之。所著有《味蘇齋文集》一卷、詩賦各二卷。

奏請以宋儒陳瓘從祀孔廟疏　盧秀書院記　凌虛閣記

曹秉哲　字吉三。秉濬弟。同治乙丑進士，官編修，轉御史，出爲甘肅蘭州道。丁艱歸，服闋，授河南彰衛懷道，擢山東按察使。秉哲官河道時，值小楊莊大堤漫決，日夜籌堵，奔馳風雪中，拯救災民不下十萬人。卒後，河南撫臣裕寬疏陳其實心愛民，不避艱險，得請宣付史館，入《循吏傳》。所著有《紫荊吟館詩集》四卷。

紫荊吟館詩集自序

楊頤　字蓉浦，茂名人。同治乙丑進士，授編修，累遷至兵部右侍郎。頤未通籍時，以舉人在籍辦團，爲巡撫郭嵩燾所齮齕。再赴會試，是科入詞館，年已四十餘。歷官三十年，洊擢卿貳。常孑身居京師，泊然自處。迭主鄉、會試，門下日盛，延接後進，和平溫厚，人樂親之。至於吏治民生，利病所在，剴切入告，不避嫌怨，諸疏今不盡傳。戊戌政變，新舊交爭，獨不與其事，而於朝局若有深憂，是冬引疾歸，尋卒。王祭酒先謙誌其墓。

劾疆臣臚陳故將事蹟詞多失實疏　奏請停止臺礮經費以蘇民困疏

廖鶴年　字翰昌，號雲鼇，番禺人。同治乙丑會試第一名進士。以腕疾不中楷書，援例改兵部主事。在都與南皮張文襄之洞、錢塘汪侍郎鳴鑾、同邑張編修鼎華唱和，爲蓮溪詩社。居恆喜究心地志，於西北邊防，尤多考論。合肥李文忠欲延入幕，爲忌者所阻。又擬薦充俄使參贊，鶴年以親老固辭。旋乞養歸，課徒郡學中，從遊者數百人。時基督教盛行，著論三篇，凡數萬言，痛陳其害，既而痛哭，自焚其稿，鬱鬱若有疢疾者。光緒辛巳卒。所爲詩文稿多散佚。

陸磐石四書考序　沙亭屈氏十二世祖可齋公墓碣銘

梁金韜　字巨川，南海人。同治丁卯舉人。久遊九江朱次琦之門，居家居鄉，皆奉爲師法，故不徒以文章名，而文亦雄健入古。著有《愛古堂文集》五卷、《詩集》十四卷、《北征日記》一卷，皆鈔本，存其弟子梁慶桂家。

與友人論私謚書　答梁吉人書　海瑞論　古今錢錄自序　元張養浩三事忠告跋　海潮賦

何如璋 字子莪，大埔人。同治戊辰進士，官編修。時東南大亂初平，而泰西諸國已環列虎視。如璋究心當世之務，充出使日本大臣，力爭國權，所根據條約公法，皆中窾要。晉少詹事，督福建船政。甲申馬江之役，與海防會辦張佩綸同被嚴譴戍軍，成《管子析疑》三十六卷。尋賜環，主講韓山書院以終。

奏陳商務請力籌抵制疏　內地通商利害議　主持朝鮮外交議　與總署論日本改定稅則書　與劉峴莊制府論日本議改條約書　管子析疑總論　管子析疑序

陳瀚 字梅坪，南海人。同治庚午舉人，舉爲學海堂學長。瀚一試禮闈，即不再赴。授徒省垣，手訂學規，切易縝密，學者多宗之。著有《崇古堂集》。

古今治盜各有得失論　梅花雀賦有序　廣盧師道納涼賦有序　擬杜少陵鵰賦有序

區德霖 字鶴洲，新會人。同治辛未進士，官吏部員外郎，引疾歸，遂不再出。國變後，杜門著書，絕迹城市。年逾八十，鄉舉重逢，德霖深自韜晦，不爲人知，以遺佚終。

規復越南以制法疏

王國瑞 字進之，又號峻芝，番禺人。少居陳東塾先生門下，課其二子一女。咸豐戊午，同避兵橫沙，始執弟子禮。嫥治許書，於音韻訓詁之學，剖析微眇，洞見癥結，而持論通達，無拘牽之習。東塾稱其『人品純粹，學有根柢』，《讀書記》中嘗引其說，及門諸子，皆未得與此也。同治癸酉中舉人，大挑一等，以知縣分發福建，歷權順昌、新竹、仙游、崇安、閩縣、詔安等縣事，咸著循聲。補授寧德，抵任甫一載，遭國變，僑寓福州不得歸。年八十餘病卒，宦橐蕭然，唯餘書數十篋而已。有《學蔭軒集》六卷，侯官吴增祺作序，言其『薈萃百家，孕育閎富』，論者謂非過譽云。

陳白沙王陽明道學異同得失論　讀經解　文字說　孝經與禮記爲近說　孟子性善說　律例擘要序　重修源氏族譜序　潮州荔支詞序　重修順昌縣學明倫堂碑記　新建崇安縣中西學堂碑記

石德芬 原名炳樞，字星巢，一字惺菴，番禺人。母史能詩，有《芙蓉館稿》。德芬中同治癸酉舉人，屢上公車不第。以知府分發廣西，改四川，擢道員。早歲已有文名，講授里中子數百人，成就甚衆。國變後，仍客京師，授徒以終。著有《惺庵遺詩》八卷。

畫戟清香樓集自序　平定德格內亂紀略

謝國珍 字聘三，嘉應州人。同治癸酉拔貢。著有《味腴山房文集》、《嘉應平寇紀略》等書，《嘉應州志》並注『存』；又有《味腴山房詩鈔》四卷、《續鈔》一卷，注

『未見』。

嘉應平寇紀略序

譚宗浚 原名懋安，字叔裕，南海人。瑩子。同治甲戌一甲第二名進士，由編修授雲南督糧道，署按察使。以病告歸，至廣西隆安道卒。宗浚承家學，能文章，在館職時，方奏修國史儒林、文苑傳，手定條例，同官稱其博覈。既膺察典，以不欲外任，辭掌院，顧持之力。遠宦窮邊，鬱鬱不得志，遂以不起，論者惜之。所著有《希古堂文甲集》二卷、《乙集》六卷、《荔村草堂詩鈔》十卷，並存，惟《遼史紀事本末》十五卷燬於火。

擬續修儒林文苑傳條例議　答友人書　西漢學術論　東漢風俗論上　東漢風俗論下　石麟士大令詩序　金文最序　後希古堂文會序　讀史記衛青霍去病傳書後　讀張爲主客圖書後　趙秋谷聲調譜跋　西樵山賦　述畫賦　恭擬平定髮逆捻逆頌　菊坡精舍書藏銘　擬蔡中郎釋誨

李穠 新會人。同治六年任樂昌訓導，與修縣志。

西石巖記

孔廣陶 字少唐，南海人。國學生，官分部郎中。編修繼勳子，編修爲雲泉『七子詩壇』之一，耳濡目染，故所著《鴻爪雪泥遊記》，雅贍可觀。家藏書甚富，顏所藏書處曰三十三萬卷樓。得《北堂書鈔》，校刊行世，海內寶之。

校刻北堂書鈔序

茹葵 新會廩生。文見《學海堂二集》。

勵志賦

何躍龍 南海生員，學海堂專課生。文見《學海堂四集》。

漢通烏孫斷匈奴右臂論　干令升晉史總論跋

潘珍堂 南海生員。文見《學海堂四集》。

周禮致太平論

潘乃位 □□□，文見《學海堂四集》。

秦楚之際諸國形勢論

廣東文徵作者考卷十二

番禺吳道鎔纂

◎清　續五

何如銓　字嗣農，南海人。光緒乙亥舉人，舉菊坡精舍、學海堂學長。如銓家居近桑園圍，爲南、順兩邑保障。道光中，順德溫侍郎汝适、中書汝能請於大吏，借帑八萬，取息爲歲修費，數十年來，遇險搶救，皆藉其力。前纂有《桑園圍志》，撰不一手，文不一律，邑人倡議重修，推如銓總其事。損益前志，始江防奏議，迄藝文雜錄，彙爲十六卷，詳而能覈，論者稱之。

越王臺賦

戴鴻慈　字光孺，號少懷，又號毅菴，南海人。光緒丙子進士，官編修。甲午大考一等，擢庶子，歷充江南、雲南主考，福建、山東、雲南學政，甲辰會試總裁，累官法部尚書、協辦大學士、軍機大臣。卒贈太子少保，謚文誠。鴻慈以文學被殊擢，中日之役，抗疏論列，不避權要。庚子以後，變法議起，奉使東西洋考察憲政，歸而長法曹，值樞廷，遂晉協揆。國朝二百餘年，吾粵以軍機入相者，惟鴻慈一人。以新政草創，考索過勞，遽卒，年僅中壽，論者惜之。

奏陳援韓失利籌戰機宜疏　出使歐美臚陳各國大勢疏　日俄拓地殖民宜急籌抵制疏

廖廷相　字澤羣，又字子亮，南海人。光緒丙子進士，官編修。廷相出番禺陳澧門，篤守師說，精研《三禮》，尤長於音韻之學。歷充金山、羊城、應元書院院長，學海堂、菊坡精舍學長，晚年主廣雅講席。嘗示諸生，將取歷代史傳中外交涉事，纂爲一書，以適時用，名曰《安攘錄》，自爲條例，約共成此大業，蓋亦秉師訓也。所著書已成者，《禮表》十卷、《羣經古今文家法考》一卷、《水道合表》二卷、《順天人物志》六卷、《廣雅問答》六卷、讀史劄記文集各若干卷。《安攘錄》削簡未就，並存於家。卒年五十五。宣統元年，粵督張人駿奏請宣付國史館立傳。

上某方伯書　召誥節性解　重刻兩漢紀序　廣雅書院藏書目錄序　希古堂文甲乙集序　愛古堂遺集序　劬書室遺集序　伍孝子請旌錄後序　陸清獻公讀禮志疑跋　宋史孫奭傳書後　明史唐伯元傳書後　重修南海學宮尊經閣碑銘

廖廷福　字錫茲，南海人。廷相弟。從陳澧遊；菊坡精舍月課，題黎美周黃牡丹詩畫卷，廷福詩有『幸分心血作詩人，不教盡染虔州草』，爲澧所激賞，拔列第一。著有《紅荔山房詩稿》二卷。

芋塘賦

陶福祥　字春海，別號愛廬，番禺人。光緒丙子舉人。從同邑陳澧受經學；澧治經，於漢、宋不分門戶，福祥篤守其說，嘗爲《漢學箴》、《宋學箴》以見志。中年教授里中，英俊之士如同邑梁鼎芬、汪兆鏞、南海楊裕芬，皆出其門。藏書逾十萬卷，多精槧本，於諸家版本源流，洞若觀火，收藏家多就質正。晚年舉爲學海堂、菊坡精舍學長，主禺山書院講席。所著有《東漢刊誤》一卷、《北堂書鈔校字記》、《夢溪筆談校字記》，並存；又有《愛廬文集》、《說經叢鈔》各若干卷，存於家。

夢溪筆談校字記序　陳君庸軒墓志銘　漢學箴　宋學箴

黃遵憲　字公度，嘉應人。光緒丙子舉人，歷官湖南鹽法道，署按察使，簡任日本公使，尋罷歸。遵憲學識通敏，究心時事，大埔何如璋使日本，辟爲參贊。嘗采日本風土政俗，及其變法始末，爲《日本國志》四十卷，紀述翔實，意存諷諭，論者韙之。所著《人境廬詩集》十一卷，存；文集若干卷，未見。

日本國志序例　南漢千佛鐵塔銘詩序　千佛塔拓文跋

梁鼎芬　字星海，一字節庵，番禺人。光緒庚辰進士，官編修。法越之變，疏劾合肥李相，謫降歸里。南皮張文襄督粵，歷聘爲豐湖、端溪、廣雅院長；文襄移督兩湖，辭講席，讀書焦山十年，復爲兩湖學堂監督。尋復官武昌府，擢湖北按察使，署布政使。奏劾樞臣慶親王、袁世凱，傳旨申飭，引疾歸。辛亥，起爲廣東宣撫使。國變後，充崇陵種樹大臣，尋命在毓慶宮行走。賞『歲寒松柏』扁額，鼎芬建家祠，顏曰歲寒堂。年六十一卒，贈太子少保，謚文忠。文多散佚，門人輯其詩六卷刊行之。

解官謝恩疏　請建曲阜學堂疏　請追錄直臣以維風化疏　化除滿漢界限疏　預備立憲第一要義疏　辛亥與袁某書　與江伍兩生書　資政大夫于先生墓志銘　于母趙夫人墓志銘　祭李忠簡文

陳伯陶　字子勵，東莞人。光緒己卯解元，壬辰進士，殿試一甲第三人，授編修，直南書房。出爲江寧提學使，母老乞歸。伯陶記聞賅洽，如杭大宗、齊次風，下筆洋洋灑灑，千言立就。夙志用世，能洞審中外時局而究悉其利病。晚遘國變，遯跡九龍，即晚宋時之官富場，二王駐蹕之所，因就其地闢瓜廬，著書以終，自號九龍真逸。其惓惓故國，屢效孤忠，尤爲人所難能。卒後予謚文良，蓋異數云。所著書十餘種，皆刊行。

遵旨密陳疏　壬辰殿試策　致高雲麓書　民權辨　自由辨　勝朝東粵遺民錄序　宋東莞遺民錄序　書過墟志後　跋魏王基碑　跋焦山佳處亭冰壺詩石刻　遊伊闕記　日本雅樂稽古所觀舞記　息園記　張仲景傳　陳王道傳　陳建傳　道士李明徵傳　先師李

文誠公傳　先師袁忠節公像贊

邱晉昕　字翰臣，大埔人。光緒庚辰進士，歷官晉江、霞浦、南平知縣，援例升知府，署邵武府知府。晉昕積學能文，顧嗇於遇，通籍時年垂五十，而所至皆著聲績。尤自負所學，嘗醉後大言：『生平詩第一，古文次之，駢文又次之。』亦可想見其風概云。

紀甘肅兵變　紀鄭總戎紹忠小靖鄉戰事　五箴

陳慶桂　字香輪，番禺人。光緒庚辰進士，官戶部主事，擢員外郎，轉福建道御史，升給事中。辛亥國變，歸里不復出。著有《陳給諫疏稿》二卷。

粵省籌餉宜熟權利害疏　請崇古學以勵通材疏　劾疆臣辜恩任性貪暴昏欺疏　縣治改隸室礙請復歸舊制疏

沈桐　字鳳樓，一字敬甫。番禺廩生，光緒壬午舉人，改歸浙江德清縣籍。乙未成進士，由内閣中書歷官奉天營口道。桐世居廣州，少時肄業學海堂，陳澧弟子也。

漢張騫使西域論　荀彧劉穆之論

丁仁長　字伯厚，番禺人。杰孫。光緒癸未進士，授編修。大考，擢侍講，轉侍讀。丁外艱，不再出。主講越華書院，總理大學堂，監督存古、教忠學堂。國變，易名潛客，杜門奉母。母卒，三年不脫縗絰。服闋後，奔問天津，屢上封事，拳拳忠愛，優詔褒答。逾年卒旅次，賞『履潔懷清』扁額，世以爲定論云。著有《毛傳釋例》、《雜記》各若干卷，存於家。門人輯其詩一卷刻之。

乞端治本杜亂源疏　民力易竭後患宜防疏　纂輯經史以資法戒疏　訂定陳文忠公行狀　記名提督北海總兵鄭潤材事略

黃紹昌　字芑香，香山人。光緒乙酉舉人。主講豐山書院、廣雅書院，文學館分校。紹昌沈默篤學，工駢文，能詩。嘗客閩督何璟幕，以邑先正黃文裕公爲有明一代大儒，將搜集遺著、事迹，請璟疏奏從祀兩廡，會法越事起，璟去官，不果。所著有《三國志音義》，詩文稿多散佚。

南昌府知府曹君墓志銘

梁起　原名以瑭，字庾生，南海人。光緒乙酉舉人，大挑廣西知縣，假歸卒。起有文采，尤工詞賦，嘗舉爲菊坡精舍學長。

大庾嶺賦　海潮賦　榕樹賦　雁來紅賦　落花生賦　擬荀子賦

汪兆銓　字莘伯，番禺人。瑔子。光緒乙酉舉人，選海陽教諭。兆銓肄業學海堂，年十七賦《平定新疆鐃歌》並駢體序，爲陳澧所賞。少與陳樹鏞、朱啓連、陶邵學，以文字相切劘。丙戌入都，又與楊銳、文廷式、陳三立諸名士，往來酬唱。屢試不第，入提督馬維騏、李準幕。辛亥後，爲教忠學校校長十餘年，以酒病卒。著有《惺默齋集》、《萇楚軒續集》。

記六榕寺塔　感秋賦有序

周易　字子元，揭陽人。光緒乙酉拔貢，[一]廣西知縣。嘗分纂《揭陽縣續志》，與同邑曾習經善，著有詩文集。

豐順丁中丞政書跋　揭陽倉頡廟碑

[一] 乙酉，原誤作『乙酋』。

楊裕芬　號惇甫，南海人。光緒戊子解元，甲午進士，戶部主事，調學部。張文襄公督兩湖時，聘任兩湖書院經學主講。歷充兩廣端溪、八旗、明達、順德鳳山、羅定文昌各書院院長，菊坡精舍、學海堂學長。辛亥後，當道禮聘，不復出。所著《遜志堂經說文集》，嘗進呈御覽，賞『經明行修』扁額，今存於家。

讀禮記王制

鄭權　字玉山，番禺人。光緒戊子舉人，菊坡精舍學長，爲文才藻富贍。著有《玉山草堂駢體文》二卷。

英德觀音巖頌　東漢高士贊

陳宗穎　字孝堅，番禺人。澧子。光緒戊子優貢。宗穎學有淵源，通深樸雅，尤工小篆。性狷介，不諧俗。既遘國變，以明經終。

兩漢吏治考　伊洛淵源錄書後

林國賡　字颺伯，番禺人。光緒戊子舉人，壬辰進士，選庶吉士，散館，改吏部主事，以父病乞假歸。丁艱後不出，主講端溪書院，尋卒。國賡與弟國贊，並出同邑陳澧門，稱高第弟子。其學在以史證經，嘗言：『經學貴見之實用。佚經佚子，有馬氏玉函山房輯本；佚集有嚴氏歷代文輯本；而佚史闕如。』爲南海孔氏校理《北堂書鈔》，因輯佚史，得八百餘種，積稿盈兩篋，世服其勤博。尤好陶詩，以爲微情遠旨，當取晉史證之，非可空言想像。著有《讀陶集劄記》三卷；又著有《元史地理今釋》、《近鑑齋經說》、《輶録盦讀書偶記》、《輯古佚書》若干卷，並存於家。

與陳公睦書　再與陳公睦書　盤庚說　理學庸言序　讀曲禮一　讀曲禮二

林國贊　字明仲。國賡弟。光緒己丑進士，官刑部主事，以足疾假歸，卒。國贊文詞淵懿雅贍，而尤深乙部之學，所著《三國志裴注述》、《三國疆域志補正》等書，通人推服。甫及強仕，遽促天年，論者惜之。

遣公孫敖築受降城論　三國志裴注述序　重刊兩漢紀跋

溫仲和　字慕柳，嘉應州人。光緒己丑進士，官檢討。仲和學於東塾，經史之學，具有淵源。以貢入太學，爲翁文恭同龢、盛祭酒昱所賞譽。通籍後，閉門讀書，不事標榜。尋丁艱歸，不復出，主講潮州金山書院，兼汕市同文學社總理。於西學亦深研究，嘗撰《爲學通議》、《首重辨經守詁而觀通質今》兩篇，不主墨守，博而能通，尤爲士流所重。著有《讀春秋公羊劄記》、《求在我齋經說》、詩文集。

爲學通議　周禮正歲正月考　百兩篇考　論客話源流　光緒嘉應州志序　光緒嘉應州志方言篇書後

梁于渭　字杭雪，番禺人。光緒己丑進士，授禮部主事。于渭能文章，駢體似初唐四傑。博考金石，兼工篆刻，畫仿元人法，意境宕逸。少時肄業菊坡精舍，爲陳澧所激賞。及居京師，才名藉甚，以未與館選，鬱鬱不自得，竟成心疾。放歸，無家室，寓南海學內。有陳某求其畫，鬻貲賙給之。國變後，時時痛哭，逾年卒。所著《金石記》八冊，名《麟枕簿》，字細若絲髮，未及編定，存新會林某家。其餘詩文，多散佚矣。

魚子蘭賦　越王井銘

羅傳瑞　字西林，南海人。光緒己丑進士，官兵部主事。傳瑞出九江朱次琦門，頗志經世之學。甲午中日之變，朝野上下，爭議改革。傳瑞條陳變法事宜，大旨主折衷中西，不爲偏激之論。所輯行者，有《范文正公奏議》二卷、《李忠定公奏議》六卷、《張江陵書牘》十二卷，並存。又有《小湖山堂文集》四卷，鈔本，存于家。

論練兵之要　范文正公政府奏議跋

張祖詒　開平人。光緒己丑舉人，南海縣學教諭，保陞知縣，不就，改授瓊州府學教授。辛亥後歸里，杜門不出。纂修邑志，未成病卒。文見《學海堂四集》。

廣文賦

曾習經　字剛甫，號蟄庵，揭陽人。光緒庚寅進士，戶部主事，累遷至度支部右丞。早歲肄業廣雅書院，爲梁文忠鼎芬高弟。尤肆力於詩，卓然成家。國變後，仍居京師，負盛名而不爲權要所羅致，晚節之高，人咸稱之。著有《蟄庵詩存》一卷。

怡園記　伯兄月樵先生墓志銘

范公詒　字伯元，一字潔盦，番禺人。光緒辛卯優貢生，官河源訓導。公詒少學於中表陶孝廉福祥，孝廉爲東塾入室弟子，故雖於東塾再傳，而在弱齡，已得學問途徑，重以好學深思，並時才流，咸服其精審。尤邃於金石之學，所爲文多散佚，其門人黃任恒得其論金石文一卷刊行之，名曰《潔盦金石言》。

造象原始考　水經注引用書目碑目存佚考自序　筠清館金石錄跋　漢隸字源跋　王復齋鐘鼎款識跋

趙天錫　字魯庵，新寧人。光緒辛卯舉人，歷主寧陽、和風、廣海書院講席。卒年五十一。著有《魯庵集》八卷，詩一卷，存。

復伍朝冠書　寧陽學存序　海市賦

黎佩蘭　字詠陔，高要人。光緒辛卯舉人。肄業廣雅書院，爲義烏朱侍御一新高第弟子，一新修《德慶州志》，初纂覆纂，多出佩蘭手。尤精天算，所著算書若干卷，已刊行。甫獲一第，中道殂謝，計其著述待梓者尚多，惜未見也。

盤古廟碑

凌步芳　字仲孺，番禺人。光緒辛卯舉人，兩試禮闈不第。授徒爲業，課餘治算學，久之大通其術，成《百硯齋算書》八種，曰《割圜通義》、曰《粟布衍草》、曰《算學答問》、曰《火器說略》、曰《指數變法》、曰《重學詳說》、曰《微分詳說》、曰《積分詳說》，皆自爲之序。瀕卒，命其徒先以《割圜通義》、《粟布衍草》、《算學答問》三種刊行，餘五種寫定，藏於家。百年來研精算理，不由師授，有海寧李善蘭、金匱華蘅芳、南海鄒伯奇，若步芳，亦其亞也。

粟布衍草自序　杜德美割圜捷術通義自序　微積初學詳說自序　積分初學詳說自序　重學詳說自序

饒軫　字輔星，嘉應人。光緒壬辰進士，吏部主事。軫早歲知名，肄業學海堂。同治間廣州重刊《十三經注疏》，曾任分校。晚始通籍，尋卒。

禮記諸篇別錄分屬說

江逢辰　字雨人，一字孝通，歸善人。光緒壬辰進士，官戶部主事。逢辰爲番禺梁文忠弟子，自豐湖書院選入廣雅書院肄業。文詞瑰麗，冠其儕偶。書學北魏，尤工篆、隸。通籍後，主講赤溪書院。赤溪多山水，暇輒登臨，危崖絕壁，大書深刻，字徑至二尺餘，奇險峭勁，見者駭絕。賦性清介，不諧時俗，尋入都供職，數年歸。爲廣雅書院分校。丁母艱，以毀卒，文忠爲建江孝子祠於豐湖。所著有《密庵詩文集》、《孤桐詞》、《華鬘詞》。

重建綏靖伯宋陳公祥廟碑記　珠華山吸霞臺記　記萬曆時雄縣人讀楊升庵集　龍潭銘并序

張德瀛　字采珊，號巽父，番禺人。光緒癸巳舉人。工填詞，著有《耕煙詞》五卷、《詞徵》六卷，並家刻本，存。

耕煙詞自序

陶邵學　字子正，番禺人。光緒甲午進士，官內閣中書。工書法。廷試日，缺數字未完卷，遂不得上第，大學士麟書深惜之。人以比朱九江，平日好深湛之思，窮研經史百家，旁及音律，每有論著，精微洞澈。文近曾、王，詩兼唐、宋，皆卓然成家。通籍後遽歸，主肇慶星岩書院講席。及變法興學，復爲肇慶中學監督。光緒末年，詔舉人才，粵督張人駿特以應徵，辭不赴。既歿，肇人思其教澤，置墓田，建祠堂祀之。著有《頤巢詩文集》，已刊行。

禮運錯簡考　皇極析義　樂律書序略　琴譜序略　漢官答問序　頤巢稿自序　跋列子　跋黄石溪石鼓文臨本　陳君家傳　朱君家傳　陶孺人家傳　祭朱跂惠文

康有爲　原名祖詒，字廣廈，晚自號更生，南海人。光緒乙未進士，官工部主事。以言變法得罪，亡命海外十餘年，辛亥國變後始歸。丁巳復辟，有爲與其事，授弼德院副院長。事變脱歸，仍居上海，年七十卒。有爲九江弟子，博學能文，通知中外大勢，上書言事，頗具遠識。唯急於自見，致遭顛躓，國運隨傾，論者痛之。所著有講學記、遊記、詩文集，其門人彙刊爲《萬木草堂叢書》。

請廣開學校疏　請譯日本書疏　朱九江先生佚文序　日本書目自序

簡朝亮　字竹居，一字季己，順德人。所居簡岸鄉，學者稱『簡岸先生』。附貢生。爲九江高第弟子，平日恪守師説，作《講學記》詳述而闡明之。在陽山闢讀書堂，從學者多才傑士，梁文忠鼎芬、丁侍讀仁長皆推重之。禮學館聘充顧問官，存古學堂延爲教習，皆不就。國變後，年逾八十，杜門著述，足跡罕入城市。袁世凱欲通聘問，不知所在。趙爾巽聘任清史館纂修，亦不之應，曰：『此豈萬季野時乎？』早歲與番禺陶邵學、新會陳樹鏞，以學問相切劘，邵學、樹鏞先歿，爲誌其墓，又手訂樹鏞遺書刊行之，其篤於故舊如此。所著《尚書集注述疏》三十五卷、《論語集注補正述疏》十卷、《孝經集注述疏》一卷、《禮記子思子言鄭注補正》四卷、《讀書堂正續集》若干卷。

朱九江先生集序　尚書集注述疏序　尚書集注述疏後序　論語集注述疏序　孝經集注述疏序　禮記子思子言鄭注補正序　朱九江先生講學記

朱啓連　字跂惠，號棣垞，番禺人。國學生。祖籍蕭山，漢錢塘侯雋六十四世孫。其父仕粵不歸，故啓連始終於粵。遊汪穀菴門，深植厚溉，毓實甄華，嶺南近代古文家之一。性介特，恥隨衆向背，士非有見者不交，事非自得於心者不言。爲文章清宕潔約，工五七言，善草、隸書，好雅琴，妙達聲律，能以琴音辨人浮沈囂濁，絃誦不輟。與番禺陶邵學交至善，邵學嘗評啓連『品行似元結，文學似陳善道，藝術似姜夔，非今之士所有』云。卒年四十七。所著《棣垞集》四卷、《外集》三卷、《琴説》二卷、《琴譜》若干卷。

致張尚書書　與梁節堪書　答友人問求仕書　棣垞選帖序目　棣垞碑帖序目　送楊叔嶠序　俞星垣詩序　鄂公祠琴譜自序　書柳文後　讀亭林文集　隨

山館詩簡編跋　山陰汪芙生先生行狀　寒濤琴銘

陳樹鏞　字慶笙，新會人。諸生，陳東塾弟子。性至孝，父歿，居倚廬，麻衰喪食如古禮。東塾門下多經生宿儒，獨以樹鏞狂狷異材，稱爲粵士之冠，以所著書付託之。家貧，耿介有所不取。張文襄聘主豐湖書院，梁文忠主廣雅書院，欲任以分校，皆不就。博學，通經史百家，旁考歷代職官制度，祈嚮在顧崑山一流，著述未竟，年三十遽卒。宣統元年，粵督張人駿臚陳學行，奏請宣付史館立傳。所著有《周易集注義疏》、《通鑑輯要》、《文獻通考正誤》、《漢官答問》諸書，惟《漢官答問》刊入《端溪叢書》，餘未寫定。順德簡朝亮表其墓，又爲董理遺書，有《陳茂才文集》四卷刊行。

易論　李鄴侯論　張江陵論　六書答問

謝雲龍　嘉應人。光緒間官江西廬陵知縣。

重刻海錄序

莫啓智　字毓奇，東莞廩生。究心宋儒之學，日中所行，夜輒記之，爲《日省錄》。族人爭產，互質求直，置弗答，而召諸弟對飲，談家庭瑣事甚懽，族人感悟。又以族人苦催科，剏合族完糧法，公私稱便。蓋學求實踐，異於空談心性者也。著有《誡子庸言》二卷，子伯驥刻以行世。

誡子庸言序

吳宣崇　字存甫，吳川人。貢生。懋清之孫，宣崇能承其學，自以家世儒業，富有藏書，嘗輯高郡自宋至本朝二十八家文，爲《高涼耆舊集》十八卷，擷華搜逸，有功文獻。其自著《友松居文集》若干卷，止有鈔本，存其門人林鶴年家。

磵州即硇州考　重修吳川縣志序　書儀徵阮氏橘紅記後

林鶴年　字樸山，茂名人。廩貢生，肄業廣雅書院。嘗箋釋紀氏《四庫書目進呈表》，中有疑滯數十事，走京師，從友人章梫處得見御製詩文四集，續成之。又發議輯《廣東詩徵》、《文徵》，屬其友沈澤棠、吳道鎔從事蒐集。及《文徵》編纂粗就，鶴年已前卒，《詩徵》未成。所著《四庫書目進呈表箋釋》四卷，刻《求恕齋叢書》中；別有詩文集十卷，藏於家。

進呈四庫書目表箋釋序

羅惇曧　字掞東，順德人。貢生，郵傳部郎中。著有《瘦庵詩鈔》。

藏語敍

丁惠康　字叔雅，號惺菴。日昌子。居揭陽，仍籍豐順。援例得主事，未到部，保經濟特科，不應薦，世稱『丁徵君』。

與姚君慤書　與黃公度書一　與黃公度書二　孔子必用墨子墨子必用孔子說

黃鏐　字貢三，花縣人。天姿聰悟，過目成誦，守家學，敦孝友。年甫弱冠，文筆嫻雅，輒近晉、宋。所撰《嶺南對》，洋洋六千餘言，上下古今，治亂興衰，意存規戒，識者謂堪媲美朱、汪。時省會創設存古學堂，各府州縣赴考者千餘人，沈提學曾桐嘉獎之，取錄第一，一時英俊，皆出其下。襄纂縣志，將成，年三十三而卒。著有《道言文集》數萬言，初編已刊，其二、三編及詩集二卷遺稿，均待梓。

嶺南對

◎釋

應璣　新會人。自少出家，缾鉢江湖四十年，開禧丁卯還里。

靈湖山水記

函昰　字麗中，一字天然。番禺人，本性曾，名起莘。年十七補諸生，與里人梁朝鍾、黎遂球、羅賓王、陳學佺輩，并以高才，縱談時事。舉崇禎癸酉鄉試，大臣交薦，當授官，辭不就。謁僧道獨於黃岩，尋祝髮於匡廬，住歸宗寺，與嘉魚熊開元、新城黃端伯、休寧金聲以禪悅相契。既返廣州，初以避亂居西樵。已，居雷峯，粵之士大夫潔身行遁，轉相汲引，咸皈依為弟子。函昰雖處方外，仍以忠孝廉節垂示，從遊者多受其益。歷主福州長慶、廬山歸宗及海幢、丹霞、芥庵、華首諸剎，晚返雷峯。著有《楞伽》、《楞嚴》、《金剛》三疏，《醉焚禪筆》，《瞎堂詩集》。

瞎堂詩集自序　千山剩人可和尚塔銘

函可　字祖心，號剩人。博羅人，本姓韓。父日纘，官禮部尚書，謚文恪。少食餼邑庠，嘗侍宦兩都，聲名動一時。文恪卒，從函昰謁道獨老人，薙落登具，還住華首。甲申之變，悲慟形辭色。尋入金陵，寓顧樓，會清兵渡江，於殉國諸臣，皆有挽過情傷，時人多危之。卒被執送軍中，拷掠至數百。逮京，發瀋陽。到戍後，為宗門開法，眾咸信仰，稱佛出世，凡七坐大剎。又與同謫諸老結冰天吟社。示寂時，囑全軀付渾河，眾環跪，乞留肉身，瀋人迎入千山建塔。方年十八九，命寫生手戲圖為《意中幻肖幅畫》，現一比邱，人以為讖云。著有《千山詩集》。

千山詩集自序　同雷公遊千頂山紀事詩序

光鷟　字跡刪。方氏，番禺人，國驊子。國驊明亡隱居。光鷟年十三補諸生，尋棄去，不赴試，學使李綺命諸生作《西山采薇文》送之。年三十五，別母，學佛于鼎湖。晚棲大通寺。詩文甚富，然皆詩古文詞，無語錄偈頌，沈德潛擬之惟儼、秘演之儔。所著《咸陟堂前后集》，今存；又有《夢憶》一書，今刻伍氏《嶺南遺書》中。

說說文序　馬臥仙五疏序　咸陟堂文集自序　送吳渭公遊西粵序　陳氏家鈔後跋　多異山記　丹霞山記　四宜亭記　鹿門圖記　舵石翁傳　僧慧明傳　大騤子傳　塊然先生傳　南山研農傳　海老人傳　陳德山墓表　瘞齒志銘

今無　番禺萬氏子，號阿字。年十六，依函昰得度，為第一法嗣。嘗勗以大振宗風，期望甚厚。函可戍瀋陽，命出關往訪，徒步萬里，得達戍所，同遊千頂山，相與賦詩，函可亟稱之，攜詩一卷歸廣州。再依雷峯，開法海幢寺。卒時有『收拾絲綸返十洲』之句，年四十九。著有《光宣臺集》。

羅浮書院記

◎道

白玉蟾　字如晦，為閩人。紹興甲寅生于海南，號瓊山道人。幼舉童子科。長遊方外，師事翠虛陳泥丸得道。時欲以異科薦之，弗就也。嘗往還於羅浮，多有詩文。博洽儒書，究竟禪理。草書若龍蛇，兼善篆、隸。尤妙蘭竹，而不輕作，間自寫其容，工畫者不能及也。後遊名山，莫知所終。所著《海瓊全集》六卷，今存。

按《全閩詩話》：玉蟾，原姓葛，名長庚，字玉叟。棄家，從師至雷州，為白氏後，改名玉蟾，今稱白真人云。

性命日用論　虛夷堂記　羅浮山慶雲記　儆齋記

鄒師正　宋人，羅浮道士，不詳籍貫。著有《羅浮指掌圖記》。

羅浮指掌圖記　指掌圖贊

袁了塵　佚其名，東莞人。耽書嗜酒，好睡，囊有錢輒呼朋暢飲，飲必醉，醉必睡，睡而醒，醒而復醉。無錢則閉戶讀書，旦夕不輟，而不習舉子業。嘗喜作古文，詞間亦吟詠。晚年擺脫世網，遁跡長慶，道冠道服，自號了塵道人。有《了塵集》。

恃說　忍齋銘

賴洪禧　字疇叶，號介生，東莞人。邑增生。爲羅浮道士，主持酥醪觀數十年，嘗著《浮山新志》。門下弟子，多有名於時。洪禧精草、隸，博學工詩，有『雨濃山潑翠，風緊鳥摩天』之句，番禺凌揚藻最賞之。又著有《學庸指掌》、《紅棉館詩鈔》，今存。

羅浮山志書後

江本源 字瀛濤，番禺人，自號松竹山人。能詩文，與張維屏、黄培芳諸名士遊。嘗主持酥醪觀，以觀爲浮山最深處，乃闢佛子隩塗徑，築玉液亭，爲義漿以濟行者。又以廣州白雲山蒲澗，安期生嘗采藥其間，復倡築安期仙祠。晚營生壙於羅浮，嘉慶丙子，湯貽汾來遊，題其壙曰『江瀛濤藏於此』。

佛子坳導水記

《廣東文徵》二百四十卷，吳澹庵前輩據溫氏《文海》而裒益之，其書自漢迄清，凡六百餘家，人系一傳，爲作者考十二冊。遺稿未及寫定，張闇公前輩續得百數十人，合七百一十二家。嶺海文獻，有此一書，旁搜遠紹，功亦鉅矣！澹老氣節文章，士林翕服，此書采輯辛勤，爲一生精力所在。闇老與汪君憬吾、溫君毅夫，皆有所參訂，更臻詳審。稿本寫定已有歲年，輾轉遷徙，迄未付梓。陳君伯任、善伯相與錄副，孫君淑資慨然捐白金，以《作者考》十二冊，先付手民。闡揚前哲，嘉惠來學，是可傳矣！他日陳農復起，表章絕學，以《文徵》二百四十卷壽諸梨棗，吾粵二千年文化賴以不墜，尤爲藝林盛事，則以是爲嚆矢之先聲可也。辛巳莫春南海桂坫跋於九龍。

廣東文徵作者考跋

廣東文徵二百四十卷。吳澹菴前輩。據温氏文海而裒益之。其書自漢迄清凡六百餘家。人系一傳。爲作者考十二册。遺稿未及寫定。張闇公前輩續得百數十人。合七百一十二家。嶺海文獻有此一書。旁搜遠紹。功亦鉅矣。澹老氣節文章。士林翕服。此書釆輯辛勤。爲一生精力所在。闇老與汪君憬吾。温君毅夫皆有所參訂。更臻詳審。稿本寫定已有歲年。輾轉遷徙。迄未付梓。陳君伯任。善伯相與錄副。孫君淑資慨然捐白金以作者考十二册先付手氏。闡揚前哲。嘉惠來學。是可傳矣。他日陳農復起。表章絕學。以文徵二百四十卷壽諸梨棗。吾粵二千年文化賴以不墜。尤爲藝林盛事。則以是爲嚆矢之先聲可也。

辛巳莫春南海桂坫跋於九龍

廣東文徵改編本第一册凡例

一、吳道鎔氏原稿，仿「湖南文徵」分體編錄，計分十六類。一：敕，制，誥，命。二：上書，表，啓，牀。三：奏疏。四：策議。五：書。六：論辨，考說，解。七：序。八：題跋。九：記。十：碑。十一：墓碑，表誌。十二：傳狀。十三：祭文，誄。十四：賦。十五：箴，銘，頌，贊。十六：雜文。吳氏別著「廣東文徵作者考」，則仿「廣東文獻」，「江右古文選」，「東甌先正文畧」，體例。以人之時代先後爲序。茲刻用「作者考」之編次，並分錄「小傳」於各家之前；雖曰改編，實則合吳氏二書之旨要而成之。

二、原稿副本，誤字漏句極多。誠如葉跋所云：「他日付印，尚宜逐加校訂，以成完璧。」蓋原稿手抄本已有不少錯漏；及謄錄時，復經衆手，故誤漏尤多。温汝能「粤東文海」爲吳氏所據之祖本，惜海外未有收藏；否則取之校勘，易收事半功倍之效。今次付印，雖曾點校一過，其中有明知其缺漏者，以無原本可稽，暫仍其舊。

三、第一册校勘，祇就香港一隅可以見到之文獻，仍感資料之不足。唐文粹，唐文鑑，聖宋文選，皇朝文鑑，國朝文類，元文獻，廣東文選，廣東文獻等書，間亦披沙得金。獨明嶺南文獻萬曆四十四年刋本，足以校訂原稿之錯漏者竟逾百條，其中有脫漏至數百字者。

四、據「作者考」所釆取各家著作，其有目無文者，付之闕如。其有目異而文同者，則作重出論，不復載。

五、本書原著者所藉以編纂之資料書，足爲校勘之助者，他日重印時，當再爲讐校。待訪書目，列之於後：

廣東文選二十三卷，清屈大均，康熙廿六年刊本

國朝嶺南文鈔十八卷續集二卷，清陳在謙，道光十二年刊本

粵東文海六十六卷，清温汝能輯，嘉慶十八年刊本

六、吳氏手稿分八十帙。葉恭綽氏謄錄副本時，裝成二十七册。此改編本，區爲六巨册。

七、卷末附錄，依吳氏原稿分類，並注明改編本卷次頁數。

廣東文徵

改編本卷一

番禺吳道鎔原稿

漢

趙佗 眞定人・漢封南越王・屈翁山廣東新語佗上文帝書・詞甚醇雅・其出中國人代爲之耶・抑南越人之所爲也・文帝賜佗書・不用欺・亦不市恩・佗明燭幾先・變逆爲順・君臣之間・至誠感應・如響與聲・文之不可以已也如是・故余譔廣東文選以佗始・孫胡次之・重其人・亦重其智也・

報文帝書

蠻夷大長老夫臣佗昧死再拜・上書皇帝陛下・老夫・故粵吏也・高皇帝幸賜臣佗璽・以爲南粵王・使爲外臣・時內貢職・孝惠皇帝卽位・義不忍絕・所以賜老夫者厚甚・高后自臨用事・近細士・信讒臣・別異蠻夷・出令曰・毋予蠻夷外粵金鐵田器・馬牛羊卽予・予牡・毋與牝・老夫處辟・馬牛羊齒已長・自以祭祀不修・有死罪・使內史藩・中尉高・御史平凡三輩上書謝過・皆不反・又風聞老夫父母墳墓已壞削・兄弟宗族已誅論・吏相與議曰・今內不得振於漢・外亡以自高異・故更號爲帝・自帝其國・非敢有害於天下也・高皇后聞之大怒・削去南粵之籍・使使不通・老夫竊疑長沙王讒臣・故敢發兵以伐其邊・且南方卑濕・蠻夷中西有西甌・其衆半羸・南面稱王・東有閩粵・其衆數千人・亦稱王・西北有長沙・其半蠻夷・亦稱王・老夫故敢妄竊帝號・聊以自娛・老夫身定百邑之地・東西南北數千萬里・帶甲百萬有餘・然北面而臣事漢・何也・不敢背先人之故・老夫處粵四十九年・于今抱孫焉・然夙興夜寐・寢不安席・食不甘味・目不視靡曼之色・耳不聽鐘鼓之音者・以不得事漢也・今陛下幸哀憐・復故號・通使漢如故・老夫死骨不腐・改號不敢爲帝矣・謹北面因使者獻白璧一雙・翠鳥千・犀角十・紫貝五百・桂蠹一器・生翠四十雙・孔雀二雙・昧死再拜・以聞皇帝陛下・

報文帝書二

蠻夷大長老夫臣佗・前日高后隔異南越・竊疑長沙王讒臣・又遙聞高后盡誅佗宗族・掘燒先人冢・以故自棄・犯長沙邊境・且南方卑濕・蠻夷中間・其東閩越千人衆號稱王・其西甌駱裸國亦稱王・老臣妄竊帝號・聊以自娛・豈敢以聞天王哉・乃頓首謝・願長爲藩臣・奉貢職・

趙胡 佗孫・漢武帝建元四年佗卒・胡爲南越王・

上漢武帝書

『胡爲南粵王・立三年・閩粵王郢興兵南擊邊邑・胡使

人上書．天子多南粵義．守職約．爲遣兩將軍往討閩粵．弟餘善殺郢以降』．書曰兩粵俱爲藩臣．毋擅興兵相攻擊．今東粵興兵侵臣．臣不敢興兵．唯天子詔之．

陳元

字長孫．蒼梧廣信人．（今封川縣）．父欽．習左氏春秋．事黎陽賈護．與劉歆同時．以左氏授王莽．而撰爲陳氏春秋以自別．元傳父業．以父任爲郎．建武初．上疏爭立左氏學．與范升辯難．帝卒從元議．後更辟司空李通．司徒歐陽歙府掾．以病去官．卒於家．所著左氏同異見經典釋文．司徒掾陳元集．見隋書經籍志．今皆佚．

請立左傳疏

陛下撥亂反正．文武並用．深愍經藝謬雜．眞僞錯亂．每臨朝日．輒延羣臣講論聖道．知邱明至賢．親受孔子．而公羊．穀梁傳聞於後世．故詔立左氏．博詢可否．示不專已．盡之羣下也．今論者沈溺所習．翫守舊聞．固執虛言傳受之辭．以非親見實事之道．左氏孤學少與．遂爲異家之所覆冒．夫至音不合衆聽．故伯牙絕絃．至寶不同衆好．故卞和泣血．仲尼聖德．而不容於世．況於竹帛餘文．其爲需同者所排．固其宜也．非陛下至明．孰能察之．

臣元竊見博士范升等所議奏左氏春秋不可立．及太史公違戾凡四十五事．案升等所言．前後相違．皆斷截小文．媟黷微辭．以年數小差．掇爲巨謬．遺脫纖微．指爲大尤．抉瑕擿釁．掩其弘美．所謂小辯破言．小言破道者也．升等又曰．先帝不以左氏爲經．故不置博士．後主所宜因襲．臣愚以爲若先帝所行而後主必行者．則盤庚不當遷于殷．周公不當營雒邑．陛下不當都山東也．往者．孝武皇帝好公羊．衞

太子好穀梁．有詔詔太子受公羊．不得受穀梁．孝宣皇帝在民間時．聞衞太子好穀梁．於是獨學之．及卽位．爲石渠論而穀梁氏興．至今與公羊並存．此先帝後帝各有所立．不必其相因也．孔子曰．純．儉．吾從衆．至於拜下．則違之．夫明者獨見．不惑於朱紫．聽者獨聞．不謬於淸濁．故離朱不爲巧眩移目．師曠不爲新聲易耳．方今干戈少弭．戎事畧戢．留思聖藝．眷顧儒雅．採孔子拜下之義．卒淵聖獨見之旨．分明白黑．建立左氏．解釋先聖之積結．洮汰學者之累惑．使基業垂於萬世．後進無復狐疑．則天下幸甚．

臣元愚鄙．嘗傳師言．如得以褐衣召見．俯伏庭下．誦孔氏之正道．理邱明之宿寃．若辭不合經．事不稽古．退就重誅．雖死之日．生之年也．

請勿督察三公疏

臣聞師臣者帝．賓臣者霸．故武王以太公爲師．齊桓以夷吾爲仲父．孔子曰．百官總己聽於冢宰．近則高帝優相國之禮．太宗假宰輔之權．及亡新王莽．遭漢中衰．專操國柄．以偷天下．況己自喩．不信羣臣．奪公輔之任．損宰相之威．以刺舉爲明．徼訐爲直．至乃陪僕告其君長．子弟變其父兄．網密法峻．大臣無所措手足．然不能禁董忠之謀．身爲世戮．故人君患在自驕．不患驕臣．失在自任．不在任人．是以文王有日昃之勞．周公執吐握之恭．不聞其崇刺舉．務督察也．方今四方尙擾．天下未一．百姓觀聽．咸張耳目．陛下宜修文武之聖典．襲祖宗之遺德．勞心下士．屈節待賢．誠不宜使有司察公輔之名．

楊孚 字孝元．南海人．漢章帝朝舉賢良對策上第．拜議郎官．終臨海太守．孚爲郎．當章帝時諫止用兵匈奴．永元中荒旱．復陳時政得失．又以南海屬交州刺史競爭事珍獻．因枚舉物性靈悟著南裔異物志．自後羅浮瑇瑁之屬日絕．世謂能通神明．其官臨海著臨海水土記以正貢獻．世服其高識．不徒以博雅稱也．

按粤人著述見史志而今尙存者，以楊議郎爲最古．其所著異物志隋經籍志著錄．新舊唐書藝文志尙存交州異物志一卷．至宋佚．臨海水土記見徐堅初學記．隋唐志皆無之．黃泰泉因謂臨海水土記後人亦改稱異物志．蓋流傳稱名偶異．非史志之佚．理或然也．道光中南海曾釗旣輯異物志，其不能定爲異物所有者，別輯楊議郎著書一卷．今刻南海伍氏嶺南遺書中．

諫止用兵疏

臣聞創造用武．守業尙文．故周勝殷．則有載戢干戈之頌．太宗息兵．嘗言自勝衣冠．念不及兵．先帝繼述．敵來則應．未嘗先伐．故孝章之謚．追配孝文．詩曰．允文文王．克開厥後．又曰．倬彼雲漢．爲章于天．二帝之謂也．願陛下繩美祖宗．毋輕用武．

請均行三年喪疏

漢制．郡國之士．誦肄孝經．察其志行．選舉孝廉．故帝謚必稱孝者．躬行化率也．王莽不服母喪．天下誅之．然今時公卿大夫罹父母憂．不得去位．而黎民孝悌力田．反得爵級．非所以爲民表儀也．且郡邑侵漁．不知紀極．貨賂通于上下．治道衰矣．宜詔中外臣民．均行三年通喪．而吏治必務廉平．以勸選舉之士．庶幾克誠小民．副承天意．

南海異物志贊

時南海屬交趾部．刺史夏則巡行所部．冬則還天府．表奏舉刺不法．其後競事珍獻．孚乃枚舉物理靈悟．指爲異品．或爲韻語．使士民識之．遂著南裔異物志．自後羅浮瑇瑁之屬日絕．世謂能通神明．孚家在江濟南岸．嘗移雒陽松柏種植宅前．隆冬蜚雪盈樹．人因目共所居爲河南．孚後爲臨海太守．復著臨海水土記．亦以正獻貢也．世服孚高識．不徒博雅云．

桂

桂之灌生．必粹其族．何葉不渝．冬夏常綠．□匪桂植．在乎嵩岳．

犀

於惟元犀．處自林麓．食惟荆刺．體兼五肉．或有神異．表靈以角．含精吐烈．望若華燭．置之荒野．禽獸莫觸．

貝

乃有大貝．奇姿難儔．素質紫飾．文若羅珠．不磨而瑩．采耀光流．思雕莫加．欲琢匪踰．在昔姬伯．用免其拘．

郭蒼 字伯起．曲江人．以博學能文舉茂才．爲荆州從事．屈翁山廣東新語郭從事碑文甚奇古．六瀧山水之勝形容殆盡．其才亦楊子雲之亞．

漢桂陽太守周府君碑

桂陽太守周府君者．徐州下邳人也．諱憬．字君光．體性敦仁．天資篤厚．行興閭門．名高州里．舉孝廉．拜尙書侍郎．遷汝南固始相．遂拜桂陽守．宣魯衞之政．敷二南之潭・政以德綏・化猶風騰・撫集烝細・振發有方・進則貞直・退則錯枉・崇舉濟濟・吉士克朝・招賢訓蒙・開誘六蔽・君子道長・小人道消・信感神祇・靈瑞符應・嘉禾生於野・奇草像萐莆・異根之樹・超然連理・於此之時・邦域維寧・郡又與南海接比・商旅所臻・自瀑亭至于曲紅・一由此水・其水源也出於王禽之山・山蓋隆崇・峻極于天・泉肇沸湧・發射其顚・分流離散・爲十二川・彌陵隔阻・巒阜錯連・隅阪壅遏・由末騁焉・爾乃潰山鑽石・經營溝畛・激揚爭怒・浮沉潛伏・蜿龍結屈・澧陵鬱浥・千渠萬澮・洛聚沿澗・下迄安聶・六瀧作難・湍瀨溞溞・云云潺湲・雖詩稱百川沸騰・高岸爲谷・深谷爲陵・蓋莫若斯・天軌所經・惡得已哉・故其下流注也・若奔車失轡・狂牛無縻・去楫忽艫・陸不相知・及其上也・則羣輩相隨・纏挽提携・唱和慷慨・沈深在前・其或敗也・非徒喪寶玩・隕珍奇・潛珠貝・流象犀也・往古來今・變其終矣・於是府君乃思夏后之遺謀・施應龍之顯化・憫行旅之悲窮・哀舟人之困厄・感蜀守冰殄絕犂魋・嘉天昧淵・永用夷易・乃命良史將帥壯夫・挑移盤石・投之窮壑・夷高塡下・鑿截回曲・弼水之邪性・順導其經脈・斷硍礚之靈波・弱陽侯之汹湧・由是小溪乃平直・大道克通利・抱布貿絲・交易而至・升涉周旋・功邁於前・除昔缺顚・樹表於茲・雖非龍門之鴻績・亦人君之德宗・故舟人嘆於洲渚・行旅語於塗陸・孔子曰・禹不決江疏河・吾其魚矣・於是熹平三年・歲在攝提・仲冬之月・曲紅長零陵・東安區祉・字景賢・遵承典憲・宣揚德訓・帥禮不越・欽仰高山・乃與邑子故吏龔臺・郭蒼・龔頜等命工鑿石・建碑于瀧上・勒銘公功・傳之萬世・垂示無窮・其辭曰・乾坤剖兮建兩儀・剛柔分兮有險夷・咨中嶽兮摧崔嵬・歎衡林兮獨傾虧・增陊陗兮甚隔陁・緜莫涉兮礪規・仰王禽兮又崎危・俯瀧淵兮怛以悲・岸參天兮無路蹊・石縱橫兮流洄洄・波隆隆兮聲若雷・或抱貨兮以從利・或追恩兮以赴義・汜舟棹兮有不避・沉躬軀兮有元池・委性命兮於芒繩・憯寒慄兮不皇計・泛隨流兮殆忘歸・懿賢后兮發聖英・閔不通兮治斯谿・躑巨石兮以湮塡・開切促兮導曲機・推大瀧兮弱其勢・遏泌汩兮蛟龍藏・陸夫唱兮艫人歌・名冠世兮趨踰倫・今稱揚兮鏗流沙・功斐斐兮鎭海裔・君乎君乎壽不訾・

姚文式 合浦人・雅好誦讀・博通今古・建安中舉茂才・仕爲交州治中・時步隲爲刺史・初到南海・問尉佗舊治處・人莫能知・文式答佗行南海尉事・番禺其所都也・後歸漢・築朝臺在州城東北三十里・隲登望得其處・立城郭以建州治・綏和百粤・遂用安集・文式之功也・著問答・見水經注阮志著錄・

問答

問云・何以名爲番禺・答曰・南海郡昔治在今州城中・與番禺縣連接・今入城東南偏有水坑陵・城倚其上・聞此縣人民謂之番山・縣名番禺・儻謂番山之禺也・漢書所謂浮牂牁・下灕津・同會番禺・蓋乘斯水西入越也・秦幷天下・畧定揚越・開南海以謫徙民・至二世時・南海尉任囂聞陳勝作亂・召龍川令趙佗告以大謀・囂卒・佗行南海尉事・乃拒關門設守・番禺其所都也・後歸漢・築朝臺在州城東北三十里・則佗宮近是矣・

廣東文徵 改編本卷二

吳道鎔原稿

唐五代附

寧原悌 欽江人・(今靈山縣)武后永昌元年進士・舉賢良・同對策者張柬之第一・原悌第九・授秘書省校書郎・睿宗朝・官太子洗馬・先天元年・自諫議大夫出爲嶺南道宣慰使・上太子啓・極論時政・元宗朝・復以諫議兼修國史・以直書隱巢事忤旨去官・
按阮通志寗純傳稱・南海以西溪洞・自漢晉來・寗族最大・蠻獠歸之・純爲廉州刺史・能以詩書禮義教其族人・原悌・純之從孫也・出荒服・登上第・世以爲異・欽定全唐文載其先天元年上太子啓・足與史事互證・考通鑑元宗以八月即位改元先天・原悌上啓蓋在八月前・故仍稱太子也・

上太子啓

臣聞事有可言者・直臣所以抗議・忠而見棄者・志士所以太息・至於竭誠事君・信而獲罪・懷祿輔國・諂於取容・二者難明・取舍或異・臣竊爲朝廷憂之・伏惟殿下・孝敬純深・仁明善斷・有大功於天下・繼元良於社稷・萬姓所以拭目・百寮所以清耳・皆欲王化之興隆・風俗之革易也・頃年以來・天綱少紊・小人趨競・內難屢起・方當振綱張弦之秋・委才任士之日・若推心得人・則萬目直舉・如託寄非所・則百度斯廢・故王者・先擇良臣・復能任使・均明同日月・無私並天地・功高化洽・地平天成・又以爲官擇人者理・爲人擇官者亂・理亂之繇・官人之職也・自二月以來・勑令授官吏部注擬・塡塞府寺・滿盈臺省・其優勞當作別勑・放選或虛名邀功・或作才僥倖・日以增益・布列州縣・殫竭府庫・侵削黎元・臣誠以爲漸不可長也・昔晉政多門・官以賄進・劉毅憂其危・傅咸恐其亂・武帝終而不悟・卒有敗官之尤・十數年間・億兆塗炭・是知古者省吏以崇化・不聞多官以致理・臣以爲懲其弊者・歸乎任人者也・故忠臣難進而易退・無黨而孤立・死守善道・執心不移・乃奸人之所嫉・爲國家之所利・近者姚元之宋璟居獻替之職・處銓衡之地・用節員位・頗立繩紀・不爲權門黷貨所拘・而以平心汲引爲務・於時草澤之賢・翹足待用・天下凜然・復有昇平之望也・臣觀二相爲人・勵已忠肅・直身鯁亮・雖有微疵・又受黜責・且守正之士・志節之人・棄瑕錄用・今其時也・昔叔向下獄・祁奚訟之・猶將宥其十代・以勸能者・況其身不免乎・往者易之三思傾動朝政・所賴柬之元忠戮力王室・社稷殆危・忠臣處朝而獲安・神器將移・賢者竭誠而必復・豈非忠臣良士力哉・璟等行事・無忝今古・夫安必思危・理則憂亂・明王之誡也・忠臣處朝・奸邪屛退・興邦之道也・易曰・雷雨作解・君子以赦過宥罪・殿下誠能捨其無咎・收彼衆望・因主上之餘閒・議朝政之臧否・使並悔過・令復舊職・則舉善之美・垂於無窮・監官之弊・澄淸匪日矣・

陳集原　瀧州開陽人(今羅定州)代爲嶺表酋長・父龍樹欽州刺史・集原有孝行・父病即不食・居喪哀慼行路・貲財以讓兄弟・武后時官左豹韜衛將軍・唐書入孝友傳・瀧州作隴州誤・

龍龕道場銘并序・冠軍大將軍行左豹韜衛將軍上柱國潁川郡開國公陳集原撰・

蓋聞中天顯跡，千劫誠希遇之因・月相騰暉・三界標獨尊之稱・悟其旨則直心是道場・契其源則凈身爲佛土・可以神事・象絕於筌蹄・難以名言・理歸於冥寂・故八十種好・不可以色覩眞容・十二部經・不可以詞詮至理・然而煩惱障重・貪愛河深・六趣輪迴・劍葉與刀山竟起・四生湮沒，毒蛇將惡獸交馳・由是法雨橫流・慈雲普覆・宏化城於嶮路・朗惠炬於迷津・大乘小乘・隨淺深而悟道・中華中葉・逐性分以含滋・皆所以安樂羣生・提孩衆品・施殷憂以無畏・息多難以夷途・大矣哉不得而名也・

此龍龕者・受形於渾沌之初・擢秀於開闢之日・孤峯峻峙・罩素月而出雲霞・危壁削成・排日晨而轔霓漢・峭崿秀麗・爲衆巖之欽挹・花藥奇卉・實仙聖之安憩・是故龍出龍入・每脫骨於巖中・仙隱仙栖・屢承空於香氣・因得龍骨・故曰龍龕・武德四年・有□摩訶大檀越・永寧縣令陳普光因此經行・遂迴心口・願立道場・即有僧惠積宿緣善葉・響應相從・惠積情慕純陀・巧自天性・即於龕之北壁・畫當陽像・左右兩廂・飛仙寶塔・羅漢聖僧・雖年代久遠・丹雘如初・粉色微沉・彩影由在・洪鍾一扣・響徹州卅三天・石磬再鳴・還聞十八地獄・虹旛外颺・彩影亂於雲霓・香烟內騰・素氣通於迥巘・故得法流荒俗・釋教被於無垠・玄化遐覃・振錫窮於有截・豈如白馬馱經・翟泉創於方丈・緇衣闡教・廬山頓其威儀者哉・

既而年代侵遠・石龕無毀壞之期・歲序奄延・粉黛有沉湮之理・昔之惠積早隨劫而爲灰・寶亮亦投身於餓虎・兩僧勇猛・志貫白雲・雖學不出境・而精情自溢・上元年・光男叔瓊不棄前蹤・龕中造立當陽連地尊像一軀・近有交趾郡僧寶聰弱歲出家・即詣江左尋師・聞道不感圖南・聞有此龕・振杖頂禮・覩佛事之摧殘・心目悲泫・共成勝因・又檀越主善勞縣令陳叔珪陳叔琸陳叔琰痛先君之肇建・悲像教之陵遲・敦勸門宗・更於道場之南・　造釋迦尊像一座・遂得不日而成・功德圓滿・爲七代之父母・修六道之緣屬・聖神皇帝御紺殿以撫十方・動金輪以光八表・宏護大乘・紹隆正教・覆載之恩・均黔黎於赤子・雲雨之施・等潤澤於蒼旻・地平天成・河溓海晏・　雖復道被區中・而凝懷俗表・將使比屋之化・契法俗以證菩提・垂拱之風・叶至眞而成正覺・就日與慧日俱明・油雲共法雲同覆・遠矣大矣・無得言焉・

是知觀夫稟氣含靈・有生之類・七識已具・六精斯起・舉緣於虛妄之境・馳騖於名色之間・譬彼騰猿・猶茲狂象・栖託於愛河之內・遨遊於火宅之中・方石幾銷・冰炭之羣不息・須彌屢盡・鼎鑊之報無窮・輪迴長夜・終焉莫曉・同亡異術・豈不哀哉・大矣能知・隨機誘喻・或宣四諦・或導一乘・潤小技而弗遺・淨滿月以圓燭・繫想於方寸之間・而神超於折塵之表・喻起生死・歸乎寂滅・其惟淨室禪龕者也・志求鐫勒・以希不朽・爰命解劍之夫・運茲不斌之筆・庶海變桑田・終無毀日・敬題年紀・不文而質・其詞曰・巖巖石

室・鬱鬱禪枝・五門清靜・八解連漪・神高習海・道溢須彌・欲求蟬稅・良津在斯・（其一）龕自天工・室惟地絡・石磬長懸・洪鐘不著・無假樑棟・自然花藥・掩室杜口・何憂何樂・（其二）爰飾金繩・于茲勝境・圖寫畢備・雕礱咸墊・雲起山牕・花開蓮井・蕭爾閒曠・悠然虛靜・（其三）篤矣清信・共弘利益・或捨衣資・或傾銀帛・詎勞斤斲・無煩匠石・湛然眞相・嶷爾無斁・（其四）三十二相・八十種好・佛日之日・天珤之寶・猛虎夜宿・波漁降早・闡六度於迷津・踐三乘之悟道・聖歷二年・歲次己亥・一月二十三日鐫・大檀越主孫登仕郎守賣州錄事參軍事上騎都尉忠感雲感萬感・勸攣主從孫前檢校梧州孟陵縣令靈託玄孫童生・都檢主從孫前擔陵州烏律縣令羅積・道場主僧承務・

李棪案原稿所錄銘文・係錄自阮志・未加校證・又吳氏所云銘文金石家皆未著錄・亦誤・今將原案語全刪去・重爲考訂如下・銘文最早已采入全唐文・而王植雍正羅定州志・阮元道光廣東通志・馬呈圖民國羅定志・又均有著錄・翁方綱粵東金石畧・洪頤煊平津讀碑記・陸增祥八瓊室金石補正・陸耀遹金石續編・黃本驥金石萃編補・趙之謙補寰宇訪碑錄・文素松補寰宇訪碑錄校勘記・歐家廉頑夫碑錄稿・葉昌熾語石・歐陽輔集古求眞續編・汪兆鏞椶窗雜記・均於銘文各有考證・顧廣圻跋龍龕道場銘思適齋集十六・黃權道場銘考傳鈔本・吳天任龍龕道場銘考東方學服一卷一期等・則屬專題之研究・吳考後出・引證詳而備・蓋嘗親登巖崖・撫摩石刻・自與耳聞揣測者有異也・原石所用武周新字・今概以楷體易之・

張九齡 字子壽・韶州曲江人・景龍元年・擢進士第・拜校書郎・明皇在東宮舉天下文學之士・親加策問・九齡應道侔伊呂科對策高第・開元中遷中書舍人・出爲桂州都督・召入・累官至中書侍郎同平章事・封始興伯・所陳奏多見納用・天長節・百僚上壽・九齡獨進千秋金鑑五卷・言前古廢興之道・上賞異之・宰執每薦引公卿・必問風度得如九齡否・後坐引周子諒・左遷荊州大都督府長史・遂相李林甫牛仙客・請歸拜墓・卒謚文獻・著有曲江集二十卷・

按曲江集初無刻本・明瓊山邱文莊公得諸館閣羣書中・授郡守蘇韡序而刻之・乃傳於世・今南海伍氏刻粵十三家集中・

勑處分十道朝集使 凡三道

勑朝集使等・朕恭己承天・守文繼位・布一心於兆庶・明四目於萬方・恒恐道或未周・物不遂性・旁求俊乂・共理黎元・于茲羣辟・寧不我副・凡今政要・畧有四端・衣食本於農桑・禮義興於學校・流亡出於不足・爭訟由於無恥・故先王務其三時・將以厚生也・脩其五教・將以惇俗也・有國有家・同知此議・不患不知・患在不行・爾且長吏數改・政教屢移・在官當先爲國・理人各揚其職・不當冒榮干進・苟利其身・澆俗不可不革・淳風不可不長・近令刺史在任・四考方遷・實欲始終其情・黜陟斯繫・必若縣得良宰・萬戶息肩・州有賢牧・千里解帶・仁政不遙・行之則是・皆能勵節・朕復何有・且如浮逃客戶・所在安輯・征鎮人家・每事憂恤・倉儲唯實・賦役唯均・鰥寡撫存・盜賊禁止・郵驛無弊・姦訛不生・念茲八事・朕常屢想・嗟爾庶尹・可不用心・卿等還州・遞相勸勉・遵此王度・恤彼下人・敬順天常・無違月令・夫星列躔次・土分區域・休咎之徵・惟人所

感・善必知主・惡亦有由・每至歲成・當加賞罰・宜知朕意・並卽好去・

勅處分十道朝集使 其二

勅・朕臨御天下・二十餘載・每念至理・實仗羣賢・何嘗不敷求循良・共底于道・隼旟熊軾・光寵有加・甘靈鳳凰・寂寥無紀・豈朕之不德感致斯・然爲庶尹所能・已極於此・是用寤寐增歎・殷勤永懷・更爲後圖・或未晚也・且一郡之政・繫一己之能・泉源旣清・蓬蔴自直・爲長吏者・可不勉之・卿等至州・遞相慰誨・以副共理之意・用光分憂之委・且如江左・爰及山南・歲少不登・人已菜色・皆由好逐朝夕之利・而無水旱之儲・卒遇凶年・莫非艱食・此則政乖慮始・人無勸分・欲免流庸・不可得也・夫氓者冥也・豈能自謀・政者正也・當矯其弊所由・長吏可不勉歟・相其物土之宜・務以耕桑之本・時無妨奪・吏不侵漁・旣富而敎・奚畏不理・至若征鎭役重・孤弱命窮・將須哀矜・以遂仁恕・其餘常科所禁・自可舉而行之・豈煩縷說・方振綱領・乃者庚子制書・已明理要・徐思其意・勿謂空言・若風敎未弘・議能蓋闕・竟入朝計・冀幸遷除・勿曰不知・將自誣也・方牧參佐・各宜思之・朕所待賢能・不惜官秩・惟聲實是與・惟履行是憑・古者刺史入爲三公・郎官出宰百里・豈有限也・何在汲汲不安於理郡哉・誠須勵精・以俟後命・並卽好去・

勅處分朝集使

勅・朕受命子人・義兼君父・思致可封之地・無忘終食之間・自有萬邦・幾將二紀・而刑政或舛・風俗尙澆・行所望而未至・顧本懷而自失・雖朕之不德・在予之過有歸・而卿等共理・患己之誠豈到・至如典州當侯伯之尊・宰邑敵子男之寵・好進之輩・且不務於政成・欲達之心・獨未思於義取・朕所以數戒勅以見意・增祿秩以勸能・何嘗有公方淸白者不昇・理道循良者不用・若聲績未著・黎庶未康・牧守未朝・而輒遷參佐・踰年而競入・此獨爲人之資地爾・豈是責成之意耶・以故一切還州將矯其弊・

卿等至彼・明諭朕意・知不以中外爲隔・唯以億兆爲憂・頃以天下浮逃・先有處分・所在括附・便入差科・輒相容隱・亦令糾告・如聞長吏不甚存心・致令流庸更滋・前弊未革・自行此法・卽有姦生・逃者租庸・類多乾沒・長吏明察・豈其然乎・此色每年別須申省・比類多少以爲殿最・又獄訟所寄・人命是懸・近恐妨農・特原輕繫・俾加閱實・乃多幽枉・都邑尙爾・郡縣可知・各以貶官・用懲主吏・自今以後・天下繫囚等・應申覆知證・在遠而就中・稍重者不得過十日・次不得過五日・其餘輕科量宜決遣・不得因此復加楚毒・且外臺者・長吏主之・至如禮義不興・耕桑不勸・孤寡不恤・徭役不均・不肅吏人・不淸盜賊・不懲侵暴・不糾姦訛・有一於此・是誰之過・其遊僧幻者・誑誘愚人・窮其根萌・特須禁絕・諸軍征鎭・每遣優矜・如聞比來未免辛苦・特宜撫恤・使得安存・今農扈戒期・耕夫在野・事非急切・不得追呼・卿等至州・一一宣示・當遣察問・勿不用心・卽宜好去・

勑處分十道朝集使

勑十道及朝集使等．信賞以勸能．刑罰以懲惡．謂之二柄．所以一人．朕念彼黎元．比遭水旱．而賦役不等．浮惰相仍．且無緝寧．漸用凋弊．所以愼擇長吏．兼命使臣．寵數所加．亦云不薄．智能自效．豈是末圖．政之殊尤．永用虛佇．且郡縣所理．黎庶是切．善爲政者．防於未然．均其有無．省其徭役．事事有豫．早爲之所．雖遭歲惡．固亦人安．況在豐年．不能招緝．遂使戶多虛掛．人苦均攤．務欲削除．更成詭故．已逃者未必爲削．爲姦者因此便除．一啓其端．豈勝其弊．向若州有明牧．縣有良宰．而精心緝理．豈若是乎．卿等至州．將朕此意．優柔慰勉．各令用心．招撫流庸．補綴居業．使免助逃之費．是爲救弊之先．此不存心．更知何理．且刺史縣令．專任不輕．自有非違．將何率勵．至如親識遊客．憑恃威權．囑託下寮．搖動獄訟．或差遣不當．致令損失．或處分有乖．便至煩擾．兼有不肅諸吏．唯只自謹一身．姦豪盜賊．無所畏懼．是虛荷榮寵．徒增祿秩．此而可容．孰無尸曠．並委諸道條察．具狀奏聞．今甘澤以時．農桑爲重．不急之務．先已勒停．宜更申明．勿妨春事．諸處百姓貧窶者多．雖有隴畝．或無牛力．勸率相助．令其有秋．所繫囚徒．速令決斷．無令冤滯．致有妨奪．鰥寡惸獨．征鎮之家．倍須撫存．勿有科喚．朕有所懸．爵秩惟待賢能．若政舉一州．惠施一縣．使者廉問．必以狀聞．旣能副於朕懷．亦當待以不次．誠可復也．

勑歲初處分

勑．天地以大德生羣品．聖人以大寶守萬物．古者受命之君．謂之承天之序．明有所代．夫豈徒然．道無欽崇．命不永保．帝賓臨汝．人曷戴君．朕所以每期．庶乎合於仁覆之意也．夫宓羲．神農．黃帝．堯舜．或誅而不怒．或教而不誅．彼亦何爲．獨臻于此．朕自有天下．二紀及茲．雖未能畫衣以禁．亦未嘗刑人於市．而政猶踳駁．俗尙澆漓．當是爲理之心未返於本耳．凡人豈不仁於父母兄弟．不欲於飲食衣服乎．而卒被無孝友之名．不溫飽之困．其故何哉．蓋未聞義方．不識善道．或任小智而爲詐．或見小利而苟得．致遠則窮．繼之以暴．已而身受戮誅．家不相保．愚妄之徒．類多自陷．訟獄之弊．恆由此作．吁可悲呼．亦在教之不明也．

蓋刑罰者．不獲已而用之．天下黔黎．皆朕赤子．以誠告示．其或知歸．何必用威．然後致理．先務仁恕．寧不懷之．且五常循行．豈須深識．六親和睦．何待丁寧．自宜勉之．以副所望．刑措不用．道在于茲．今獻歲之吉．迎氣伊始．敬順天常．無違月令．所由長吏．可舉舊章．諸有嫗伏孕育之物．蠢動生植之類．愼無殺伐．致令夭傷．九土異宜．三農在候．聚衆興役．妨時害功．特宜禁止．以助春事．至若家有征鎭．人或孤惸．物向陽和．此獨憂悴．良可憫也．亦宜所由．隨事憂恤．蓋不體仁．無以爲長．不知道無以用心．故道者衆妙之門．而心者萬事之統．得其要會．義可以兼濟於人．失其指歸．生不自能全於己．故我元元皇帝・著道德經五千文・明乎眞宗・致於妙用・而有位者未之講習・不務清淨・欲令所爲之政教・何從而致於太和者耶・百辟卿士・各須詳讀・勉存進退之誡・更圖前席之議・至如計校小利・綜緝煩文・邀名直行・去道彌遠・違天和氣・生人怨心・朕甚厭之・所不取也・各勵精一・共興元化・俾蒼生登於仁壽・天下還於淳樸・豈遠乎哉・行之可至・其老子道德經・宜令士庶家藏一本・仍勸習讀・使知指要・每年貢舉人・量減尙書論語一兩道策准數・加老子策・俾敦崇道本・附益化源・朕推誠與人・有此敎誡・必驗行事・豈垂空言・今之此敕・亦宜家置一本・每須三省・以識朕懷・

勑處分縣令

勑諸縣令等・自古致理・其在命官・今之所切・莫如守宰・朕每屬意・尤重此官・有善者・雖遠必昇・無能者・從近而廢・固已惟取才實・非務官資・事亦坦然・天下所見・而浮競之輩・未識朕懷・俾其宰邑・便爲棄地・或以煩碎而不專意・或以僻遠而不畏法・浸染成俗・妨奪爲常・嗷嗷下人・於何寄命・朕所以寢興軫念・思有以濟之・故令吏曹・精選才幹・卿等各膺推擇・用簡朕心・若能理化有成・聲實相副・必有超擢・終不食言・如其謂人不知・唯利是視・自速負敗・兩喪身名・智者所圖・應不至是・各宜勉勵・以副勤祝・

勑議放私鑄錢

勑・布帛不可以尺寸爲交易・菽粟不可以杪勺貿有無・故古之爲錢將以通貨幣・蓋人所作・非天寶生・頃者耕織爲資・乃稍賤而傷本・磨鑄之物・卻以少而致貴・頃雖官鑄・所入無幾・約工計本・勢費又多・公私之間・給用不贍・永言其弊・豈無變通・往者漢文之時・已有放鑄之令・雖見非於賈誼・亦無廢於賢君・況古往今來・時異事變・反經之義・安有定耶・終然固拘・必無足用・且欲不禁私鑄・其理如何・公卿百僚・詳議可否・朕將親覽・擇善而從・

勑安西節度王斛斯書

勑四鎭節度副大使・安西副大都護王斛斯及將士等・突騎施輒凶暴・侵我西陲・卿等懸軍遇此狂賊・爰自去夏以迄于今・攻戰相仍・念甚勤苦・近者聞在撥換・兵少賊多・朕每憂之・慮遭呑噬・又聞兵勢漸合・將士同心・父子之軍・亦不在衆・犬羊之類・復何能爲・屢有殺獲・固其宜也・卿等各負忠勇・爲國忘身・鋒鏑之間・瘡痍未免・或致物故・深用哀傷・朱仁惠竟致淪亡・良可悼惜・具有褒贈・以慰營魂・福流子孫・良亦在此・其有頻當矢石・每戰有功・義可成名・勇能抗敵・或能出奇以挫凶威・並具狀以聞・即有優拔・自餘戰士・盡力邊荒・計其積勞・又在絕遠・至於行賞豈比尋常・勉樹功名・即有官爵・且北山雲間・虜衆又疲・歸途既難・必有携貳・張義之將兵若至・河西北庭・兵又大集・滅胡之舉・亦在今時・可臨事圖之・無失便也・一勞永逸・豈不在茲・所奏縱賓軌魏蹇等官・及前年第一立功入官・並依所請・訖告身即差使頒送・初春尙寒・卿

及將士已下．並平安好．遣書指不多及．

勑新羅都護金興光書

勑雞林州大都督新羅王金興光．賀正謝恩．兩使繼至．再省來表．深具雅懷．卿位總一方．道踰萬里．託誠見於章奏．執禮存乎使臣．雖隔滄溟．亦如面會．卿既能副朕虛已．朕亦保卿一心．言念懇誠．每以嗟尚．況文章禮樂．粲然可觀．德義簪裾．浸以成俗．自非才包時傑．志合本朝．豈得物土異宜．而風流一變．乃比卿於魯衞．豈復同於蕃服．朕之此懷．想所知也．賀正使金義質．及祖榮．相次永逝．念其遠勞．情以傷惘．雖有寵贈．猶不能忘．想卿乍聞．當甚軫悼．近又得思蘭表稱．知卿欲以洪江置戍．既當渤海衝要．又與祿山相望．仍有遠圖．固是長策．且蕞爾渤海．久已逋誅．重勞師徒．未能撲滅．卿每疾惡．深用嘉之．警寇安邊．有何不可．處置訖．因使以聞．今有少物．答卿厚意．至宜領取．春暮已暄．卿及首領百姓並安好．遣書指不多及．

勑渤海王大武藝書

勑忽汗州刺史渤海郡王大武藝．卿於昆弟之間．自相忿鬩．門藝窮而歸我．安得不容．然處之西陲．爲卿之故．亦云不失．頗謂得所．何則．卿地雖海曲．常習華風．至如兄友弟悌．豈待訓習．骨肉情深．自所不忍．門藝縱有過惡．亦合容其改脩．卿遂請取東歸．擬肆屠戮．朕教天下以孝友，豈復忍聞此事．誠惜卿名行．豈是保護逃亡．卿不知國恩．遂爾背德．卿所恃者．遠非能有他．朕比年含容．優恤中土．所未命將．事亦有時．卿能悔過輸誠轉禍爲福．言則似順．意尚執迷．請殺門藝．然後歸國．是何言也．觀卿表狀．亦有忠誠．可熟思之．不容易爾．今使內使往宣諭朕意．一一並口具述．使人李盡彥．朕亦親有處分．皆所知之．秋冷．卿及衙官首領百姓平安好．並遣崔尋挹同往．書指不多及．

勑吐蕃贊普書

皇帝問吐蕃贊普．近竇元禮往．事具前書．贊普後來．亦知彼意．朕推心天下．皆合太和．況於彼蕃．復是親姬．仍加結約．盟誓再三．以至道言之．此亦仁義不薄也．而贊普且猶未信．復是何心．君長大蕃．固不容易．所云去年七月．雟州將兵抄掠兼有詐誘．雟州之外．尚隔諸蠻．既背吐蕃．自行寇抄掠．而乃推托於我．何爲遙信虛詞．且西南羣蠻．別是一物．既不定於我．亦不專於吐蕃．去即不追．來亦不拒．乃是兩界所有．只合任其所歸．自數十年來．或叛或附．皆所親見．豈假縷言．往者此蠻背恩．侵我邊鄙．昆明即雟州之故縣．鹽井乃昆明之本城．今復舊疆．何廢修築．而云除却．是何道理．且邊境備守．彼此常事．今既和好．何有嫌疑．至如西自葱嶺已來．沿邊諸處．或地勢是要．或水土是好．彼有城鎮．亦皆內侵．朕既不解．廣求更以自益．緣已和好．不可細論．且公疊山築城．改城置鎮．皆入漢界．何曾以此爲言．而彼即生詞．未知何意．邊城委任．當擇忠良．無信小人．令得間搆．夏中已熱．贊普及平

章事並平安好・遣書指不多及・

勑吐蕃贊普書　其二

皇帝問贊普・自與彼蕃連姻・亦已數代・又與贊普結約・於今五年・人使往還・未嘗有間・朕以兩國通好・百姓獲安・子孫已來・坐受其福・疆埸之事・幸且無憂・此雖境上有兵・固是存而不用・在彼邊事・與此何殊・近得來章・又論蠻中地界・所有本末・前書具言・贊普不體朕懷・乃更傍引遠事・若論蠻不屬漢・豈復定屬吐蕃耶・彼不得所即叛來・此不得所即背去・如此常事・何乃固執・復於國家何有・朕豈利之・至如彼中鐵柱州圖地記是唐九徵所記之地・誠有故事・朕豈妄言・所修城壁・亦依故地・若不復舊・豈爲通和・蠻中抄掠・彼人勘問・亦有此事・緣其初附・法令未行・亦有姚嶲邊人姦險求利・或入蠻同盜亦不可知・既與贊普重親・朕又君臨大國・正欲混同六合・豈復侵取一隅・再三已論・何乃不信・顧慙薄德・良用咨嗟・且如小勃律國歸朝・即是國家百姓・前遣彼侵伐・乃是違約之萌・朕以結信既深・不顧其小・中間遣使・曾不形言・贊普何獨相尤而不思己惡之事・所存既大・當共成之・近聞莽布支西行・復有何故・若與突騎施相合・謀我磧西・未必有成・何須同惡・若爾者・欲先爲惡・乃以南蠻爲詞・今料此情・亦已有備・近令勒兵數萬・繼赴安西・儻有所傷・愼勿爲怪也・朕心無所負・事欲論平・但國家之所守者信・鬼神之所助者順・未有背道求福・違約能昌・何況兵衆不可當・而又天道所不假・以此求濟・不亦難乎・遠道所傳・多應不實・

亦計贊普不合異圖・故令人審看定何緣也・待潘息廻日・更別具委曲・今附少物・具如別數・爲路遠不得多附・春首尚寒・贊普及公主比如宜也・平章事並平安好・今使內常侍竇元禮遣書・指不多及・

勑日本國王書

勑日本國王・王明樂・美御德・彼禮義之國・神靈所扶・滄溟往來・未常爲患・不知去歲何負幽明・丹墀眞人廣成等入朝東歸・初出江口・雲霧斗暗・所向迷方・俄遭惡風・諸船飄蕩・其後一船在越州界・即眞人廣成・尋已發歸・計當至國・一船飄入南海・即朝臣名代・艱虞備至・性命僅存・名代未發之間・又得廣州表奏・朝臣廣成等飄至林邑國・既在異國・言語不通・並被劫掠・或殺或賣・言念災患・所不忍聞・然則林邑諸國・比常朝貢・朕已勑安南都護・令宣勑告示・見在者令其送來・待至之日・當存撫發遣・又一船不知所在・永用疚懷・或已達彼蕃・有來人可具奏・此等災變・良不可測・卿等忠信・則爾何負神明・而使彼行人罹其凶害・想卿聞此・當用驚嗟・然天壤悠悠・各有命也・中冬甚寒・卿及百姓並平安好・今朝臣名代還・一一口具・遣書指不多及・

南郊赦書

朕獲主三靈・于今一紀・聽政中昃・每不敢康・觀書乙夜・將求諸道・而頃年已來・每思至理・或遠人勿率・或嗣歲不登・淳朴未還・揚厲斯在・爲人上而慙德・奉天明以畏

威・故祝史正辭・必期於陳信・郊邱備禮・將俟於昇平・今宗廟降靈・克開厥後・乾坤交泰・保合太和・麟鳳龜龍・玄符黃瑞之祉・蠻夷戎狄・梯山航海之琛・莫不日月以聞・道路相屬・顧惟不德・當茲休運・欽若昭報・疇咨故實・所以今年獻春・恭祠后土・季秋吉日・追崇九廟・採必先於會經・稽肆類於虞典・爰因長至・欽謁上玄・告受命之元符・昭嚴配之成績・大典云備・至誠克展・諸侯駿奔・來於穆之相・百神受職・率咸秩之文・六變已陳・三獻斯畢・蓋春秋之大事・莫先乎祀・王者之盛禮・莫重於郊・柴燎克終・感慶罔極・豈予一人之福・亦爾萬邦之賴・宜因咸和之際・俾承厚下之澤・可大赦天下・嗚呼・君臣一體・休戚共焉・朕欽承天命・躬傳大寶・蓋憑累祖餘業・得一之符・亦由羣公舊勳・不二之力・永言榮賴・其敢忘之・自武德已來・實封功臣・知政宰輔・有身無大故・而亡官失爵・子孫淪屈者・所由勘實具狀以聞・存者可籌其官榮・逝者當錄其胤嗣・使幽明同慶・知有令辰・

東封赦書

門下・朕聞天監唯后・后克奉天・既合德以受命・亦推功而復始・厥初作者・七十二君・道洽跡著・時至符出・皆用事于介邦・作中於上帝・人神之望・蓋有以塞之・皇王之序・固可得而言之・朕接統千歲・承光五葉・惟祖宗之德在人・惟天地之靈作主・往有內難・幽贊而集大勳・間無外虞・守成而纘舊服・未嘗不乾乾終日・思與公卿大夫・上下叶心・聿求至理・以宏我列聖・其庶乎馨香・今九有大寧・羣氓樂業・時必敬授而不奪・物亦順成而無夭・懋建皇極・幸致太和・洎乃幽遐・率由感被・戎狄不軌・唯文告而來庭・麟鳳已臻・將覺悟而在藪・以故凡百執事・亟言大封・顧惟不德・初欲勿議・伏以先聖儲祉・與天同功・荷傳符以在今・敢侑神而無報・大節斯在・朕何讓焉・遂奉遵高祖太宗之業・憲章乾符之典・時邁東土・柴告岱宗・精意上達・肸蠁來應・信宿行事・雲物呈祥・登降之禮斯畢・嚴配之誠獲展・百神羣望・莫不懷柔・四方諸侯・莫不來慶・斯事天下之介福・邦家之耿光也・無窮之休祉・豈獨在予・非常之惠澤・宜其逮下・可大赦天下・朕躬陟天門・宿齋日觀・時屬嚴冬雪候・初夜風寒・朕因露立祈恩・誓欲代人當咎・俯仰之際・頓首霜飇・奠獻之辰・變同韶景・誠荷上天垂佑・亦賴靈山吐祥・詩云・無德不報・宜封太山神爲天齊王・禮秩加三公一等・宜令所管・崇飾祠廟・環山十里・禁其採樵・給近山二十戶・復以奉神祠・率土之內・賜酺七日・止於村坊宴樂・不得聚歛煩勞・其節文有未霑及者・所司比類奏聞・其封祀有數處行事者從一處敘・赦書日行五百里・主者施行・

籍田赦書

門下・昔者受命爲君・體元立極・未有不謹於禮而能見教於人・朕其庶乎有懃作者・方冊存而可舉・舊章絕而復尋・自古所行・無一而廢・將以上乞靈於宗社・下蒙福於黎元・朕茲精誠・天實降鑒・今嗣歲初吉・農事將起・禮有先於耕籍・義緣奉於粢盛・是所嚴祇・敢不敬事・故躬載耒耜・

親率公卿・以先萬姓・遂終千畝・謂敦本之爲小・何布澤之更深・宜有順於發生・俾無偏於行惠・可大赦天下・宗廟致享・務在豐潔・禮經沿革・必本人情・籩豆之薦・或未能備物・服制之紀・或有所未通・宜令禮官學士・詳議具奏・

朕自臨天下・二紀於茲・不敢荒寧・日加兢業・而災眚未弭・黎人未康・若有由而然・則在予之責・有能直言極諫者・具以狀聞・每渴賢良・無忘鑒寐・頃雖虛佇未副・旁求其才・有王霸之畧・學究天人之際・智勇堪將帥之選・政能當牧宰之舉者・五品已上・清官將軍・都督・刺史各舉一人・孝悌力田・鄉閭推挹者・本州長官勘實・有才堪應務者・各以名聞・致仕官久歷清資・始終稱著・年漸衰邁・情有可矜・量與改職・依前致仕・宗子中・有才行著聞・比尙沉屈者・委宗正勘實奏聞・唐元兩營・立功官任折衝・並改與郎將・郎將改與中郎・其亡官失爵量加收叙・五岳四瀆・名山大川・及自古聖帝明王・忠臣良相・並令所在長官・以禮致祭・赦書有所未該者・所司比類奏聞・亡命山澤・挾藏軍器・百日不首・復罪如初・敢以赦前事相言告者・以其罪罪之・都城內賜酺三日・布告遐邇・咸使知聞・

籍田制

門下・粢盛所以奉神祇・耕籍所以助人力・既義率於下・而敬在其中・是爲先農・存諸大典・故周宣不復於古・而虢公致諫・漢文能修其政・而斑史美談・朕自御極以來・動容故實・惟是千畝・未展三推・匱神困人・降災移歲・庸不在此・良以憮然・今星紀既周・土膏將動・去農祥而不日・考帝籍之以時・朕其親耕・以實神廩・宜令禮官博士・詳擇典故・有司速卽施行・

論教皇太子狀

臣伏以皇太子是天之本・爲國家之貳・今則睿質漸長・猶在深宮・所與近習者・未必皆正人端士・故必先之以教・必使耆儒碩德・爲之師保・故大戴禮云・周成王在襁褓之中・太公爲之太師・教之順也・周公爲之太傅・傅其德義・召公爲之太保・保其身體・是故成王能聖・周道用康・秦始皇使趙高傅其太子胡亥・因教之以獄・所習者非斬劓人則夷人之三族也・胡亥卽位・秦氏以亡・則明人之性情・莫不由習・若近正人聞正事・雖欲爲惡・固已不忍・若親近細人・不聞教諭・縱欲行善・猶未知所適・此必然也・胡越之少・生則聲同・長則語異・蓋聲者・天然・語者所習・習於胡則胡・習於越則越・故知成於所習・不可不愼・臣伏願詳擇典故・徵用名賢・執經勸學・朝夕從事・俾皇太子得於所習・天下幸甚・謹奉狀以聞・謹狀

觀御製喜雪篇陳誠狀

右臣等適見工部侍郎侍講學士陳希烈・所蒙恩賜聖製雪篇・伏以聖惟無作・作則應天地和陰陽・斯之謂矣・言微利博・旨遠思深・于彼蒼生・焉知帝力・臣聞食者萬姓之命・雪爲五穀之精・兆且見於祈年・律既和於言志・聖心昭感・天瑞合符・豈比夫漢詠白雪・但嗟歡樂・周歌黃竹・徒事巡遊而已哉・臣等仰望昭回・莫知遠近・幸均生植・同是霑

懦・況臣忝在樞衡・無能翼亮・聞罪己之義・若實冰谷・循忘軀之節・冀益涓塵・伏誦聖文・無任喜懼・臣等誠歡誠恐・謹言・

進千秋節金鏡錄表

臣九齡言・伏見千秋節日・王公已下・悉以金寶鏡進獻・誠貴尚之尤也・臣愚以謂明鏡所以鑑形者也・有妍蚩則見之於外・往事所以鑑心者也・有善惡則省之於內・故皇帝鏡銘云・以鏡自照見形容・以人自照見吉凶・又古人云・前事之不遠・後事之元龜・元龜・亦猶鏡也・伏惟開元神武皇帝陛下・聖德之至・動與天地合本・已全於道體・固不假於事鑑・然覆載廣大・無所不包・聖道冲虛・有來皆應・臣敢緣此義・謹於生辰節上事鑑十章・分爲五卷・名曰千秋金鏡錄・雖聞見褊淺・所擇不深・至於區區效愚・其庶乎萬一・不勝悃欵之至・謹言・

上封事疏

伏以陛下・自克清內難・光宅天下・常欲躋人於富壽・致國於太平・聖慮每勤・德音屢發・然猶黎人未息・水旱爲憂・臣竊伏思之・有由然矣・臣聞乖政之氣・發爲水旱・天道雖遠・其應甚速・昔者東海殺孝婦・旱者久之・一吏不明・匹婦非命・則天爲之旱・以昭其寃・況今六合之間・元元之衆・莫不懸命於縣令・宅生於刺史・陛下所與共理・此尤親於人者也・多非其任・徒有其名・致旱之由・豈惟孝婦一事而已・是以親人之任・宜得其賢・用才之道・宜重其選・而今刺史縣令・除京輔近處雄望之州・刺史猶擇其人・縣令或備員而已・其餘江淮隴蜀・三河諸處・除大府之外・稍稍非才・但於京官之中・出爲州縣者・或是緣身有累・在職無聲・用於牧宰之間・以爲斥逐之地・或因勢附會・遂忝高班・比其勢衰・且無他責・又謂之不稱京職・亦乃出爲刺史・至於武夫流外・積資而得官・成於經久・不計於有才・諸若此流・盡爲刺史・其餘縣令以下・固不可勝言・蓋甿庶所繫・國家之本務・本務之職・反爲好進者所輕・承弊之人・每遭非才者所擾・陛下聖化・從此不宣・皆由不重親人之選・以成其弊・而欲天下和洽・固不可得也・古者刺史入爲三公・郎官出宰百里・莫不于其所重・勸其所行・臣竊怪近俗偏輕此任・今朝廷卿士・入而不出・於其私情・遂自得計・何則・京華之地・衣冠所聚・子弟之間・身名所出・從容附會・不勞而成・一出外藩・有異於此・人情進取・豈忘於私・但立法制之・不敢違耳・原其本意・固私是欲・今大利在於京職・而不在於外郡・如此則智能之士・欲利之心・日夜營營・寧有復出爲刺史縣令・而陛下國家之利・方賴智能之人・此輩既自固而不行・在外者又技癢而求入・如此・則智能之輩・常無親人之責・陛下又未格之以法・無乃甚不可乎・故臣愚以爲欲理之本・莫若重刺史縣令・此官誠重・智能者可行・正宜懸以科條・定其資歷・凡不歷都督刺史有高第者・不得入爲侍郎・列卿不歷縣令・有善政者・亦不得入爲臺郎給舍・卽雖遠處都督刺史至于縣令・以久差降以爲出入・亦不得十年頻在京職・又不得十年盡在外官・如此設科・以救其失・則內外通理・萬姓獲寧・如積習爲常・

遂其私計·陛下獨宵衣旰食·天下亦未之理也·

又古之選用賢良·取其稱職·或遙聞而辟召·或一見而任之·是以士修素行·不圖僥倖·羣小不逮·亦用息心·以故姦僞自止·流品不雜·今天下未必聖於上古·而事務日倍於前·設爲不正其本而設巧於末·所謂末者·吏部條章·動盈千百·刀筆之吏·辨析毫釐·節制搶攘·溺於文墨·胥徒之猾·又緣隙而起·臣以爲始造簿書·以備用人之遺亡耳·今反求精於案牘·不急於人才·亦何異遺劍中流·而刻舟以記·去之彌遠·可爲傷心·凡有稱吏部之能者·則曰從縣尉與主簿·從主簿與縣丞·斯選曹執文而善知官次者也·惟據其合與不合·不論賢與不肖·大畧如此·豈不謬哉·陛下若不以吏部尚書侍郎爲賢·必不授以職事·尚書侍郎既以賢而受委·豈復不能知人·人之難知·雖自古所愼·而拔十得五·其道可行·今則執以格條·貴於謹守·幸其心能自覺者·每選於所拔亦有三人五人·若又專固者·則亦一人不拔·據資配職·自以爲能·爲官擇人·初無此意·故使時人有平配之議·官曹無得賢之實·朱紫同色·清濁不分·是於聖朝有何裨益·故臣以爲選部之法·弊於不變·變法之易在陛下·煥然行之·假且今之銓衡欲自爲意·亦限行之已久·動必見疑·遂用因循·益爲浮薄·今若刺史縣令·精覈其人·即每當管之內·應有合選之邑·先委考其才行·堪入品流·然後送臺·臺又推擇·據所用之多少爲州縣之殿最·一則州縣愼其所舉·必取入官之才·二則吏部因其有成無多庸入之數·縱有不任送者·妄起怨端·且猶分謗於外臺·不至喧譁於南省·今則每歲選者·動以萬計·京師米物·爲之空虛·豈多士若斯·蓋逾濫至此·而欲仍舊致理·難於改制·祗益文法煩碎·賢愚渾雜·就中以二詩一判定其是非·適使賢人君子·從此遺逸·斯亦明代之闕政·有識者之所嘆息也·夫天下雖廣·朝廷雖衆·而士之名賢·誠可知也·若使毁譽相亂·聽受不明·事將已矣·無復可說·如知其賢能·各有品第·每一官缺而不以次用之·則是知而不爲·焉用彼相·諸如諸司清要之職·當用第一之人·及其要官闕時·或以下等叨進·以故時議無高無下·惟論得與不得·自然清議不立·名節不修·上善則守志而後時·中人則躁求而易操·何哉·朝廷若以令名而進人·士子亦以修名而獲利·而利之所出·衆則趨焉·已而名利不出於清修·所趣多歸於人事·其小者苟求輒得·一變而至阿私·其大者許以分義·再變而成朋黨·斯並敎化漸漬·使之必然·故於用人之際·不可不第高下·若高下不可妄干·天下士流必刻意修飾·思齊日衆·刑政自清·此皆興衰之大端·焉可不察·易曰·履霜堅冰至·言聖人之見終始之徵矣·臣今所言·上刺史縣令等事·一皆指實·縱臣所欲變法不合時宜·伏望更發睿圖·及詢於執事·作爲長算·振此頹風·使官修其方·人受其福·天下幸甚·伏惟陛下·聰明神武·動以聖斷·正當可爲之運·未行反本之法·微臣企竦·竊有所望·伏願少留宸睠·稍覽愚誠·必無可施行·棄之非晚·不勝塵露裨補之誠·

請行郊禮疏·

伏以天者·百臣之君·王者·受命之極·自古繼統之主·必有郊配之義·蓋敬天命而昭聖功也·故於郊之義惟祀

之典・則不以德澤未洽・年穀弗登・凡事之故・而闕其禮・孝經云・昔者周公郊祀后稷・以配天帝・斯謂成王幼冲・周公居攝・猶用其禮・明不暫廢・漢丞相匡衡亦云・帝王之大事莫重乎郊祀・董仲舒又云・不郊而祭山川・失祭之序・逆於禮正・故春秋非之・

臣愚以爲匡衡仲舒古之知禮者・皆謂郊之爲祭・所宜先也・伏惟陛下・紹休聖緒・明命維新・御極以來・于茲五載・既光太平之業・未行大報之禮・竊考經傳・義或未通・今百穀嘉生・羣類咸若・戎夏內附・兵革用甯・將用鑄劍爲農・泥金封禪・用彰功德之美・允答神祇之心・能事畢行・光耀帝載・況郊祀常典・猶闕其儀・有若怠於事天・誠恐莫由盡人・伏望以迎日之至・展焚柴之禮・升紫壇・陳采席・定天位・明大道・則聖朝典則・盛世儀文・亦云咸備・可謂無遺矣。

請誅安祿山疏

伏以春生秋殺・蒼天之大權・罰罪賞功・聖人之巨柄・倘時令不中・何由萬物化成・苟彰癉失宜・尤難三軍立績・是以用命而成・固宜嘉勳・失律而逃・更當懲戒・今節度張守珪・有部將安祿山・狼子野心・獸面逆毛・既非類而偷生・敢恃勇以輕進・爲賊敗衂・挫我銳氣・必正法乎軍中・庶章威於閫外・茲其執送京師・請行刑典・豈守珪之故爾緩刑・是威福之未敢擅便・列上其罪・留中不行・皆云殺此・將謂赦之・雖陛下之弘仁・恐奸徒之漏網・故攘苴出軍・必誅莊賈・孫武教戰・亦斬宮嬪・守珪所奏非虛・祿山不宜免死・況形相已逆・肝膽多邪・稍縱不誅・終生大亂・夫陽者發生之道・陰者肅殺之義・必肅殺而後能發生者勢也・苟秋肅不行・適爲姑息之惠・欲發生而必須肅殺者・時也・惟春恩欲遍・無存養奸之弊・係非細故・臣切大憂・是以率直犯顏・望行天怒・深聽守珪之奏・立斬祿山之叛・斯逆一懲・底寧萬邦・天下幸甚・國家幸甚・

應道侔伊呂舉對令策三道

徵仕郎行秘書省校書郎張九齡・伏覽睿問・大哉國體・九品流弊・嘗所懵焉・幸因對揚・庶言其可・古者諸侯貢士・司徒論士・必講禮觀能・鄉舉里選・故十五十八之歲・大學小學之節・誦習以時・教化以禮・則孝悌之行・可知于鄉曲・政事之業・可昇於國朝・先王務教・此其大者・及周道既衰・斯文將喪・秦氏滅學・唯力是親・仁義大壞・俊造亦亡・漢高以馬上非禮・復修三代之事・魏武以軍中是務・權立九品之儀・後代因循・莫能改作・紛紛橫調・滔滔皆是・天下公器・可謂傷心・伏惟陛下神啓睿圖・天佑明德・物不終否・故受之以泰・弊不遂極・乃鼎之以新・滌瑕蕩穢・今其時也・伏願圖之・

夫正其本者萬事理・勞于求者逸於使・豈有大明御寓・慮此假權之人・循良擇人・安得謝恩之議・是則外臺會府・眞若滿於貯中・濟理適時・復何殊於掌上者也・且有備無患・忘戰必危・是以振旅茇舍之儀・羽林佽飛之衛・漢家徵選・咸出五陵・周制供王・不踰千里・此以均其遠近・會其中正・王者之制・豈虛乎哉・必開井賦於要服・俾裒益於畿

甸．雖經始之規．何施不可．而圖遠之業．猶願勿遵．且將振九品之頹綱．維百王之絕畧．使宮有位次．資有等衰．才苟不怍．時所勿取．使夫能者代上帝之理．議者息高門之談．吏精其心．人享其利．流庸不日而來復．耕桑何憂乎不稔．動之斯應．綏之斯來．若惟作法於末途．非救弊之本意．盛德大業．孰與歸乎．菜怖慄塵埃．棲棲非得言之地．慷慨采秀．惓惓因獻策之時．何敢望焉．盡心而已．謹對．

右第一道

對．王道務德．不來不强臣．霸道尙功．不伏不偃甲．此勞逸異數．得失可明．故曰．務廣德者昌．務廣地者亡．是以漢武事胡．豈比重華之干羽．秦皇戍越．奚擬公劉之橐囊．雖古人遺害．引之者有同於河漢．而王者大化．行之者必本於唐虞．不亦然乎．此則開基之大者也．國家因已有之地．廣無私之仁．犬戎卽叙．肅愼入貢．若力不能救．豈惟桓公之恥在其蘇．是必成湯之怨．然而春秋所貴．惟義所在．內諸夏而外夷狄．此明中國恐弊．不興異域之功．下人苟安．何惜救兵之舉．則知弔伐之義．隨時之道也．今頗彫弊．抑非其時．至如守塞則侯應之言爲得．斥地則蒙恬之弊可知．前事昭昭．足爲明戒者也．必欲繫單于之頸．裂匈奴之肩．奚胥背恩．受制於北虜．小人發憤．請議於東征．謹對．

右第二道

對．伏惟殿下．德成問安．敎存齒學．則孝悌之盛．元良之貞．詠子衿之詩．義形乎辭．眞吾君之子也．天下幸甚．幸甚．伏以化憑於勢譬．若順風之遠．感恩於時德．甚置郵之速．則何草不偃．何心不應．而曰未能動俗．殿下之至謙也．尙何術之務而捨此乎．今又降意微言．徵諸墜典．至如黃帝斲木．蓋取諸意．文王演卦．乃言其象．雖成象之時不同．而得意之言一也．周公制禮．夏正得天．縱損益可知．而因循不改．去聖旣遠．禮經殊殘．遺文苟存．羣儒紛揉．故喪服異制．諸家殊軌．故王肅之旨．約情以斷．鄭玄之言．引經取決．呂氏因封侯之餘俗．取禮官之舊儀．故戴聖採十二紀之首爲十二月令．存周之典．其故匪他．仲尼以尊魯而取美於頌．穆公以尊周而見序於書．左氏以豔富稱誣．穀梁以文淸爲婉．范寗序事其義則詳．樂書因秦而遂亡．空有河間之制．夾氏在傳而不見．惟餘班固之說．謹對．

右第三道

上姚令公書

月日．左拾遺張九齡謹奏記紫微令梁公閣下．公登廟堂運天下者久矣．人之情僞．事之得失．所更多矣．非曲學之說．小子之慮．所能損益．亦已明矣．然而意有不盡．未可息區區之懷．或以見容．亦猶用九九之術．以此道也．忍棄之乎．

今君侯秉天下之鈞．爲聖朝之佐．大見信用．日渴太平．千載一時．胡可遇也．而君侯旣遇非常之主．已踐難得之機．加以明若鏡中．運如掌上．有形必察．無往不臻．朝暮羲軒之時．何云伊呂而已．際會已失．功業垂成．而舉朝之衆傾心．前人之弊未盡．往往擬議．愚用惜焉．何者．任人當材．爲政大體．與之共理．無出此途．而曩之用才．非無知人之鑒．其所以失．溺在緣情之舉．夫見勢則附．俗人之所能也·與不妄受·志士之所難也·君侯察其苟附及不輕受·就而厚之·因而用之·則禽息之首·爲知已而必碎·豫讓之身·感國士而能漆·至於合如市道·廉公之門客虛盈·勢比雀羅·廷尉之交情貴賤·初則許之以死狥·體面俱柔·終乃背之而飽飛·身名已遂·小人恒態·不可不察·

自君侯職相國之重·持用人之權·而淺中弱植之徒·已延頸企踵而至·諂親戚以求譽·媚賓客以取容·面結笑言·談生羽翼·萬事至廣·千變難知·其間豈不有才·所失在於無恥·君侯或棄其所短·收其所長·人且不知深旨之若斯·便謂盡私於此輩·其有議者則曰·不識宰相·無以得遷·不因交遊·無以求進·明主在上·君侯爲相·安得此言·猶出其口·某所以爲君侯至惜也·且人可誠感·難可戶說·爲君侯之計·謝媒介之徒·即雖有所長·一皆沮抑·專謀選衆之舉·息彼訕上之失·禍生有胎·亦不可忽·

嗚呼·古人有言·禦寒莫若重裘·止謗莫如自修·修之至極·何謗不息·勿曰無害·其禍將大·夫長才廣度·珠潛璧匿·無先容以求達·雖後時而自甯·今豈無之·何近何遠·但問於其類·人焉廋哉·雖不識之·有何不可·是知女不私人·可以爲婦矣·士不苟進·可以爲臣矣·此君侯之度內耳·寧用小人之說爲·固知山藏海納·言之無咎·下情上達·氣用和洽·是以不敢默默而已也·願無以人故而廢其言·以傷君侯之明·此至願也·幸甚幸甚·

與李讓侍御書

李公足下·夫心以義持·公爲時出·雖冥冥入窮神之奧·鬼莫我窺·而恂恂自衆人之口·通者誰惑·何則·我有獨見之明·物無浮言之信·亦猶太阿之劍·犀角不足齒其鋒·高山之松·霜霰不能渝其操·斯豈非愛惡則物之相背·而終始則我之不移·且如明公·義貫心靈·人推正直·遂乃雄飛清憲·高步等夷·向若見不決於明·濟不兼於物·終然獨善而已·何自致之若是乎·如此則明公獨運之機以獲當人之利·固大情之可恕·何橫議之能干·

昨所造次·下風求爲從者·亦望心與道合·申一言而取容·人以義圖·輕千駟而脫屣·則不意制以形骸之外·拘於牙齒之間·蓋下愼閉門·而公奚惜意·夫國家所以歷試官序·推擇士林·雖因時買利之夫·猶能變節而服義·亡軀之意·奚遽生疑·此亦人言·亦何害歲寒之取效·然明公所以不容·左右誠非克堪·當別有嚶鳴·如爲蛇足·而以爲家屬在彼·用防未然·既明公之慮極精微·亦下官之心懷感激·何者·至如中朝著姓·連姻華族·及夫委以鈞軸·綜其條流·而朝廷豈可南求儋耳之酋·北取旄頭之虜·必佇異方之任·乃無內顧之私者耶·故知事在是非·公無遠近·昔如奚祁之舉子·不避其親·齊人之爲盜·固在於楚·是以爲善在己·執一心之既定·詭道從時·乃千人之所指·然下官所以勤勤自致·其功靡他·正以居本海隅·始無朝望·昔遇光華啓旦·朝制旁求·誤登射策之科·忝職藏書之閣·又屬朝廷尚義·端士相趨·復以無依見容·不得棄置·所以遲廻城闕·感激身召·未甘田里之平人·所慕君親之大義·而才能不急·時用無施·俸猶擬於侏儒·舉未優於儲峙·所以饑寒在慮·扶持增遙·而慈親在堂·如日將暮·遂乃其心附麗·乘

便歸寧・不然則命非飲冰・幸安中土・又安能崎嶇執事之末・還無一級・去且二年・願明公審圖彼人向者何爲・

嗚呼・忠信獲戾・古人之言・惟教義之所矜・乃譏嫌之見及・恨不能瀝肝嘗膽・徇知己以求申・而飲氣吞聲・召當年而嘆息・庭闈眷戀・行路屏營・斯薄宦之所嬰・念勞生之有役・望美高傳・何嗟及矣・烱烱式微・心爲誰矣・轉當側聽妙選・用息鄙心・心之有懷・言不能盡・某再拜・

與幽州節度張守珪書

尺素奉投麾下・主上以趙堪至一一懼之・以國家之威武・取叛亡之殘孽・太山壓卵・豈其難乎・頃者・緣麾下天朝節制釐闕・二虜乘隙・相繼叛亡・裨將無謀・輕兵遺襲・遂有輸失・挫我銳氣・此故猶細・彼禍更深・煩爲秣馬訓兵・候時而動・草衰木落・則其不遠・近者所徵萬人・不日卽令進發・大集之後・諸道齊驅・裹爾凶徒・何足殲盡・平盧信息・日夕往來・數與籌宜・首尾相應・令彼醜虜・飛走無歸・事有預圖・臨時合變・庶幾答主上隆眷・想麾下必戮力矢心・勤王敵愾・所有奏請・已疏處分・夏末極熱・仰祈葆和・以帥士馬・書不多及・

別韋侍御使蜀序

予之友曰韋侯・始以才進・中而遇坎・自廷尉評爲益州刺史・行欲美也・玉映而山輝・善無小也・鶴鳴而天聽・俄自謫宦・假其察視・奮飛泥蟠・皇華原隰・爲持斧之吏・受負弩之禮・非其明義清節・高邁卓絕・時輩所美・朝義推

多・亦焉得利其往蹇而振其廢滯・而今而後・予有以見舉德之輶・爲神之介・雖不本於利・而終享其實者有矣・夫火來暑徂・使車云邁・心同道合・旨酒有餞・或席次林園・或觴臨郊岐・風流相從・日夕以繼者於若人・如此其厚也・僉以爲無欲而自致・韋子之謂・道有善而不揚・友朋之爲過・然則今之所至・莫近於詩・盍賦一章・以美吾友・故有斯作也・

歲除陪王司馬登逍遙臺序

故郡城有荒臺焉・雖亭宇落構・而遺製巋然・邑老相傳・斯則薛公道衡之所憩也・薛公不容隋季・出守海隅・豈作臺榭以崇奢・蓋因丘陵而視遠・必有以清滌孤憤・舒嘯佳辰・寄文翰以相宜・仰風流而未泯・今司馬公英達好古・清譽滿時・迹有忤於貴臣・道未行於明主・以長沙下國・同賈誼之謫居・六安遠郡・無桓譚之不樂・嘗以爲仁不異遠・必敷政以愛人・窮當益堅・已坦懷而樂地・屬府庭閑暇・江浦清明・南土陽和・覺寒氛之向盡・東郊候煖・愛春色之先來・於是命輕舸以乘流・趣高臺而降望・越荒堞・披古道・躋隱嶙而三休・俯芊綿而四極・其遠則烟連井墟・指甌貊以南馳・雲合山川・距荆吳而北走・其近則深谿見底・鱗介之所出沒・喬林夾岸・羽毛之所翺翔・悠哉薛公・無不寄也・

意神期之可接・陟彼峻隅・想風景之不殊・剪爲茂草・司馬公又以爲峴山故事・感羊祜以興言・湘水遺風・懷屈原而可作・況登高能賦・得無述焉・某實小人・受教君子・雖羲之樂會稽之士・自與許詢・而仲舉禮豫章之人・復招徐

孺・是日也・羣英在焉・猥惟陋才・忝陪下列・祇命爲序・請各言詩・

益州長史叔置酒宴別序

天子建五長・守四方・內以承衛京師・外以攘却夷狄・則有持其節制・未十年而歷踐・撫其封疆・既一行而寧輯・盡在我叔父・備聞于朝廷・昔者吉甫是欽・仲著孝友之德・楚子所畏・趯在諸侯之選・世有實績・今以美濟・俾我張氏・鬱彼士林・以媚于一人・以正于四國・豈非德能光大・謀必變通・思古人之獲心・施君子之不器・所以前拜小司馬・兼擁旄於五涼・再命左常侍・仍總戎於三蜀・軌模遠近・綽有先路之風聲・車服載馳・光被上軍之禮命・莫不文茵暢轂・淑旂綏章・嘽嘽皇皇・途將出於華陽・威已疊乎夜郎・是時也・四序鱗次・屬當春夏之交・千里草長・有懷原隰之往・乃闢軒宇・邀賓寮・自髦士而及同姓・由金華而下建禮・或交以道合・豈徒隸好之風・或情以族親・所謂宗盟之義・龜組交映・肴蔌駢羅・而聲欲成文・發中堂之絃管・志在擊節・感四座之衣冠・必名義而爲言・雖聚散而何有・酒酣相顧・驪歌乃作・白日西下・缺壯士之翻車・青山南登・愛忠臣之叱馭・凡我明懿・賦詩餞行・

開鑿大庾嶺路記

先天二載・龍集癸丑・我皇帝御宇之明年也・理內及外・窮幽極遠・日月普燭・舟車運行・無不求其所寧・易其所弊者也・初嶺東廢路・人苦峻極・行逕寅緣・數里重林之表・飛梁嶫巘・千丈層崖之半・顚躋用惕・斬絕其元・故以載則曾不容軌・以運則負之以背・而海外諸國・日以通商・齒革羽毛之殷・魚鹽蜃蛤之利・上足以備府庫之用・下足以贍江淮之求・而越人綿力薄材・夫負妻載・勞亦久矣・不虞一朝而見恤者也・不有聖政・其何以臻茲乎・

開元四載冬十有一月・俾使臣左拾遺內供奉張九齡・飲冰載懷・執藝是度・緣磴道・披灌叢・相其山谷之宜・革其坂險之故・歲已農隙・人斯子來・役匪逾時・成者不日・則已坦坦而方五軌・闐闐而走四通・轉輸以之化勞・高深爲之失險・於是乎鐻耳貝胸之類・殊琛絕賮之人・有宿有息・如京如坻・寧與夫越裳白雉之時・尉佗翠鳥之獻・語重九譯・數上千雙・若斯而已哉・

凡趣徒役者・聚而議曰・慮始者功百而變常・樂成者利十而易業・一隅何幸・二者盡就・況啓而未通・通而未有・斯事而盛・皆我國家玄澤・寢遠絕垠・胥洎古所不載・寧可默而無述也・盍刊石立紀以貽來裔・是以追之琢之樹之不杇・給事中魏山公蘇詵韙而銘曰・石崴嵬兮山崖崖・嶔崟岩嶨兮相蔽虧・槎崒屼兮莽芊芊・噫茲路兮不記年・大聖作兮萬物覩・惠吾人兮道復古・役斯來兮力其成・石既攻兮山可平・懷荒服兮走上京・遷商兮重九驛・車屯軌兮馬齊跡・昭孔翠兮俫齒革・伊使臣之光兮將永永而無斁・

襄州刺史靳公遺愛記

江漢間州以十數・而襄陽爲大・舊多三輔之豪・今則一都之會・故在晉稱南雍・在楚爲北津・厥繇冗雜・亦云難

理・而前此領郡・鮮能安人・或寬或猛・或拘或抗・跡多弗類・俗亦弗寧・是以天子念與我共理・而公受煩卿之寄矣・

　公名恒字子濟・祖帥幽州長史・父禮庭奉天討監察御史・世不苟合・義在難進・雖無充量之位・而有積善之烈矣・公性持重・有器望・即溫而厲・居敬而簡・度量可以轉物・德義可以服人・而先王遺言・率由好學・君子行道・必本忠恕・浚源水潔・厲翼雲翔・故一舉而拾遺・已有遠致・三入爲御史・侃然正色・當時知音・謂且大用・而尚書理本・郎官選才・亟踐諸曹・克歷羣議・及再典大郡・遂佐益州・攝御史丞都督西南軍事・原軫超將・豈惟上德・翁歸中立・實兼文武・先是兵連蠻徼・歲轉軍儲・傻我公私・費以巨億・公乃急其所病・思有以易之・建大田於雲南・罷饋糧於巴蜀・向之踰重阻・冒毒瘴・負擔以踣斃・垂耳於剽掠者每十有五六・及公底績・盡境賴全・至於是邦也・政實有素・今也惟行不違其方・以索其極・莫不敎之誨之・優之柔之・從者善之・否則威之・先德後刑・端本肇末・物知所勸・事則有經・率訓者衆多・變薄爲厚・感惠者深遠・既和且均・夫然後人斯恥格・庭少諍訟・參佐朋拱・屬城晏如・其始也・一年而政成・其終也・三年而頌興・愛之如父母・畏之如神明・

　開元十二年以理跡尤異・靡使上達・天子嘉之・稍遷陝州刺史・解印去郡・攀車盈途・或願借留無緣・而人吏遮道・或瞻望弗及・而老幼啼呼・如是者五里已終朝・十日乃出界・而皆有言曰・捨我何之・及聞公之沒・哀可知矣・市爲之罷・舂以之輟・惠愛之結・深古今之感・一蓋爲仁由己・而遺德在人者其若是乎・郡中士大夫與門生故吏・聚族而議諡德・是以刻石立紀・彼峒陽之陋・墮淚成碑・比峴山之績・

　銘曰・英英靳公・宣哲秉彝・爲我髦士・作人元龜・倜儻大節・磊落瑰詞・人亦有言・天實資之・御史直繩・郎官高選・動必兼遂・能皆再踐・糾過邦愿・彌綸事典・遂及我人・化流樊汚・激厲素風・抑揚善政・約紀爲法・急人所病・物固推誠・事匪忘敬・感彼于下・仁明在詠・舉德不鮮・涉道載深・穆然淸風・莫其遺音・繄公既沒・厥跡可尋・勒石是圖・以慰毗心・

大唐金紫光祿大夫行侍中兼吏部尙書弘文館學士贈太師正平忠憲公裴公碑銘幷序

夫道遵常習故・蓋人拘於凡也・得精忘麤・是天縱於聖也・方聖上之拔太師也・豈藉譽於朝廷哉・徑取才於無跡・懸收功於未朕・而終致大用・克成休勳・使祖虛名者・見西子而憎貌・工橫議者・聞魯連而杜口・乃知古所則哲・雖帝其難・今之得人・遇聖爲易・能允明主之鑒・不負眞賢之實者・其在正平忠憲公乎・

　公諱光庭・字連城・河東聞喜人也・伯翳之後・與秦同姓・始封於裴・因邑命氏・在魏晉之際・爲人物之傑・與瑯琊王氏相敵・時人謂之八裴八王・自茲厥後・奕代更盛・大王父定周大將軍馮翊太守瑯琊公・大父仁基隋光祿大夫・追贈持節原州都督・天之既厭隋德矣・見危致命・不亦難乎・

諡之日忠憲・春秋之義也・父行儉・禮部尙書兼定襄道行軍大總管・聞喜縣公・贈太尉・時或有奸王命矣・禁暴安人・不謂重乎・諡之日獻・尊名之典也・公卽獻公之第七子・降神元和・含光不曜・越在初歲・已有老成・雖遠大是圖・而近識莫誤・學探帝載・何事小名・業綜人倫・豈務一善・弱歲居大尉獻公喪・幼以孝聞・尋補弘文館學生・神龍初・明經擢第・授家令寺丞・轉太常丞・加朝散大夫・景龍中以親累外轉・尋入爲陝王友・改右衞郎將・丁普國太夫人憂・柴毀骨立・殆主滅性・服免・起爲貝州別駕・未之就也・復除右衞郎將・無何・遷率府中郎・嗟乎有其道而無其用・不可行也・得其時而不得其志・亦不可行也・公負經綸之器・韜王霸之略・自委泊外臺・棲遲下位・出入從事・十數年間・坦然而自若者何哉・蓋知才有所必伸・命有所必與・非苟而已・

開元中・聖上思光祿之休烈・蓋太尉之元勳・是必象賢・其將大授・特拜司門郎中轉兵部・仙臺之文・始應列宿・鴻漸之羽・可用爲儀・遷鴻臚少卿・以觀其能也・是歲・天子有事于岱宗・諸侯會朝于行在・執籩豆者不限於中外・獻琛賮者亦勤於駿奔・莫不來享・無有遠近・而執政者・以公代曉邊事・職在行人・皆曰・戎狄豺狼・黷盟阻德・我今有事・戎或生心・我張吾師・有備無患・若何・公曰・不可・夫封禪者・所以告成功也・觀兵者・所以威逆命也・云亭苗扈・非一時之事也・受脤執燔・非三代之禮也・天方佑我・光啓舊服・慓彼獯鬻・能違天乎・無庸勦人・可以牒告從之・秋九月突厥果使其相執失頡利發與其介阿史德暾泥熟來朝・公之謀也・東封還・遷兵部侍郎・祈父之職・夏卿之亞・存而舉者・悉以舉之・公於是考遺訓補缺典・飾蒐苗獮狩之禮・詳征稅簡稽之賦・頒九畿之政・設九伐之刑・以練國容・以精軍實・邊鄙不聳・帝用嘉之・既而拜中書侍郎同中書門下平章事・兼御史大夫・王言其出・霈乎人有歸也・天憲惟明・肅乎人知禁也・尋加銀靑光祿大夫・換黃門侍郎・俄遷侍中兼吏部尙書弘文館學士・總百揆之樞轄・酌九流之淵奧・叶文軌之殷・度人神之和・水火象鼎・其惟實餗・山川出雲・用作霖雨・時哉之會・無得稱焉・

先是大化之行・務以玄默・遵夫簡易・舊章在而不議・吏道雜以多端・公於是求革故之實・契隨時之義・作執秩以平之・設循資以定之・謹權衡以選之・考殿最以參之・姦回無所措其邪・噂沓不能介其量・多士動色・郡方改瞻仰之者・邈乎如山・窺之者・間不容髮・或曰・執事無乃惠歟・公曰・大命敢不敬歟・若然・方將致六符於泰階・驅百姓於仁壽・豈直睥睨先世・紛綸近古・汨而隨流・守而勿失云耳哉・二十年冬・上幸河東祠后土・命公兼左軍師・禮畢賜爵正平男・加光祿大夫・抑人有言曰・樹德莫如滋・積仁莫如重・則臧僖之慶有後於魯・欒武之德未絕於人・宜公侯之子孫・必復其始也・公嘗讀易至益之屯與升之漸・乃喟然嘆曰・物惡有滿而不溢・高而不危者哉・既而居不崇侈・動不踰法・雖百乘之家・萬夫之長冲如也・謂日用不知・存諸方冊・何天年未永・瘝此台臣・二十有一年春三月癸卯遘疾・薨于京師平康里之私第・春秋五十八・朝廷哀傷・冕旒震悼・制戶部尙書杜暹・卽殯弔祭・賻物五百段・粟五百石・喪事優厚官供・輟朝三日・丁未・有詔贈太師・諡曰・

忠憲・使其官某監護喪事・以某月日葬我忠憲公於聞喜之舊塋・禮也・

初知星者言上相有變・良臣將歿・謂請禳之・公曰・使禍可禳而去・則福可祝而來也・論者多之・以爲知命・夫天下之達道有五・所以行之者三・曰忠孝仁・安君忠也・榮親孝也・周物仁也・此三者有一於身鮮矣・而公實兼之・且媚於人者・必好其威福・賢於事者必羞其謗政・公知其然・則以直道・匪躬之故・忠莫厚矣・禮爲人子・春秋以致享・義於人臣・夙夜以從命・公知其然・則以時告如在之敬・孝莫重焉・夫以衡石之任・陶鈞之力・莫不責成於下吏・求備於一人・以故舞文雷同・疑獄歲構・恬而不改・浸以成風・公知其然・則以信察・御物之惠・仁莫加焉・其行已奉公・皆此類也・嘗所著述・率於箴規・以爲惇叙九族・本枝百代・王者之盛也・而義不可以無訓・作瑤山往記・維城前軌・以諷之・微而彰・志而晦・聖人之舉也・道不可以虛行・作續春秋・自戰國迄於周隋以統之・臣子之義也・天人之際備矣・非洽聞通理・其孰能與於此乎・宜其存辜・人歿有遺愛・嗣子稹京兆府司錄事參軍・孝實克家・動必中禮・丕承後命・紆天鑒而增華・敢跡前修・琢豐碑而不朽・銘曰・

益作舜虞・鍼分晋土・慶流八族・德盛三祖・瑯琊象賢・懷文佩武・光祿忠烈・殺身報主・尚書出將・恢我王畧・文教內敷・武功外鑠・緇衣之敝・惟公繼作・用晦而明・處豐思約・鴻臚好謀・夏卿稱職・代天流化・佐皇立極・納于憲府・好是正直・乃宅冢司・謀猷允塞・盡瘁事國・夙夜在公・居無闕政・歿有餘忠・天子命我・頌德銘功・日月有旣・令聞無窮・

故安南副都護畢公墓誌銘

公諱某・字某・東平人・四世祖義雲・北齊度支郎中青州刺史・曾祖炎・貞觀初・幷州白馬府右果毅都尉右衛郎將・祖乂蒲州河東令・坐事左轉桂州歸義縣丞・因家于始寧・父誠舉孝廉・高尚不仕・公卽孝廉府君之子・禀靈純茂・姿性開朗・亦旣志學・休有令聞・雖在諸生之中・已有萬人之望矣・

夫其中有世・善有元・仁于其親・友于兄弟・豈尚行所致・其因心而然・公之植身・根萌素厚・操本制末・何適非宜・故爲政之方・所從來遠矣・某年初・有御史將命・黜陟幽明・公時盤桓居貞・未有攸往・而使者承式・固才是求・褐衣見召・直繩斯委・乃表公授梧州錄事參軍・非其好也・

先是剽劫在境・行李所病・綱佐無機・逋盜肅然・歲滿・授廣州湞陽令・事必簡舉・人用穩便・莫不咨嗟・未始見也・尋轉韶州司馬・其政如初・秩滿・丁內憂・公有至性・幾於毀滅・廬墓展哀・泣血扶病・有加一等・不惟三年・嶺南按察使廣州都督兼御史大夫蕭璿・彼孝弟之士也・以錫杖之故・有嘉德音・於是拔補按察判官・義行相成・終始如一・尤加欽重・特以表聞・勑授新州刺史・屬恩州酋帥・日尋干戈・將有式遏・實資明允・後按察使廣平郡宋璟・以公爲五府總管・以甲卒戍焉・雖臨之兵威・而開以恩信・俾忿鷙狠戾・化梟爲仁・廣平公深以爲能・奏假恩州刺史・俄又眞授・夷落大寧・尋加朝散大夫・遷端州刺史・居必致理・莫匪嘉績・幷護之寄・朝選以歸・於是加秩中散大夫・拜安南

副都護・到官未幾・闇忽遷殂・時年六十・某月日庚子歸葬于某山・原公奉行無玷・外物不干・文非務華・學皆爲己・所蒞數郡・遺愛在人・全己而歸・可謂厚矣・有子曰某・銜恤終天・愬哀遠日・永惟稱伐・存乎幽篆・銘曰・

猗與畢侯・濬源長流・受氏于畢・爰自有周・彼美世傳・實維孫謀・賢哲繼軌・斯其遠猷・嗟彼懿宗・是生孝友・知實內積・行非外誘・家邦必聞・人倫歸厚・微此令德・夫豈善守・亦既從政・厥聞載榮・邑能訟息・郡用禮成・蠻夷用教・鴟梟變聲・九眞副顏・萬里揚旌・護彼絕域・義忘險艱・緹律未改・丹旐而還・存沒之際・忠孝之間・徽音無泯・篆德茲山・

白羽扇賦并序

開元二十四年夏盛暑・奉敕使大將軍高力士・賜宰臣白羽扇・某與焉・竊有所感・立獻賦曰・

當時而用・在物所長・彼鴻鵠之弱羽・出江湖之下方・安知煩暑・可致清涼・豈無紈素・采畫文章・復有脩竹・剖析毫芒・提携密邇・搖動馨香・惟衆珍之在御・何短翮之敢當・而竊思于聖后・且持見于未央・伊者皐澤之時・亦有雲霄之志・苟效用之得所・雖殺身而何忌・肅肅白羽・穆如微風・縱秋氣之移奪・終感恩于篋中・

荔枝賦并序

南海郡出荔枝焉・每至季夏・其實乃熟・狀甚環瑰・味特甘滋・百果之中・無一可比・余往在西掖・嘗盛稱之・諸公莫之知・而固未之信・唯舍人彭城劉侯・弱年播遷・累經于南海・一聞斯談・倍復起歎・以爲甘旨之極也・又謂龍眼凡果・而與荔枝齊名・魏文帝方引蒲桃及龍眼相比・是時二方不通・傳聞之大謬也・每相顧閒議・欲爲賦述・而世務率・此志莫就・及理郡暇日・追叙往心・夫物以不知而輕・味以無比而疑・遠不可驗・終然永屈・況士有未效之用・而身在無譽之間・苟無深知・與彼亦何以異也・因道揚其實・遂作此賦・

菓之美者・厥有荔枝・雖受氣于震方・實稟精于火離・乃作酸于此裔・爰負陽以從宜・蒙休和之所播・涉寒暑而匪虧・下合圍以擢本・傍蔭畝而抱規・紫紋紺理・黛葉緗枝・蓊鬱而霮・䨴環合而棼纚・如蓋之張・如帷之垂・雲烟沃若・孔翠于斯・靈根所盤・不高不卑・陋下澤之沮洳・惡層崖之嶮巇・彼前志之或妄・何側生之見庇・爾其勾芒在辰・凱風入律・肇允含滋・芬敷謐溢・綠穗靡靡・青英苾苾・不豐其華・但甘其實・如有意乎敦本・故微文而妙質・蔕藥房而攢萃・皮龍鱗以駢比・膚玉英而含津・色江萍以吐日・朱苞剖・明璫出・烱然數寸・猶不可疋・未玉齒而殆銷・雖瓊漿而可敵・彼衆味之有五・此甘滋之不一・伊醲淑之無準・非精言之能悉・聞者歡而竦企・見者訝而驚仡・心恚可以蠲忿・口爽可以妄疾・且欲神于醴露・何比數之相橘・援蒲桃之見擬・亦古人之深疾・若乃卑軒洞開・嘉賓四會・時當燠煜・客或煩憒・而斯果在焉・莫不心侈而體忲・信雕盤之仙液・實玳瑁之綺績・有終食于累百・愈益氣而治內・故無厭于所甘・雖不貪而必愛・沉美李而莫取・浮甘瓜而自退・豈一座

之所榮・冠四時之爲最・

夫其貴可以薦宗廟・其珍可以羞王公・亭十里而莫致・門九重兮遏通・山五嶠兮白雲・江千里兮淸楓・何斯美之獨遠・嗟汝命之不工・每被銷于凡口・罕獲知于貴躬・柿可稱乎梁侯・梨何幸乎張公・亦因人之所遇・孰能辨乎其中哉・

龍池聖德頌

臣聞昔者玄德升聞・皇天眷命・元聖有作・上帝何言・必見意於休徵・不忘象於幽贊・惟茲降鑒・若曰專精・道周萬物者其神充・功濟生人者其祥大・粤若古始・肇有君臣・巢燧之前・寂寞無紀・書契而後・煥炳可觀・若乃鬼神睢盱・品彙紛錯・性命未正・吉凶不定・而太昊氏將通其德・則河爲之出圖・人食米粒・鳥獸是茹・時不耕稼・器無耒耜・而神農氏將教其本・則天爲之雨粟・蚩尤不道・炎帝不制・銅鐵鑄兵・豺狼橫厲・而軒轅氏將禁其暴・則天爲之降玄女・洪水方割・下民昏墊・堯德莫能弭其災・舜功不能除其害・而夏后氏將底其績・則洛爲之出書・自茲以還・殆三千歲矣・其間木火更王・雲物告符・有若狼銜鉤・魚躍舟・素靈哭・黃星見・豈不以湯德有慙・武善未盡・漢道旣雜・魏方亦偏・惟以一至之應・且爲興王之兆・則未有天錫眞符・聖受明命・遠與大禹相續・超與上皇比崇・如我國家之盛者焉・

洪惟龍池・蓋天之所以祚聖・卽今上居之舊里・京師爽塏之地・旁無竇澤・中勿濫泉・非常而靈液涓流・無幾而

神池浸廣・榮光休氣・若烟若雲・所未嘗有・則此之出・淸可以鑑・而深不見底・鱗介瑰詭・於牣其中・時莫知其所然・日徒見其有異・中宗採識者之議・壓王氣而來遊・聖上處或躍之時・出飛龍而合應・臨淄始封也・邸第在焉・上黨歷試也・靈符紹至・天其以是永命我唐・圖象丁寧・有所底止・其若茲也・夫成數有時而否・至理無代而亡・固在乎大聖之生・乘運而作・鼓天下之動・安天下之危・故將順成功・自古之啓佑也・如彼克定多難・自天之之叶贊也如此・

初中宗韋氏后黨・竊隙大盜・狃於得志・羣慝起而擅權・若綴旒然・當此時也・天與若不取・鬼謀或不協・則我祖宗之業無乃將墜・而億兆之命・亦猶倒懸・聖上蹙之・提劍而起・雷霆一奮・祆沴以淸・內難旣衰・外虞有謐・推戴大上・照臨萬邦・實天之爲・與人更始・系皇統・維乾綱・決綻補壞・蕩瑕滌穢・而乃闕典咸備・舊章悉擧・處窮盡達・在困必通・品物資以再生・寰區爲之一變・然後返華僞於朴・還澆漓於淳・以大道爲原・以至仁爲根・動推是心・以御於事・人見德而興行・神享誠而介福・故不在於刑罰・不在於禱請・大造裁成・玄猷允塞・有如陽春播澤・觸類皆滋・太山起雲・無遠不徧・雖昆蟲草木・與蠻陌要荒・樂其所生・安其所習・在牛羊而勿踐・有干戈而載戢・又况於衣冠華夏・禮樂家邦・而不刑於斯須・不久於漸漬者也・

夫然・何教非德・何化非經・何能事之不擧・何醇精之未極・周溥洋溢・於穆緝熙・至於太和・莫不允若・體侔天地之大・事出皇王之表・豈擎跽曲拳・盡禮極力・將用彥聖・不啻其口所能稱・頌於吾君・所可殆庶於至德・且往者

之有開也・天感精以降聖・聖敬命以奉人・此誠有元則・欽明文思・及茲報本・必嚴祇齋栗・靈慶以屬之・神化以答之・與初相明・其徵乃著・絲綸先兆・非篤信歟・由是言之・統天者人・合符者聖・而差德序命・殊尤卓絕・豈多乎哉・

至如古之興王・必有所感・五帝更尚・五運旁通・土者黃中之精・於金爲王・水者善利之物・於土爲配・苟膺期而有來・必合德而爲表・是則然矣・天其或者亦以阜育羣化・發揮茂祉・始告以聖有明徵・終成乎帝之神冊・因其立象之本・會以相乘之數・則載代六百・歷紀千年・變而通之・胡可量也・宗子宗正卿褒信郡王璆等若干人・伯父伯兄仲叔季弟・聚族相與・詣闕上言・天意昭著・固已久矣・人事符合・亦云至矣・而一德是建・太階既平・靈臺靈沼・赫赫明明・天之爲大・雖莫能名・皇王之鎬・豈無頌聲・上初克讓・抑而未許・至於累請・乃曰俞哉・史臣不敏・敢獻頌曰・

茫茫元昊・載凝載薄・在帝庖犧・繼天而作・浩浩洪水・包山襄陵・舜亦命禹・夏氏以興・龍圖龜書・二王是膺・湯武已下・夫何足徵・

右元命

於鑠巨唐・乘運而起・纘禹之迹・系堯之紀・五聖在天・丕命曾孫・高視河洛・同符混元・亦有黃龍・出於靈沼・明明穆穆・天子之表・

右聖德

倬彼東井・昭章于天・沉精降液・下爲靈泉・靈泉有泚・其深無底・泌之洋洋・其甘如醴・清德之鑑・柔道之體・洪源濬規・實天之啓・

右靈泉

濯濯靈泉・洞冥皇祇・滋液流衍・化爲神池・曰止曰行・惟聖之作・匪鱣匪鮪・惟龍之躍・植物斯生・動物斯樂・天眼有見・曾是不涸・

右神池

靈有休氣・紛紛郁郁・如山之包・如雲之簇・潛龍在下・瞻烏斯屋・兆去其吉・周爰咨詢・既契我龜・又叶我人・鎬雖舊京・其命維新・

右休氣

蜿蜿黃龍・神池自出・靈化恍惚・噴雲沃日・告帝之符・其儀孔吉・或潛于泉・或見于田・與時順動・亦應乎天・克配我皇・無得稱焉・

開元紀功德頌并序

臣聞蠻夷猾夏・唐虞已然・天之所生・類不可絕・嘗有拓境者矣・而固也爲患・或有欵塞者矣・必也無親・是以古之哲王・審其若此・則限以荒服・斷非純臣・不貢不王・武功居後・不庭不率・文德是先・三代所以直道・百蠻所以向化・迨乎春秋之衰・諸侯以力・征伐自出・戎心大啓・謀夏亂華・于盟偪好・王綱弛而若綴・天道厭而將革・則有强能攘刧・暴惡交侵・雖雜霸之無成・亦反經之所取・其負力者・乃塹山堙谷・盡境而築長城・其黷武者・則輓粟飛芻・窮兵以耗中國・又失於下策・而悔在末年・彼王畧之不恢・殆千餘載矣・

夫有其虞而無豫・思其患而不圖・所謂能國將安貴・聖物豈終否・道非固窮・鑑之者昊天・救之者英主・玄命陰隲・畀付神武・我太宗一戎衣而大定・我皇帝再受命而太平・不是古而務文・不非今而忘戰・以時變而消息・元與天而合符・日月之所照・臨陰陽之所陶冶・凡有在地・莫不稟朔・而東夏郡縣・北隟山戎・先是四十年侵軼數百里・自茲氣奪・數以病告・既威讓之不恭・且力制之不可・或朝或否・爲虺爲蛇・幽鄚未遑以滅烽・邊城安得而弛柝・曠日持久・兵連禍挐・率由事邊・是無寧歲・二十二年春・乃命右羽林大將軍兼御史中丞幽州長史張守珪・將中軍都督諸鎮・雄名先路・夷裔生風・載馳信臣・繼發精卒・戒嚴有赫・張皇若神・公卿大夫・未始測也・將校部曲亦莫知也・皇帝方日靖以慮之・乾綱以斷之・初決策於九重・已收功於萬里矣・二十二年冬・十有二月・中貴將命・元戎受律・三軍疾雷於非時・二庭喪膽於非意・欲遁則衆潰不保・欲拒則兵鋒莫當・因而僞降・幸且紓禍・遽圖反覆・將肆鴟張・覯釁先人・豈伊負我・以間諜而情得・乘猜携而計從・或奇兵以嘗・或厚利以啗・無何變作・果自族誅・兇元惡首・鬼惑神誘・假天威而無前・覆烏巢而何有・於是諸部大駭・率衆復歸・責以不義之尤・捨其不臣之罪・既服卽序・有威且懷・載籍以來・固未之見也・

昔我睿祖・取句驪於拾遺・今茲聖謀・易林胡於反掌・獻功有續・後嗣無忘・百王所廢之勳・四夷未賓之俗・自我底定・巍乎登皇・其若此也・於是彼節使與羣帥・因東師之凱旋・離而族談・合而公議・以爲主上憫一隅之苦・垂不代之畧・以計易戰・以信去兵・神斷自天・虜平不日・且軍未血刃・敵免膏原・密承無方之謀・坐致不陣之捷・有征無戰・卽王者之師歟・而不彰美於吾君・得無臣子之罪・不表聖於帝載・曷稱文武之時・乃率其屬・至於固請・帝三讓德・而曰兪哉・

夫曲成萬類者天・爲而不有・下濟兆庶者聖・成而不居・物無謝生於天・雖云至道・人無歸功於聖・何以最靈・雖無已無名・所宜絕於言象・而惟忠與義・固不廢於頌述・大雅云・徐方既同・天子之功・又曰明明天子・令聞不已・其此之謂也・臣再拜頓首敢獻頌曰・

赫赫天威兮被遐荒・蠢茲山戎兮不來王・命南仲兮整六師・出幽陵兮轥九夷・籢赤山兮蕩滄海・弔無告兮伐有罪・徒不勤兮車不殆・虜震驚兮兵氣倍・昔負固兮今安在・魁自殲兮裔既平・謀既集兮聖自明・我不戰兮獻戎捷・俾厥後兮揚天聲・

張　恕

韶州始興人・官刑部郎中・按唐宰相世系表・恕爲文獻公之從兄子・

請放還僞廷貶降官疏

伏以革故從新・方協於聖運・赦過宥罪・繼洽於君恩・故澤布九天・無所不及・慶流萬國・無所不周・伏維皇帝義布幽明・化均動植・改秦隋之覆轍・繼周漢之昌圖・上簡帝心・蕩蕩方臻於壽域・下符民欲・熙熙將返於淳風・彌寬含垢之情・遐廣推恩之道・臣伏見去年閏十一月二十九日赦書節文・應僞廷貶降官未量移者與復資・責授官亦與復資・應

流徙收管人並放還者・又覩今年八月二十五日德音節文・應自創業已來・降黜者並與放還・枯鱗再泳・朽木重芳・是知宏貸之朝・大舉哀矜之典・所有僞廷貶降官等・雖經量移・盡思歸復・每望雲天之澤・常懸省責之心・特冀聖慈・更加念恤・未敢希復序資品・且乞今放還鄉閭・所冀表明代之好生・遂小人之懷土・臣叨司刑典・獲奉赦條・廻顧解網之仁・用廣垂衣之化・

張　隨　始興人・徙居韶州曲江縣・按唐宰相世系・隨爲宏載之孫・宏載與九齡父宏愈爲兄弟行・則隨爲九齡之從子也・仕履未詳・

耀德不觀兵賦　以明德尙道懷仁畏威爲韻

惟先王享國・建用皇極・制五服而有序・御四夷而在德・近不貢必先威讓之辭・遠不庭則修文物之則・所以止干戈・而重仁義・遏寇虐・而茂生植・

夫潔其流者在于源清・成其外者在于內平・以德則天下順・以力則天下爭・故有武不黷・有兵不征・穆王之功何補・謀父之言可明・將其修已以推畔・曷若殺人以盈城・於戲・至理之時・惟德是責・柔其遠而不襲・阜其才而不費・以道義爲干櫓・以禮樂爲經緯・是以文足昭・武可畏・借如舜帝在上・苗人不懷・雖蔵事于伯禹・終舞干于兩階・然後七旬來格・庶績允諧・

周文既興・崇國不道・用戡時艱・以奉天討・矧勍敵而未悛・爰因壘而自保・然後再駕云服・四方大造・蓋由德所賓・信所親・豈無五兵・且懼于暴物・況有七德・實在乎安人・人勞所以損元氣・物傷所以惻至仁・迺凶器攸興・聖人匪尙・車書既其混一・牛馬于焉休放・兵不戢如火自焚・德不修于君曷相・所謂圖之大・愼之微・觀兵何是・耀德何非・素翟南來・而越裳重譯・白狼西入・而荒服來歸・夫欲朝萬國・歸四海・不可以逞弧矢之威・

上將辭第賦　以魏虜未滅將軍不家爲韻

匈奴猖狂・犯漢封疆・天上赫斯怒而沮南牧・詔上將而臨北方・惟干戈是揚・惟賞罰是將・能推誠則功臣必錫之甲第・不私已故嫖姚見辭于武皇・所謂萬夫之雄・特百代之忠良也・且將軍英威果決・如火烈烈・志以形言・義以徼節・乃進而陳曰・烽燧之虞未絕・豺狼之黨未滅・矧師旅而尙勞・何棟宇之云設・于是崇義立勳・飄然不羣・精貫白日・氣干青雲・胸中吞乎萬里・掌內指乎三軍・誓將驅我貔虎・殲彼醜虜・豈惟獻俘而執馘・抑亦開疆而拓土・苟不能上安社稷・外寧寰宇・雖樂鐘鼎而徒爲・高閈閎而何補・

若大飛甍連屬・畫戟房周・地直戚里・爵居通侯・苟尸素而爲累・當輪奐而爲尤・可不知池臺之娛・緹繡之費・諒無勳業之重・徒冒寵章之貴・在人事之攸宜・于王臣而則未・斯言也・摭實去華・斯志也・寧儉匪奢・妄身而不謂事主・許國而何暇恤家・王翦請貽乎子孫・與茲難竝・晏嬰敢煩乎里旅・相去不遐・夫策在必行・功宜可久・侈言無驗・亦孔之醜・彼樊噲之述横行・賈生之論繫首・豈知將軍恢壯節・辭華第・俾功先而身後者也・

張隨

莊周夢蝴蝶賦 以題爲韻

伊漆園之傲吏・談元默以和光・表人生之自得・縻萬化之可量・萬靈齊夫一指・異術聣乎通莊・忘言息躬・輒造逍遙之境・靜寐成夢・旋臻罔象之鄉・于以遷神・于以化蝶・樂彼形之蠢類・忘我目之交睫・于是飄粉羽・揚翠鬣・始飛飛而稍進・俄栩栩而自愜・煙中蕩漾・媚春景之殘花・林際徘徊・舞秋風之一葉・

于戲・變化悠悠・人生若浮・希微兮其狀方異・恍惚兮其神遂收・雖蘧蘧而復體・尙悄悄以在眸・我豈彼類・彼寧我儔・苟夢非而覺是・誠虛往而實留・且元縱莫覩・眞理難求・莊周之夢蝴蝶・而蝴蝶之夢周歟・廼知元氣混然・感通斯衆・爲生死之異分・量寤寐而適中・形因靜息・符大辨之不言・神以化遷・異至人之無夢・

若夫氣爲質本・夢與道俱・以我之有・化彼之無・固寤寐而倏忽・越百齡以須臾・其在周也・不知蝶之于彼矣・其在蝶也・不知周之于此乎・若然者・萬物各得其一・性體或殊其途・有徐徐而龜曳其尾・有察察而狼跋其胡・智者所以自智・愚者所以自愚・則孰能間其巨細・孰能別其榮枯・欲窮莊生夢蝶之理・走將一問于洪爐。

海客探驪珠賦 以上下其手擘波及龍爲韻

靈海洶洶・爰有泉兮・其深九重・中有明珠・上蟠驪龍・難犯之物兮不可觸・希代之寶兮不可逢・矧淼淪之莫究・曷揭厲之能從・爰有海客・貪然來適・利實誘衷・舉無遺策・乃顧而言曰・見機而作・未索何獲・我心苟專・而至寶可取・我力苟定・而洪波可擘・旣覽川媚之容・遂探夜光之魄・

伊彼勇者・吁可駭也・俯身於碧沙泉底・揮手於驪龍頷下・所謂明淺深斷・取舍而已・觀其發跡潛往・澄神默想・俄徑寸以盈握・倏光輝而在掌・初辭磔訝□・潭下星懸・稍出漣漪・謂川房月上・鄙鮫人之慷慨・殊赤水之罔象・然則冒險不疑・懷貪不思・幸竊其寶・幸遭其時・向使龍目不寐・龍心自欺・則必奪爾魄・啖爾肌・救蒼黃之不暇・何探掇而得之・想夫人不亦危矣・驗乎事良亦凄其・則知計非爾久・利非爾有・必以其道・亮自至而無脛・是忽其生・奚獨虞于傷手・亦猶貪夫狥財・自貽伊咎・君子遠害・惟儉是守・是故車乘見驕于宋客・驪珠垂誡于莊叟・

於戲・我躬不保・雖寶謂何・彼險不陷・雖珍則那・子產常譏于狎水・仲尼昔歎于憑河・因政則來格・感恩則匪他・漢武受報于昆明之岸・孟嘗反輝于合浦之波・豈與彼而同科哉・驪龍之泉・物不敢入・緯蕭之子・一以何急・其父乃鍛其珠・勗其習・能往也可及・不能往也不可及。

雲從龍賦 以聖主得賢臣爲韻

山川之氣曰雲・寂爾虛無・倏爾韜映・雖無心而旣出・終有感而協慶・鱗蟲之長曰龍・道符于神・德合于聖・時變化而無極・在陰陽而應令・是知雲爲佐・龍爲主・龍無雲不可以陟煙霄・雲無龍不可以降時雨・始靄靄于山澤・俄駢駢于天宇・有若魚水相須・君臣夾輔而已。

原夫或躍在泉・道契元默・未始出岫・時有通塞・及夫順天地之功・贊生成之德・吟空山而奮揚其狀・觸幽石而蓊渤其色・然後陷乎寥廓・自彼南北・何往而不濟・何施而不得・潤萬物豈待崇朝・控千里纔踰瞬息・故曰氣感則應・有開必先・臣良而聖主垂拱・雲起而飛龍在天・以類相從・罕聞不合・惟后作乂・孰曰非賢・是以殷丁得其傅說・吉甫佐于周宣・品物咸泰・寰海晏然・則雲龍之義明矣・君臣之道一焉・于以辨物理・于以通人倫・運有智兮事有因・如羽翼之相假・同股肱之相親・則當今得賢共理・豈不冠前代之君臣。

葉公好龍賦 以所好非眞見而增懼爲韻

惟彼龍兮潛水府・翔天路・何葉公之多尚・獨神物之是慕・假手于繪・對蜿蜒以好之・其形在堂・俄惝怳而反懼・初其終朝念之・寤寐求之・嗟豢氏之莫過・望雲津之遠而・載雕其宇・爰寫其容・周屋壁・環階墀・輝輝之章・不離其行坐・矯矯之質・常至于夢思。

至于春風啓序・自暄而暑・則謂仰重陰而可竚・雨歇雲收・杳不知其處所・其求雖阻・其志無沮・及其寒律方凝・自霜而冰・則謂窺濬壑而可徵・天高日朗・空有見于浤澄・其覩未能・其誠益增・

既而天縱其欲・物應其好・龍乃拖其尾而登其堂・矯其首而窺其奥・垂錦帶・張翠鱗・光流電轉・聲發雷振・起雲而棟凝積氣・乘水而庭若通津・而況於斯人・得不撓其性而駭其眞・觸類而廣・可明其微・惟龍也・世好之必歸・惟士也・國招之必依・姑務乎辨眞去僞・寧求乎似是而非・故好龍如之何・期眞假無變・好士如之何・在賢愚無眩・蜿蜒之狀・且逢子高之儀・堂堂之賢・莫失哀公之眷・勉矣凡今君子・必審之于見聞。

蟋蟀鳴西堂賦 以始入于門漸藏林下爲韻

歲云秋矣・秋亦暮止・西堂寂聽之時・蟋蟀寒吟之始・紛稍稍以驚節・洞嘤嘤以横耳・若夫八月在宇・三秋及門・清韻晝動・哀音夜繁・潘生感而增思・宋玉傷而斷魂・于時招搖北馳・河漢西瀉・煙澄寥廓・露肅原野・背暑而出爾草間・驚寒而入我牀下。

或有聲相應・氣相於・雜蠨蛸于內屏・混熠燿于前除・羅幌燈寂・珠簾月疏・披庭聞而夜久・華首聽而秋餘・若乃愁雲結陰・暮雨流濕・拂寒威之密邇・當暝色而逾急・我堂既在・我室既入・亦何異羣鳥養羞・昆蟲閉蟄・嬾婦也・惟爾可以促女功・羈人也・惟爾可以催客泣・夜如何其・夜未央・天晴地白月如霜・

士有衣絺綌・坐蔾牀・怨空階之槁葉・聆暗壁之寒螿・乃言曰・何彼蛩矣・與時行藏・火氛鬱蒸・迹邁于中野・秋氣融朗・聲聞于西堂・然後屛輕箑・卷涼簟・時歲忽以徂謝・功名曷其荏苒・美爾化之有成・陋晋風之太儉・夫如是・莫不驚白露之蟲躍・望青雲之鴻□・

無絃琴賦 以舜歌南風待絃後發爲韻

陶先生解印彭澤・抗迹廬阜・不矯性于人代・笑遺名于

身後・適性者以琴・貽神者以酒・酒兮無量・琴也無紘・粲星徽于日下・陳鳳啄于風前・振素手以揮拍・循良質而周旋・幽蘭無聲・媚庭際之芬馥・綠水不奏・流舍後之潺湲・以爲心和則樂暢・性靜則音全・和由中出・靜非外傳・若窮樂以求和・卽樂流而和喪・扣音以徵・靜則音溺而靜捐・是以撫空器而意得・遺繁紘而道宣・豈必誘元鵠以率舞・驚赤龍而躍泉者哉。

于是載指載撫・以逸以和・因向風以舒嘯・聊據梧以按歌曰・

樂無聲兮情逾倍・琴無紘兮意彌在・天地同和有眞宰・形聲何爲迭相待・客有聞而駭之曰・樂之優者惟琴・君之聖者惟舜・稽八音而見重・彈五紘以流韻・故長養之風薰・而敦和之德順・無爲而天下自理・垂拱而海外求覲・伊德音之所感・與神化而相參・固以極天而蟠地・豈惟自北而徂南・然則琴備五音・不可以闕・紘爲音而方用・音待紘而後發・苟在意而遺聲・則器空而樂歇・先生特執由心之理・而昧感人之功・俾淸濁不聞于大小・宮商莫辨夫始終・攫之深・舍之愉・促空軫而奚則・角爲民・徵爲事・扣無聲而曷通・祇反古以自異・實詭代而違同・熟若動精華以發外・合恬和而積中・傳雅操于心手・播德音乎絲桐・俾其審音者悟專一之節奏・知變者美更張之道崇・先生曰・吾野人也・所貴在晦而出聽・若夫廣樂以成敎・安敢與夔而同風。

縱火牛攻圍賦（以火發牛驚龍文炳煥爲韻）

昔田單以將亡之國・坐必勝之籌・伺燕軍于無虞之夜・縱燧毛于有力之牛・將用突騎勁卒・謬以龍文虎彪・冀重圍之宵潰・復三敗之深讎・乃先詐以乞降・然後謀而竊發・內欲徼于怒士・外且驕其敵卒・遂決策于斯須・因無疑于飛突・于是建皁蓋・選名軍・因七尺之殊狀・畫五彩之奇文・先事以謀・鑿垣之門暗啓・及期而進・束葦之火遂焚・已而夜景將迷・脣輝潛煥・龍章交映・虎旆雜半・以强服猛・肇牽之質前驅・從黑忽明・無備之師大亂・攢萬蹄以躍出・譟衆鼓以相從・喧聲震乎厚地・列炬迸乎崇墉・風歘後燄・血灑前烽・一戰而强・甚周武之驅歸獸・衆神皆走・劇葉公之懼眞龍・

始其制勝惟神・開機必果・合如雷電・廹如星火・飛馳之際・先資戰野之威・叱咤之間・已轉覆巢之禍・故得騁照耀・恣橫行・士卒咸以奔潰・山谷爲之震驚・陷陣摧堅・不勞于五千之士・而追亡逐北・何啻乎七十餘城・由是齊人復振・燕國大傾・襄王曰・牛者以疆力稱猛・兵者以計謀是幸・必將盡一時之觗觸・爲萬代之彪炳・豈使飽豐草與淸泉・望桃林而休影・

張仲方　韶州始興人・九齡從孫・貞元中進士・擢第宏詞科・官至散騎常侍・出爲華州刺史・舊唐書有傳・史稱仲方爲呂温貢舉門生・温以告李吉甫宰相陰事・貶官・仲方時爲倉部員外郎・亦坐左遷・爲連州刺史・吉甫卒・入爲度支郎中・時太常議吉甫謚・仲方駁之・謂俟蔡州平・天下無事・都堂聚議未遲・復貶遂州司馬・自駮謚之後・爲李德裕之黨擯斥・坎坷以終・人士悲之・所著文集三十卷・見唐書藝文志・至宋已佚・

駮太常定吉甫謚議

古者易名請謚・禮之典也・處大位者・取其巨節・蔑諸

細行・垂範當代・昭示後人・然後書之・垂於不朽・善善惡惡・不可以誣・故稱一字・則至明矣・定褒貶是非之宜・泯同異紛紜之論・贈司徒吉甫・稟氣生材・乘時佐治・博涉多藝・含章炳文・燮贊陰陽・經緯邦國・惜乎通敏資性・便媚取容・故載踐樞衡・疊致台衮・大權在己・沈謀罕成・好惡徇情・輕諾寡信・諂淚在臉・遇便則流・巧言如簧・應機必發・夫人臣之翼載元后者・端恪致治・孜孜夙夜・緝熙庶績・平章百揆・兵者凶器・不可從我始・及乎伐罪・則料敵以成功・至使內有害輔臣之盜・外有懷毒蠆之孽・師徒暴野・戎馬生郊・皇上旰食宵衣・公卿大夫且慚且恥・農人不得在畝・緝婦不得在桑・耗賦斂之常貲・散帑廩之中積・徵邊徼之備・竭運輓之勞・僵尸血流・胔骼成岳・酷毒之痛・號訴無辜・剿絕羣生・迨今四載・禍胎之兆・實始其謀・遺君父之憂・而豈謂之先覺者乎。

夫論大功者・不可以妄取・不可以枉致・以資籌畫・乃著丕顯・不競而紛・豈妨全美・當削平西蜀・乃言語侍從之臣・擒翦東吳・則訏謨廊廟之輔・較其功・則有異・言其力・則不倫・何捨其所重・而錄其所輕・收其所小・而畧其所大・且奢靡是嗜・而曰愛人以儉・授受無守・而曰慎才以補・斥諫諍之士於外・豈不謂之蔽聰乎・舉忠烈之廟於內・豈不近之暱愛也・焉有蔽聰暱愛・家範無制・而能垂法作程・憲章百度乎・謹案謚法曰敬者・夙夜儆戒曰敬・書曰・敬明乃訓・易曰・敬以直內・內而不肅・何以刑於外・憲也者・刑也・法也・戴記曰・憲章文武・又曰・發慮憲・義以爲敬恪終始・載考歷位・未嘗効一法官・議一小獄・及居重位・以安和平易・寬柔自處・考其名與其行不類・研其事與其道不侔・一定之辭・惟精惟審・異日詳制・貽諸吏官・請俟蔡寇將平・天下無事・然後都堂聚議・謚亦未遲・

張琛 始興人，徙居韶州曲江，按唐書宰相世系表琛爲九齡之從姪曾孫，仕履未詳。

弔舊友文

范陽盧氏子驤・與人交必先・熟仁信道德・然後旨蹟無閉・始卒之道必全・或重之以甘譽・固不腴於心・或風之以巧言・亦不閉其舊・盧子之性達於元・盧子之機忘於言・雅好歌詩・吟風吸月・往往有前輩體調・七薦文曹・不爲時遇・病乎其人・皇帝十三年以故東觀歸・孝則達於鄉里・悉得盧子事・一旦沈痾醫不去・卒於山陽・嗚呼・天付盧子之至道而時違之・天生盧子之節孝而時反之・命耶・以其欺天之盜跖・胡爲福・以其達天之顏回胡爲促・時之爲其跖耶・時之爲其回耶・胡然子之爲固不及跖之時也・琛之措意不足以書・孤山雕碧・水寒澄練・子兮已而 下闕・

姜公輔 字德文・愛州日南人・（唐屬安南府爲廣州統治今入安南界）登進士第・爲校書郎・應制策科高等・召入翰林爲學士・累官諫議大夫・同中書門下平章事・從幸山南・車駕至城固縣・唐安公主薨・上悲悼・詔所司厚其葬禮・公輔諫曰・非久克復京城・公主必須歸葬・今於行路且宜儉薄・德宗怒・罷爲左庶子・尋丁母憂・順宗立・起爲吉州刺史・卒葬靈山縣・見阮通志・

白雲照春海賦 以鮮碧空鏡春海爲韻

白雲溶溶・搖曳乎春海之中・紛紜層漢・皎潔長空・細

影參差・布微明于日域・輕文燐亂・分熌晃于仙宮・始而乾門闢・陽光積・乃縹緲以從龍・遂輕盈而拂石・出穹巒以高翥・跨横海而遠撫・故海映雲而自春・雲照海而生白・或杲杲以積素・或沈沈以凝碧・圓虛乍啓・均瑞色而周流・蜃氣初收・與清光而激射・雲信無心而舒卷・海甯有志于潮汐・彼則澄源紀地・此乃泛跡流天・影觸浪以時動・形隨風而屢遷・入洪波而並耀・對綠水而相鮮・時維孤嶼冰朗・長汀雲淨・辨宮闕于三山・總研華于一鏡・臨瓊樹而昭晰・覆瑤臺而縈映・鳥頡頏以追飛・魚從容以涵泳・莫不各得其適・咸悅乎性・登夫爽塏・望茲雲海・雲則連景霞以離披・海則蓄玫瑰之翠彩・色莫尚夫潔白・歲何芳于首春・惟春色也・嘉夫藻麗・惟白雲也・賞以清貞・可臨流于是日・縱觀美于斯辰・彼美之子・顧曰無倫・揚桂檝・擢青蘋・心遙遙于極浦・望遠遠乎通津・雲兮片玉之人下闕・

趙　德　潮州海陽人・大歷十三年進士・韓愈刺潮州牒置鄉校文・稱德沈雅專靜・通經有文章・能知先王之道・排異端・宗孔氏・可以爲師・延攝海陽尉爲衙推官・勾當州學事・愈改刺袁州欲携與俱・謝弗往・因授以平生所作文・德讀而序之曰・昌黎文錄・學者稱天水先生・

昌黎文錄序

昌黎公聖人之徒歟・其文高出・與古之遺文不相上下・所履之道則堯舜禹湯文武周孔孟軻揚雄　・所授受服行之實也・固已不雜其傳・繇佛及聃莊揚之言・不得干其思入其文也・以是光于今　・大于後・金石燋爍・斯文燦然・德行道學・文庶幾乎古・蓬茨中　・手持目覽・饑食渴飲　・沛然滿飽・顧非適聖賢之域・而謬志于斯・將所以盜其影響・僻處無備・得所以過次之爲卷・私曰文錄・實以師氏爲請・益依歸之所云・

劉　軻　字希仁・曲江人・元和末進士・累官侍御史・出爲洺州刺史・卒官・

按新舊唐書・軻皆無傳・道光中・儀徵阮福爲補傳・稱軻慕孟子爲人・故以爲名・其文精邃・與韓柳齊名・白居易稱其所著翼孟・於聖人之旨・作者之風・往往而得・蓋曲江自張文獻以文章爲嶺表開先・繼之者軻也・所著三傳指要十五卷・帝王歷數歌一篇・唐藝文志皆著錄・此外唐年歷（鄭樵通志）帝王鏡畧（郡齋讀書志）牛羊日歷（直齋書錄解題）黄中通理・翼孟・隋鑑・三禪五革・漢書右史・十三代名臣議・豢龍子・（並阮補傳）今皆不存・惟欽定全唐文載其文十餘篇・南海伍氏采入嶺南遺書中・名曰劉希仁文集・

上崔相公書

當今帝堯在上・夔龍爲相・犬戎新逐・三晉四戰之地・無梟雛狼子・是宜徼福者爭歸賀於相國・某獨不敢以是心同衆人之唯唯・思有以一跪吐而未果者・誠以相門尊高・非布衣可以私謁　・其或關衡石輕重・非先書導誠素　・則無以爲也・然而潛是心不爲身有所・祈輸誠於相公・得不以常常之心憐其持意耶・陸生有言曰・天下安注意相・今屬凶孽新夷・泰階初平・天下之懸懸其心・復魏文貞・房梁公・姚梁公・宋開府致太宗元宗故事・若啼嬰兒待哺・塞是望者・獨相公・是以聞相公以是爲心・卽房宋不死・二宗之道・盡得施於上矣・語不云乎・雖有鎡基・不如乘時・自用武以來・至於今日・不謂無時・得其時・而不乘之以貞觀開元治平之勢・則

勢之過如發矢耳・此所以爲相公惜・是時之難再也・且天下欲上如二宗待相公而肖之耳・今相公豈不待天下之士・而坐爲房宋者也・又非有其時・無其人・人與時偕有矣・豈可厚誣多士・謂無一可與言房宋故事者邪・

昔宓不齊邑不方百里・師五老而友二十八人・齊桓公爲諸侯盟主・有坐友三人・諫臣五人・舉過者三十人・周公相成王・躬吐握之勞・所執贄於窮閻隘巷者七十人・彼一聖二賢・挈下戴上・非獨責成其心・而天下之人故至・於今稱爲聖賢・況當相公首築太平之基・焉知夫有心者不磨勇養氣・待相公呼而出之邪・今云云論者・見犬戎退邊・不數十里・便謂邊無可虞・虜無能爲・見趙魏之地・死一帥易一將・便謂天下無事・廟堂可以高枕・此豈知相公第欲因前之無事・不欲爲巍巍蕩蕩之績乎・

抑某聞宰相之事・必以天下爲言・以衡石言之・豈不資天下錙銖輕重爲平準者邪・以鼎實言之・豈不資天下水陸飛走爲滋味者邪・若軻者・雖有生之微・豈不資衡鼎之一物乎・伏念自知書來・恥不爲章句小說・桎梏聲病之學・敢希跐躩蹤・切慕左邱明・揚子雲・司馬子長・班孟堅之爲書・故比居廬山亦常有述作・幸當相公調元厚生之次・不使一物不遂其性・一夫不獲其心・是宜天下褐衣之徒・孤立藝進之秋也・謹獻所嘗著隋鑑一卷・左史十卷・伏希樞務之暇・賜一覽讀・恩幸恩幸・軻恐懼再拜・

再上崔相公書

劉軻謹再拜相公閣下・先獻書三日・軻將出通化門・其心遲遲然・若虛其腹如未厭其食者・且曰今嗣聖重光・相公登庸・天下褒誠蓄志之士・將千里願獻計於相公者固多矣・適會其時・得觀光輦下・云欲出東門・歸江湖業爲儒生・閱天下利病・苟無一詞聞天下善否・將何以見江漢之士・故退於逆旅・思有以效誠於相公者・伏念挈瓶負薪之言・古人不遺・相公其遺邪・某自惟輟耕窮書・或得侍坐於縉紳長者・屬文駕說之士・每議及國朝相府間事・言貞觀則房魏・言開元則姚宋・自貞觀數十歲至開元中間・豈無房魏之相邪・自開元數十歲至於今中間・豈無姚宋之相邪・何說者局於四而不至於五六邪・豈無繼之者・力不足而追不及邪・將力足追及而曰非大有爲之時・而不能爲之者邪・某嘗試言之矣・

夫北轅適楚・南轅適晉・是不可到・日暮途遠・是豈力不足追不及邪・不由其道故也・然則非說者不屈指五六而局於四也・故天子以天下事歸於相府・相府以天下事爲己任・故伊尹自負以天下之重・周公亦潛心於伊尹耳・故曰・周公兼三王・以施四事・夫周公之潛心於伊尹而不愧爲伊尹・獨伊尹恥其君不及堯舜・故其心愧恥・夫其存心直下千歲無人嗣續・惟梁公鄭公・高視千載之上・始潛心於伊尹・且亦惟恐太宗不及堯舜・故得諡以經緯天地曰宗・爲不祧之廟・至姚公宋公又潛心於房魏亦惟恐元宗不及太宗・故致時雍復貞觀治平之風焉・某請梗概姚宋舊事而言之・諸說以姚之爲相也・先有司・罷冗職・修舊法・百官各盡其才・又奏請無赦宥・無數遷吏・無任功臣以政・於是上責成於下・下權歸於上・上下交而天下泰矣・故曰姚善應變・所以成天下之務・宋之爲相也・以彌綸爲己任・亦以筆硯專隨・故曰宋善守

文・所以待天下之正・繇是四十年間・威振四海・教加百姓・政歸有司・綺繻羅紈之家・請謁不行・而戚里束手矣・故生於開元天寶之間・自幼迨强・仕女有家・男有室耳・不聞鉦鼓・目不識兵革・故元宗無事・恭事元默而已矣・今上新嗣大位・相公新揭大柄・必欲盡天下善美以調和鼎味・冀所以沃天心而福衆庶也・

某知相公・固亦潛心於姚宋・亦恐聖君不及元宗焉・夫姚宋潛心於房魏而已無愧於房魏・今相公已潛心於姚宋詎得有愧於姚宋邪・夫惟無愧・實在應變成務・守文持正・踐其迹必至其所至・俾後人之談者・自四公而加相國焉・相公必以是爲心・某知相公未得高枕於廟堂之上者・有四矣・孔子曰・不患寡而患不均・今緣邊八鎭之士・聞六軍之人坐以受賜・莫不開口以待哺・將欲賈餘勇以壯邊勢・惟恐不厚於六軍之賜矣・此亦賞過乎功者不得不搖心也・非所謂至賞不費・賞明而教行者也・某切謂相公未得高枕於廟堂之上一也・聖上自儲副卽祚・蓋三代不刊之事・雖巷兒街童・知其必然・彼貪天之功者・以爲房闥永巷北宮貞伯子之能事・必陰教是謀・出一時之策畫・寵以懷黃垂組・不謂無恩矣・脫或天光獨私・恩無與對・使權量天下輕重・以專備顧問・雖賢如史鰌・納忠勤心・恐必漸宏恭之勢矣・古之聖賢遏禍於未芽・芽而滋之・根著而不可拔矣・某謂相公未得高枕於廟堂之上二也・昔西京初・留侯譏高祖表用蕭曹故人・東漢初・鄧禹戒光武以功臣專任・貞觀初・太宗自秦府登極・有上對事者・請以秦府舊兵追入宿衞・太宗曰・朕方以天下爲家・惟才行是取・何新舊爲・夫以一家國爲言・誰能無私・必以天下爲言・孰非王人・而以家國之私於天下也・范燁云・舉德則功不必厚・奉勞則人或匪賢・必處非其地・非所以優貸而見惜其功也・故姚宋所以無任功臣以政・其在玆乎・是以門開誰與長閉・此某切謂相公未得高枕於廟堂之上三也・日者有自邊兵來曰・凡事閱於目而可賓於口・非鑿空架虛・事游談者也・且國家所以禦戎狄爲邊垣者・朔方爲大・夫朔方去戎虜不數百里・而近使胡塵不至於停障者・實以邠涇之鎭・虜不敢東顧・自燕盜已來・惟朔方多軍功・內以遏不軌・外以拓胡虜・故朔方之於朝廷・雖手足之扞頭目・不是過也・比者姦回秉政・司計者析秋毫以刻肌骨・非紅粟腐帛・不及於邊兵・無襯甲之服以赤肉冒流矢者・騈門皆是・統率者雖章連十上・帝閽九重・留中莫聞・至有抽刃垂頸・祝殤禱死・貴爲節制猶無憀若是・矧責由卒隸・尙安能固其生與戎狄攻鬬邪・今鈞怨者旣逐・新恩已大洽・相公必深維前弊・思有以矯之之術・以廟算決勝・授成策於邊將者・古人以天下喻一身・以四邊同支體・以中國視心腹・支體有疾・心腹安得無憂乎・善言邊兵者・以河隴不如燕薊・燕薊不如朔方・朔方軍之地連險小・雜虜俗・習騎射擊軍者・非其父兄則其子弟・故所以無對於諸軍矣・今之存者皆諸軍遷徙・或叛孽殘寇之餘・遠鄉里・別妻子・執戈臥甲・坐不遑暖・胡塵一起・連頭應召・必無美利以啗其欲・必無爵賞以磨其勇・以之防塞・可謂連雞矣・此某謂相公未得高枕於廟堂之上四也・古之相天下者・獨勞一身・役一心・範天地・而俾無遺事於天下也・蓋存乎任使而已矣・

傳曰・使智者慮・義者行・仁者守・又曰・使智者佐仁

者・此舜所以穆四門而貞元守者也・某所以首多士之伍・進希相公必首而納之・然後開平津之閤・待白屋之士・且問曰・計安在・知政理致君之策・駢肩出於門下矣・若然者吾君不愧於二宗・相公不愧於四公・何有力足以追・而曰非其時而不爲之者邪・此小生汲汲於私心誠在乎此・切欲使後之秉史筆者・直書蕭相公故事・亦以無愧辭於史官焉・某不勝區區之志・唐突尊重・伏維矜其意而宥其罪・某恐懼再拜・

上座主書

軻今月十日祗奉牓限納雜文一卷・又聞每歲舉人・或得以書導志・軻惟顓魯・狃隸山野・未熟去就・悚惶惕息・伏惟寬明・少冥心察納・軻伏見今之舉士・競舉譽雌黃之口・而知必也定輕重於持衡之手・雖家至戶到・曾不足裨銖兩・苟自低昂已定乎・徇已者之論・是私已於有司・非公有司於已也・軻也愚・敢不以是規・軻本沛上耕人・代業儒・爲農人家・天寶末・流離於邊・徙貫南鄙・邊之人嗜翫味異乎沛・然亦未嘗輟耕舍學・與邊俗齒・且曰言忠信・行篤敬・雖夷貊行矣・(志引全句有之邦二字)故處邊如沛焉・(志無焉字)貞元中・軻僅能執經從師・元和初・方結廬於廬山之陽・日有芟夷圖畚築之役・雖震風凌雨・亦不廢力火(志作大)耨・或農圃餘隙・積書窗下・日與古人磨礱前心・歲月悠久・寢成書癖・故有三傳指要十五卷・十三代名臣議十卷・翼孟子三卷・雖不能傳於時・其於兩曜無私之燭・不爲墮棄矣・

流光自急・孤然一生・一日從友生計・裹足而西・京邑之大・居無環堵・百官之盛・親無瓜葛矣・夫何能發聲光於幽陋・雖不欲雌黃者之所輕重・豈不欲持衡者之所斤銖耶・此軻所以中夜憤激・願從寒士齒・庶或搴芳入幽・不以孤秀不擷・揀金於沙・不以泥土不取・閣下自謂此心宜如何答也・嘗讀史感和璞之事・必獻不至三・刖不至再・必獻不至再・殆幾乎無刖矣・伏荷閣下以清明重德・鎮定羣慮・衡鏡在乎蚩妍・輕重之分・咸希一定・俾退者無屈辭・進者無幸言・夫如是・非獨斯四輩之望而已矣・亦宜實公器・而荷百祿・豈祗區區世人而已哉・軻也生甚微末・甚乎魚鳥・魚鳥微物・猶能依茂林清泉以厚其生・矧體乾剛坤順之氣・不能發跡於大賢人君子之門乎・軻再拜・

上韋右丞書

右丞閣下・某切伏下風有年矣・布衣儒冠・讀書耕田・焦勞形神求古人道不爲不多・其閱今之事・極耳目之聞見・亦以半古之道參乎其心者也・行之於古既如彼・踵之於今又如此・固不必揲乎蓍・灼乎龜・而卜筮行乎其中矣・小心敢欲首天下之忠・激敢言之事・輒試貢心中事以當閣下・閣下知一事之進退・關天下之去就・今天下白屋之士・有角立秀出者・或能以黃老言・或能以儒術言・或能以刑法言・思願吐一奇・設一策・使司化源者開目而見四方之事・閣下知天下亦有是人乎・有是人無其時・與無是人同有其言而不行・其所以言與無言同・此所以理代寡而昇平之運不可得而至也・

古之大臣不惟諫君・人亦諫・君亦諫・故曰・惟尹躬暨湯咸有一德・此所以開聖聽而達天視也・昔貞觀初・天下注心於房魏・而太宗果爲堯舜・開元中・天下注心於姚宋・元

宗幾如太宗・今閣下之車轍馬跡相去俯無尺寸・天下之注心於閣下聚手而指・以爲提持大柄在閣下掌握中耳・閣下知人意參於天意耶・先天而天弗違・則其古之相天下者其道不同・及其成功一也・昔漢孝惠時・有若曹丞相以黃老施化而天下清淨・孝武時・有若公孫宏以儒術御世而天下亦治・孝宣時有若魏邴者以刑法檢下・實號中興・閣下必欲爲黃老而館舍下有膠西蓋公邪・必欲爲儒術・而門下有平津之客邪・必欲爲刑法・而與言者有温舒于公邪・此三者在閣下所嗜而行之耳・

夫橫一木而棟明堂者・其力固多・然其下有柱・柱下有石・石下有土積・三物而棟力成焉・故太元曰・崔嵬不崩羣土疆・此明上下節級有扶持之道也・今人之望閣下挺一身而棟天下必矣・抑不知棟下之柱者誰乎・柱下之石土者誰乎・此小生汲汲於私心・誠在此也・某每病比來之欲爲丞相者・馴致其道積人之望・使必曰某公必爲宰相・白麻未及下而門已扃鐍矣・此豈謂導萬物之情狀・達一人之聰明邪・且一人之耳・待宰相而聰之・一人之目・待宰相而明之・宰相之耳目・亦資天下之士・且曰是何賢於我・其言亦何補焉・此穀梁子所謂・上暗下聾也・某嘗試論之・天下之形聲・雖離婁師曠故不能周視遍聽・矧閉目掩耳而欲達天下之視聽・不亦難哉・故曰耳目在天下・聰明在宰相・故堯所以寄耳目於舜・禹時爲聰明文思之后焉・脫不以天下爲聰明・某不知其然・此亦閣下之所醜聞也・故某所徵前事而言之・意者・實欲閣下踐其地・使今之談者曰・房魏道在・吾君必爲太宗矣・區區下情・輒以此貢心焉・伏惟有其愚而捨其所持意・恩幸・某恐懼再拜・

代荀卿與楚相春申君書

前蘭陵令臣況・謹奉書於相國春申君足下・前者不知楚國前事・臣不遠引三代洎春秋・今雖戰國・亦不敢以他事白・直道今楚國盛衰之尤者・冀相君擇焉・自重黎爲火正・光融天下・鬻熊有歸德・教西伯弟子・洎汾冒熊繹・華路藍縷・以啓荊蠻・歷武文成始臣妾江漢・至莊王始與中國爭伯・此數君皆郢之祖宗・而代亦稱臣之術・五尺童子羞稱五伯・臣又何必獨爲相君道哉・然楚君但成莊而已矣・自莊而下・楚亟不競・平王嗣位・耳目倒置・伍奢以諫死・費無極以讒用・亡太子・走昭王・汚楚宮・鞭郢墓・豈不以一讒而至乎・爾下及懷王・知左徒屈原忠賢・始能付以楚政・當諸侯盛以遊說交鬬・猶以楚爲有人・無何爲上官靳尚所短・王怒疎屈平・平既疎・秦果爲張儀計陷楚之商於地・儀計行・秦果欺楚・是以有藍田之役・丹徒之敗・懷王囚不出咸陽・亡不越魏境・客死而尸歸・至今爲楚痛・豈不曰疎屈平親靳尚而至於爾・人亦謂令尹子蘭・不得翛然無非・已不能疾讒・又從而借之・俾屈生溺・離騷爲之作・襄王以前事・歷目切骨・雖有宋玉唐勒景差輩子弟・賦風吊屈而已・又何能免玉於矢石哉・今相君自左徒爲令尹・封以號春申君・楚於相君・設不能引伍奢屈平以輔政・復不能拒無極靳尚之口弭・臣見泗上諸侯・不北轅不來矣・夫如是・漢水雖深・不爲楚塹・方城雖高・不爲楚險・相君雖賢・欲舍楚而何之也・

今有李園者·世以諛媚薦寵·喜以陰計中上·根結枝布·寖爲難拔·相君若不以此時去之·則王之左右前後·不斬尙則無極·詎獨臣之不再用也·前月相君聘至·跪書受命·且曰若惡若仇·若善若師·眞宰相之心·脫李園何至·費靳方試·何害臣之不再罷蘭陵也哉·敢輒盡布諸執事·而無遂子蘭之非，況之望也·楚子之幸也·

重與陸賓虞書

別韶卿已逾時·雖游處讌賞不接·然予心未嘗一日去韶卿也·且京洛相去八百里·足以絕韶卿車轍馬跡·矧又自洛南而東·涉淮浮江·泓洄數千里·安得不悒悒西望邪·

比予在輦下五六年·始不知韶卿·及知韶卿·兩心始親·而形骸已相遠·苟未能忘情·忍不酸鼻出涕爲吾友之思邪·前陸榛來·得韶卿書·知韶卿欲屈道以從人·求京兆解送·知韶卿道在與否·固不在首解於京兆也·愚嘗謂與遊者道·韶卿膚未鷄·髮未鶴·然其心甚老·脫一旦脅肩低眉·與諸子爭甲乙於縣官·豈愚所謂甚老者邪·韶卿曾不是思也·愚所謂首出者·謂四科首顏閔·三十世家首太伯·七十列傳首伯夷·其爲首出豈不多邪·韶卿不首於是·而欲首於何哉·

僕又聞京兆等試·試官知與否·脫有知韶卿令聞·烏有不心躬嘿禮虛冠絕以待之耶·夫然·亦何害小伸於知己耳·不然則東國絀臣·西山餓夫·微仲尼·何傷爲展季伯夷矣·韶卿獨不見既得者邪·豈盡爲顏子太伯伯夷·然幸韶卿熟思之·無以予不食太牢爲不知味者也·前月中兩寄狀·計必有一達者·過重陽當決策東去·計韶卿無以予身遠而不予思也·勉矣自愛·策名春官後·當會我於眞山·

與馬植書

始存之不以予古拙·不責予以今人之態·能遺其鉛黃外飾·直索予心於古人之心·在今之行古者·然雖無以應君子·幸存之不友予以面·予何人·敢不以心友於存之耶·且古人相知在此·今愚忌存之固有未予知者·矧與相面者·其能異於行路之人哉·固無也·有恨羣居時·口未能言及此·還罷·又不相處·雖素尙蓄積·竟未得露一豪於方寸之地·每一相見·何嘗不嗛嗛於內·若飲者實滿於腹·思一吐而未果者·存之謂予是言似乎哉·以爲似·則予不得不吐於存之矣·

先此二十年·予方去兒童·心將事四方·志若學山者以一簣不止·望嶔崟於上·誓不以邱陵其心而盡乎中道也·志且未決·適遭天譴·重罹凶咎·日月之下·獨有形影·存之以予此時宜如何心哉·苟將盡餘息以鴻同大化·或有論予者·相曉以古道·且曰·若身未立於時·若名未揚於人·若且死·獨不畏聖人之經戒·俾立身揚名之意邪·蹙然而恐·震駭且久曰·微夫子·吾幾得罪於聖人矣·噫·聖人之言天戒也·天戒何可違乎·歷數歲·自洙泗渡於淮·達子江·過洞庭三苗·踰郴而南·涉湞江·浮滄溟·抵羅浮·始得師于壽春揚生·揚生以傳書爲道者也·始則三代聖王·死而其道盡留於春秋·春秋之道·某以不下牀而求之·求之必謀吾所傳不失其指·每問一卷·講一經說一傳·疑周公孔子左邱明

公羊高穀梁赤若廻環在座．以假生之口以達其心也．邇來數年．精力刻竭．希金口木舌．將以卒其業．雖未能無愧於古人．然於聖人之道．非不孜孜也．既而曰．以是爲駕說之儒．曷若爲行道之儒邪．貯之於心．有經實施之於事者．有古道猶不愈於堆案滿架．矻矻於筆硯間邪．徒念既往者．未及孔門之宮牆．自謂與囘牛相上下．傳經意者．家家自以爲商偃．執史筆者．人人自以爲遷固．此愚所以憤悱思．欲以聖人之爲市南宜僚以解其紛．以衡石輕重．俾將來者知聖代有譙周焉．此某所以蓄其心者．

元和初．方下羅浮．越梅嶺．泛贛江．浮彭蠡．又抵於匡廬．匡廬有隱士茅君．腹笥古今史．且能言其工拙贅蠹．語經之文．聖人之語．歷歷如指掌．予又從而明之者．若出弁置之於泰山之上．其爲見非不宏矣．長恨司馬子長謂挈諸聖賢者．豈不然乎哉．脫漸子長之言．予之厄窮其身．將淬磨其心亦天也．是天有意．我獨無恙．何也．夫然．亦何必瞽吾目．然後國語．刖吾足．然後兵法．抵宮刑然後史記邪．予是以自忘其愚瞽．故有四傳指要十五卷．漢書右史十卷．黃中通理三卷．翼孟三卷．隋鑑一卷．三禪五革一卷．每撰一書．何嘗不覃精潛思．綿絡指統．或有鼓吹於大君之前曰．眞良史矣．且曰上古之人．不能昭明矣．某其如何．有知予者．相期不啻於今人．存之信然乎哉．此古人所以許一死以謝知已．誠難事也．如不難．亦何爲必以古人期於今人待邪．又自史記班漢以來．秉史筆者．予盡知其人矣．言東漢有若陳宗．尹敏．伏無忌．邊韶．崔寔．馬日磾．蔡邕．盧植．司馬彪．華嶠．范燁．袁宏．言國志有若衛顗．繆襲．應璩．王沈．傅元．茅曜．薛瑩．華覈．陳壽．言晉洛京史．有若陸機．束晳．王銓．銓子隱．言江左史．有若鄧粲．孫盛．王韶之．檀道鸞．何法盛．臧榮緒．言宋史有若何承天．裴松之．蘇寶圭．沈約．裴子野．言齊史有若江文通．吳均．言梁史有若周興嗣．鮑行卿．何之元．劉璠．言陳史．有若顧野王．傅宰．陸瓊．姚察．察子思廉．言十六國史有若崔鴻．言魏史有若鄧淵．崔浩．浩弟覽．高允．張偉．劉横．李彪．邢巒．溫子昇．魏收．言北齊史有若祖孝徵．陸元規．陽休之．杜臺卿．崔子發．李德林．林子百藥．言後周史有若柳虬．牛宏．令狐德棻．岑文本．言隋書有若王師．邵王胄．顏師古．孔穎達．於志寧．李延壽．言皇家受命有若溫大雅．魏鄭公．房梁公．長孫趙公．許敬宗．劉允之．楊仁卿．顧允．牛鳳及劉子元．朱敬則．徐堅．吳兢．次而修者．亦近在耳目．於戲．自東觀至武德以來．其間作者．遺草有未行於時．及修撰未既者．如聞並藏於史閣．固非外學者可得究．諸子雖無聞良史．至於實錄品藻．增損詳畧．亦各有新意．豈無班馬之文質．董史之遺直者邪．蓋有之矣．我未之見也．常欲以春秋條貫．刪補冗闕．掇拾衆美．成一家之盡善．有若採葑菲者．無以下體．衣狐裘者．無以羔袖．言不多乎哉．以爲多．則存之．視予力志如何耳．

昔阮嗣宗嗜酒．當時以爲步兵校尉．雖非其任．貴且快意．今予之嗜書．有甚於嗣宗之嗜酒．且虛其腹若待哺而實者．存之宜如何處予哉．傳不云乎．心志既通．名譽不聞．其足下何遺邪．此存之所宜動心也．脫祿不及厚孤弱．名不及善知友．匡廬之下．猶有田一成．耕牛兩具．僮僕爲相．

雜書萬卷・亦足以養高頤神・誠知非夫丈矣・所立固不失谷口鄭子眞耳・敢布諸足下共圖之・某再拜・

三傳指要序

先儒以春秋之有三傳・若天之有三光然・然則春秋蓋聖人之文乎・聖人之文天也・天其少變乎・故詩有變風・易有變體・春秋有變例・變之爲義也・非介然溫習之所至・頤乎其粹者也・軻嘗病先儒・各固（一作因）所習・互相矛盾・學者準裁無所・豈先聖後經以闢後生者邪・抑守文持論・敗潰失據者之過邪・次又病今之學者・涉流而迷源・捨經以習（一作而習）傳・摭直（一作其）言而不知其所以言・此所謂去經緯而從組績者矣・既傳生于經・亦所以言此緯於經也・

三家者・蓋同門而異戶・庸得不要其終以會（一作而會）其歸乎・愚誠顓蒙・敢會三家必當之言列於經下・撰成十五卷・目之曰三傳指要・冀始涉者開卷有以見聖賢之心焉・俾左氏富而不誣・公羊裁而不俗・穀梁淸而不短・幸是非殆乎息矣・庶儒道君子有以相期於孔氏之門・

黃石巖院記

古老有言曰・太極之氣積而爲山岳・洩而爲川瀆・然則匡阜之氣其大矣乎・（志作也乎）・庚辰歲山客劉軻・探拾怪異・自麓至頂・却下半里餘・次於黃石巖・巖中有棲禪・予不知其幾許臘・而瓌（志作外誤）行峻節・人事難能・僕高其人・而信宿忘返・頤其輕重・頗見其宅心之地・乃問其住年・但手指松桂云・初豪髮我植・今環人臂・鳥飛兎走・吾復何齒・矧卯戌之昏旦・霜炎（志作灰誤）之凍炙・生落之榮悴・去留之沿泝・雖云云自彼・而於我蔑如也・於戲・向非嚴房峭絕・僧行孤峙・則人境兩失・固其宜也・復何言哉・

觀夫烟雲生（志作雜）於履舄・嵐靄出於襟袖・羣形浩擾・併入眸子・每至烟雨初霽・山光澄練・冷冷仙語如在耳右・況又聳凌競上・冥冥焉・知不能與洪厓接袂・浮邱連駕・盈縮造化・吐納顥氣・絕慚容於厚（志作後誤）面・遠喧卑之腥穢乎・不得而然者・蓋鉤也・餌也・名爲利鉤・利爲名餌・吞鉤食餌・手足羈鎖・彼焉得跳躍於此乎・夫禪子脫去桎梏・四支宣展・動與雲無心・靜將石何機・物我一致・端邪徑塞・僕所謂非斯人不能住斯境也・禪師宜春人・俗姓劉・名常進・時（志作名常尋無進時字）人以師久住・遂以其姓易其巖名云・

王氏廣陵散記

衆樂琴之臣妾也・廣陵散曲之師長也・瑯瑘王淹兄女・未笄・忽彈此曲・不從地出・不從天降・如有宗師存焉・曲有日宮散・月宮散・歸雲引・華嶽引・意者・虛寂之中・有宰察之神司其妙・有以授王女・於戲・天地鄙悋而絕・神明倜儻而授・中散沒而王女生・其間寂寥五六百年・先王作樂殷薦上帝・有不得而聞者・鼓鍾時動・敢告於太師・

棲霞寺故大德玭律師碑

世說域中四名刹・棲霞其一・以其高僧世出・自齊梁間大小郎至大師・聲聞相襲・故江左重耳名・謂棲霞大師焉・大師諱曇玭・俗姓王氏・晉瑯琊文憲公後・自永嘉南遷・爲

句曲人・王父師虔・會稽守・虔生智・高尚不仕・州里號掬處士・生大師・自孩抱絕不爲兒弄・麾能言・標頴聰拔・羣言秘旨・迎耳必了・及長不茹葷血・乃曰天其或者將滌吾器耶・既落髮於金陵希瑜律師・受戒於過海鑒眞大師・後與友人高陵恩律師・追遠永之遊・乃偕隱匡廬之東林・雖欲遺名而名已高矣・於是奔走吳楚青徐之學者・始五臘・講律令豫章龍興・環座捧帙者麻葦・明年登明寺壇・至德三載敕隸於明寺・後累蒞事於甘露壇・端肅嚴恪・儀刑梵衆・大歷初・乃歸棲霞・其蒞壇傳戒・一十五會・講訓經律三十七座・州牧蘭陵蕭公高其人・謂標望風度・詎獨鄴衛松柏耶・乃命爲僧正・紀綱大振・雖一公帖四輩之望無以上也・十四年・忽昌言於衆曰・吾以律從事・自謂無愧於篇聚矣・然猶未去聲聞之縛・既而探曹溪牛頭之旨・沈研覃思・朗然內得・乃曰・大丈夫了心當如此・建中元年・禪坐空谷・雖野馬飄鼓・星辰凌歷・云云自彼・我何事焉・後瓦官寺其徒聚謀而請曰・瓦官寰中之名刹也・大師乃江左之碩人也・捨是而不居・吾屬安仰・始出山居焉・從人欲也・無幾何・謂弟子志誠海潮等曰・吾休矣・邱丹夢電之喻必然耳・貞元十三年十一月六日丁亥坐化於瓦官寺律堂・是月景申荼毗・墖於新亭之後岡・春秋七十五・僧臘五十一・門人臨壇者有若廬陵龍興寺明則・廣陵定山寺道興・鄉邑寺行銓・臨淮開元寺澄觀・九江寶珍寺智滿・當州彭城寺惠興・瓦官寺靈津・鶴林寺常靜・天鄉寺日耀・龍興寺惠登・皆津梁後進・爲世燈燭・賢七十子而後知仲尼大聖・睹棲霞弟子得不爲師氏名焉・今寶稱領摩訶苾芻衆壇・歷廬岳大江西南・卓然首出・若商部之後・繼以掬多・得不謂釋氏之雄乎・軻夙承寶稱之知・見會叙述・且曰吾得子銘吾大師・吾無恨矣・文曰

有晉世家・地高瑯琊・產棲霞兮・宿殖有自・許身佛氏・爲釋子兮・結夫纏蓋・惠刃中淬・誰何對兮・璞琢金鎣・潭澄月映・本清淨兮・尸羅毗尼・開遮止持・作律師兮・攝深匡高・以遊以遨・鏗蒲牢兮・梵行既立・薪傳人襲・光岌岌兮・

智滿律師墖銘

昔長沙桓公・有定傾翊戴之勳・藏晉盟府・曾孫潛・高尚不仕・其後世爲匡廬高民乎・疑有應眞之士・產靈祥於栗里矣・大師諱智滿・先生九代孫也・(下闕)文曰

匡阜之下・爐峰之北・有白馬香象甚奇特兮・毛羣羽族・麟鳳稱德・紀足雲翔・就羈勒兮・大毗尼師・垂法作則・侁侁律子・用徽纏兮・法社霧擅・其儀不忒・憧憧古今・奔白黑兮・三毒六賊・本拔源塞・蘊界受降・師獨得兮・神昇茲氏・香留天棘・石墖巍巍・二林側兮・纕褐巾墨・門人之服・心喪三紀・哀然無極兮・

廬山東林寺故林壇大德墖銘幷序（志題作廬山具壽大師銘）

維元和十年冬十月已亥・我具壽大師歸於廬山東林寺・軻既庀事・門弟子道深如建等・以銘志爲急・白彭城劉軻・軻嘗執吾大師之巾錫・大師行業德狀・軻能轉志能作言之・乃走其徒持事狀於山陽草堂・具道其所以來・軻既受事・仰而哭且曰・軻何心遽忍銘吾大師・俄而曰・我而不銘而誰爲・於是銜涕漣漣・作石墖銘誌云・

大師諱上宏·俗姓饒·其先臨川人·祖公悅·父知恭·世爲南城閒儒·故大師自童子耳熟家訓·故風流舉動·造次必於儒者·年十五·脫然有方外之志·遂依舅氏出家·暨二十二歲·具戒於衡岳大圓大師·大歷八載·敕配本州景雲寺·後依南昌璡律師·學四分毗尼·既覃精研究·或從我駕說而通者日有百數·時謂景雲且在·無患無律·貞元三年·止南昌龍興寺·四方風聞者麕至·時江州峰頂寺長老法眞·台州國清寺法裔·荆州慶門寺靈裕·並有大名於時·會有事於靈壇·故三長老攝大師以臨之·至四十年春·九江守李公康以東林遠公舊社·不可以無主·固請住焉·前後涖事凡一十八會·彼域之男女繇我而作比邱者·萬有五千五百七十二人·

大師既通明大教·祖述毗奈耶·憲草修多羅·心同曹溪·事同南山·故及我門而升(志無而事)我堂者·未嘗虛返·我所以駕白牛以驅羊鹿·孰謂我爲小乘者乎·繇是薦紳先生若顏魯公姜相公·並願依遺民萊(志作莘)民舊事·待(志作侍)大師於虎邱雁門(志無雁門字)之上·故游二林者·謂生遠猶在·將大去·乃遺言於二三子曰·吾生七十有七·臘五十有六·年非不耆·臘非不高·今則去矣·爾無謂吾死·門人道深·懷縱·如建·冲契·宗一·智則·智明·雲皋·圖信·行允等·長號無怨·相與立石於墖香爐峰下·是月景寅·歸舍利於墖·從故事也·軻不得讓·薦誠於銘·銘曰

德有墖·功有銘·功可祖·德可宗·宗可師·師有資·嗚呼·千載而下·資其後者·知是墖有毗奈耶之宗師·

大唐三藏大遍覺法師墖銘

歲丁巳·開成紀年之明年·有具壽沙門曰令檢·自上京抵洛·師以縹囊盛三藏遺文傳記·訪余柴門于行修里·且曰·聞夫子斧藻羣言舊矣·詎直專聲於班馬·能不爲釋氏董狐耶·抑豈不聞貞觀初·慈恩三藏之事乎·敢矢厥來旨云·三藏事跡載國史及慈恩傳·今墖在長安城南三十里·初高宗墖於白鹿原·後徙於此·中宗製影贊諡大遍覺·肅宗賜墖額曰興教·因爲興教寺·寺在少陵原之陽·年歲寖遠·墖無主·寺無僧·荒凉殘委·游者傷目·長慶初·有衲(石刻作納)衣僧曇景始葺之·大和二年·安國寺三教談論大德內供奉賜紫義林修三藏忌齋於寺·齋衆方食·見墖上有光圓如覆鏡·道俗異之·林乃上聞·乃與兩街三學人共修身墖·兼礱一石於墖·主三年修畢·林乃化·遺言於門人令檢曰·爾必求文士銘之·檢泣奉遺教·直以銘爲請·非法允之衆嫡·誰何至此乎·軻三讓不可·乃晷而銘之·

三藏諱元奘·俗陳姓·河南緱氏人·曾父欽·後魏上黨太守·祖康·北齊國子博士·父惠英·長八尺·美鬚眉·魁岸沈厚·號通儒·時人方漢郭林宗·有子四·元奘其季也·年十三·依兄捷·石刻作摠出家於洛·屬隋季失御·乃從高祖神堯於晉陽·俄又入蜀·學攝論毗曇於基暹二法師·武德五年受具成都·精究篇聚·又學成實於趙州深·學俱舍於長安岳·於是西經前來者無不貫綜矣·初中國學者多以實相性空通貫羣說·俾象象蹄筍·往往失魚兎於得意之路·至於星羅碁布·五法三性斫秋毫以矢名相界地·生彙各有攸處·曾未

暇也・大遍覺乃興言曰・佛理圓極・片言未說・未足師決・固是經來未盡・吾當求所未聞・俾跛眇兒視履必使解行・如函蓋始可爲具人矣・且法顯智嚴何人也・猶能孤遊天竺・而我安能坐致耶・

初三藏之生母氏夢法師白衣西去・母曰・何去・曰・求法・貞觀三年・忽夢海中蘇迷盧山・遽淩波而入・乃見石蓮波外承足山・險不可上・試湧身騰踔・颯然飇舉・升中四望・廓澈無際・覺而自占曰・我西行決矣・至涼州・都督李大亮防禁特切・逼法師還京・法師乃宵遁・渡瓠盧河・出玉門・經莫賀延磧・艱難險阻・仆而復起者何止百十耶・自爾涉流沙・次伊吾高昌王・麴文泰遣貴臣以駝馬迓法師於白力城・王與太妃及統師大臣等尊以師禮・王親跪於座側・俾法師躡肩而上・資贈甚厚・送至葉護可汗衙・又以二十四封書通屈支等二十四國・獻花綪五百匹於可汗・稱法師是奴弟・(石刻作第)欲求大法於婆羅門國・願可汗憐師如憐奴・其所歷諸國爲其王禮重多此類也・自爾支提梵利(石刻作剎)神奇靈跡・往往而有・法師皆瀝誠盡敬・耳目所得・孕成多聞與夫世稱博物者何相萬耶・詳載如傳・惟至中印度那爛陁寺・寺遣下座二十人明詳儀注者引參正法藏・卽戒賢法師也・既入謁・肘膝著地・舐足已・然後起・法藏訊所從來・曰・自支那・欲依師學瑜伽論・法藏聞則涕泗曰・解我三年前夢金人之說・佇爾久矣・逐館於幼日王院覺賢房・第四重閣・日供檐步羅果一百二十枚・大人米等稱是・其尊敬如此・

法師既名流五印・三學之士・仰之如天・故大乘師號法師爲摩訶天・小乘師號解脫天・乃白大法藏請留之・法師曰・師等豈不欲支那之人開佛慧(石刻作惠)眼耶・不數日・東印度王拘摩迎法師・戒日王聞法師在拘摩處・遣使謂拘摩曰・急送支那僧來・拘摩曰・我頭可得・僧不可得・戒日神武雄勇・名震諸國・乃怒曰・爾言頭可得・可將頭來・拘摩懼・乃嚴象（石刻作為）軍二萬・船三萬與法師同泝兢伽河・築行宮於河北・拘摩自迎戒日於河南・戒日曰・支那僧正何不來・拘摩曰・大王可屈就・王既見法師・接足盡敬・且曰・弟子聞支那國有秦王破陣樂・乃問秦王是何人・法師盛談太宗應天順人事・王曰・不如此・何以爲支那主・因令法師出制惡見論・然小乘外道未卽推伏・請於曲女城集五印沙門婆羅門等・兼十八國王・觀支那法師之論・凡十八日・無敢當其鋒者・戒日知法師無留意・厚以象（石刻作為）馬橐（石刻作囊）裝餞法師・又以素疊印書・使達官送法師所經諸國・令兵衛達漢境・法師却次于闐因高昌商胡入朝・附表奏自西域還・太宗特降天使迎勞・仍制于闐等道送法師・令燉煌迎於流沙・鄯部迎於沮沫・（石刻作洙）・

時帝在洛陽・敕西京留守梁國公元齡備有司迎待・是日宿於漕上・十九年春正月・景子留守自漕奉迎於都亭・有司頒諸寺帳輿花幡送經於宏福・翌日大會於朱雀街之南・陳列法師於西域所得經象舍利等・其梵文凡五百二十夾・六百五十七部・以二十馬負而至・自朱雀至宏福十餘里・傾都士女・夾道鱗次・若人非人・曾不知幾俱胝矣・壬辰法師謁文武聖皇帝於洛陽宮・二月己亥對於儀鸞殿・因廣問雪嶺已西諸國風俗・法師皆備陳所歷・若指諸掌・太宗大悅・謂趙公無忌曰・昔苻堅稱道安爲神器・今法師出之更遠・時帝將征遼・

法師請於嵩之東林翻譯・太宗曰・師西去後・朕爲穆太后於西京造宏福寺・寺有禪院・可就翻譯・三月己巳・徙宏福・夏五月丁卯・法師方開貝葉・二十年秋七月・法師進新譯經論・仍請製經序・並進奉勅撰西域記十二卷・太宗美法師風儀・又有公輔才・俾法師裼緇褐・襲金紫・法師因以五義褒揚聖德・乞不奪其志・遂問瑜伽十七地義・太宗謂侍臣曰・朕觀佛經・猶瞻天望海・法師能於異域得是深法・非惟法師願力・亦朕與公等宿殖所會・及三藏聖教序成・神筆自寫・太宗居慶福殿・百寮陪位・坐法師・命宏文館學士上官儀對羣寮讀之・二十二年夏六月・天皇太帝居春宮・又製述聖記及菩薩藏經後序・太宗因問功德何最・法師對以度人・自隋季天下祠宇殘毀・緇伍殆絕・太宗自此勅天下諸州寺・宜各度五人・宏福寺度吾五十人・戊申皇太子宣令請法師爲慈恩上座・仍造翻經院・備儀禮・自宏福迎法師・太宗與皇太子後宮等於安福門執香爐・目而送之・至寺門・勅趙公英中書令褚引入於殿內・奏九部樂・破陣舞及百戲於庭而還・二十三年夏四月法師隨駕於翠微宮・談賞終日・太宗前席攘袂曰・恨相逢已晚・

翌日・太宗崩於含風殿・高宗卽位・法師還慈恩專務翻譯・永徽三年春三月・法師於寺端門之陽造石浮圖・高宗恐功大難成・令改用磚墖・有七級・凡一百八十尺・層層中心皆有舍利・冬十月・中宮方娠・請法師加祐・既誕・神光滿院・則中宗孝和皇帝也・請號爲佛光王・受三歸・服袈裟度七人・請法師爲王剃髮・及滿月・法師進金剛般若心經・及道具等・顯慶二年春二月・駕幸洛陽・法師與佛光王發於駕前・既到舘・於積翠宮終譯發智婆沙・法師早喪所天・因扈從還訪故里・得張氏姊・問塋壠已平矣・乃捧遺柩改葬於西原・高宗勅所司公給備喪禮・盡飾終之道・洛下道俗赴者萬餘人・釋氏榮之・三年正月・駕還西京・勅法師徙居西明寺・

高宗以法師先朝所重・禮敬彌厚・中使旁午・朝臣慰問及錫賚無虛日・法師隨得隨散・中國重於般若・前代雖翻譯猶未備・衆請譯（石刻作翻）焉・法師以功大恐難就・乃請於玉華宮翻譯・四年十月・法師如玉華・舘於肅成院・五年春正月一日・始翻梵本總二十萬偈・法師汲汲然常恐不得卒業・每厲譯徒・必當人百其心・至龍朔三年方絕筆・法師翻般若後・精力刓耗・謂門人曰・吾所事畢矣・吾瞑目後・可以籧篨爲親身物・門人雨泣・且曰・和上何遽發此言・法師曰・吾知之矣・麟德元年春正月八日・門人元覺夢一大浮圖倒・法師曰・此吾滅度之兆・遂命嘉尚法師具錄所翻經綸・（石刻作論）合七十四部・總一千三百三十八卷・又造俱胝畫像・彌勒像・各一千幀・（石刻作楨）又造素像十俱胝・供養悲敬・上油各萬人・燒百千燈・贖數萬生・乃與寺衆辭・三稱慈尊・願生內眷・至二月五日夜・弟子光等問云・和上決定得生彌勒內衆否・頷云・得生・俄而去・春秋六十九矣・

初高宗聞法師疾作・御醫相望於道・及坊州奏至・帝哀慟・爲之罷朝三日・勅坊州刺史竇師倫・令官給葬事・又勅宣聽京城僧尼送至墖所・門人奉柩於慈恩翻經堂・道俗奔赴者日盈千萬・以四月十四日葬於滻東・京畿五百里內送者百餘萬人・至總章二年四月八日・有勅徙於樊川北原・傷聖情

也．法師長七尺．眉目若畫．直視不顧．端嚴若神．自大教東流．翻譯之盛未有如法師者．雖騰蘭．澄什．康會．竺護之流無等級以寄言．其彬彬郁郁．已布唐梵新經矣．自示疾至於昇神．奇應不可殫紀．蓋莫詳位次．非上地其孰能如此乎．文（石刻作又）曰．

三藏之生．本乘願來．入自聖胎．出於鳳堆．大業之季．龍潛於並．孺子謁帝．與兄偕行．神堯奇之．善果度之．不爲人臣．必爲人師．師法未足．自洛徂蜀．學無常師．鳥必擇木．跡窮夏夷．更討身毒．寺入爛陁．師遇尸羅．王逢戒日．論得瑜伽．瑜伽師地．藏教泉府．蜎蝶（石刻作草書蝶）名數．甄抽聖緒．我握其樞．赤幡仍豎．名高曲女．歸我眞主．主當文皇．臣當蔡梁．天下貞觀．佛氏以光．光光三藏．是護是付．付得其人．經綸（石刻作論）彬彬．梵語華言．胡漢相宣．台臣筆受．御膝前席．積翠飛花．恩光奕奕．太宗序教．天皇述聖．揚於王庭．百辟流詠．三藏慰喜．靈祇介祉．蔑彼騰什．曾無此事．我功成矣．我名遂矣．脫屣玉華．昇神睹史．發棺開殮．天香馥馥．地位殊（石刻作孰）分．神人是卜．終南地高．樊川氣淸．修墖者誰．林公是營．門人令檢．實尸其事．銘勒墖旁．檢眞法子．

農夫禱

丙戌歲大飢．楚之南．江黃爲甚．明年予將之舒．途出東山．見老農輩鳩其族．爲禱於伍君祠．其誠而辭俚．因得其文以潤色之．亦以儆於百執事者云．

農夫某．謹達精誠於明神．噓嗟我耕食之人．誰非土之人．人之有求．神得不以聰明正直聽之耶．曩者．仍歲薦飢．人爲鰥嫠．田無耕夫．桑無蠶姬．癘疫瘡痍．一方尤危．踵以吳蜀弄兵．吏呼其門．毆荒餘之人．挾弓持戟．女子生別．行啼走哭．王師有征．羣盜繼誅．乃歸其居．乃復室廬．廬壞田蕪．亦莫蠲其租．今之收合餘燼．人百其力．幸大成于秋．誠慮旱而不雨．既雨而潦．必不爲潦．又慮其苗而不秀．秀而不實．又慮爲螟蝗．又慮夫廐馬之奪其食．贓吏之厚其斂焉．嗚呼．必馬無厭粟者．妾無厭羅紈者．吾斂其薄矣．亦於何厚其所薄耶．伏希神明無有所忽．禱曰．無瘠農人以肥廐馬．無寒蠶婦以暖妾奴．無銷耒耜以滋兵刃．農人不飢而天下肥．蠶婦不寒而天下安．耒耜不銷而天下饒．妾嫚而驕．兵滋而殘．馬肥而豪．不躓不馳．足食足衣．皇天皇天．胡忍是爲．苟不此爲．民其嘻嘻．神其怡怡．尙饗．

韋昌明

循州龍川人．唐長慶中進士．累官校書郎．轉秘書丞．秘書淸華之選．東南人士鮮有任者．世以爲榮．按惠州志稱．舊志謂昌明應作思明．指越井記坂塘書室石刻爲訛．然記中昌明名凡兩見．恐未必訛．而石刻乃唐循州刺史楊在堯所題．同是唐人．尤爲可信．潘志仍舊志之誤．而反疑石刻．未審何據．

越井記

南越王趙佗氏昔令龍川時．建池於嶅湖之東．阻山帶河．四面平曠．登山景望．惟此爲中．厥土沃壤．草木漸色．墾闢定規制．北距嶅十里．東距五馬峯五里．南距河里許．相對卽海珠山也．鑿井於治之東偏曰越井．取春秋時爲

南越・戰國屬楚爲百粤・秦首置南海郎以龍川隸焉・則越之封肇於春秋・而龍之壤則啓自越王佗也・

井周圍二丈許・深五丈・雖當亢旱・萬人汲之不竭・其源出慈山・泉極清冽・味甘而香・自秦距今八百七十餘年・其蹟如斯・稽史記列傳稱漢既平中國・而佗能集揚越以保南藩・稱職貢・則佗之績良足爲多・而秦徙中縣之民於南方三郡・使與百越雜處・而龍有中縣之民四家・昌明祖以陝中人來此・已幾三十五代矣・實與越井相終始・故記之如此・乾符五年十月之吉・

鄭　愚　番禺人・唐開成二年進士・授祕書省校書郎・累遷尚書郎・咸通初・爲桂管觀察使・旋領嶺南西道節度使有禦守功・徵拜禮部侍郎・八年知貢舉・舊制詩賦多出古句爲題・士蹈襲成篇・時詔放雲南子弟還國・愚以此命題・士多擱筆・擢鄭洪業爲第一人・輿論咸頌其公・黃巢平後・廣州殘破・僖宗復命愚出鎮南海・以撫綏功召拜尚書右僕射・其鎮廣州嘗於越王山搆亭作記・今不傳・阮志藝文畧鄭愚集・見遂初堂書目・今佚・

潭洲大溈山同慶寺大圓禪師碑銘并序

天下之言道術者多矣・各用所宗爲是・而五常教化人事不外乎性命精神之際・史氏以爲道家之言・故老莊之類是也・其書具存・然至盪情累・外生死・出于有無之間・翛然獨得・言象不可以擬議・勝妙不可以意況・則浮屠氏之言禪者・庶幾乎盡也・有我無所用其辨・巧歷無所用其數・愈得者愈失・愈是者愈非・我則我矣・不知我者誰氏・知則知矣・不知知者何以・無其無不能盡・空其空不能了・是者無所不是・得者無所不得・山林不必寂・城市不必喧・無春夏秋冬四時之行・無得失是非去來之蹟・非盡無也・冥于順也・遇所卽而安・故不介于時・當其處無必・故不踞于物・其大旨如此・其徒雖千百・得者無一二・近代言之者必有宗・宗必有師・師必有傳・然非聰明瑰宏傑達之器・不能得其傳・當其傳・皆是時之鴻龐偉絕之度也・

今長沙郡西北有山名大溈・蟠林穹谷・不知其嵐幾千百重・爲熊豹虎兕之封・虺蜮蚺蟒之宅・雖夷人射獵虞跡樵甿不敢由從也・師始僧號靈祐・福州人・笠首屩足・背閩來游・奄于翳薈・非食時不出・凄凄風雨・默坐而已・恬然晝夕・物不能害・夫非外生死・忘憂患・冥順天和者・孰能與于是哉・昔孔門殆庶之士・以簞瓢樂陋巷・夫子猶稱詠之不足・言人不堪其憂・以其有生之厚也・且死生于人・得喪之大者也・既無得于生・必無得于死・既無得于得・必無得于失・故于其間得失・是非所不容・措委化而已・其爲道術・天下之能事畢矣・皆語涉是非之端・辨之益感無補于學者・今不論也・師既以茲爲事・其徒稍稍從之・則與之結構廬室・與之伐去陰黑・以至于千有餘人・自爲飲食綱紀・而于師言無所是非・其有問者・隨語而答・不强所不能也・數十年言佛者・天下以爲稱首・武宗毀寺逐僧・遂空其所・師遽裹首爲民惟恐出・蚩蚩之輩有識者・益貴重之矣・後湖南觀察使故相國裴公休・酷好佛事・値宣宗釋武宗之禁・固請迎而出之・乘之以己輿・親爲其徒列・又議重削其鬚髮・師始不欲・戲其徒曰・爾以鬚髮爲佛耶・其徒愈强之・不得已又笑而從之・復到其所居爲同慶寺而歸之・諸徒復來・其事如初・師皆幻視無所爲意・忽一二日笑報其徒・示若有疾・以

大中七年正月九日終于同慶精廬・年八十三・僧臘五十五・卽窆于大溈之南阜・其徒言將終之日・水泉旱竭・禽鳥號鳴・草木皆白・雖其事語且不經・又非師所得之意・故不書・師始聞法于江西百丈懷海禪寺師・謚曰大智・其傳付宗系僧牒甚明・此不復出・師亡後十一年・其徒有以師之道上聞・始詔加謚號及墳塔・以厚其終・豈達者所爲耶・

噫・人生萬類之最靈者・而以精神爲本・自童孺至老白首・始于飲食・漸於功名利養・是非嫉妬・得失憂喜・晝夜纏縛・又其念慮・未嘗時餉歷息・煎熬形器・起如寃仇・行坐則思想・偃臥則魂夢・以耽沈之利・欲投老朽之筋骸・餐飯既耗・齒髮已弊・又拔白餌藥・以從其事・外則夸人・內則欺己・曾不知息形休影・捐慮安神・自求須臾之暇・以至溘然而盡・親交不啻如行路・利養悉委之他人・愧負責于神明・辱殆流于後嗣・淫渝汗漫・不能自止・斯皆自心而發・不可不制以道術・道術之妙・莫有及此・佛經之說・益以神性・然其歸趣中臻無有・僧事千百・不可梗概・各言宗教・自號矛盾・故褐衣髡首・未必皆是・若予者・少抱幽憂之疾・長多羈旅之役・形彫氣乏・嘗不逮人・行年五十已極遲□・既無妻子之戀・思近田閭之樂・非敢强也・恨不能也・況洗心于是・踰三十載・適師之徒・有審虔者・以師之圖形自大溈來・知予學佛・求爲讚說・觀其圖狀・果前所謂鴻龐偉絕之度者也・則報之曰・師形實無可贊・心或可言・心又無體・自忘吾說・審虔不信・益欲贊之云云・既與其贊・則又曰吾徒居大溈者尙多・感師之開悟者不一・相與伐石砍碑・師之道于精廬之前・欲其文辭近吾師之側・謂予又不得不爲也・予笑不應・後十來予門・益堅其語・且思文字之空與碑之妄・空妄既等・則又何虞・咸通六年・歲在乙酉・草創其事・會予有疾・明年二月始迄其銘・又因其說以自警觸・故立其意不專以褒大溈之事云爾・銘曰・

湖之南・湘之西・山大溈・深無溪・虎日笑・猿又蹄・雨檝檝・風淒淒・高入雲・不可梯・雖欲去・誰與携・彼上人・忘其身・一晏坐・千餘旬・去無疎・來無親・夷積阻・構嶙峋・棟宇成・供養陳・我不知・徒自勤・物之生・孰無情・識好惡・知寵驚・眞物藏・百慮陳・隨婉轉・任崢嶸・雪糊天・月不明・金在鑛・大收熒・我不知・天地先・無首尾・功用全・立度備・萬行圓・自常隨・在畔邊・要卽用・長目前・非艱難・不幽元・哀世徒・苦馳驅・覓作佛・何其愚・算海沙・登迷廬・眼喘喘・心區區・見得失・繫榮枯・棄知覺・求形模・近似遠・易復難・但無事・心卽安・少思慮・簡悲歡・淨蕩蕩・圓團團・更無物・不勞看・聽他語・被人謾・生必死・理之常・榮必悴・非改張・造衆罪・欺心王・作少福・須天堂・善惡報・正身當・自結裹・無人將・心作惡・口說空・欺木石・嚇盲聾・牛阿旁・鬼五通・專覷捕・見西東・禁定住・陽朦朧・與作爲・事不同・最上乘・有想基・無結淨・本無爲・人不見・自心知・動便是・莫狐疑・其下說・設文詞・識此意・見吾師・

劉　瞻　字幾之・彭城人・徙桂陽・（今連州）大中進士・登博學鴻詞科・累官至中書侍郎・同平章事・新舊唐書皆有傳・

按舊唐書載・同昌公主薨・懿宗以翰林醫官韓宗紹用藥無效・逮捕至三百餘人・瞻上疏切諫・帝即日罷瞻相位・新唐書又言・瞻既累貶・公主壻路巖等意未慊・按圖視驩州道萬里・再貶驩州司戶參軍・僖宗立復入相・居位三月卒・

諫捕翰林醫官疏

臣聞修短之期・人之定分・賢愚共一・今古攸同・喬松蕣花・稟氣各異・至如籛鏗壽考・不因有智而延齡・顏子早亡・不爲不賢而促壽・此皆含靈稟氣・修短自然之理也・一昨同昌公主・久嬰危疾・深軫聖慈・醫藥無徵・幽明遽隔・陛下過鍾宸愛・痛切追思・爰責醫工・令從嚴憲・然韓宗紹等・因緣藝術・備荷寵榮・想於診候之時・無不盡其方術・亦欲病如沃雪・藥暫通神・其奈禍福難移・竟成差跌・原其情狀・亦可哀矜・而差悞之愆・死未塞責・自陛下雷霆一怒・朝野震驚・囚九族于狴牢・因兩人之藥悞・老幼械繫・三百餘人・咸云宗紹荷恩之日・寸祿不霑・進藥之時・又不同議・此乃禍從天降・罪匪己爲・物議沸騰・道路嗟嘆・陛下以寬仁厚德・御宇十年・四海萬邦・咸歌聖政・何事遽移前志・頓易初心・以達理知命之君・涉肆暴不明之謗・且詢宮女而違道・因平人而結寃・此皆陛下安不思危・忿不思難者也・陛下信崇釋典・留意生天・大要不過・喜捨慈悲・方便布施・不生惡念・所謂福田・則業累盡消・往生叨利・比居濁惡・未可同年・伏望陛下盡釋繫囚・易怒爲喜・虔奉空王之敎・以資愛主之靈・中外臣寮・同深懇激・

劉遵禮墓誌銘

唐故內庄宅使・銀青光祿大夫・行內侍省內侍員外置同正員・上柱國彭城縣開國子・食邑五百戶・賜紫金魚袋・贈左監門衛大將軍・劉公墓誌銘幷序・

公諱遵禮・字魯卿・帝堯垂裔・實分受姓之分・隆漢勃興・更表昌宗之盛・靈源彌遠・瑞慶斯長・史不絕書・代稱其德・曾祖諱英皇任遊擊將軍・守左武衛翊府中郎將・韜鈐粤術・倜儻奇材・運阨當年・位不及量・僖伯有後・累生英賢・烈祖諱宏・規皇任左・神策軍護軍中尉・特進行左武衛上將軍・知內侍省事・贈開府儀同三司・揚州大都督・沛國公・佐治累朝・出入貴仕・文經武畧・茂績嘉庸・誓著山河・勳銘金石・訓傳令嗣・慶集德門・即今開府・儀同三司・內侍監致仕・徐國公名行深也・公即開府第五子・穎悟於齠齓・温克於童蒙・孝敬自稟於生知・忠恪允符於夙習・爰當妙齒・即履宦途・以寶曆諱二年入仕・重位要權・爭用爲寮・宷資鴻漸之勢・俟麟角之成・雍容令圖・遜讓美秩・開成五年・方賜緑授將仕郎・掖庭局宮教博士・充宣徽庫家・地密務殷・選淸材稱・擧止有裕・階資漸登・會昌元年授登仕郎・四年授承務郎・常在禁闈・日奉宸扆・皆貴游之子弟・爲顯仕之梯媒・親切無倫・親近少比・特加供奉・命服仍領太醫・六年賜服銀朱加供奉官・轉徵仕郎內僕局令・充監醫官院使・親承顧問・莫厚於宣徽・榮耀服章・無加於紫綬・其年六月・授宣義郎・改充宣徽北院使・十一月・賜紫金魚袋・階秩表仕進之績・爵邑列恩寵之榮・旣屬上材・因

降優命・大中二年・授朝散大夫彭城開國子・食邑五百戶・密侍右遷樞軸・備選邊防・經制才畧所先・公論咸推・帝命惟允・五年改充宣徽南院使・尋兼充京西京北制置堡戍使・壖埸設備・今古重難・俾無奔突之虞・用致煙塵之息・凡所更作・大叶機宜・與能疇勞・換職進秩・其年使迴改大盈庫使・旋授宮闈局令・夫良弓勁矢・武衛戎裝・器號魚文・名掩繁弱・帑藏之貯・進御是須・多資峻嚴・以綰要重・七年改內弓箭庫使・又以上田甲第・職夥吏繁・禁省之中・號爲難理・苟非利刃・寧惣劇權・八年・改內莊宅使・出護戎機・實爲重寄・受歷試之選・膺貞律之求・爰以周通・遂愈推擇・九年改充海監軍使・共綏武旅・旁協師臣・儻非其材・亦罕濟用・雅聞懿績・更蒞雄藩・十二年・改鄆州監軍使・出入之宜・勞逸是繫・履踐之美・重沓爲優・十三年赴闕・明年授營幕使・其年再領弓箭庫使・咸通元年・十二月・轉掖庭令・雲蝌洼產・驥子龍孫・當星馳電逸之場・列中皂內閑之藉・寶鞭玉勒・足蹀首驤・繫於伯樂之知・懸在伏波之式・鑒精事重・匪易其人・三年遂授內飛龍使・休聲益暢・睿渥彌敷・進於崇班・示以懋賞・四年授內侍省內侍・地控西陲・任當戎事・思得妙畧・冀絕邊虞・五年改邠寧監軍・外展殊勳・內缺要務・人思舊政・主洽新恩・七年復拜內莊宅使・顧遇益隆・兢謹愈至・將申大用・先命崇階・八年授銀青光祿大夫・嗚呼・得君逢時・材長數促・性命之際・賢哲莫窮・咸通九年・孟夏遘疾・優旨許歸就醫藥・鍼砭無及・湯劑徒施・莫逢西域之靈香・遽歎東流之遊水・以其年六月十四日薨於來庭里私第・享年五十三・八月五日詔贈左監門衛大將軍・

竊惟開府以仁・誼承家用・忠貞事主・德齊嵩華・量廣滄溟・便藩顯榮・洋溢功業・掌鈞軸則彌縫大政・綰戎務則訓齊全師・勤以奉公・寬而濟衆・書于史冊・播在朝廷・故得朱紫盈門・輝光滿目・公之仲季・時少比倫・並以出人之材・各奉趨庭之訓・優秩佳職・後弟前兄・而公不享遐齡・豈神之孤衆望也・是以開府惋惜・軫極悲懷・夫人咸陽縣君田氏・四德咸臻・六姻共仰・婦道克順・母儀聿修・有子四人・長曰重易・給事郎內侍省內侍府局丞・次曰重允・宣徽庫家登仕郎內侍省奚官局丞・又其次曰重益・曰重則・並已賜祿・皆以孝愛由己・明敏居心・在公處私・克守訓範・以似以續・家肥國華・今則喪過乎哀・毀焉在疚・宅兆既卜・日月有時・十一月八日銜哀奉喪・窆于萬年縣崇義鄉滻川西原・禮也・佳城永閟・昭代長違・生也有涯・前距百齡才及半・死如可作・後游九原當與歸・瞻叨職內廷・特承宗顧・刊刻期於不朽・叙述固以無私・銘曰・積德之孫・大勳之嗣・允文允武・有材有位・既遇明時・將膺寵寄・樞機之任・咫尺而至・命不副才・期而爽遂・崇崇德門・侊侊令子・垂裕後昆・流千萬祀・

五代

黃　損　字益之·連州人·梁龍德二年進士·仕南漢主劉龑幕府·授永州團練判官·累遷尚書左僕射·損初爲高祖親任·畧地封建多出損策·後以諫建南薰殿忤旨·退居永州北滄塘湖上病卒·所著三要·無卷數·射法一卷·桂香集十卷佚·

諫南漢主建南薰殿疏

陛下之國·東抵閩粤·西逮荆楚·北阻彭蠡之波·南負滄溟之險·益擧五嶺而表之·犀象珠玉翠玳果布之富甲于天下·所謂金城湯池·用武之地也·今民庶窮落·而工役繁興·天災人怨·兵家所忌·苟或不虞·其何恃以爲戰·且湘洛未平·荆吳獷狡·正宜務農息民以宏聖基·庶遏强敵·乃縱耳目之好·盡生民之膏·興土木之工·傷樸素之化·供一己逸欲而失天下心·臣竊以爲陛下不取也·

鍾允章　其先邕州人·徙番禺·南漢劉龑時進士及第·累遷至中書舍人·晟嗣位·尤見知·拜工部郎中·使楚求婚不遂·還言楚可攻取狀·晟遣指揮吳珣伐之·克賀桂連宜嚴梧蒙七州·以首議功·賞賚甚盛·命教長子鋹·鋹嗣位·擢尙書左丞參政事·時鋹委政宦者·允章數請誅之·羣小側目·爲宦者·許彥眞誣害·族誅·

碧落洞天雲華御室記

大漢享國之三十有三祀龍集·己酉季冬·蓂開十四葉·上以萬機有暇·四海無波·時屬祈寒·節當冬狩·九卿扈駕·百司隨鑾巡英州·舍于閬石·翌日排仙杖·整翠華·羽衞星羅·旗幢雲布·嶽靈警蹕·風泊淸塵·上衣龍章絳袍·曳鳳文翠綬·佩流黃鏤金之劍·御靈飛凌崖之輿·幸茲盤龍石室者也·

伏惟陛下·聖惟天縱·功格帝堯·味道探玄·奉眞元之祀·端拱垂衮·返淳樸之風·百度惟貞·九圍承式·因訪淸虛之景·爰追汗漫之遊·斯山之勝槩也·得非元化興機·巨靈運智·丹臺璿室·眞爲上帝之居·乳竇芝房·宛是長生之境·白犬吠而壺天晝永·幽禽語而洞壑雲深·神草含華·玄泉瀉瑞·於是拂石牀而設御·停玉輦以凝旒·遂感龜鶴呈祥·河宗效器·俄頃有一道流·衣短褐·斂容而至·自稱野人·本無姓名云·昔時葛先生於此石室煉丹砂·藥成息焰·躡雲西擧·令野人且伏火延神秘丹於靈府·幷云後五百載·當有眞人降此·子宜以還丹呈獻·昨畧算之·起重光單衣之歲·迄屠維作噩之年·將四百九十祀·果令金德主來·幸驗其君之言明矣·野人因匍匐而來·上喜聞所陳·問仙者靈丹何在·野人曰·咫尺耳·遂捫蘿於峭壁中·取出一小石函·函上有金書古篆·題九蛻之丹四字·內有神丹七粒·大如黍粟·光彩射人·仙者開函取丹·躬自持獻·野人遽旋踵隱入石縫間·罔知厥止·

時有近臣奏曰·聖上德契玄微·感茲靈異·尙以兆民係念·四海爲心·雖獲還丹·未宜輕服·上然所奏·遂屛左右·迺召從臣吳懷恩捧丹隨御於石室深邃處·鑿石秘之·衆莫知矣·擇日·亟命道衆設壇場陳齋醮·以申告謝靈貺·繇是龍顏開豁·圓蓋舒晴·緩撫瑤琴·弄流泉之激越·親灑宸翰·奮睿思之縱橫·奏九成之簫韶·烟霞縹渺·感百獸之率舞·洞府諠闐·羣后子來·皆朝於禹會·衆仙萃至·競祝於

堯齡・微臣榮列紫垣・獲隨鑾輅・紀仙靈秘奥之事・愧乏好辭・頌聖明煥赫之功・慙無麗藻・拜承綸旨・伏積兢惶・時乾和七載記・

石文德　連州人・仕楚王希範爲水部員外郎・出爲融州副使・文德以文學受知・楚王秦夫人卒・文德輓詩有月沈湘浦冷・花謝漢宮秋之句・王評以爲諸文士冠・王性侈汰・營建征討無虛日・上書切諫・幾獲重譴・或誚其剛方眞與姓同・文德應曰・第方爲我不圓爲卿・子不見石上可補天・次可攻玉耶・是可想其風概矣・

上楚王馬希範書

殿下承父兄之業・撫有南土・儲給國用・愛恤黔黎・惟日不足・近聞土木兵興・兵戈日尋・非所以保國交鄰之道・夫農爲民本・食爲民天・今廣取皮革・牛囷虛空・耕民逃竄・轉爲寇盜・臣不謂可一也・外帑之儲・費於淫巧・養兵之食・耗於工匠・或有變虞・將何所賴・臣不謂可二也・諸侯五廟・古今所同・七廟並營・恐非憲典・臣不謂可三也・巨木售于異邦・使者恣爲奸利・陸轉水運・僱募尤難・一木之費・至踰百萬・道路嗷嗷・恐藏不測・臣不謂可四也・武穆王之世・四鄰不聳・九府流通・猶且節用服食以贍軍國・今沉檀以雕柱棟・文繡以衣桓宇・倉廩無復紅腐・閭閻盡夫赤仄・廣孝繼先・似不如是・臣不謂可五也・虒祈宮成・諸侯叛之・桓宮刻楹・春秋刺焉・今荊粵闖我籬藩・吳會偵我西北・費用疲民・何以禦敵・臣不謂可六也・臣受殿下厚渥・出蓽門而登廣廈・脫布幅而簪青紫・捐軀報德・自料無由・昧死盡言・惟大王思至計以惠社稷焉・

廣東文徵 改編本卷三

吳道鎔原稿

宋 上

古成之 字亞奭・本惠州河源人・五季末・避地增城・結廬羅浮山・文譽動四方・宋太宗雍熙改元・充秋賦督府・勸駕詩云・寰中有道逢千載・嶺外觀光只一人・蓋紀實也・端拱初・再舉登第・宋興・廣州舉進士者自成之始・初任元氏尉・改知靑州益都縣・爲政以惠愛爲本・召試館職・除秘書郎・張詠薦知綿州魏城縣・立學校・課農桑・俗爲一變・再知綿竹縣・卒於官・成之以文章爲南越倡・尤工於詩・雅意林壑・有思羅浮詩・人以爲仙・稱紫虛先生・所作湯泉記・見阮通志・著有删易注疏若干卷・詩集三卷・今佚・

温泉記

過水北十餘里・得白水山・山行一里得佛跡院・中湧二泉・其東所謂湯泉・其西雪如也・二泉相去步武間・而東泉熱甚・殆不可以觸指・以西泉解之・然後調適可浴・意山之出二泉・專爲浴者計與・或說交州地性酷烈・故山谷多湯泉・或說地中出硫黃・水流卽温・彼不聞南北臨潼湯泉・乃在正西炎州・餘水未必皆熱・卽地性之說・固爲失之・然以硫黃置水中・水不能温・則硫黃之論・亦未爲得・吾意湯泉在天地間・自爲一類・受性本然・不必有物然後温也・凡物各求其類・而水性尤耿介・得其類雖數千里而伏流相通・非吾類・則經過十字旁午而不相入・故二泉之間・不能容尋丈而炎涼特異・益亦無足怪者・吹氣爲寒・呵氣爲温・而同出於一口・此其證也・臨潼之水・在開元天寶時最爲知名・恩幸寵遇・震耀一時・然自是以來・是非口語亦紛紛矣・此泉出東南萬里外・非山僧野叟之所遊息・則騷人遷客之所嘯咏・寵辱何自而至哉。

馮　元 字道宗・南海人・大中祥符元年進士・授江陰尉・累官至戶部侍郎・贈本部尙書・謚章靖・元幼從崔頤正孫奭受五經大義・旣官禁近・與奭並以經義進講・宋興・嶺南人以進士爲朝官致通顯者・自元始・尤精樂律・嘗與宋祈合撰景祐廣樂記八十一卷・（此據宋志書錄解題作一百卷）今佚・又黃通志馮章靖集二十卷・亦佚・

駁李照樂律去四清聲議

前聖制樂・取法非一・故有十三管之和・十九管之巢・三十六簧之竽・二十五絃之瑟・十三絃之箏・九絃七絃之琴・十六枚之鐘磬・各有取義・寧有一定於律呂・專爲十二之數也・且鐘磬八音之首・絲竹以下・受而爲均・故聖人尤所用心焉・春秋號樂・總言金奏・詩頌稱美・實依磬聲・此二器非可輕改・今照欲損爲十二・不得其法於古・臣竊以爲不可・且聖人旣以十二律各配一鐘・又設黃鐘至夾鐘四清聲・以附正聲之次・原其四淸之意盖爲夷則至應鐘四宮而設也・

夫五音宮爲君．商爲臣．角爲民．徵爲事．羽爲物．不相凌謂之正．迭相凌．謂之慢．百王所不易也．聲重大者爲尊．輕清者爲卑．卑者不可加以尊．古今之所同也．故律聲之尊卑者．事與物不與焉．何則．事爲君治．物爲君用．不能尊於君故也．惟君臣民三者．則自有上下之分．不得相越．故曰清聲之設．正爲臣民．相避以爲尊卑也．今若止用十二鐘．旋相考擊．至夷則以下四管爲宮之時．臣民相越．上下交戾則凌犯之音作矣．此甚不可者也．其鐘磬十六皆本周漢諸儒之說及唐家典法所載．欲損爲十二．惟照獨見．臣以爲如舊制便．

郭稹爲嫁母持服議

儀禮．禮記正義古之正禮．開寶通禮．五服年月敕．國朝見行典制．爲父後者爲出母無服．惟通義纂引唐天寶六載制．出嫁母並終服三年．又引劉智釋義．雖爲父後猶爲出母齊衰．卒哭乃除．或疑二者之相違．竊詳天寶之制．言諸子爲出母嫁母．故云並終服三年．劉智言爲父後者爲出母嫁母故云猶爲齊衰．卒哭乃除．各有所謂．故無疑也．況天聖五服年月敕．父卒母嫁及出妻之子爲母降杖期．則天寶出母嫁母並終服三年之制不可行用．又但言母出及嫁爲父後者雖不服．亦申心喪卽不言解官．若專用禮經．則是全無服式．施之今世．理有未安．若俯從諸子杖期．又於條制更相違戾．旣求禮意．當近人情．凡子爲父後．無人可奉祀者．依通禮義纂．劉智釋義服齊衰．卒哭乃除．踰月乃祭．乃申心喪．卽於禮儀．禮記正義．通典通禮五服年月敕．爲父後爲出母

嫁母無服之言．不相遠也．如諸子非爲父後者．爲出母依五服年月敕降服齊衰．杖期．亦解官心喪．則於通禮五服制度．言雖周除．仍心喪三年．及刑統言．出妻之子．合降其服．皆二十五月內爲心喪．其義一也．以此論之．則國朝見行典制．盡於古之正禮相合．餘書有偏見之說不合禮經者．皆不可引用．郭稹若無伯叔及兄可奉父祖祭祀．應得子爲父後之條．又緣解官行服已過期年．難於追改．後當依此施行．

許申　字維之．潮陽人．咸平中．陳堯佐通判潮州．與語．奇之．大中祥符初．舉賢良．召試擢第一．授校書郎．出知相州．歷廣西提點刑獄．改江西湖南路轉運使．終刑部郎中．嘗因災異言事．極詆時弊．凜然有直臣風．爲文淵洽溫潤．根於所養云．所著高陽集．今佚．

柳州待蘇樓記

凡遊觀者必策杖躡屩．嬰翊勃窣．胸中無廟堂而有邱壑者．然後足以盡山水之樂．若夫役徒御．盛輿服．以勢臨之．則雲霞亦將偃蹇．隨而不與我較矣．此朝廷之士．所以與山林相反者如此．龍城山水之秀在水南．而州治在水北．其宦者雖有登臨之興．而限於大江．非輿與舟楫不能以至焉．其間治簿書．決刑獄．輿來而爲俗物之所敗者多矣．此古人所以有仙山不屬分符客之嘆也．

予爲州之明年．民事稍簡．每欲寓目江山．以暇日．迺於州治城之北得飛宇焉．鑿桓以通之．爲戶北向．由是水北諸峯．雜然並出．不勞跬步．可見於几席之上．左臨翠峯．右眺峭壁．更柳侯祠直其東．天慶觀直其西．古木森然．雉堞

繚繞．絲雲晝舒．淡煙晚留．淸風時興．毒霧冰釋．登而玩之．無不快心滌慮矣．因榜其額曰．待蘇．蓋杜少陵之詩也．

夫炎荒之地．溫寒不時．一乖其度．則五疾間作．藥無良劑．醫無良工．有不幸而死者矣．幸而不死．豈非元冥飛廉之功乎．若乃饑寒迫于身．勞苦見於外．則人之所以待蘇者．又不特瘴癘而已也．余才譾德薄．效用故不能以及遠．姑樂是之雅淡簡古．不煩輿與舟楫之勞．而得山水之勝也．於是朝而登．登而飲．飲而歌．歌曰北風之涼．吾民之康兮．有美羣峯．跂予望兮．帝閽不見．使惘悵兮．

余靖 字安道．曲江人．天聖初．舉進士．累官秘書丞．建言班書舛謬．詔與王洙校正．並及遷范二史．擢集賢校理．遷右正言．與歐陽修蔡襄王素稱四諫．屢言邊事．再使契丹．擢知制誥．坐以契丹語爲詩．爲御史王平劾．出知吉州．尋丁父憂去官．儂智高反．就喪次起知潭州．經制廣南西路．與狄靑破賊邕州．安撫交阯．拜工部尚書．始興開國郡公．卒年六十五．贈少師．謚曰襄．所著武溪集．據四庫全書總目明邱文莊公在館閣羣書中錄出行世．其奏議別爲一編．不在集中．宋志作諫草三卷．今佚．又有三史刋誤四十五卷．見崇文總目．慶歷正旦國信語錄．使遼時所記．見書錄解題．並佚

敕蔡襄知福州

勅秘書省丞直史館知諫院蔡襄．朕纂承洪緒．懼德不明．博延忠果正直之士．列于左右．補其不及．爾以文雅．選在圖書之府．而勁正之譽．達於予聞．故自衆人之中．擢居諫諍之列．果能謇謇匪躬．以弼予違．而云報國之勤可圖．事親之期有限．屢形封奏．乞便庭闈．朕忍以好諫之心．而違爾就養之懇．是用特遷諫職．歸領郡符．外則爲爾親榮．又知朕之不厭直言也．乃身雖在外．乃心罔不在王室．爾其勉之．可右正言直史館知福州．餘如故．

敕文彥博爲樞密直學士知益州

勅．成都古之建國．其地險遠．其俗侈富．機杼纂組．號爲衣被天下．而又西通卭符．南接徼外．故常擇近密之臣．當撫御之寄．龍圖閣直學士文彥博．外和內敏．才周識遠．頃者將漕幷土．民不告勞．由是分之虎符．付以戎律．兼摠貊道．以撫夷落．威信克著．號令甚明．來者慕其綏懷．信者不敢侵軼．二年于是．境域以和．故宜假其才謀．移莅叢蜀．遷之美職．以示優恩．爾其無貪寬厚之名．無習苛刻之治．謹爾條敎．休息吾民．則得良牧矣．往服休命．可樞密直學士知益州．

敕翰林學士禮部郎中宋祁

朕愼柬俊德．延登近署．典司命令．侍從帷幄．所以宣邦國之大謀．訪古今之高議．所懷忠實．率多規補．宜增秩序．以寵材傑．具官某．通識照遠．人之儀表．懿文高世．學者宗師．而自雍容朝閣．領袖儒館．奉常樂志．東觀史編．執簡撰述．厥勤茂焉．內閣以對右省更直．咸推望實．益見材美．登王室之署．勸金華之講．每觀通博之論．愈知遠大之期．集課遷宮．固有常制．羽儀之用．朕所望焉．踐脩厥猷．往服休命．可．

勅樞密副使富弼加都尉

朕昭事天地・嚴配祖宗・用祈洪休・大庇黔首・思與一二輔佐・同茲戩穀・故疏霈寵渥・冠於羣倫・具官某・文窮變貫・學通古今・論議忠正・有濟世之才・謀猷高遠・有經國之用・不辭忠難・而夷險一心・累避榮寵・而退靜自守・繇是擢登宥密・翊贊機衡・咨綏遠附邇之能・致同文同軌之治・朕方親執玉幣・恭脩燎燔・而卿以撫循邊士・不在侍祠之列・朕甚思之・所宜賜以淩煙之號・進以執珪之秩・疇其茂勳・昭示異數・忠之至者寵必厚・汝其欽哉・可・

進平蠻碑記表

臣某言・古者興師命將・征討四方・必有開府之賓・參聞策畧・所以廟堂成算・帷幄密謀・擒縱之奇・俘馘之實・以撰述開史氏之採摭焉・故竇憲燕然之勳・陳湯郅支之捷・震疊天聲・與大漢傳於無窮者・用此術也。伏惟皇帝陛下・龍德天飛・三十餘載・塞外無未羈之虜・域中無不順之臣・以北湖之疆盛・而締於歡盟・以西夏之陸梁・而終於屈伏・夫何小醜・敢干天誅・

彼儂智高者・蠢爾溪蠻・生自凶族・稔知邊鄙之無備・廣招亡叛以協謀・直趨番禺・圖據邕寧・燔毀者十二郡・殺掠者數萬人・南方驛騷・殆且半歲・陛下出於睿算・特命樞臣・董統虎貔・奉辭討逆・金鼓一震・羣兇席卷・此蓋皇威奮揚・軍政整肅・人思用命・使之然也・殿中丞馮炳奉詔掌管機宜・備見師行始末・自智高舉事・以致亡滅・朝廷處置・軍前號令・及賊之勝負・一能編之・詞無虛美・事皆實錄・以臣共在行陣・遂抄副本見寄・

臣嘗忝史官・見今之撫日曆者・常執簡於數年之後・至乃搜尋檢訪・罕能完備・今馮炳於已事之際・編緝事實・一無遺墜・竊以方叔甫征・列在詩雅・充國西伐・叙於史贊・非獨顯勳臣之績用・于以播國家之休烈・其馮炳撰平蠻記二卷・已依本繕寫・並臣去年准宣撫使劄子・准樞密院劄子・奉聖旨殺到蠻賊尸首築爲京觀・仍立石其上・鐫記年月及殺獲人數・臣尋撰式京觀記・刻石立于邕州歸仁舖蠻塚之側・又於桂州北門之外・就崖石磨刻出師平賊受算凱旋年月・以宣示皇朝威令・用肅遠方・今併此碑文・別爲一卷・同馮炳所撰記・共成三卷・謹隨表進呈・伏乞宣付史館・

虔州謝上表

臣某言・九月六日進奏・院遞到勅牒一道・蒙恩落分司南京守本官・就差知虔州軍州事・已於今月十日到任上訖・仰望雲天・起於久廢・重霑雨露・恩比再生・伏念臣出自寒微・素無才識・幸逢明主・擢在近班・本期名教之敦崇・冀正朝廷之黜陟・不悟怨讎交搆・毀訾百端・尚蒙洪覆之仁・移隸別都之籍・退居田里・坐變炎涼・前歲被以言綸・授之厚爵・宣君命而見召・在臣義之必行・蓋以弟任遠官・父方臥病・委之遐適・心所難安・尋瀝血誠・再干天聽・果回睿旨・許遂家居免朝・雖遠於宸廷・奪祿不從於吏議・享無名之厚奉・久愧冗閑・乘一障以先登・亦惟驅策・豈謂不離卿

寺・就委郡章・既同死灰之復然・俾展鉛刀之一割・親有旨甘之便・民當攘劫之餘・得奉寬條・庶成後效・此蓋伏遇皇帝陛下・堯天廣覆・湯網宏開・遺棄咸收・幽隱必察・皇明下燭・同日月之無私・惠澤所霑・匝乾坤而共泰・永言朽瘁・育以陽春・特推簪履之舊恩・無使田園之虛老・敢不佩服光寵・罄竭疲駑・詢疾苦之所先・遵簡易之成理・不忘官守・上報主知・

廣州謝上表

臣某言・奉勅差知廣州軍州事・兼管內勸農市舶使・提點銀銅場公事・充廣南東路都鈐轄・兼本路經畧安撫使・已於今月十八日到任上訖・斗筲器小・方面任隆・海國雖遐・聖恩尤厚・伏念臣稟生卑薄・賦性顓愚・誤蒙當宁之知・殊乏防閑之慮・三聘未羈之虜・終以左遷・一彈不孝之人・遭其反噬・既不虞而致毀・固無望於復燃・就喪次以家居・屬儂蠻之寇境・愚謂古之卿士・退處鄉閭・或遇凶荒之期・賊盜爲梗・則必同堅堡壁・用庇族姻・謀與守臣・共伸此議・朝廷因其急病・誤謂知兵・起於縗絰之中・委其金革之事・以至絕交夷唇齒之援・擒寇魁子母之親・正軍刑於藁街・儋國威於銅柱・在見聞之或異・亦讒謗之互興・上賴天慈・屢更藩寄・去歲邕邊失策・納彼逋逃・峒獠恃强・遂成侵擾・邏司喪元而潰敗・列郡聞風而震驚・因驛騎以召臣・俾單車而諭指・雖島夷聽命・願誅首惡之人・而塞將貪功・未絕交爭之患・亦既與之約束・各守封疆・苟邦令之必行・諒吾圉之能固・猶以嶺服之外・越徼相通・俾臨此州・以辦邊事・竊惟兵火之後・瘡痍未平・力役尚繁・生業猶困・將祈存恤・當擇循良・再具表陳・莫回恩旨・此蓋伏遇皇帝陛下乾剛下濟・離照旁羅・儻寸有所長・則使之必報・輪翮無遺於木雁・潢汙或薦於王公・致此非才・亦叨重任・敢不率勵愚慮・勉守孤忠・察蕃漢險易之情・宣陛下憂勤之意・庶乎萌隸・同被休明・

上校正後漢書疏 景祐元年九月

國子監所印兩漢書・文字譌舛・恐誤後學・臣謹參括衆本・旁據他書・列而辯之・望行刊正・詔送翰林學士張觀等・詳定奏聞・又命國子監直講王洙與靖偕赴崇文院讎對・

謹按後漢明帝詔班固陳宗尹敏孟冀作世祖本紀及建武時功臣烈傳・後有劉珍李充雜作建武以後至永初間紀傳・又命伏無忌黃景作諸王王子恩澤侯表・並單于西羌地理志・又邊韶崔寔朱穆曹壽作王后外戚傳百官表・及順帝功臣傳・成一百一十四篇・號曰漢紀・熹平中・馬日磾蔡邕楊彪盧植續爲東觀漢記・吳武陵太守謝承作漢書一百三十卷・晉散騎常侍薛瑩作後漢記一百卷・泰始中秘書監司馬彪始取衆說・首光武至孝獻作後漢書・散騎常侍華嶠刪定東觀記爲後漢書九十七篇・祠部郎中謝沈作後漢書一百二十二卷・秘書監袁崧作一百卷・至宋豐城太守范曄益集諸家・作十紀十志八十列傳・凡百篇・十志未成・曄被誅・至梁世有剡令劉服者補成之・唐章懷太子賢招集當時學者・右庶子張太安・洗馬劉訥言・洛州司戶參軍革希玄・學士許叔牙・成立一史藏諸周寶寧等・同注范曄後漢書・鳳儀初上之・詔付秘書省・傳之至今・

靖洙悉取館閣諸本・參校二年・九月校畢・凡增五百一十二字・損一百四十三字・改正四百一十一字・

論元昊請和當令權在我疏　慶歷三年二月

臣竊聞昊賊差私署官入境・相次到闕・欲與朝廷通和事・伏以息兵減費・外域順命・國家大臣・至於邊將・咸欲息肩・以休士卒・臣愚料之・以謂挫北敵之氣・折西羌之銳・不如不和・最爲得策・假如元昊貪我財貨・其心臣伏・此之爲禍・大於今日・臣請別白言之・伏自國家用兵以來・五年之間・三經大戰・軍覆將死・財用空虛・天下嗷嗷・困於供給・今乃因契丹入一介之使・馳其號令・遂使二國通好・君臣如初・吾數年之辱・而契丹一言解之・若契丹又遣一介有求於我以爲之謝・其將何詞以拒之・若國家又有所惜・必將興師責我・謂之背惠・則北鄙生患・二境受敵矣・矧西戎自僭名號・未嘗挫折・何肯悔禍輕屈於人・今若因其官屬初來・未有定約・但少許之物・無滿其意・堅守名分・以抑其僭・雖賜以甘言・彼必不屈・則吾雖西鄙受敵・而契丹未敢動也・何以知之・昨梁適使契丹之時・國主面對行人遣使西邁・意氣自若・自言指呼之間・便令元昊依舊稱臣・今來賊昊不肯稱臣・則是契丹之威・不能使西羌屈服・彼自喪氣・豈能來責・故臣謂今日之不和・則吾雖西鄙受敵・而契丹未敢動也・若使與西戎結盟・則我之和也・權在敵國・中國之威・於是盡矣・契丹責我・則二鄙受敵・其憂深矣・伏願陛下與執政大臣密謀而深思之・無全陷敵計中・則天下社稷幸甚・必不得已而與貨財・須作料錢公使名目・便將靈鹽銀夏作兩鎮・則賜與倍于往時・而君臣名分不改矣・或欲速成和好而屈名分・則天下共恥之・雖強兵在境・有血戰而已矣・若他年賊自有釁來求和者・權在於我・則不必拒之也・惟陛下裁之・

論河北榷鹽疏　慶曆三年

臣切聞臣寮上言・禁榷河北鹽貨以收遺利者・（通考無以上十八字）臣切以（長編無以上二十一字）前歲事宜（文獻通考作軍興長編亦作事宜）以河北之民・揀（奏議作陳茲據長編通考改）點義勇強壯・及諸色科率・數年之間・未得休息・臣嘗痛燕薊之地・陷於胡虜百年・而民無（奏議長編俱作忘茲據通攷改）南顧之心者・戎狄之法・大率簡易・鹽麴俱賤・科役不煩故也・昔者太祖皇帝・特推恩意以惠河朔・（奏議作朕談）故許鹽商止令收稅・今若一旦榷絕・價必騰踊・民苟懷怨・悔將何及・伏緣河朔土多鹽鹵・小民稅地・不生五穀・唯刮鹻煎之・以納二稅・今若禁止・便須逃亡・鹽價若高・犯法（長編亦作法通考作者）必衆・邊民怨望・非國之福・（通考引至此止）伏乞且令仍舊通商・無輒添長鹽價・以鼓民怨。

乞嚴定捕賊賞罰疏　慶曆三年六月甲子

朝廷所以威制天下者・執賞罰之柄也・今天下至大・而官吏弛事・細民聚而爲盜賊・不能禁止者・蓋賞罰不行也・若非大設隄防以矯前弊・則臣憂國家之患・不在夷狄・而起於封域之內矣・南京者・天下之別都也・賊入城斬關而出・

解州池州之賊・不過十人・公然入城・虜掠人戶・鄧州之賊不滿二十人・而數年不能獲・又清平軍・賊入城作變・主者泣告而軍使反閉門不肯出・所聞如此・而官吏皆未嘗重有責罰・欲望盜賊衰息・何由而得・今京東賊・大者五七十人・小者二三十人・桂陽盜賊僅一百人・建昌軍賊四百餘人・處處蜂起・而巡檢縣尉未知・處以何罪・當職大臣・尙規規守守・不立法禁・深可爲國家憂・且以常情言之・若與賊鬭・動有死亡之憂・避不擊賊・止於罰銅及罰俸・誰惜數斤之銅數月之俸・以冒死傷之患哉・乞朝廷嚴爲督責・捕賊賞罰・及立被賊劫質亡失器甲除名追官之法・

請審裁邊事疏　慶曆三年八月癸亥

朝廷啗契丹以金繒・與之再盟・所以惠寬生靈也・今日報山外事・乃西域借勢・欲就過求之謀・北敵恃衆・必生非意之變・方此之時・處置論議・動關利害・一失不中・爲害非輕・且今之鄉兵・最近古制・而楊偕奏請罷去・此議之不臧也・河北之將・惟劉貽孫王果數人而已・近聞貽孫乃爲李昭述所奏・欲加之罪・此按察之非當也・又聞王果爲鄭戩辟移永興都監・果諳河北人情・今乃徙之關中・關中急・河北豈不急耶・而徒爲此紛紛也・又劉渙知滄州・刺一逃軍・轉運使以爲恣暴而降之・郭承祐罷鎭定部署・而固欲得鎭州・其偃蹇如此・而朝廷畧不加罪・欲望威行而事擧・其可得乎・願陛下不以邊事爲畧・而審裁之・

論太白犯歲星疏　慶曆三年九月甲申

伏覩太白犯歲星於太微端門之右・執法之前・民庶共見・風聞司天之奏・乃以商洛羣盜・便當其占・此乃星官忌諱・不敢正言・臣歷觀漢晉隋書志・凡五星之變・金火謂之罰星・太白與歲相犯・皆主兵喪及饑・惟此三者・國之大患・其變乃出端門之右・執法之前・前志所占・將有伏尸流血之變・豈山澤小寇所能當之・臣聞易曰・天垂象・見吉凶・聖人象之・又曰・觀乎天文以察時變・則知古之聖王・恭勤寅畏・以順承天・天表之應・各以其類・且夫木爲德・金爲刑・惟金沴木・五行所忌・今二星同舍・掩食踰時・殆爲刑德之頗乎・

國家自近歲以來・西戎不賓・契丹恃强・人心動搖・戰守不足・而軍需百物・皆出於民・殘忍之吏・朝索暮辦・鑪錘之聲・徧於天下・此金氣太盛・而刑之失乎・民之壯者・藉之於軍・而居者又困其財・貪進之人・自爲私計・朘削其下・以布恩榮・未聞朝廷講求寬民之術・此木氣遂微・而德不振乎・況今州郡空虛・無守禦之備・官吏猥濫・無撫御之術・一夫大呼・莫敢當者・伏望陛下責躬修德以謝天變・中外之政安民爲本・凡州郡之兵・不足守者・急備其闕・守宰之官・不足任者・速擇其代・器甲之材・出於農者・頗緩其期・米鹽之運・傷於財者・稍寬其力・皮鐵之工・拘於官者・裁減其役・民足於財・則安其居而懷其生・雖驅之爲盜・必不肯去安而就危也・

暴賦橫斂・不加於民・則怨怒不生・而陰陽以和・兵饑之患・庶矣可消矣・百官叙進・必責其實・使明陳所職・以考功能・外官必求息民之績・在朝必視勤官之效・到庶事處理・天下安矣・

至於省聲色之娛・杜奢淫之好・絕畋遊之樂・節臺榭之觀・順四時而安玉體・親萬物而奮宸斷・陛下日慮外難・固當力行自致・不待臣縷陳而蔓言之矣・伏維陛下・內宣慈愛・以敦九族・外選才良・以安百姓・與廊廟大臣・協忠慮善・無怠於政・則天下幸甚・

乞韓琦兼領大帥鎮秦州疏　慶曆三年十一月

臣准五月七日詔敕節文令後三節臣僚・如有邊防要切機宜・及朝廷大事・並令具實對奏・臣竊聞已降敕命・差韓琦等充涇原等四路都部管・韓琦范仲淹並於涇州駐劄・仍差文彥博知秦州者・臣聞兵之勇怯在乎將・勝敗在於氣・竊見賊昊侵軼邊鄙以來・大戰者三矣・延安之役・人猶勇鬬・好水之師・陷□伏中・定州之敗・不戰而走・此皆賊乘屢勝之氣・而吾將勇怯之分也・臣觀賊昊・雖曰小羌・其實黠□・其所舉動・咸有次序・必先翦我枝附・壞我藩籬・先攻易取之處・以成常勝之勢・□明之族・最近賊庭・故先取之・豐州之地・援兵難集・故次取之・涇原將帥軟懦・故又取之・此乃賊知我先後之計也・

臣竊料沿邊諸郡・最富最實者秦州耳・賊所以未敢攻秦州者三焉・邈川尚强・雜羌未附・而韓琦爲守也・此昊賊之所畏・朝廷之所恃也・今可憂者・邈川唃族爲賊所侵・漸已挫折・一恃去矣・其餘雜羌・附漢者未必全・歸賊者未必誅・向我堅者往往族滅而不能救・今雖受我封賜・賊兵若至・其肯死力而援我乎・此二恃去矣・若使韓琦且守秦州・招懷部落・撫以恩信・訓勵士卒・聳以忠果・猶須擇材勇以爲鬬將・庶幾全輯三恃・使賊有所畏可也・

今乃專委文彥博許懷德守此一路・臣深爲朝廷憂之・臣亦非敢橫議沮事・但以三軍所恃者將耳・韓琦數年在邊・雖未成功・羌賊知名・士卒信服・今一旦使文彥博代之・恩信未洽・緩急有難・兵將肯用其命乎・且彥博新進・懷德無聞・羌賊固將輕之矣・今雖以韓琦范仲淹在涇原遙節制諸路・以爲聲援・但益秦州之憂耳・賊若出其上策・以一軍守瓦亭・則涇渭之師不得南矣・以一軍趨隴坻・則岐隴之兵不復西矣・以一軍直擣秦州・而援兵不至・族羌外附・則秦州非我之有也・賊若出其下策・前驅雜羌・所在掠奪・則吾之救兵雖可至・勝負未可知也・若謂賊輕去巢穴・以爲不然・此所以出我不意也・臣以爲當今之計・不若急遣韓琦兼領大帥・歸鎮秦州・增兵故關・以扼衝要・諸路有急・不妨應援・此最安危之機也・蓋涇州之戍以當兵衝・以成輔車之勢・一大將居之足矣・更宜擇材勇以代懷德・亦最急也・賊自倔强以來・未嘗挫折・若得勇將以摧其鋒・則庶可屈伏矣・朝廷處置大事・臣妄言其間・甘俟鼎鑊・

乞侍從與聞邊事疏　慶曆三年

臣竊見朝廷每遇契丹遣使到闕・元昊差人來朝・大臣商量・惟欲秘密・兩制兩省御史中丞已下・雖名侍從供奉之

官・當時並不聞知・及處置既了・縱或不便・無由論列・臣伏思國家建置侍從之官・以備顧問・諫諍之官・以救闕失・蓋欲舉無過事・謀無遺策・且書不云乎・謀及卿士・謀及庶人・謀及卜筮・是事有大疑・謀欲其廣也・漢武帝征伐遠方・開置邊郡・侍從之臣・數屈丞相・漢史稱之・以爲美談・今柄臣密議・外不得聞・一慮或失・救之不及・勢之可憂者也・伏乞宣諭大臣・凡此北敵西戎之事・繫國安危者・侍從諫諍之官・悉令聞之・使陳利害・不爲漏洩・傳云・謀之欲多・斷之欲獨・此御國之要也・惟陛下裁擇・

論張堯佐不當與府界提點疏 慶曆四年三月己巳

外議皆云・堯佐識見淺近・依托後宮嬪嬙之勢・已得內降指揮・改賜章服・又從內批與省府差遣・大臣依違・不能堅執・遂與府界提點・伏惟陛下・近歲以來・每事思治・損節淫貨・放減後宮・絕斜封之官・無私謁之寵・此皆日來親行至美之事・安得更使外議籍籍如此・臣深爲陛下惜之・

大凡嬪御親姻・但多與財帛・足表恩意・如堯佐進士出身・自當隨其才望・與之差遣・何必躐等以騰物議・府界提點・比省府判官・固是降等・然呂公弼・前亦辭三司判官・就此差遣・未及半年・早已遷陟・議者不論其才・但云故相之子・所以進用太速・將來堯佐若循此例升進・外議亦必謂斜封私謁之類・竊恐上累聖德・若陛下必欲愛之・不若與有職田一近郡・足以表陛下屈已從公之德・於堯佐資叙亦無所損也・

論狄青與劉滬爭水洛城事疏 慶曆四年四月丙申

凡不受大將節度者・謂師行之際・當進而退・可行而止・動臨機會・必有勝負・如此之類・或違之者・著於軍法・以一其衆・今劉滬因修城堡・自有利害・與乎臨陣逗留・不可同論・况水洛城・據隴山之利・可以通秦渭之援・昔曹瑋在秦州・固已經營・及李紘韓琦相繼・亦欲開拓・而生戶羌人或降或否・故不克就・今劉滬一戰而服數百千戶・因其勢而城之・雖留援兵・不足爲罪・狄青所執・但以築孤壘於生羌之中・恐賊昊來攻・有難守之勢・故與滬等異同・因其忿而執之爾・朝廷若欲伸大將之令・而罪滬等・則滬以威信招納戎人・戎方來歸而謀者獲罪・今後立功者怠・而又失信於戎・必不可也・

若以狄青倚公法・肆私忿而責之・則恐今後偏裨輕於違犯・此又非朝廷之意也・二者之間・均是害焉・臣愚以爲生羌利我交易・因滬招撫・故獻其地・非滬不可守也・滬若失職・戎將生心・古者矯制及違節度者・因其立功則可贖罪・今爲朝廷計・當切責滬罪・而推恩恕之・使其城守・責以後效・仍詔青等共體此意・滬等所築之城・業已就・將軍既困之矣・恕之令其自守・此邊鄙安危之計・非私於滬・儻有緩急通其策・應勿以謀之異同・幸其有急而不救也・仍乞不候奏到・滬等公案・特與疏放・無使羌戎因此疑貳・

乞平時蓄養賢俊疏 慶曆四年四月丁酉

臣竊聞京西轉運使杜杞・准中書劄于奉朝旨抽赴闕・欲

令計置收提宜州蠻賊者．臣以爲朝廷蓄養賢俊．當如民家收積財貨．平時先有營度．至急乃得其用．伏自去年以來．陝西舉知州始用杜杞．三司擇判官則又用杞．京西多盜賊．則又用杞．今茲蠻人作叛．則又用杞．皆席未遑暖．而即移之．是使杜杞有奔命之勞．朝廷有乏賢之歎．如斯事體．良亦可惜．臣親見杜杞言京西之政．始有端緒．乃未盡施設．今據捨去．不成績效．此屢易官之患也．伏惟廟堂之上．當思天下有多少賢才．可與共了天下事者．廣爲詢訪．預作處置．某人可了某職．某人可當某路．一旦緩急用之．如指諸掌．此乃廟堂之策．當有素定者也．今二年之內．講求賢俊．只知有一杜杞．何觀聽之不廣．示天下之狹也．設使別路更有盜賊．則將又移杜杞．無乃取笑四方乎．每見大臣謀事．當平居無事時．優遊暇逸．如不足憂者．及一隅有警．則倉皇移易．如素不經心者．且去年冬．兩府大臣共選諸路轉運使．田瑜爲廣西轉運使．梁載爲判官．必謂才能出人．今蠻徼纔動．未見瑜等如何處置．有甚利害．早已疑之．此擇人之術．不自信矣．始若不知．不如勿用．只如近差王絲往湖南安撫．待其奏報．不中事節．乃知其人不可委任．知人不明．爲害不細．伏望陛下敕諭大府大臣．廣思博采天下賢才．以應萬務．無使臨事倉卒．有乏才之歎．則社稷之福．古人有言曰．霸王之主．終不探於往賢．求相於後哲．自是識拔不明．求之不至．不可厚誣四海．謂之乏賢也．惟陛下圖之．

乞罷修京城　慶曆四年五月壬戌

臣竊聞大臣建議．內有修京城置府兵二事者．伏以廟堂建論．天下具瞻．帝王言動．萬世爲法．安危所繫．舉措非輕．事之幾微．不可不重．難與慮始．人之常情．臣願陛下深思遠慮．以安民爲本．臣請縷陳二事．望陛下擇其可否．

臣聞西賊僭號之初．宋祁請修函谷關．此時關中動搖．謂朝廷棄關西而自守．今無故而修京城．乃是捨天下之大．而爲嬰城自守之計．四方聞之．豈不動搖．强弱之勢．正在此矣．無戎而城．春秋所譏．守在四夷．義不如此．又前歲以邊鄙之警．而河北諸路．揀點鄉兵．天下百萬農夫．皆失業．北敵慢書．亦隨而至．乃是鄉兵之利未集．而先致其害也．況今北方之賂既厚．西戎之好既講．雖知信誓不可卒保．嗷嗷蒼生咸望帖泰．而都畿之下．先自擾之．根本不甯．四方何所望哉．昔魏侯恃險．吳起以爲失詞．宣王料民．山甫言其害政．惟是二者．皆古今之所戒．而安危之所起．願陛下捨此二策．別議遠圖之術．

乞宣敕並送封駁司審省疏　慶曆四年

臣聞國家之興．必先於綱紀．號令所出．必正其源流．古者以四海之廣．萬務至衆．專己臨斷．慮其闕失．故羣司設官．以相維制．示至公於天下也．唐制．凡有制敕命令．則中書宣行．進內畫可．以付門下．門下審省申覆．以付外施行．若有不便．並令封駁改正．今之官誥編書．三省官位．各結題年月．則皆古之制也．

國朝淳化中・始自樞密院分出銀臺・通政二司・兼領門下封駁事・今兩制已上主判・凡制敕所有不便者・准故事封駁・張詠向敏・以咸領此職・此時宣敕・無不經歷門下・近年中來・舊制坐廢・惟選人黃甲・猶准故事・其餘宣敕・百無一二到彼・則是官有封駁之名・曾無改正之實・臣今欲乞凡有宣敕・除處分邊事機宜・依舊實封入遞・祭祀行事・敕仍舊差人送付本官外・其餘遷免官資・升降差遣・及斷遣刑名・改更敕令應是告身宣頭敕牒・並令中書樞密院准故事進內・發付門下封駁司審省申覆・故有授官非稱・斷刑失中・但未便於事者・則令封駁改正・如此・則官司之守・各有綱條・詔令所頒・克正根本・紀律可振・無有過舉矣・其門下封駁司・乞差剛正公平大臣主判・庶其舉職無可畏避・

論敵人求索不宜輕許疏　慶曆四年八月

伏聞契丹耶律元衡來聘・道路傳言・專報西征之事・臣雖愚陋・竊用憂之・且敵人當無事之時・尚可窮巧極詐・乘我之怯・以恣無厭之求・況今用兵之際・豈得密而無請・臣竊料敵人之意不出數策・一曰借兵於我・同力翦除・二曰見乏資糧・欲假邊粟・三曰軍興費廣・先借數年之資・四曰元昊與賊連謀・不宜更通和好・其他狡計・不可詳知・此皆目前所宜預備者也・敵人背約・妄起事端・不當但務偷安・每事輕許・我守盟誓・拒之有詞・若只有借兵之言・最可理奪・伏緣景德之誓・共約休兵・只如元昊負恩・擾我邊鄙・本朝調發卒乘・數年于茲・未嘗假北敵之兵議誅討・今若夾山部落・亡入我境・則當竭力同共驅除・境外之師・無名可出・此則借兵之謀・不可許也・若以資糧爲詞・亦當堅拒・伏緣國家封疆至廣・軍馬至多・內有朝廷百官之奉・外有賓客四方之事・賦入有常度・但緣愛惜生靈・不忍爭戰・故割自奉之金帛・以資兄弟之國・一國之財・而供二國之用・固無餘羨・以副非意之求・此又借糧之議・不可許也・若云先借歲聘之數・尤當阻之・伏緣契丹此來・再結盟好・不同向前・固宜謹守誠信以敦萬世之約・況近歲新添金帛・割剝已深・山澤之利・歲計猶有不足・桑蠶所產・民力固亦無餘・比要兩國安甯・是用不惜所有・今伐一小族・便此過求・若更有大事・如何應付・侵凌之勢・無時暫已・國物之物有限・强敵之求無厭・欲望不危・必不可得・此又預借歲物不可許也・若云元昊懷貳・與賊通謀・同盟之國・所宜共嫉・惟此一事・最難處置・從之則權在敵人・不從則强兵在境・酌今之勢・不能不從・伏緣北敵本參和議・彼此有隙・勢難兩交・若謂元昊已有好意・不可拒絕・臣恐納元昊而疏耶律・則敵人移兵於我矣・臣愚以謂元昊之論未定・猶可緩之以順北敵之請・其餘不可從也・

臣伏讀唐史・竊見回鶻於唐朝有收復兩京之功・每歲止賜絹三萬匹・今來契丹歲取我物五十萬・其害深矣・伏乞朝廷密勅邊臣・嚴設武備・倘或敵人過分求索・不宜輕許・以重取國辱・廟堂之上・固有謀猷・諫諍之議・惟憂闕失・望朝廷裁之・

論契丹請絕元昊進貢事疏　慶曆四年八月

伏覩耶律元衡已朝見訖・中外臣僚・但聞報西征事・又

知河東邊奏警急・並無不憂懼・雖北邊事宜・云征夾山部落・且夾山小族・而契丹舉國征之・事勢甚大・恐似別有謀者・臣愚思之・朝廷於西北大事・前後措置失錯・所以敵人乘釁・肆其憑陵・今者使來・必此之故・切緣元昊累世稱藩・一日僭叛・招携出討・當自圖之・而乃屈中國之威・假契丹之援・借人之勢・權在他人・此謀始之失也・臣去年在敵中・敵主親與臣言・梁適去時・云河西事了・遣人來謝・以及元昊表示臣・俾知元昊畏服之意・又與臣言・候乾元節信使回日・請仔細報告・及臣歸朝・首言此事・只緣夷簡病退・梁適差出・便乃隱諱・云無此言・暨乾元節信使蕭孝忠來・屢問館伴張錫・錫終不與言元昊商量次第・朝廷當元昊叛時・則遣使告之・及其和約欲就則問而不對・必疑朝廷有異議矣・此始末不同之失也・

臣曾具奏陳擬其所謀四事・一曰借邊兵・二曰借邊粟・三曰假數年之物・四曰絕元昊之和・遙度敵情・在此而已・必若假借財物・拒之有詞・惟與元昊絕和・最難處置・臣竊計之・遜詞以謝北敵・緩詞以欵西戎・苟紓歲月之禍・誠當今可施之策也・然臣愚慮・兵禍自此起・不宜處置更有失錯・今若狥北敵而絕西戎・亦有兵禍・納西戎而違北敵・亦有兵禍・二敵連謀・共爲矛盾之勢・北人才去・西人必來・拒納之間・動皆有碍・擇禍就輕・守之以信・使曲不在我・即其要矣・必若棄元昊以爲外虞・堅絕其約・使北人不能反覆而邀功・此最久之策・恐謀者不能終之・且元昊所有抗中國者・僭尊號・改年名・不稱臣・不奉表・此倔强之勢也・今皆捨去而歸我矣・三年謀之・而一朝絕之・及其既去・北敵便至・將又招之・倔强之性・豈不懷忿・此起兵之禍也・契丹所以取重於中國者・亦欲成和好之事・專與奪之權也・今西戎偃蹇而不從・朝廷沉吟而不報・及其使我絕之・而據即成之・桀驁之氣・豈不懷怒・此亦起兵之禍也・然而彼欲舉兵・而使絕我約・皆北人之狡謀耳・臣竊料北人因弋獵之勢・爲舉兵之名・欲邀成功以德於我・若報之曰・天下之民一也・本朝之兵・尚不忍令其戰鬬・以趨死傷之禍・况隣國之兵・冒白刃而不憂其傷・非所以爲心也・甯失一小蕃・不可煩兄弟之國・蕭使廻日・曾達此誠・且未嘗乞師・無煩大舉・若元昊自有釁隙・違忤北朝・今之出師・非復預議・又元昊使來・每稱北朝之意・早緣名體未順・難以從之・近者稱本朝正朔・去羌人僭僞之號而稱臣矣・只以事要久遠・故須往覆商量・今若事體準前・固當拒絕・但業已許其每事恭順・則受其來歸・若來而拒之・則似失信・且中國以信自守・故能與四海會同・儻失信於西人・誰復信其盟約・若北朝怒其叛而伐之・南朝因其服而捨之・共成德美・亦春秋之義也・敵雖强悍・固當聞此而悛心矣・惟重幣輕使以給之・使其有邀功之心・則必緩圖我之患也・

臣又聞前歲北人解甲後・幽州亦遭掠奪財物・廹奪婦人・發掘墳墓・燕人苦之・今河東近邊・恐有衝突・須作隄備・以戒不虞・臣常觀北朝・氣陵中國・掎拾事緒・以起釁端・歸於强弩相射・利劍相擊而後已・不可不早備也・惟陛下圖之・

堯舜非諡論

跡驟五帝・德規百王者・有堯舜焉・言常道尼父首之・於書大一統・馬遷列之爲紀・釋者云・堯舜諡也・翼善傳聖曰堯・仁聖盛明曰舜・後之學者・罔不宗焉・愚嘗考世系之端・辨文質之變・頗疑是說・請試明之・粤自邃古・聖人迭興・眞淳乍散・制度未備・尊盧赫胥以前・未有氏姓・皆以敎民之事而名之・鑽燧改火・則曰燧人・穴處巢居・則曰有巢是也・迨及三皇・頗推五勝・乘火德者曰炎帝・應土運者曰黃帝・少昊金天・亦襲其故・迭觀興廢・漸有兵戰・自頊顓以來・天下之號・則因其名・顓頊與嚳則其名也・帝摯帝堯帝舜亦其名也・以國言之・則顓頊稱高陽氏・帝嚳稱高辛氏・帝堯稱陶唐氏・帝舜稱有虞氏・皆以所興之地爲國號也・帝摯非改姓・易代之主・故不稱氏・以名言之・則顓頊・嚳・摯・堯・舜皆名也・頊正也・嚳極也・摯大也・堯高也・舜華也・古雖敦朴・知以美字爲稱・固不疑矣・夫諡法者・著於周公・蓋三代之際・世有僻王・嗜音酣酒者有之・荒禽冒色者有之・飾非愎諫者有之・剖忠害賢者有之・欲使聞美號而知勸・見惡諡而思懼・垂易名之典・爲觀行之則・此周公之制也・豈以周制而逆觀堯舜之世耶・且堯之典曰・有鰥在下曰虞舜・當羣臣舉善之初・釐降試難之善未顯・賓門納麓之功未著・安有對萬乘而不稱其名・在仄陋而先定其諡哉・斯固知其不然也明矣・(今按聖宋文選尙有下一段)・釋者又云受禪成功曰禹・豈舜受堯禪而不能成功乎・夏商之王・以名爲號者多矣・仲康太甲之類是也・禹之保邦・莫非堯舜之制・而加以繁文縟禮・烏有捨誡勸而就質畧哉・若以夏道尙質・則禹非夏耶・愚謂周公之著諡法也・特取堯舜禹湯之名以爲訓解・將後之下武守文者・慕其名而襲其行也・周人以諱事神・諱其名而稱其諡者・周道也・諡興於周・爲得彌文之實・

秦論上

前世高論・咸以河山之險・秦得百二・遂並天下者・地勢利便・使之然也・所以奉春進計・田肯建言・著之史牘・千古稱善・愚謂秦人之興有由然矣・自伯翳至於秦仲・率以立功・克守其業・而僻岐雍・諸侯以夷狄畜之・穆公之世・得人而昌・廣地開國・悉由任賢之勳矣・百里奚亡虞之臣也・而授以國政・孟明奔軍之將也・而委以師律・引咎自責卒復河西之地・由余在戎・公以爲憂・當其來聘也・降千乘之尊・接以殊禮・坐則曲席・食則傳器・及其來歸・以客卿待之・故能益國十二・闢地千里・遂霸西戎而抗衡中國矣・暨乎卽世之日・三良殉葬・國人哀之・賦以黃鳥・秦人不復東征・數世不競者・奪其善人故也・及孝公嗣守宗祊・七雄並立・當是時齊威・楚宣・魏惠・燕悼・悉已稱王・韓哀・趙成亦復强大・諸侯力政・而周室卑矣・孝公增修穆公之德・寤寐賢者・列爵而尊之・分土而與之・衞鞅以孽公子求見・遂用謀開阡陌・急耕戰・法行民便・亦以稱霸・後世遵先軫・范睢蔡澤離疏釋蹻而取卿相・任賢之術・速如置郵・卒能滅二周・吞六國而並天下者・用此術也・且蘇秦反覆之臣・燕王一聽其言・合從山東・秦人不敢窺函谷者十五年・以此思

之．一賢之功．堅於山河遠矣．在用與不用耳．湯以亳．武王以鎬而王天下．其政何如哉．百二之說於是爲負．

秦論下

世言秦所以亡者．趙高讒邪．胡亥蔽愚．毒痡齊民．四海瓦解．而宗社墟矣．愚嘗以爲亡秦而賊天下者李斯也．秦人據形便之國．氣凌山東．穆公任由余．孝公用商鞅．而霸業基矣．蠶食虎視．累世橫騖．有起翦恬鶩握其兵．穰魏雎澤執其政．斥地滅敵．日加其疆．李斯始以儒學西遊于秦．乃進一六合．兼諸侯之說．秦人除逐客之令．以從其計．破縱擅橫．卒並天下．以斯爲相．且斯以布衣徒步游說．數年而取宰相．不爲不遇也．海內既一．屬心於斯．六國厭戰爭之苦．兵待我乎偃．秦人用廬井之廢．土待我乎闢．父子薄耰鉏之異．民待我乎敎．斯學帝王之術．居輔弼之地．脫或戴其君於成康之列．躋其民於仁壽之域．如反掌耳．而乃背戾古始．拔本塞源．燔棄詩書．愚弄黔首．絕尺寸之封以孤其勢．侈封禪之制以驕其心．築宮彌山川．勒銘徧海內．戮誹謗．禁偶語．刑繁令淫．國紀隳矣．綱紀既隳而國不危者．未之有也．世子者所以接統而著代．君行則守．有守則從．古之制也．故曰太子天下之本．本根一搖．天下必蕩．安有著名儲貳而握兵邊徼．廢弦誦之大業．習鼓旗之末節．衣裳顚倒．莫甚於茲．默而不言．焉用彼相．及沙丘之變．趙高以褻近之資．啓亡國之言．丞相當於此時．正人臣無將之誅．以視天下召扶蘇而立之．從先帝之約．扶蘇仁明．備嘗險阻．輔以治道．可至太平．若剗去嚴刑．罷遣讁戍．民無怨讟．則秦之社稷．未可量也．斯惑趙高之詞．越錄而扳胡亥．小人在位．兵傜並起．使四海之人．血膏邊城．骨塡驪山．比屋嗷嗷．半爲盜賊．尚乃建言督責．以固恩寵．豈不愚哉．賊屠三川．卒被高譖．黃犬之歎．得無晚乎．使胡亥得位．趙高得權．皆斯之由也．倒持太阿．授人以柄．斯之謂乎．故曰亡秦而賊天下者．斯之罪也．卒被五刑．非不幸也．

漢論上

史氏以孝成委政外家．祿去王室．哀平二帝．享年不永．賊莽乘之．盜竊神器．漢祚中絕者．孝成始之也．竊謂漢家之禍．不始於孝成．蓋孝惠源之．陳平者決而泄之．使其橫流不已．[illegible]漫于景武宣元之際．孝成復敗其隄防．而極於昏墊也．

昔者高皇帝逐秦鹿而得之．英雄樂推．遂正宸極．后族呂氏侯者三人．奉朝請食租賦而已．賞刑大議．未嘗及之．孝惠卽祚．植性仁弱．呂后殺三趙王．號令自出．惠帝不能以新造之漢．正亡窮之法．定君臣之分．專生殺之柄，而乃感人彘之酷．意不久生．自促壽命．以成高后之勢．不曰孝惠源之乎．高祖之約．非劉氏不王．非功臣不侯．彼陳平者用辟彊率爾之辯．尊王諸呂．分將南北軍．中宮稱制以臨天下．當是之時．向無周勃朱虛之謀．齊楚諸侯之兵．使祿產體不近下．一有羿浞之材．則漢之社稷幾爲他姓所得矣．不曰決而泄之．使其橫流不已乎．厥後魏其侯以竇后兄子．武安侯以王后異父同母之弟．並託肺腑．繼爲宰相．孝武最稱英明・而田蚡爲相・權移主上・上曰・若除吏盡未・吾亦欲除吏・此蓋近中宮之勢而用之・內積憤懣・而宣於言也・衞青霍去病雖以軍功取大位・然亦因椒房之重・孝昭之時・上官桀父子霍嬿之謀・幾傾漢室・皆帷廧之親也・許史丁傅之家・印纍纍・綬若若・分茅土・握符節・秉鈞軸・乘朱輪華轂而朝者・不可勝數・不曰瀰漫於景武宣元之際乎・漢之鼎所以不移者・賴忠賢之士・間而持之耳・及孝成之在位也・趙氏姊妹專寵・賊害皇子・王氏五將世權・外擅國命・故莽因元后之勢・席諸父之基・肆其姦險・以取名器・復緣哀平短祚・國統三絕・張禹師丹之輩・諂諛邪佞・故取宗室幼稚・未能持國者・挾之以令天下・使漢祚中缺者・職此之由也・不曰敗其隄防・而極於昏墊乎・西漢之禍・於是乎在・

三統論

夫王者受命・必先改正朔・易服色者・蓋示民之有初也・故三統之義於是彰焉・然而先儒所論止及乎三王之世・是以夏之寅而黑・商之丑而白・周之子而赤・可得以述也・至於堯舜以上・則雖仲尼之說亦無聞焉・豈非旨深而意遠乎・而鄭康成之徒・則據此而逆推・以爲舜與周同・堯與商同・高辛氏迺與夏同・正朔三而止・文質再而復・自古而然也・非但不經・抑亦於帝王之道・有所昧焉・

嘗試論之・夫帝王步驟不同・文質亦異・三皇正曆・歲准攝提・古之爲君・因民而治・故唐虞已上・無變易・逮夏后之繼統也・自以德衰不及二帝・又知夫時將醨矣・必示之以制度・故其沿革頗漸於文・是以小正之說・尚黑之義・於是著焉・然而服色有所尚・而正朔不必改也・但紀之於政令而已・故仲尼稱述三代・則曰行夏之時・蓋以其合於古・而得天數也・禮因於虞・而不言其所損益者・蓋謂此乎・及湯武之革命・既以兵勝・俗又寖獘・欲示民以改作而新其耳目・俾知夫令出諸己・故有服色之愛・又以服色之制・本象於正朔・商人以建丑而易寅・新其令也・尚白而變黑・象其朔也・周之尚赤而建子・由是興焉・然三王之易服改正・必取三微之月・蓋以君之出令・象歲功陽氣之始也・足以垂訓於百王・文質制度於斯備矣・後王雖興制作・不出於此也・故仲尼曰・其或繼周者・百世可知・其此之謂矣・

夫謂正朔三而止者・月過三微不可以垂法也・斯亦王者之制耳・安可及於上古哉・且五帝之書・二典存焉・其堯之書則曰・敬授人時・順曆數也・又曰・日中星鳥以正仲春・日短星昴以正仲冬・此則分至之候正在四仲・契古曆而符夏正也・又烏聞建丑之說乎・舜在璿璣以齊七政・審己之德當天心與否爾・至於曆數亦不異於堯・又曷覩建子之言乎・及其制服則曰觀古人之象・故山龍日月之度・較然可知也・又何服色之改乎・然則五帝之德淳・三王之俗薄・德淳則制簡・俗薄則政備・故三統之義・起於三代・而雖自太昊或推五德之運・蓋順天之數也・正朔則無所更焉・至三王則政有偏矣・夫有偏則有弊・故後之興者必舉其偏而救其弊也・若謂又質可推於上古・是則夏尙忠・商尙敬・周尙文・此三政者又可行於帝皇之代乎・斯見其不然也・自秦漢以下・服色但依於五勝・此又不可推於三王亦明矣・康成既已失之・而杜佑・孔穎達之徒・復引爲證・疑誤後學甚矣夫・

禘祫論

先儒之所以解經者・蓋欲導前聖之淵源・啓後學之鈐鍵・援古有據・垂世不惑者也・祭祀之儀・國之大典・今之禮經・以鄭注爲正・而康成釋禘祭之文・前後駁雜・大傳曰・禮不王不禘・王者禘其祖之所自出・鄭云謂祭感生帝於南郊也・祭法曰・有虞氏禘黃帝而郊嚳・祖顓頊而宗堯・鄭云・禘謂祭昊天於圜丘也・祭上帝於南郊曰郊・祭五帝五神於明堂曰祖宗・皆謂祭祀以配食也・觀鄭所釋・似有未悟・

嘗試論之・夫禘者・宗廟大祭之名也・王者禘其祖之所自出・謂虞氏之祖出自黃帝・不立廟祧・故五年盛祭則及之・夏亦禘黃帝・商周禘嚳・蓋姓氏所出・是爲遠祖也・諸侯之禘則降於王者・止祭始封之君・不得禘姓氏所出之祖・故曰諸侯及其太祖是也・而鄭謂太微五帝遞王・而王者之興必感其一・因其所感・別祭以尊之・故以感生之帝祭於圜丘・而祀上帝於南郊・唯據緯書以釋經義・太微亦爲星象・昊天亦謂北辰・蒼穹之號・遂有六天・郊丘之名・分爲二祀・斯皆舛謬・深用軫惜・何則・郊與圜丘・俱是祭天之所・王肅所謂猶王城之內與京師異名而同處也・豈可郊丘分爲二祀・祖宗合爲一祭乎・康成俱以禘文在郊祭之前・其祀必尊・當爲圜丘・皆罔研經意・肆其臆說耳・又以祖宗五帝五神於明堂・小德配寡・大德配衆・鄭之此說・殊爲失旨・誤取孝經宗祀之名・以解祖宗之義・乃以二主泛配五帝・若謂太微五帝耶・則鄭說太微與昊天上帝爲六天矣・天尚無二・安得有六・案天官書太微宮有五帝者・自是五精之神・不在穹蒼之例・若以爲太昊炎帝之屬耶・則又非仲尼配天之意也・周禮曰・王將旅上帝・張氈案・設皇邸・祀五帝張大次・由此言之・上帝之與五帝・自有差殊・豈可混而爲一乎・古者祖有功而宗有德・蓋若周人尊文武之功・不毀其廟・非謂配食明堂者也・鄭引孝經而反違其旨・惜哉・漢承秦滅學之後・遂使儒者進無經據・康成最爲明禮・而於禘郊之義・不能盡之・故其釋祭法卽云祀感帝・解大傳・卽云祭昊天・箋周頌・又云大於四時云・祭而小於祫・注左傳稱郊配靈威仰・箋商頌又稱郊爲祭天・首尾紛拏・自相矛楯・孰爲辨之哉・

正瑞論

夫上古明王・言爲天下法・動爲後世則・猶恐怠惰・故立左（聖宋文選誤爲右）右史以規之・是則史之設・所以謹言行於一人・正褒貶于千古・不獨紀歲月・辨赴告而已矣・三皇墳・五帝典・記言之史也・楚檮杌魯春秋・記事之史也・訓誥誓命之詞・得失存亡之跡・發簡可見・未聞祥瑞之言焉・迨於兩漢・則有赤芝白鴈・醴泉甘露・卿雲寶鼎之應・豈古史闕畧・而後史該備乎・蓋有司失爲史之本意也・竊謂・國之興也在乎德・不在乎瑞・國之亡也・在乎亂・不在乎妖・故堯以敦九族・和萬邦而興・舜以舉十六相・去四凶則又興・禹以平水土興・湯以行仁政興・周人以積行累德興・夫是者・雖無祥瑞・可不謂聖且治乎・癸以奢侈亡・辛以暴虐亡・厲王以聚斂亡・幽王以女色亡・夫是者・雖無妖怪・可不謂昏且亂乎・桑穀生朝・高宗復商・熒惑守心・景公安

宋．此則明君在上．妖不爲害矣．魯獲麒麟．哀公出奔．漢鳴鳳凰．平帝失國．此則闇主在上．瑞不爲美矣．仲尼筆削．春秋書日蝕．地震山隤星隕．蝝生鷁飛之變者．非廣乎異聞也．蓋欲人君責躬修德．見災思懼．而臻於治也．特於篇末．因麟之無應．以明述作之意耳．其他瑞則無聞焉．鶴舞晉庭．龍見洧水．不由德至．斥而弗叙．若是之比．求名而亡．則聖人微旨何見矣．子長孟堅推論恠諜．其啓國也以斬虵大澤爲受命之符．而英雄之畧棄矣．其定制度也．以龍見成紀爲易服之感．而古人之象隳矣．及乎蔚宗患其失實．則云某郡上言某瑞以示微意．與其疑而列之．曷若正而削之之愈乎．

今之郡縣．時報祥瑞以爲紀事之端．愚謂非良直之法也．必若德施於民．故易其俗．賞不僭．刑不濫．則四靈爲畜．日遊於君之宮沼郊藪矣．又何用索異傳．恠惑天下之耳目哉．苟薦紳者默而不言．則示之嗣得無懼乎．

孫工部詩集序

詩之源其遠矣哉．唐虞之際．君臣相得．明良賡載．書於帝典．及周之興也．姜嫄后稷．配天之基．公劉亶父．艱難之業．任姒思齊之化．文武太平之功．莫不發爲聲詩．薦於郊廟．被於絃歌．協於鐘石者矣．周召沒而王迹衰．幽厲作而風雅變．然亦褒善刺過．與政相通．蓋所以接神明．察風俗．道和暢．洩憤怒．不獨諷詠而已．迨夫五言之興．時更漢魏．而作者眾矣．大抵哀樂之所感．性情之所發．雖丹素相攻．華實異好．其有樂高古．縱步驟．局聲病．拘偶儷．爲體不同．同歸比興．前哲論之詳矣．

某屛居嶺服．北來交問殆絕．和叔繼以三編見寄．自華原通守至盧陵典城七八年間．凡得千首．觀其勵精篇翰．託情諷喻．目之所經．迹之所接．一事一物．亡虛聞覽．其間藩輔大臣之美績道義．良朋之榮問．泉石四時之佳景．關河四方之行役．有美必宣．無憤不寫．雖語存聲律．而意深作用．固當遠敵曹劉．高揖顏謝．兼沈宋之新律．跨李杜之老詞．其他靡曼之作不足方也．且其取譬引類．發於胸臆．不從經史之所牽．不爲文字之所局．如良工飭材．手習規矩．但見方圓成器．不覩斤斧之迹．於詩其深矣乎．

世謂詩人必經窮愁．乃能抉造化之幽蘊．寫凄辛之景象．蓋以其孤憤鬱結．觸懷成感．其言必精．於理必詣也．和叔自關中用兵時．即佐華原．預聞邊事．以材召入御史府．屬莫猺作梗於湖湘．奉詔安集．遇讒失職．守景陵．再謫倅漢陰．數年徙沔上軍壁．乃得割符盧陵．其綿歷周旋萬里間．邊風塞草．隴雲江月．凄切羈孤．無不經涉．其爲窮愁亦已久矣．

今天子憂勤求治．四海無波．羌戎佽順．祥應臻集．既已脩孝治．祀明堂矣．方將升中岱宗．告成天地．而寤寐英傑．討論儀矩．和叔當於此時扈從法駕．褒贊帝功．紀朱草赤鴡之瑞．賦我將時邁之什．歌於圜壇．薦於太室．與吉甫清風之頌．相爲照耀．乃詩之用也．豈獨窮愁稱工而已哉．

宋職方補註周易序

易之道深矣．自漢興．有施孟梁邱京氏費高諸家之學．

列於庠序・而傳異詞・師異學・往往入於五行纖緯之術・故其學中絕焉・王氏之學・傳自魏晉・盛於隋唐之際・大約言陰陽變化・人事得失・不悖於三聖・不蕩於術數・故獨爲學者所宗・近世言易者・復以奇文詭說相高・自成一家之言・考之卦繇爻象彖繫之微・有所不通矣・今廣平宋君貫之・補註周易・蓋懲諸儒之失而擿去異端・志在王氏之說・合聖人之經・字有未安・意有未貫・必引而伸之・用明文王周公之旨・初著易明數十篇・後得唐郭京舉正之說・意與己合・遂採郭氏舉正與易明相參・綴於經注之下・辨墜簡之所缺・啓後人之明悟・朱墨發端・粲然可觀・其自叙詳矣・

於戲・古之儒者・以明經爲本・兩漢名臣・未嘗不以經術進・自儒林文苑・派分□來・縉紳之士・視經猶蘧廬耳・貫之學必稽古・言皆貫道・以詞章取科第・以通博副名實・皇祐五年・歲在荒落・補注既成・聞於旒扆・俄頒中旨・附郵投進・其明年・蠻事平息・因談經義・遂得奏御本爲示・廼周而研之・常觀劉氏鉤隱圖・言宓犧氏因龍圖龜書之文・以畫八卦・又言天五地五・大衍之用・謂其深於術者・及觀貫之之釋・以謂宓犧取象於天・殺法於地・觀鳥獸之文・通萬物之情以畫卦・奚獨於龍馬之圖耶・又其言乾坤之策・生於四象・其於尼父之經・輔嗣之注・亡所戾而有所明焉・固可秘之藏室・流之學宮・寧止是正文字而已哉・歎其言近旨遠・故題而序之・

海潮圖序

古之言潮者多矣・或言如橐籥翕張・或言如人氣呼吸・或言海鰌出入・皆無經據・唐盧肇著海潮賦以謂日入海而潮生・月離日而潮大・自謂極天人之論・世莫敢非・予嘗東至海門・南至武山・旦夕候潮之進退・弦望視潮之消息・乃知盧氏之說・出於胸臆・所謂蓋有不知而作者也・

夫陽燧取火於日・陰鑑取水於月・從其類也・潮之漲退・海非增減・蓋月之所臨・則水往從之・日月右轉・而天左旋・一日一周・臨於四極・故月臨卯酉・則水漲乎東西・月臨子午・則潮平乎南北・彼竭此盈・往來不絕・皆繫於月・不繫於日・何以知其然乎・夫晝夜之運・日東行一度・月行十三度有奇・故太陰西沒之期・常緩於日三刻有奇・潮之日緩其期・率亦如是・自朔至望・常緩一夜潮・自望至晦・復緩一晝潮・若因日之入海・激而爲潮・則何故緩不及期常三刻有奇乎・肇又謂月去日遠・其潮乃大・合朔之際・潮殆微絕・此固不知潮之準也・夫朔望前後・月行差疾・故晦前三日潮勢長・朔後三日潮勢極大・望亦如之・非謂遠於日也・月弦之際・其行差遲・故潮之來去亦合沓不盡・非謂近於日也・盈虛消息・一之於月陰陽之所以分也・

夫春夏晝潮常大・秋冬夜潮常大・蓋春爲陽中・秋爲陰中・歲之有春秋・猶月之有朔望也・故潮之極漲・常在春秋之中・濤之極大・常在朔望之後・此又天地之常數也・昔竇氏爲記・以謂潮虛於午・此候於東海者也・近燕公著論・以謂潮生於子・此測於南海者也・又嘗聞於海賈云・潮生東南・此乘舟候潮而進退者耳・古今之說・以爲地缺東南・水歸於海・賈云潮生東南・亦近之矣・今通二海之盈縮・以誌其期・西北二海・所未嘗見・故闕而不紀云・嘗候於海門・月

加卯而潮平者・日月合朔・則旦而潮平・日緩三刻有奇・上弦午而平・望以前爲晝潮・望以後爲夜潮・此皆臨海之候也・遠海之處・則各有遠近之期・月加酉而潮平者・日月合朔則日入而潮平・上弦則夜半而平・望則明日之旦而平・望以前爲夜潮・望以後爲晝潮・此東海之潮候也・又常候於武山・月加午而潮平者・日月合朔則午而潮平・上弦則日入而平・望則夜半而平・上弦以前爲晝潮・上弦以後爲夜潮・月加子而潮平者・日月合朔則夜半而潮平・上弦則日出而平・望則午而平・上弦以前爲夜潮・上弦以後爲晝潮・此南海之潮候也・

洪州新置州學記

三代之制・天子之學曰辟廱・諸侯曰泮宮・黨遂所居・必有庠序・釋菜之奠・其來舊矣・蓋孔子之道・萬世師表・故皇唐氏尊之以王爵・奉之以時祀・而禮用祭菜・夫祭菜之義・本於太學・存廟而廢・學者禮之失也・大江之西・處都會而山水佳者洪爲率・郡之造秀・以文獲仕・歲有人焉・固宜興學校以寵其俗・

景祐改元之明年・天水趙槩叔平以祠曹副郎・兼東壁圖書之職・來守是邦・翦斃擿蠹・樹立羣善・和氣被境・庭無宿奸・乃思本朝一祖二宗・承平八十年・垂白矜老・不識攻守之器・今上復好文以守成業・而學校之風・未甚流布・殆於守臣之闕請・遂露奏・豫章介在江左爲支郡準的・援南西二都・暨上始封之國爲比・卽其祠宮・願建黌舍・詔從之・繇是葺舊模新・補敗增卑・廣其壖垣・峻其廉陛・或易椽而朽・或築基而營・起撓爲隆・變嗇爲豐・寢殿奕奕・儼然南面・龍衮珠琉・備乎王章・自高第弟子至漢魏大儒・坐而侍・壁而立・于堂于廡・列像有次・考室百楹・以處生徒・凡大夫士庶人之子・爲俊士者・皆許游焉・仍乞上庠鏤版書・以賦其時習・給閒田五百畝・以充其日廩・選文行之士・觀察推官陳肅統其衆・而謹其號令・事由中覆・咸得請焉・又俾設色之工・以夏商周車服珪璧梡俎彝斝之器・見於經禮者・繪之・講論之堂・使朝夕觀焉・孟子所謂樂得英才而教育之者・其是之謂乎・鳩工於三月庚子・告成於八月庚申・役用卒徒・不勞於民・賦以羨材・不斂於衆而克成焉・

漢襲秦令・以太守領郡・而泮宮之制闕焉・其或著理効・稱循吏・大抵謹纆墨・挾鈎距・尙威刑以束縛人耳・能知學校爲教民之本者・惟文翁唱之於蜀・故司馬相如王褒之徒用・文章掄揚漢美・與三代相照耀於先後者・文翁之力也・後人復聲而和者亡幾焉・蓋學校之益人也緩・威刑之取名也速・故爲政者有所趨焉・今叔平以文學擧進士而升鼎科・以器識居宦途而歷顯仕・復能敦大教之本・儲詩書而萃英髦・以尊聖育賢爲事・夫其遠大・安可量哉・與夫徼福於神・盛祠廟者異矣・又豈知洪人戴之不若文翁之於蜀耶・某以上書忤旨貶筠州・道出大府・目是懿績・故爲之記云・皇宋景祐丙子歲十月日建・

羅漢院記

孔子曰・可與適道・未可與權・則知道者・聖人之中正也・守常而不可變・權者・聖人之輕重也・應變而鄰於譎・

權之時用大矣哉·佛氏生於西域·與諸華土壤斷絕·殆將萬里·其滅度後且千歲·摩騰竺法蘭始持其書踰葱嶺至東土·當時未之識也·廼漢明秘夢以肖其像·復築鴻臚外館以居其徒·繹其梵音以通華言·諷誦講說·日漸月漬·自是迄今·又且千載·天下之俗·雲蒸波委·秀眉之老·毀齒之童·服役其事·唯恐在後·百戶之邑·十家之鄉·鐃鼓梵唄·未嘗可闕·其故何哉·蓋佛以大權籠萬化·歸於至理而已·其爲敎也·禁殺伐·斷淫妄·崇布施·重懺悔·性命之說·付之通博之士·因果之論·精入鬼神之域·使賢者務修·愚者生怖·同歸於善也·且夫蠉飛蠕動·含生之倫·莫不畏苦而趨樂·圓首方足·最靈之品·莫不跂高而好勝·而況血氣充於內·嗜欲誘於外·不足而後爭·有餘而後肆·欺誣巧僞·皆欲勿爲而不能已也·非權曷以誘之哉·

嗚呼·人羊相噉·生死循環·一念所惡·流入胎卵·有知之所同懼也·高貲厚產·逐利不休·暫持所愛·則獲福報·常情之所樂爲也·欺天罔上·造惡者衆·懾心自悔·罪即消滅·衆人之所願聞也·死喪之哀·五情潰亂·聞有遺敎·俾其薰修能餉亡者往生善處·則雖捐軀破產·無所靳吝·孝子之不忘其親也·廼知浮屠塔廟·相望於野不爲過矣·

南海諸越之冠邑·番禺大府·節制五嶺·秦漢以來·號爲都會·邑即郡治·俗雜五方·史牒志之·此無預焉·邑之南·有里曰豐衍村·曰平洲山·曰秀羅院·曰羅漢·自劉氏歸命·里落荒榛·院之餘基·鬱爲茂草·然而名在郡國未削也·至天禧中·聖化翔洽·踰五十載·國無橫賦·民有常業·生聚既衆·倉廩既實·亡者必有悼也·而不知其所之·存者必有修也·而不知其所向·耋艾同議·香火爲歸·爾時檀越麥延紹等五十餘人·列名請今住持僧法宗·建刹奠居·以奉西方之敎·由是相山林·視原隰·基爽塏·宅閒曠·令元龜而協謀·仰定星而考室·罄已所有·惟力是視·募衆所得·一簪不私·飭土以寄虔·故斲礱金碧以極尊崇之數·倚席以待衆·故節輪奐以開討論之地·一飯之約·擊鐘而示嚴·四方之來·折床而忽拒·茂松嘉樹·莫非手植·締構繕完·其亦勤矣·却視城闕·塵囂不來·前瞻海潮·法音如在·眞物外之幽絕也·人地相高·衆所推擇·遂選爲縣僧首·及僧之董領敎門者·國曰統曰錄·郡曰正·縣曰首·苟非才出輩類·孰能得之哉·法宗·本郡人·姓陳氏·幼以經業自進·長以戒行自守·遂能闡揚佛事·化其聚落·咸使信向·稱爲一邑之首·噫·彼上人者·僻居海嶼·不求聞達·至今志有所立·行有可取·人則戴之·以爲領袖·自修者可以勸·人其信矣乎·康定辛巳歲·予以縞冠南來·得其狀而書之·既誌佛之權·且警夫怠者云爾·

善化院記

仲尼居魯而儒學之風隆於洙泗·秦皇好兵·而將帥之材出於山西·六祖開化曹溪而塔廟之興布於曲江·蓋聖賢特出·薰而炙之·故跂高慕遠者與習俱盛也·韶州生齒登里籍者·三萬一千戶·削髮祠曹者·三千七百名·建刹爲精舍者四百餘區·豈非祖風宏扇·人心偃順·而欽崇者多乎·鄉曰豐樂·里曰長容·北出州治三十里而遙·有院曰善化·唐朝舊額也·五代兵火之後·其名僅存·雍熙二年·始有茅草之

室・檀越列名請袁州僧皓隆主其薰修訖・至道中・隆師示寂・上足紹袁・尸承厥位・緣師袁姓・亦分宜人・弱歲隨隆來・及其卒而嗣焉・初院在山・椒垣陋隘・自景德初年・緣師乃經始寬平・而徙其基・揭舊名而署之・募資購材・斧斤不絕・至天禧之末而考室・凡十八年間・乃得環合・立鵄而名殿以安其象・度筵而築堂・以崇其法・重樓而擊鐘・以庶平息苦・連牀而會食・以示其容衆・至於庋閣之司・舂炊之所・折衷豐約・罔不具焉・淸溪如帶・繚繞前左・長梁下亙・虛亭上覆・徙倚軒檻・可以優游・眞塵外之嘉致也・又嘗於雍熙至道間・悉委瓶盂羨餘・市東臯之田・以具饘粥・

於戲・能創其基者・父之事也・能繼其志者・子之力也・文王無憂於其國・以王季爲之父也・臧孫有後於其家・以哀伯爲之子也・浮屠氏託大義於父子・而本非骨肉之愛・乃能恢崇堂構・以紹前人之光・又能捐其蓄積・市易田產・以貽後世之利・此其可書以垂勸也・彼滔滔然趨走權貴之門・窺伺常住以圖割削・用實私橐者・視師之績・得無愧乎・以某堂帖職於修書之殿・伻詞其實・以示亡窮・旣嘉之・因不復讓・康定元年九月日記・

樂昌縣寶林禪院記

上士冥心而履道・其次崇善以濟物・道充於內・而迹彰於外・物應於邇・而名聞於遠・所以諮事而察其言・尋聲而索其實・一家之譽・必用之於鄉・一鄉之秀・必升之於國・蓋善惡起諸己・毀譽成諸衆・擇賢採異・用此術也・今夫推自稠人之中・陞於萬座之上・巍然當室之北・以師道自處・使同袍濟濟北面・就列拜起・趨揖如事君父・若非深識懸解・領悟相・春容一音・發矇者惑者・衆多之心・豈易伏哉・越人右鬼・而劉氏尤佞於佛・故曲江名山秀水・膏田沃野・率歸於浮屠氏・郡之屬邑曰樂昌・去縣郭四十里・有院曰寶林・地靈境勝・一邑之冠・遠郊近落・率來瞻仰・故常登延開士主其薰修・嗚乎・棲山林以遂其高・遁江海以安其閑・幽人奇士・所以奉其饘粥・果能擇得聞人以付之・俾其發揚佛事・開導氓俗・奉行諸善・共避衆惡・此乃因高閑之適・成兼濟之功者也・今長老圓祐師・福州懷德人・姓陳氏・學頓教於黃梅山顯宗禪師・服勤二十年・晝問夕參・遂探幽鍵・乃曰未脫自縛・安能度人・卽謀南歸以卜終焉之計・惟茲寶林之衆・屢易師長・而莫能興葺・以延四方・於是計使鄒公覃越遠聽博採・得師於虔之慈雲・遂迎以來・俾尸其衆・時景祐三年・

先是院制度狹小・不克稱其名・殿陛卑下・堂奧淺仄・居才數畝・面臨廻照・影過亭午・則暑氣鬱勃・坐者揮汗・至於未光・師以日廩之餘・悉付營造・易其堂殿・負陰向陽・增築厥基・殆逾百堵・伐山陶土・剖劂圬墁之工・百役自具・不假外徇・居者執畚而同力・來者掛錫而如歸・夏開南榮・冬塞墐戶・無復往時之陋也・乃知擇得其人・爲利自溥・但無意侵漁・能守厥舊已足佳矣・矧能指無修之要・以悟自性・精有爲之勤・以勵後學・此而不記・將孰記焉・康定二年九月日記・

西巖石室記

余　靖

人之涉高慕遠．樂在林壑者．厥遊不得其勝．則無所托焉．地之蘊靈蓄秀．鎮於古域者．所賞不遇其人．則無所發焉．遊賞之會．其難乎哉．予以分司歸韶之明年．江夏黃君子元．始宰樂昌．其明年．以書見遺曰．敝邑雖小．地多勝概．泐溪石室宜爲稱首．元和中．番禺從事李文孺．常志其遊．惜其景出涵暉之右．而文不逮於到難．故使茲山不甚顯聞於世．若遷高車以辱臨之．願去道弗．蠟屐以從．又明年．乃往遊焉．

其始去縣郭西北．平行五里而近．西爲大山．其厚無極．東亘高阜．積石所成．澄溪下流．人迹中斷．揭溪卽阜．屬當大竅．外若敝扉．中如華屋．平有度筵之廣．高逾結棟之隆．穹中四注．屏舒玉削．幽匿婉入．如曲房小檻之容．斜竇平通．有連甍接廡之勢．雲蒸霧積．閉陰闢陽．冬漏暖脈．夏含凄氣．天地炎涼所不能制．是故仙遊之所宅．巖棲之佳致也．既而遍覽幽趣．庶逢前軌．洗塵而視．則有陸羽題名墨跡在焉．張炬而入．則有六祖偃息石牀存焉．嗚呼．苟非子元奏刀恢恢之暇．以奇勝見招．何由崎嶇百里一屆其域．及窺陳迹．則古之賢哲寢處爲常．廼知世稱今人不如古宜哉．

今按原稿下有同遊泐溪石室記一篇．與本篇全文相同．祇多子京又招攝尉唐冀進士譚允同遊句．因署去．

韶州新修望京樓記

廣之旁郡一十五．韶最大．在楚爲邊邑．在越爲交衢．治城居武水東．貞水西．境壓騎田大庾二嶺．故地最善而名著．均之遠官得名城暨善地．故其擇守於等夷．閱人最賢．唐漢之西都也．繇湘衡而得騎田．故武水最要．今天子都大梁．浮江淮而得大庾．故貞水最便．騎田雖乘驛舊途．而王官往來．太平水道．是以風亭水館．高台上舍．徙在貞水．不視溪山巧拙．而偏診左臂者．勢使之然耳．

今郡守河內常公承命而典城也．心樂易而政悉精力．先是郡歲課丁夫刺船．南海餽鹽數十萬石．俗因綿力而薄產矣．又重之以困擾．日益窘急．而繁獄訟．公之下車．適遇主計集賢張公昷之．乃謀所以息民之策．斥工巧占名之卒以代之．故民釋重負．邦事亦簡．人和於下．嘉氣應之．風雨以時．百穀用登．政有餘力．而廢墮茲緝．惟虎溪浮航之道．帶遶闉下．鍵閉僅存．而雉堞樓櫓之制阤然莫具．前所謂偏診左臂之失也．公因暇日．撫睥睨而四顧．則山川鬱葱之氣．森然滿目．既嘆且喜．其久蔽而有待乎．乃命備畚頽土．完缺甃．飭美材．籍士伍．順啓塞之訓．以門其下．因臨觀之美．以臺其上．民不瘠．公不匱．而厥功以成．

飛軒繚砌．一望四野．重巒複岫．周遭萬形．烟顏雨態．遠近異色．溪流浼浼．逗碧涧清．鳥聲漁唱．出入杳靄．君子謂其訪境也皆絕．其命名也必古．身居江海之上．心存魏闕之下．故臨其西樓曰．望京之樓．飲醇酒者不忘於獄市．褰車帷者能廣其視聽．故署其入之門曰通闤之門．除道梁川．而鄰國先交．故標其出之門曰郴陽之門．登高懷古而舜祠在望．故題其北臺曰聞韶之臺．目與心俱適．心與境俱遠．浩然之氣．來棲人身．如躡壺中而眄物休也．非守臣之賢．此景孰爲來哉．簷廡環合．凡二十楹．其形勝之遊．目

觀之美·甲於邦城·智者創物·夫豈徒然·又況登陴之際·民瘼可詢·乘傳而來·郊勞爲便·亦所以輔官箴而尊王命也·

時寶元□年正月日記·

湧泉亭記

嶺南溪山之勝·曲江稱最·然其絕境多在遠郊·徙州治以跨二江百餘載矣·亭榭池館·面高臨深·前創後續·不逾雉堞·耳目所詣·不爲難能·尙書外郎杜君挺之之爲守也·獄無寃私·賦役以時·事舉條領·民用休息·近郭勝槪·無不周覽·梁濟湞水·越長亭得湧泉焉·始其出喧囂·入杳靄·層巒曲澗·嵐碧相照·澗極岸平·泉源在焉·橫岡屈盤·隱若伏獸·疏窪爲沼·泉出石罅·大若濤湧·細如鼎沸·久旱不竭·經冬常滿·南方瘴暑·酷如炎焚·暫息泉上·寒竦毛骨·挺之乘閑一來·吟酌永日·自非嘉賓·無預玆賞·旁有精廬·因泉得名·於是知事僉謀於衆曰·古之君子·必觀於水·蓋有道焉·習氏之石·千載若存·蓋有遇焉·今太守適意水石·而露坐泉旁·雖曠淡自適·豈吾人之所安也·乃募金伐材·構亭泉心·貫之飛梁·虹橫波際·翼以堂室·備賓遊之憩·外營碓磑·爲民事之觀·挺之暇則造焉·以滌煩慮·旣罷郡歸闕·且半歲·靖與後太守潘伯恭·南康倅李仲求共涉泉亭·一飯一啜·不同於俗·皆當時之事·乃書名屋壁以誌其遊·復一月又書亭之始以寓·仲求請模石而書之·因嘆曰·韶處嶺阨·雜產五金·四方之民·聚而遊手·喋訴紛拏·稱倍他郡·挺之以誠應物·庭無留事·日自適於山水間·乃知爲政自有體也·斯遊斯景· 書之其無愧· 挺之名植·伯恭名夙·仲求名定·

韶州新置永通監記

古之建國者·義以制事·財以聚人·八政之先·曰食與貨·卽山鼓鑄·三代而然·禹鑄歷山之金·以禦水禍·湯造莊山之幣·以拯旱虐·周以金錫之利·分隸虞衡·唐以郴桂之郡·並建爐冶·貨之所產·本無定處·興造之謀·期於便事而已·國家平一諸夏·寵綏四海·開寶興國之際·收復江閩·因其故區·作爲泉布·時移歲積·地產靡常·比年已來·冶民幾廢也· 今天子嗣位之二十七年· 特詔翰林學士葉公淸臣·宋公祁經·度山澤之禁·以資國用·乃僉作奏曰·謹校郡國產銅·和市之數·惟韶爲多·而夐處嶺阨·由江淮資本錢以酬其直·實爲迥遠·請卽韶置監·分遣金工以往模之·歲用銅百萬斤·可得成幣三巨萬·三分其一以上供·餘復市銅·得二百萬·如是則其息無窮矣·詔下其議於廣東·于時轉運使直太史傅公惟幾知韶州·比曹副郎欒公·溫故協恭承詔·以經厥始·郡有故堞·號爲西州·遺址高平·宛出郛外·乃相厥土·墨則食焉·凡棟宇之制·筦庫之嚴·詢于故實·斷以心匠·模沙冶金·分作有八·刀錯水鎣·離局爲二·並列關鑰·□有堤防·當其中扃·控以聽事·誰何警察·目無逃形·其鉛錯之備用·薪炭之兼蓄·別藏異室·布于兩序·出內謹密·前爲大閎冶官·列署于閎之南·羣工屯營于閎之外·市材于山·市甓于陶·雇工于巧·凡手指之勤·筋力之用·率評價而與之金·不發帑貲·不徭民籍·而功用成·爲屋八百楹·取材竹鐵石陶瓷之用·凡一百四十萬·惟材木六

千・資于連山・釘十萬出自眞陽・餘悉督辦于韶之境・而民不知役・乃知循良之政・誠自有體哉・以皇祐冠年龍集己丑三月甲午・始築其基・而飭其材・八月辛酉棟宇完・範鎔備・物有區・工有居・九月己亥・大合樂以落之・董舊巧・募新習・朂怠勵勤・授以程準・日課千緡・不愆於素・

初郡之銅山・五歲共市七萬・前太守潘君・一歲市百萬・及樂公繼之・乃市三百萬・明年又差倍之・歲運羨銅三百萬以贍嶺北諸冶・苟非主計者通其財・提綱者揚其職・守土者宣其力・則何以協規創模・成效之速如是哉・且韶被山帶海・雜產五金・四方之人・棄農畝・持兵器・慕利而至者・不下十萬・窮則公剽・怒則私鬥・輕生抵禁・無所忌憚・緩其羈紲・則鷹摯而陸梁・急其銜勒・則獸駭而跳踉・故境壤雖狹・而獄犴寇抄・常倍他境・必資威肅惠和・兼被于物・乃成善政・觀此圖功賦事・精至詳簡・則民之受賜其可知矣・初以遠方置監・議者不一・故朝廷有以待之・明年四月・乃下勅賜名永通・時天子親享明堂之歲・十月初三日・光祿少卿分司南京余靖記・

韶州府新建公署記

古者諸侯宮室車服・各視其命之數・故臺門露寢・將將耽耽・自秦人罷侯・漢沿魏襲・郡有守・州有牧・頒條詔・專生殺・慮其久而固人心・必三歲而易之・修職貢於天子・在千里外則遞促其期・有再期而易者・故州人視刺史如路人・刺史視公堂如傳舍・民病尚不肯療・矧肯完葺廨宇耶・

韶在番禺之北・去天子都城三千而遙・故爲遠官・去留之心不固・又可知矣・皇上卽位之八年・以今尙書外郎太原王君守其土・下車之始・綱目咸振・束黠吏以繩墨・制强宗以斧斤・威聲一馳・境內知禁・然後險者傾・潦者平・痼者愈・魘者醒・仆者起・昧者明・霜清物寒・日和春融・畏愛所交・衣被黔首・於是中詔得比內諸侯・滿三載而易從所請也・政成事簡・地居衝要・築室卑陋・人何所瞻・不欲視廨舍如前人之視民病也・繇是因基構・程用度・壯棟梁・麗榱桷・山有美材・不賦於民・官有繕工・不興其役・煥諸侯之釆章・謹列郡之儀式・挈壺所以授朔・樹戟所以示威・乃伉高門・以備其制・分爭辯訟・夙興夜寐・外至中堂・各有攸處・首狥公也・兎穴防奸・簡書山積・虎符領兵・器甲犀利・對峙二庫・加以層樓・謹曝凉也・接賢序賓・容豆舉觶・則有東西小廳・地煖春和・百卉先媚・亭曰探芳・疏池釃流・一水廻合・亭曰環翠・射侯之亭曰百中・可以觀德也・燕居之亭曰淸虛・可以熙神也・翬飛翼舒・不僭不偪・城隅一樓最奇絕・東溪北山・秀在眉宇・落成之日・露襲竹栢・味飴顆珠・圓美可愛・亭曰甘露・紀嘉瑞也・至於胥史分聯・廩儲供上・風雨之庇・使葺之工旣畢・民吏趨走扶伏・固請礱石刻文・以紀成績・星飛一介・見辱嘉命・謹按圖經・控扼五嶺・韶爲交衢・父老相傳・虞舜南巡・奏樂於此・郡因以名・西漢置曲江縣・爲南海之望邑・西晋立東衡州・居湖南之屬城・齊梁爲始興郡・置內史以涖之・僞劉割據・析其地建英雄二州・故始興之名移於他郡・皇朝開國・軍事民政・咸俾儒臣領之・邕容經畧・名存實亡・擬於舜韶・彼則貢矣・唇齒湘江・咽喉交廣・地之重也・霜露比均・疫

癘南盡・氣之和也・霞變萬拱・雲蒸千礎・麗之廣也・合是數美・爲郡國最・不亦善乎・君以天聖元年・自殿中丞領銀菟苻・期年之間・再增秩至屯田員外郎・則爲郡之才之政爲萬乘知・可見矣・明道元年・十一月重建・

大宋平蠻碑記

皇帝在宥之三十一年・天宇之內・海渚之外・氈裘卉服・罔不率俾・粵五月・蠻賊儂智高寇邕州・陷州郭・賊虐衣冠・驅虜稚艾・遂沿鬱江東下・所過州縣・素無壁壘・倏然寇至・吏民棄走・因得焚蕩剽鈔・無所畏憚・乃攻圍廣州五十餘日・不克・大掠其民而去・然所存者官舍倉庫而已・百年生聚・異域珍玩掃地無餘矣・國家於嶺南不宿重兵・故賊起三月・而後師集・蔣偕・張忠・素號驍將・相繼覆沒・由是畏懦者・望風潰走・賊鋒益熾・逼連賀・毀昭賓・再穴於邕矣・騎驛繼聞・上甚憂之・樞密副使狄公青・以爲將帥之任・古難其才・若再命偏將・裨事一不集・則二廣之地・禍連而不解矣・亟自請行・天子韙之・遂改宣徽南院・使荊湖南北路宣撫使・都大提舉廣東南西路・經制盜賊事・九月拜命・既授禁旅・仍啓以舊鎮騎兵・荊湖銳卒從行・十二月至桂林・督部伍・親金鼓・然後兵知節制矣・明年正月甲辰至賓州・先是鈐轄陳曙領步兵數千・潰於崑崙之關・公推其罪・首斬曙及佐吏已下三十一人・然後人知賞罰矣・兵將股慄・咸思用命・是月己未・引師至邕城一舍・賊悉其徒以逆戰・公之行師・雖倉卒道途・皆有行列・賊至・駐先鋒以候之・公憑高望・撝騎兵以翼焉・賊徒大敗・追奔十五里・斬首二千二百餘級・生擒五百人・尸甲如山・積于道路・僞署將相死者五十七人・是夕智高焚營自遁・復入于蠻中・先是命湖南江西路安撫使樞密直學士孫沔・入內押班石全彬過嶺與廣西經略使余靖同其經制東西路盜賊・故命公督大提舉・然孫石贊謀・而軍中悉稟公之節制・賊之再據邕也・農者輟耕・商者輟行・遠邇惶惶・不聊其生・及公之拜命也・朝野之論・中外歡然以方召之才・秉機軸之重・出翦狂蠻・無噍類矣・賊之巢穴曰廣源州・交趾之附庸也・父爲交趾所戮・遂棄其州・奔南蠻界中淵藪・悖傲以僭號稱・自名其居曰雲南道・又曰南天國・再名其年曰景瑞・曰啓歷・雜名其左右之人・自侍中開府已下署之・其主謀者黃師宓儂廷侯儂志忠等戰沒於陣・未有剪其羽翼而能飛・刳其腹心而能全者也・故宵遁矣・

嗚呼・智高之謀十餘年間・招納亡叛・共圖舉事・十月餘間・連破十二郡・所向無前・夫豈自知破碎奔走於頃刻之間・乃知名將攻取・眞自有體哉・二月甲戌改乘軺・其丁亥至桂州・詔徙護國節度使・復以樞密副使召・仍曲赦嶺南・民得休息・遂磨桂林之石・以書其勳・

贈中書令狄武襄公墓誌銘并序

惟宋四世嘉祐二年三月・陳州上言・護國軍節度使・同中書門下平章事狄公・屬疾於鎮・詔遣國醫馳視・未至而薨聞・天子震悼・爲之素服發哀・再不視朝・制贈中書令・厚賻其家・褒動臣也・公諱青・字漢臣・贈太師諱應之曾孫・贈太傅諱眞之孫・贈中書令諱普之少子・汾州西河人・遠

祖唐納言梁文惠公仁傑・本家太原・危言直節・再復唐嗣・子孫或徙汾晉・世爲著姓・公謹重信厚・風骨異常・少以騎射爲樂・期於功名自立・弱冠遊京師・係名拱聖籍中・國家自北虜請盟命・韜偃師節・息烽徹警四十年・元昊世稱藩・常歲遣牙校貢方物・胡賈往來・直抵都下・奸人窺覘・知我虛實・一旦上還印節・僭盜名字・朝廷始增兵擇將・以爲戎備・時寶元元年也・

公初以散直爲延州指揮使・賊昊宿心包藏・摧鋒甚銳・吾邊弭兵滋久・士不知戰・他將遇之・靡不折衂・延安最當賊衝・公以材武智畧・頻與賊較・未嘗少有所沮・四年之間・大小二十五戰・中流矢者八・斬捕首虜萬餘・獲馬牛羊橐駝鎧甲符印器杖以數萬計・攻賊金湯城及西南馬市・至于杏林原・破其鎮砦七・遂畧宥州之境・屠龍咩歲香等部落・燔其積聚數萬・廬舍千餘・收其族帳二千三百・生口五千七百・又城橋子谷・築招安豐林新塞・大朗堡・皆扼賊之要害・而奪其氣・朝恩懋賞・七遷至秦州刺史涇原路兵馬副都署・上奇公功・欲見之・無何・寇逼平凉・乃命公卽趨涇原・俾圖形以進京師・不呼公名而呼狄萬・蓋比之關張也・

公在涇原數歲・賊不敢犯塞・復以夏國主稱臣・由是邊圻解嚴矣・遂以侍衞親軍職名寵公・徙眞定府都部署・累遷至彰化軍節度使・知延州・羌人脩貢・道出高奴・邊事裁處・不違申覆・故僉議帥臣常爲諸鎮之首・公當是任・邊戎畏伏・乃召爲樞密副使・會蠻寇內侵・嶺海警擾・公以疆埸之虞・廊廟之憂・抗章請行・寬上南顧・上嘉其誠・遂改宣徽南院・使荊湖南北路宣撫使・提舉廣南經制賊盜事・初儂氏之蠻・世爲酋豪・羈附交趾・智高趫勇而善用兵・因擊幷旁州邑而統有之・拓地寖廣・勝兵寖盛・交趾不能制・南方亡命者多歸之・由是儗王朔・置百官・潛窺竊據嶠南之計・以皇祐四年五月舉兵攻邕州・陷之・乘鬱江瀑流・連陷沿江九郡・殺逐其守臣・遂攻廣州・圍之連月不克・大掠而還・仍覆沒四將・燔燬二郡・俘刼兵民數萬・復據邕州城・誘畧溪峒江湘・桂象之間・爲之騷然・朝廷以公大臣・旣可其行・第令駐於桂象之間訓練師旅・而指授方畧於羣帥・公以二廣安危・在此一舉・若偏裨失利・則兵氣難振・自非躬親無以號令・先行後奏・朝議韙之・

五年正月甲辰・三將之兵會於賓州・公接士大夫以禮・御下以嚴・臨敵制變・衆莫之測・己酉下令・人賦十日之糧・諜者旣去・詰旦遂行・故賊以師期尙緩・不克守險者以此・己未至歸仁舖・賊悉其衆據高迎戰・前鋒遇之少却・左第一將孫節死之・公親執旗鼓・麾騎兵左右馳出賊後・賊遂大敗・馳騎追捕・斬二千二百・賊之謀主黃師宓儂建忠等腹心牙爪・沒于陣者五十七人・智高焚營而遁・明日按兵入城・獲金銀器用二萬・戎仗稱是・僞符節十一・馬牛千餘・老壯士女還城者三千餘人・再遣閱闠外創重歸死者・復得三千二百・翊日分兵追襲賊之餘黨・幾殲焉・招復虜口七千三百・其邕人也俾奠其居・非邕人者・振廩續食・還其本土・所得賊之遺物及首級之賞・估值四千萬・均給戰士・仍築京觀以誌武功・二月丙子・班師・辛巳詔遷檢校大尉河中尹・召還樞府・遂曲赦廣南至於江西湖廣・咸布德音・未幾進拜樞密使・領節如故・仍賜城南第一區・諸子悉增其秩・職居機

軸・勢均臺宰・外頒戎馬之政・內參宮省之務・弼違順美・勳協厥中・越四年・願去權寵・以辟盛滿・遂兼相印・出臨輔郡・暴疾而終・享年五十・

公天賦明智・世推權勇・臨事董衆・識與幾會・其行師也・所統步騎不以衆寡・常取諸葛武侯八陣法以爲模楷・宿息坐作・悉成部伍・故雖倉卒遇敵・而師徒無撓・其爲偏裨時・每被髮面銅・其從騎兵馳突賊陣・羌人識之・見則辟易・無敢當者・常中流矢創甚・聞寇至裹創而行・帥不能止・公器度深遠・今相國韓公故資政殿大學士范文正公之爲西帥也・公皆隸其節下・咸奇之曰・此國器也・文正嘗以左氏春秋授之曰・熟此可以斷天下事・爲將不知古今・匹夫之勇不足尚也・公於是晚節益喜書史・既明見時事成敗・猶好節義・其在涇原也・副起居舍人知渭州尹洙與公同經畧招討安撫使事・洙字師魯有文武才畧・博通古今・公與慮事・尤爲精密・師魯常稱公古之名將無以過也・公於交遊・存亡不渝・師魯後以貶死・公厚卹其孤如至親焉・文正既沒・其子純禮服除還臺・當差吳中市征・公首爲啓陳・得署河南賓幕・以便墳壟・識者稱之・其徙眞定也・過家上冢・還謁縣長・步趨令庭・以脩桑梓之恭・然令不敢當・議者重其得體・遽留里中與故人釃酒相勸・揮金而去・其征蠻也・上親餞於垂拱・命釃者數焉・當是時袞國太夫人侯氏微疾・公朝服而入・戒家人無得言治兵事・第云奉使江表・故得不憂・其純孝如此・

公好以衆整・又能分功與人・而令在必行・故師之所過・秋毫無犯・其爲小校延安也・大里南安安遠之功・初不自言・物識多之・其征南也・今觀文殿學士孫公時經制盜賊・與公偕行・其軍中之政・公實專之・至於南夏經久之制・多讓孫公・裁處談者・嘉其謙挹・初廣西鈐轄陳曙・以步卒八千潰於崑崙關・公主推首遁者・殿直袁用而下幷曙誅三十二人・其下股栗・遂能一戰而成大功・公歷官自三班差使殿侍還左右班殿直・侍禁閤門祗侯・通事舍人・西上閤門副使正除秦州刺史・遙領惠州團練・眉州防禦使・保大軍留後直・拜彰化護國軍節度使・職事自指揮使・遷延西路巡檢・鄜延路都監・沿邊都巡檢・涇原儀渭兵馬都署・遂總禁旅・歷捧日天武四廂都指揮使・步軍殿前都虞侯・步軍馬軍副都指揮使・其爲兵馬部署以涇原部署知渭州・眞定部署權定州・鄜延路經畧安撫使知延州・皆著能政・一拜宣徽使・再踐樞密副使・遂總機政・以兼相判陳州・臨民統軍・未嘗少有差失・其征羌平蠻・名震夷狄・勳在竹帛・近代之良將也・

公娶魏氏・封定國太夫人・五男・長諮・西上閤門副使・次詠・東頭供奉官閤門祗候・譓・諫・皆內殿崇班・說・東頭供奉官・早卒・二女許嫁而未行・孫璋・左侍禁・璹尚幼・同產兄素・右班殿直・兄子五人・詢・左侍禁閤門祗候・詵・左班殿直・諲・諄・詘皆左侍禁・從父兄靖右班殿直・其子詳右侍禁・

嗚呼・戎夷旅拒之際・公悉力捍禦・以至平定・宜享遐福・而稟命不融・後世其有興者乎・公薨之明年・歸殯京師・明年・卜宅西河之太平鄉劉村里・又明年・二月十九日襄事太常誄行考功議謚・百僚僉允・乃賜謚曰武襄・詔給本

品鹵簿送至都外．啓攢掩壙．並輟其日視朝．仍詔所經道．發卒衞送葬所．州縣優假人牛車馬．特恩也．其孤諮等．既已礱石樹碑神道之表．以靖嘗從征南服．謁銘以誌幽隧．

銘曰．天生哲人．康濟斯民．不有屯難．何展經綸．眷言平夏．奕世稱臣．一旦陸梁．邊鄙生塵．公之忠勤．威名冠軍．近鬭遠畧．歲策其勳．寇入蕭關．即鎭涇原．圖形以進．百辟改觀．入董衞卒．風清禁屯．出總邊兵．霜凝塞垣．乃建高牙．以肅和門．延登樞府．式贊治源．蠢茲儂蠻．輕棄巢穴．陷邕圍廣．圖據全越．公之善籌．成於廟謀．願得奮行．戡彼兇酋．帝念其誠．俾公專征．嶺表之區．蹊公以寧．收復邊城．綏撫遺氓．南夏再平．翳公之靈．露布傳呼．歡聲九衢．曲赦嶺表．德音江湖．乃涉太尉．乃尹河中．陞總機務．言疇厥庸．樞極之柄．兵戎大政．弼諧有託．方隅以靜．致主推誠．辭權戒盈．乃錫相印．以鎭陪京．天胡不仁．奪我勳臣．上心嗟憫．悼往撫存．輴車執引．發卒三川．銘旌改寵．鹵簿宣恩．佳城何在．汾河介山．動書彝鼎．冢象耆連．山西出將．天下稱賢．功名不朽．億萬斯年．

從政六箴

清箴

政爲民綱．清本士節．立於寡過．先乎自潔．根不堅固．枝必顚折．勿謂何傷．多其藏者厚其亡．勿謂終吉．悖而入者悖而出．金滿堂而莫守．玉無脛而能走．君子臨財．貴乎無苟．幽有鬼神．明有斧鉞．貪被賕餉．過乎豪奪．罪盈於貫．陽誅陰罰．何如砥礪．清名不滅。

公箴

厥初生民．罔有紀極．羣居離處．鬭智角力．乃建官司．分其曲直．所以衡鑑．所以糾纏．抱公絕私．是爲率職．勿畏於勢．受人之制．勿黷於賄．移人之罪．無狥威名．以作煩刑．無貪寬恕．以售虛譽．張湯輕重其心．漢刑已淫．州犁上下其手．楚邦之醜．是以罪無異罰．左史所旌．義不隱親．叔向之明．尺㮣繩直．珪方砥平．心如止水．斯鑒不牽．於情不侮．惸獨無懼．高明其守．不更乃國之經．敢告君子．參之座銘．

勤箴

爵以詔德．官惟擇賢．怠則職廢．勤則政宣．古之聖賢．名存簡編．堯癯舜瘠．以臨溥天．禹乘四載．手胝足胼．日不暇給．周道以完．介冑蟣蝨．漢業以安．君旣勤止．臣寧曠然．周公捉髮．九有駿奔．趙盾夙興．盜退寢門．官無留事．史稱名臣．罔敢自逸．書之格言．羲和湎淫．夏攻其昏．二王清談．晉失其尊．養名逋事．義如罪人．下臣有聞．敢告司存．

明箴

逞血奮氣．爭鬭所起．區區强弱．茫茫眞僞．巧詐千端．奸邪萬計．或矜其豪．以壓顚頽．或恃其窮．以凌貴勢．或狐託虎威．或蚌爲鷸制．鼠無牙兮穿墉．蝸有涎兮掠地．吏或舞文．人多飾智．聚毚兔以成穴．嚇鴛雛而得味．吹毛洗垢．極其窺伺．滑言柔色．肆其諛媚．邪正區別．是爲神明．軒銅照膽．不將不迎．爾姸爾醜．安能遁形．敢告有

位・無忘勵精・

和箴

水至清則無魚・人至察則無徒。凌上忽下・於義如何・剛而又方失乎正・柔而又圓近於佞・濟之中和・可以從政・

慎箴

太行之險・摧輈折轅・龍門之浚・舟沉檝飜・危乎宦路・逾茲阻艱・巧者爭進・濟之疾顚・青蠅止棘・讒豈無門・薏苡似珠・謗亦有端・所以去惡者如草之蔓・履霜者如冰之堅・太僕之馬・數而後對・温室之樹・問而不言・動而三思・靜當有慮・儉則易足・謙則無忤・狠則多爭・傲則衆怒・好樂者所貴無荒・縱欲者終聞敗度・語曰・奔車之上無仲尼・覆車之下無伯夷・古之訓也・慎者從之・

王大寶大雲洞贊

巖秀而隱・石巧以垂・賓介主僎・團筵備維・支疎玲瓏・可陟可窺・刋遊亘昔・假紱來規・歲閼陽圉・紹興紀題・潮郡王系・大寶元龜・

謹案贊在連州大雲洞・宋史王大寶傳・大寶知連州・張浚亦謫居・命子栻與講學・孜浚落職連州居住・在紹興十六年・則大寶知連州亦在是年・此刻云歲閼陽圉・蓋十七年丁卯也・爾雅太歲在卯曰單閼・在丁曰强圉・故丁卯之歲・史記名疆梧・梧圉（古聲近通用）單閼・然史記但曰歲名・不云太歲・淮南天文訓太陰在寅歲名曰攝提格・太陰在卯歲名單閼・史記索隱引爾雅亦無太字・則今本爾雅有太字實誤衍・其題閼逢云云・曰歲陽・題攝提格云云・曰歲名・皆無太字・尤爲可證・此刻云歲閼陽圉者・猶云歲名單閼・而歲陽所在曰强圉爾・可謂深得雅訓・疑當時爾雅尚未誤衍也・

王　陶　字子元・曲江人・天聖中進士・官至京東提刑度支郎中・按陶與父式同登天聖王堯臣榜進士第・子履古亦登進士・三世進士・時以爲榮・

碧落洞記

地之靈者以山水稱・人之英者以文章顯・故大塊間巖壑勝概・非值通才碩賢・跡所到・心所想・摛辭載實・克播發之・則雖駢奇粹異・至於仙家所謂洞天福地相參・亦不得有名於四方矣・湞陽郡南趨十五里・羣岫亘屬・長溪縈紆・窮阿盡源・呀然成洞・中敞石室・下逗寒流・融糾萬狀・衣冠輩未嘗一詣・唐元和六年・周夔羽皇探得幽絕・遂命侶以遊・著到難一篇・刋在巖石・語清思逸・狀寫景物至當・後人嗣到・稍稍甚易・然奇文獨在・無能復繼者・僞漢劉氏始題洞曰碧落・室曰雲華・自是益號名跡・標望嶺隅・南北來遊・無日無之・予厭聞其勝・患未得賞・今還故里・閒居多暇・因率諸髦士偕至絕境・稅駕暫息・寓目一覽・巖危壁峭・駭動神魄・風冷溜澈・爽侵肌骨・氣潤煙霧・香馥松桂・若登青岑・造赤城・霓旌可接・飈馭可攀・又豈止捐世紛・脫塵慮而已乎・旣而捫蘿躡險・周訪遺逸・洗杯酌醪・相陪野飲・歡而醉・狂而歌・濯足於清泉・曲枕於盤石・心境皆外・物我皆忘・浮圖非想之天・老氏無何之鄉・計茲冲寂・彼焉此焉・

噫・湞陽是洞山之粹者也・羽皇是文章之雄者也・信乎・地靈人英・賦形流聲・與造物者契・與後天齊・吾遭幸而扶

其粹・拉其雅・潛吟躍笑・樂何如哉・夫人生所樂・爲趣匪一・志尙於內・情適於外・是謂得矣・若然・則今日之集亦何必娛聲音・玩容色・而後稱乎・固不知逸少蘭亭之宴・太白竹溪之會・復何以專美於千百年間耶・雲扃晚照・促人歸轡・猿鶴相顧・戀戀不忍去者久之・同遊九人・各賦詩以寫興云・時康定元年八月二十七日・

李渤　字子文・樂昌人・登嘉祐三年進士・郡人號爲李夫子・嘗試南昌・作聞伯夷之風頑夫廉賦・中魁・時人膾炙稱爲李伯夷・有詩云・嶺北嘗聞夫子號・江西曾振伯夷風・與弟巖・事母至孝・巖亦賜同進士出身・官皆至朝奉郎・樂昌渤溪巖有渤題名刻石・

侯司空廟碑

客有遊曲江者・始入境則望韶石之山・既至郡・則瞻張公之祠・以謂吾韶之美盡於此而已・曾未知直韶之西北四十里・有桂山之峻・有侯公之偉・余請言其畧・山之肇迹・自荆山南走千餘里・至於衡山斗起爲炎帝國・又自衡山南走千餘里・至於桂山鬱然爲祝融神區・山之盤薄方廣・幾八百餘里・峻極崇高・幾五十仞・青峰碧嶂・雲霞所棲・丹崖紫壑・神仙之宅・山下之廟・則司空侯公故家也・公名安都字司成・本末具南史・工隸書・能鼓琴・長於五言詩・善騎射・爲邑里豪雄・陳武帝時・强梗數起・惟與公定計・稱爲侯郎・未嘗名・平侯景・擒王僧辯・破徐嗣徽・刺齊將・降蕭孜・所向必克・其智勇之大畧如此・始封富川縣子・次授南徐州刺史・又進爵爲侯・進號平南將軍・改封曲江縣公・又加開府儀同三司・又遷司空・又進爵爲淸遠郡公・又加侍中征北大將軍・其功烈之盛如此・始武帝崩・朝議未知所立・

公獨翼戴臨川王・是爲文帝・何其壯哉・文武之士・雲集門下・何其富哉・公起布衣・提義衆・乘風雲之會・依日月之光・位極人臣・書勳竹帛・眞所謂豪傑之士也・侯司成以功烈爲陳將軍・張子壽以德業爲唐宰相・韶之曲江・眞所謂將相之鄉也・惜乎功大主疑・盛名之下・難乎其終・而子壽最爲□顯也・

余嘗東遊泰山・西登華嶽・南觀衡廬・顧未有以過韶之桂山・而不列祀五嶽者・蓋其遠在南裔・自古帝王耳目之所不接故也・到今里中習俗・風流慷慨猶存・時或旱澇・四遠來祈・未旋輒應・公之族有登進士第者名晋升・字德昭・託余記之・余既作記・又作迎神送神之詩・以遺其鄉人・使歲時祈報・得以長言而歌之・

歌曰・天作高山兮・去天幾何・翠岫巉兮・與天相摩・紫桂千尋兮・上拂金波・飛瀑萬丈兮・倒傾銀河・宅靈氣兮鬱嵯峨・降生司空兮此山之阿・功拔臺城兮・親提義戈・百射百中兮・戰功居多・爵位崇極兮・人誰我過・威名震主兮・莫予敢訶・齊中會客兮・舉趾逶迤・擘牋點翰兮・掉頭吟哦・昔時閭巷兮・今已張羅・當年富貴兮・恍若南柯・哀江南兮淚滂沱・弔故里兮影婆娑・空餘古祠兮・白雲東坡・緬想陳迹兮・淸風荔蘿・奠桂酒兮伐鳴鑼・折瑤草兮席輕莎・靈紛起兮舞傞傞・首紅帊兮足綉鞾・神之來兮揚玉珂・芳菲菲兮離芰荷・神之去兮來顏酡・杳冥冥兮駕蛟鼉・西風瑟瑟兮吟黍禾・暮雨瀟瀟兮濕釣簑・此方之氣兮・神人以和・此方之物兮・天無厲瘥・我作此詩兮・匪商之那・俾爾遺俗兮・慷慨而歌・

譚粹　字文叔．始興人．父侁．皇祐壬辰進士．博通經史．教三子皆成名．粹名望尤著．於張九齡爲外家十世孫．每歲詣墓致祭．熙寧初．知惠州．有善政．嘗輯羅浮志．序之以傳．詩文皆可觀．人稱其學行．所著羅浮集十卷．阮志著錄注佚．子煥字文煥．篤志好學．舉八行．仍登大觀乙丑進士．官至朝散大夫．

羅浮集序

嘗觀劉禹錫初見太華．以爲此外無奇．及見荆山．以爲此外無秀．繼遊池洲九華山．然後悼前言之容易．噫．使禹錫及見羅浮．奚特九華之比哉．昔嘗一閲羅浮山記．乃郡椽郭之美．採摭圖傳．纂次編集．其說謂是山通句曲之洞．接茆山之勝．浮雲濤於會稽．分靈島於蓬萊．始疑其詛謾．而未之信．及元豐初．承乏郡事．遂獲親至．而目擊觀．

夫星壇天城．石鑑圓潔．湖韞冰玉．竹產籠葱．奏淸音於樂池．耀寒光於丹竈．文禽異卉．交錯如繡．瑤臺霞谷．愈覽愈新．誠可謂此外無奇．羣峰壁立．間數百里．石樓倚漢．鐵橋横空．勢憑天倪．影浸溟渤．蒼翠蓊鬱．出雲爲霖．誠可謂此外無秀．今年春．被命東來．尋訪山記．已無板刻．因命博蒐裒爲全集．命工刋鏤．責付寶積禪剎．係歷管轄．庶幾傳於綿永．而覽之者．披文悟景．神驚心得．寧不韙歟．元符三年．八月望日知郡凌江譚粹序．

丁璉　字玉甫．番禺人．元豐二年進士．授融州司戶．累官至朝議郎．元祐中．以諫討西夏出爲桂州學教授．尋改知連州．轉朝散大夫致仕．璉博學多識．退藏若愚．知廣州蔣之奇負才．輕廣南士大夫．嘗與璉同遊九曜石．劇談至夜分．驚其精博．歎爲中州士不如云．

徙南恩州學記

古之所謂成人有德．小子有造者．出於上之風化．然其本實始於一國一鄉．今朝廷崇尚儒術．作興人才．四方一視．不異遠邇．庠序之興．彌滿天下．絃歌講習．洋洋盈耳．嗚呼盛哉．

恩平古郡．漢屬合浦．舊學去城南幾三里．荒汀敝廢．廊室不支．垣墉傾圮．士人患之．曾漕使大夫溥公按部至此．偕曹判馮公登望海臺．周覽形勝．因指城隅之東曰．此山水川回合．風水之佳．宜徙學就焉．僉悅而從．乃命出泉於公．儆力於民．鳩工掄材．[illegible]舊增新．不日而就．蔽守有門．步趨有廊．聖師有殿．[illegible]祠有廳．經籍祭器有庫．講義有堂．正錄有位．生徒冑[illegible]齋庖．湢有舍．基隆宇壯．不華不陋．垣堵屹立．翕然[illegible]具．經始於孟秋．落成於季冬．用不匱而工不勞．璉[illegible]禮義由賢者出．庠序者禮義之地．恩平士子．朝夕游息[illegible]茲．朋磋友磨．講學勸藝．樂得其所．有嗣音之子衿．[illegible]挑撻之誨．不習于城闕．千里之內．觀風親化．俾嚚者[illegible]悍者愿．人人有士君子之行．異日登膴仕．擢朝用．不[illegible]於庠序之教．庶幾髣髴洙水杏壇之化焉．璉忝守是邦．[illegible]成也．諸生請爲之記．而樂書之．紹聖四年季冬吉日．

侯晉升　字德昭．[illegible]江人．元豐八年進士．爲程鄉令．與蘇軾兄弟往[illegible]密．家藏二公墨帖甚富．軾一帖云．蒙示新論．利害炳然[illegible]文亦温麗．歎伏不已．但恨罪廢之餘．不能少有發明爾．後知南恩州．賑卹窮寡．禮待英豪．期年而卒．

比部李公廟記

高要比部廟・乃祀贈比部郎中李公也・皇祐中・南寇沿江東下・焚毀城邑・賊虐衣冠・二廣驚擾・仁宗皇帝惻然下詔・採甄士類・增貢禮部・概與序爵・公時授同學究出身・初任象州司理參軍・次惠州博羅縣簿用・舉改橫州推官・丁母憂授白州推官・二年府帥沈待制禮使張司勳辟充欽州推官・所至以廉能稱・熙寧中・守臣寡謀・啓釁交人・出其不意・毀寨陷城・欽守遇害・官吏兵民・孑然無遺・公之室盡殲於賊・刃凡一十三人・神宗皇帝聞而悼之・自守臣以下加恩有差・追贈公爲比部郎中・錄公之季子忠爲班行・又詔下端州・錄其近親・表其從弟也・以其嘗從公覆沒・由是得爲三班・

公諱英・字子厚・其先守端州・其後因家高要縣橫石村・遷修里・祖邵・父喬皆不仕・忠招公與夫人南恩陳氏之魂・葬於陸村・卽其故宅基構祠堂・歲月浸久・棟宇弊壞・表乃革故取新・重堂廣厦・塑像繪壁・落成於元祐七年九月望日・其族姓鄉黨因而時享・表字江叔・居官廉勤・以晉升爲高要令・而稔民之□□詞曰・皇祐時・南無堅城・儂寇之深入也・其官棄而不能守者・朝廷不卽戮而復其官・以情恕之也・熙寧時有城可守焉・交趾之犯順也・其吏效死而不敢去者・朝廷報而不忘・恩及其親以忠錄之也・仁哉・吾君之厚子厚乎・人莫難於死・死莫重於義・非義焉不得爲死節・免死焉不得爲忠臣・義哉・子厚之報國乎・然以其身殉之可也・家與之俱絕者・豈不愴然哉・

李南仲　英州湞陽人・（今英德）十歲舉神童・中童子科・元豐後・賜出身者五人・南仲其一也・授從事郎・自以學未大成・讀書羅浮山・因作羅浮山賦・傳於世・大觀中・授奉議郎知康州以治行聞・
按饒平有李南仲・重和元年進士・另一人・

羅浮山賦

羅山浮山東西相聯・嘗聞通句曲之洞・號朱明之天・連延大江之外・崛起滄溟之邊・乃百粵羣山之祖・與南岳以齊肩・鐵橋鎖乎絕頂・石樓峙乎半嶺・登覽遐極・俱在乎掌握之前・海嶼迤邐・何其小然・周五百二十七里・列四百三十二峰・源洞溪谷數千百重・弁包廣博・光大含洪・開者如蓋・覆者如鐘・銛者如戟・轉者如弓・尊者如老・卑者如童・曲者如臂・亂者如蓬・排者如掌・碧者如瞳・平者如几・圓者如籠・展者如鳳・猛者如熊・呀者如虎・蟠者如龍・其要妙淵極不可形容・橫然其若倨・儼然其若恭・曠然其若樸・藏然其若蒙・明然其若視・豁然其若聽・不曖不昧・孰爲始而孰爲終・藤蘿蓊薈・惟道之從・又若佛老之宮・瑞象融融・鏊牙詰曲・丹碧誇雄・藻石璀璨・瀑水玲瓏・山之玳瑁・竹之籠葱・羣雀五色・靈藥千叢・寂寞兮丹砂遺灶・岌嶪兮瑤臺隱空・懸崖斗折・非人跡所通・比粗爲大者槩舉其宗・其餘瑣細・安可搜窮・祥雲隱霧・晝夕曚曨・時有岸幘羽服・野人山翁・忽去倏來・不知其踪・謂長生而久視・亦往往間有乎其中・時有萬舶乘風・不知西東・瞻我峻極・烟光蒙茸・洞谷黑昏・開乾闔坤・怒風叫號・轟騰四門・恍然之內・隱隱若萬兵之屯・豈非呼吸號召有鬼神之湊犇・徐而萬籟息・

朝霞暾·日月晃耀·氣象始温·

又或午夜蕭森·樂池奏音·髣髴妙韻·彈絲擊金·疑有雲和之瑟·空桑之琴·得非青谷閟邃·縹緲有列仙而下臨·西□于岷峨之境·東走于王屋之深·瀛洲方丈·名巒秀岑·抵乎北向之戶·如白漏與桂林·奠此靈宅·朋來盍簪·想夫列席環坐·開廓沖襟·疎楹廣庭·寶金翠琳·海桃霞漿·左右酬斟·樂眞源之恬澹·憫世網之浮沉·儵然往還·不繼以淫·瞬息萬里·嚴飆馭之駸駸·千變萬化·非至神之妙·孰能考尋·

客有覽予之賦·從而謂曰·子之言則當矣·事則備矣·意則博矣·然予竊有議者·惜夫二山之居·在南方之遠鄙·去天子之上都·邈乎數千百里·疎巖浩博·少見遊于王公·靈跡幽渺·未殫紀于文史·比泰華及嵩高·未可齊其班爾·愚乃從而辨曰·子之所云·未燭厥旨·昔者大樸之判·洪濛之始·繼堯水之九年·汎濫絕其涯涘·實茫茫之無垠·亙嶠南之絕底·赫赫上帝·眷然閔此·以蓬萊之三山·分一支而遠徙·東浮海以合焉·謂博羅兮有以·然後驅蟲蛇而歸之山·逐魚龍而赴之水·天地復位·日月止晷·乃有州閭與鄉黨·遂知君臣與父子·以陶以漁·以耘以耔·出粟米與犧牲·供郊廟之祭祀·則是山也·遂領炎荒·上正星紀·惟金三品·楩楠杞梓·翡翠羽毛·虎豹犀兕·竹箭丹砂·絺纊絲枲·珍角瑇瑁·元龜象齒·石密山蕉·黃精白芷·蛾眉龍骨·桂香桐紫·先貢實以充庭度·何九州之敢擬·足以璨上國之文章·增皇家之盛美·矧以當祝融之宅位·贊眞主以乘離·雲行雨施·產英孕奇·其在國家·有大禱祈·驛使奔走·帝誠肅祗·投金龍與玉版·指道路以交馳·將事之夕·明靈鑒斯·乃至翔鸞舞鶴·繞殿紫芝·既仙壇祭訖·宣室受釐·萬有千歲·景福介時·俾昌而熾·允王保之· 帝子皇孫· 慶流本支·獻南山之壽· 歌天保之詩· 與夫他山頹壁·徒當乎四達之逵·葺飾別館·止可事于遊嬉·吮毫探吻·但益夫賣聲名之所爲·于功業兮何補·于造化兮何裨·豈比增高福地·薦美天基·鞏固南極·鎮安外夷·巍巍隆隆·無騫無虧·宸毫秘軸·文采葳蕤·瑞牒顯著·又奚徇乎眞區之遠·而客乃駭汗退席·斂容就卑·嘆管窺之淺淺·小子曾莫之知·而今而後·安敢措之以辭·

霍　暐　字明甫·南海人·篤志好學·元祐初入太學·時詔舉八行·暐修己教家·人無間言·遂以應命·官終海豐縣尉·同舉者東莞王知二人而已·其爲文淵雋奇古·不與俗合·鄱陽馬存極推許之·尤具特識·新會龍山水色變而爲紫·人以爲瑞·暐言水陰物·陰之類爲小人·爲夷狄·爲盜賊·今水失其常性·關於國家者大也·後蔡京童貫當國·有金人之變·盜賊蠭起·皆如所言·著有霍暐集·阮志注佚·

冲虛觀記

昔晉葛稚川以儒學知名·才堪國史·本無濟世之志·一時當塗·文章辟致·宜其陞華躐要·蔚有奇觀·雖其間勉强起而從之·視彼名位顯榮·毋啻浮雲浮塵·終以神仙導養之法爲事·由常侍大著出作補句漏令·至廣州而刺史鄧嶽眷禮遇·不能留也·遂登羅浮·創都虛·狐青·白鶴·酥醪·東西南北四庵·爲往來偃息之地·採靈芝神藥以養異丹·蓋自從祖仙翁葛孝先·吳時在飛雲頂丹修以來·風流相承·豈特咸和而避地遠引而然也·

今冲虛觀・乃都虛之遺址・義熙初・始置祠以祀之・逮唐天寶中・令守者十家・已而爲觀・余少時・亦常來遊・徒見宏偉高明・凝嚴深隱・人閑晝永・塵土不到・其山形水脈縈迴環抱・前揖後從・各當尊卑起伏之勢・如天造地成・端若有待者・其顯者雲烟之變態・氣象之明滅・其微者禽鳥之飛翔・花木之弄色・殆與世間特異・眞神仙境也・視羅浮二山諸觀爲甲・聖朝每遣使祭醮降香・或府郡監司・非時祈禱・莫先於此・實稺川成道得仙之地・丹灶俱存・事往千年・癡虎猶在・其高蹤獨步・未易追繼・苟能致誠景仰其眞氣・緬想其音容・雖久如在也・羅浮介於廣惠水陸之衝・觀僻在東北一隅・距官道十餘里・倘無誠心・誰肯迂步・士大夫以是故・車馬相屬於道不絕・而遊人逸士・幅巾杖履・往來無虛日也・

余去此久矣・一日道師梁君智芳以書抵曰・茲觀創已久・因循不葺・三清殿與仙聖祠像・風摧雨漏・幃撓弗支者過半・若非力治而完之・則何以嚴事上帝・寅奉高眞・所以伸臣子虔祝聖壽拳拳之誠者乎・前此法師金壇郎鄒葆光住持・本有此意・適會太守譚大夫延請住羅浮廨宮・遂營造一切・故不暇及・未幾智芳嗣之・旦夕靡遑・實任其責・葆光亦出錢五萬・贊成其事・幸今完復・可支百年・子其爲我記之・余聞師之精誠感發・不謀而應者翕然・故富者施財・壯者出力・智者獻畫・匠者效工・旬月間・去昔之腐敗而易之以新堅・增其基之卑薄而築之以高峻・革陋就華・又嚴之以深靖・功既告成・信士來會・人物皆和・天地澄霽・人謂師一志奉道・畢功主張・物理相符・自然之應也・故叙其本末如此・又因得而論之・夫道家者流・專於黃老列莊之學・其淵源出於儒也・大抵以清淨虛無爲常・以逍遙物外爲適・以飛仙羽化爲事・下視塵世・了不相干・宜得幽邃曠遠之地以遂其樂・然後可以積功累行・鍊內外丹・爲飛騰蛻骨之舉也・矧羅浮爲天下名山・列於十大洞天・第七福地・高士異人・繼隱於此者不少・如單道開之殊羣・亦豈下稺川也邪・石室遺跡・且無一存・其他庸可究哉・此稺川之名・得以獨著・而與山共傳也・

若夫風氣之靈異・神仙之往來・垂於載記・相傳於山中之人・古今不誣・意者・壺中天地日月・光景不老・庶其在此・當必有稺川之遺靈奇秘・以付後之得道者矣・駕雲車・驂風馭・安知無其人乎・苟或遊止於其中・亦人間之至樂也・雖然・暫去人而息跡者易・安於澹泊之久者常情固難・履斯門酌斯泉・自非忘世味・去健羨・至誠求道者不能也・無爲飽食端坐・以有愧於前脩・爲山靈所咍・亦茲山有望於羽客幽人者也・併書以告之・政和五年四月日記・

歐陽獻可　字晉叔・連州人・元祐三年進士・工古文詞・嘗作所居見山堂記・張浚謫連・大爲激賞・因名其讀書處曰致一堂・作記親書之・

上州郡乞蠲免上供銀額書

昔太尉馬知節・咸平初以樞相出帥・號爲善政・水泉銀礦・累歲課不除・民吏破產・鞭扑累世・公奏除之・騰芳簡編・流譽無窮・連之爲郡・曩產白金・當承平時・地不愛寶・而元魚同官之烹鑪・以枝計者千數・元符中・每兩上六百・衙

校邵襲攬諸郡上供銀額．利其贏餘．後以坑冶廢弛．銀額成例數．郡之錢不至．白科于民．民被其毒．至黜妻鬻子．輕去南畝．惟閣下恤民之深．不敢不一申其喙．望賜憫惻．刻章以告於上．

修衆樂亭記

李　修　字季長．湞陽人．元祐三年．廣文館進士．志行修潔．善屬文．工書法．廣帥蔣之奇素勵清節．不輕許人．修出其門．崇寧詔籍元祐黨人．立碑於端禮門．修名與焉．同時有鄭準劉緯俱英州進士．亦預黨籍．

度庾嶺而南．惟九韶之石爲天下最．巒阜秀拔．接于湞陽而南．山之致尤爲殊絕．孤峯擎天．削立千仞．昔舜鳴絃於其上．因以名之．至今二臣之祠存焉．峯之下．石壁萬疊．唐之聞人．嘗搜覽勝槩．名其景者非一．如寒翠亭．晞陽島．凌烟嶂．涵暉谷．羽客遐舉．存煉丹之灶．乳溜泓澄．置煮茗之臺．仙嶺瞰沂風之亭．南巖對桃花之塢．與夫象鼻澄光之磯．潛靈濺泉之洞．蓮花之孤臺．好靜之虛岩．定元之幽室．虎跑之飛泉．拊擊寒石．鐘鼓磬響．乳竇風穴．千怪萬狀．以至步飛霞嶺．立棲雲洞．攀緣危磴．遂履危地．下視千里．如指掌間者．薰風亭也．雖然昔人能名之．往往恢構固未暇．實有望於來者．自唐迄今．緜歷年祀．荆莽蕪穢．人迹不到．豈非天秘地藏．必有所待．

紹聖元年夏四月．莆陽方公．出守是郡．因暇日披圖牒．詢耆舊．偏求南山之景．由回龍石而上．得寒翠故基．拂拭苔蘚．覩唐人元傑識名於壁間．自此則路勢斷絕．不可躡而前也．公乃緣崖築道．袤及百丈．始歷涵暉之谷．得元傑留銘．自稱爲谷客．山有浮圖．名曰聖壽．梁之果業寺也．嘗構亭於谷島之兩間．然狹隘卑陋．不足以凭高望遠．公乃即其基而廣之．因山取材．不日成就．名之曰衆樂亭．亭之前．跨空爲臺．高可數仞．名之曰月臺．凡經昔人遊者．遂因名而臺之．嘉花美木．環植數千本．下臨深淵．中橫沙堵．遠岫屏倚．重城臂迴．洞谷之邃幽．簷楹之高下．雖使詞人不能寫其情．丹青莫能繪其狀．行客艤舟．仰而視之．若在雲漢間．雖武陵桃源．不能勝也．繇是知山水佳致．必因人而後興．此衆樂月臺．所以自公始矣．

嘗謂良二千石．人君所與共治天下而分其憂也．然樂民之樂者．安能不憂民之憂乎．且堂上不糞郊草．不瞻曠芸．一人向隅．滿堂爲之不樂．英雖小邦．民亦多事．設或簿書之糾紛．獄訟之填委．目前之事．且剸裁之不暇．尚安能從燕遊之私耶．細民困於衣食之不給．而饑寒是恤．加以盜竊乘之．而法不能禁．方戚嗟愁歎之不已．則衆以爲憂．公獨以爲樂乎．今公自下車．勤恤民隱．上以宣布天子之德惠．下以詢考風俗之利疚．不待報政而事無不舉．刑清而法平．吏畏而民服．以故獄無冤囚．庭無留訟．水旱不作．年穀屢豐．士類咸集．商旅輻輳．至於農夫野老．莫不騰頌於山林隴畝之間．然則衆以爲樂．公獨以爲憂乎．古人云．樂不若與衆．則斯亭之構．非爲己私有．皆所以從民欲也．投間登臨．縱步杳靄．古木連絡．藤蘿下垂．野猿遐攀．汀鷺羣立．兀坐幽石．塵勞頓捐．以至酌乳水以煎雲．臨釣磯而烹鮮．勝通天之萬象．嗤碧落之到難．（通天碧落皆英州景）

公既至止．而民亦從之．歌聲往還．絃管迭奏．不知使君之樂遊人耶．遊人之樂使君耶．

若夫煙霞夕收．萬籟俱息．微風四來．纖塵不到．月照流水．金波散搖．禽高不喧．漁火上下．公於是時登高臺．徼賓從．酌壺觴．賦歌詠．陶然有得於心意之表．此又所樂非衆樂也．雖然．賢者固有是樂矣．如公之宏才遠器．亦安能久居此乎．行當膏澤廣土．豈止同民樂於一邦而已．異時桃李成陰．松竹交翠．丹荔夏熟．雜花秋香．後人愛之．勿剪勿伐．其猶甘棠之思乎．惜夫採詩之官廢．輿頌不得以上達．敢摭其實．爲之記云．希覺．太守名也．民先其字也．奉新宰温陵．林棐．郡從事臨慶梁迥．金谿洪敏脩．眞陽令新淦．何執禮嘗從公之遊．亦可以託名於不朽．無愧於古人矣．紹聖二年三月望日．

石汝礪　英德人．號碧落子．讀書過目成誦．自以嶺嶠局於聞見．乃踰嶺之江西．從文人遊．五經多有講說．於易尤契微妙．所著易圖．爲王安石所抑．蘇軾謫惠州．過英德遇之南山聖壽寺．與談易．又談羅浮之勝．至暮乃去．題記石壁．稱爲隱者．汝礪明於樂律．以琴爲準．著碧落子琴斷一卷．鄭樵最稱之．又乾生歸一圖十卷．見宋史藝文志．並佚．

南山壽聖寺水車記

寺始於梁大通之五年癸丑．復興於唐龍朔之二年壬戌．皆慶居於此．今元豐之七年甲子．始更禪席．實奉聖旨．其地多壆．大磐石也．而又岨嶮焉．石載土也．不可以泉．其下復玲瓏．泉出無泄．不能渟泓．水用多闕．適承議廖公引水爲渠．秋官陳君出俸爲助．謫居鄭君同其志．碧落子石汝礪率衆抄財而幹成之．木工梁德相其崕岸．而造軟車．以人運水．横梁駕空．挂石誅木．承輪以樓．覆輪以屋．長繩下垂．修筒抗汲．徐徐滿引．連連而上．如龍卷空．首舉而尾隨．灌注堂厨．水事以濟．

有客登而言曰．水法體也．涇法性也．車法輪也．一切法界．情與無情．皆同我體．本一法性而融萬法．怙我法輪．使得運轉．使無性著．一客在旁．竦而言曰．車實爲事．水實爲理．理事雙彰．俱在塵境．悟我本空．境塵可空．塵境既空．悟心亦空．既空所空．亦空空無所空．是謂眞空．庶幾大衆．用此水時．知我法體．因彼大海而海亦空．飲此水時．知我涇性同於海潮．而潤亦空．觀此水時．波瀾不生．見無諸行．諸行亦空．見此水時．清淨無穢．知我無染而染亦空．目此水時．湛然不動．知我本定．而定亦空．當無用時．是我無情．水性澄明．顯露心源．森羅萬象．應物俱見．皆我心照．靈鑒昭昭．智慧圓滿．圓滿之心．於此無空．無所空者．圓滿無窮．是謂流通．車水利益．其有窮乎．客默而退．碧落子因而錄之．以爲水車記．主寺僧有實磨崖．碧落子仍書丹．宋元豐七年甲子十月五日也．

鄭總　字清叟．英州人．生平達性命．了生死．齊物我．蘇軾贈詩云．年來萬事足．所少唯一死．澹然兩無求．滑靜空棐几．嘗撰有羅浮仙人藍喬傳．軾和陶雜詩即詠之．阮志有傳．

按陳伯陶羅浮志補．引宋詩紀事補遺．疑與鄭价爲一人．與阮志異．

藍喬傳

藍喬字子升．循州龍川人．母陳氏無子．禱於羅浮山而孕．

及期．夢仙鶴集其居．是夕生喬．空中有異光．年十二．已能爲詩章．有相者謂陳曰．爾子有奇骨．仕宦當至將相．學道必爲神仙．喬曰．將相不足爲．乃所願．則輕舉耳．自是求道書讀之．患獨學無友．固辭母之江淮．抵京師．七年而歸．語母曰．兒本飄然江湖．所以復反者．念母故也．瓢中出丹一粒餽焉．曰服之可長年無疾．留歲餘．復有所往．以黃金數斤遺母曰．眞氣爐冶所成．母寶用之．兒不歸矣．

潮人吳子野遇於京師．方大暑．同登汴橋買瓜．喬曰．塵埃汚吾瓜．當於水中噉耳．自擲於河．吳注目以視．時時有瓜皮浮出水面．齕迹儼然．至夜不出．吳往候其邸．則已酣寢．鼻間氣如雷．徐開目云．波中待子食瓜．久之不至何也．吳始知喬已得道．再拜愧謝．遂與執爨．後遊洛陽．布衣百結．每入酒肆．輒飲數斗．能置紙百幅於足下．令人片片曳之．無一破者．蓋身輕乃爾．語人曰．吾羅浮仙人也．由此昇天矣．一日貨藥郊外．復置紙足底．令觀者取之．紙盡足浮風雲．傄傄躡而上昇．仙鶴成羣．自南來迎．望之隱然．歷歷聞空中笙簫之音．猶長誦李太白詩云．下窺天子不可及．矯首相思空斷腸．母壽九十七而終．葬之日．樵汲者聞壚墓間哭聲．識者知其來去云．

張　勱

字深道．長樂人．政和三年．自鄉郡移守廣州．是年徽宗以天錫元圭．冬祀大赦．文令福地靈祠．聖跡所在．守令嚴加崇奉．勱於是重修廣州五仙祠而爲之記．碑在五仙觀．阮志金石畧注存．吳禮部詩話．張公翊淸溪圖畫．坡公題詞．後有張勱深道長句．仿佛蘇體．亦佳．碑刻筆意亦近蘇云．

廣州重修五仙祠記

廣爲南海郡治．番禺之山．而城以五羊得名．所從來遠．參考南越嶺表諸(原缺諸字據阮志補)記錄．幷圖經所載．初有五仙人．皆手持穀穗．一莖六出．乘羊而至．仙人之服．(原缺服字據阮志補)與羊各異色．如五方．旣遺穗與廣人．仙忽飛升以去．羊留化爲石．廣人因卽其地．爲祠祀之．今祠地是也．然所傳時代不一．或以謂繇漢趙佗時．或以謂吳滕脩時．或以謂晉郭璞遷城時．說雖不一．要其大致則同．漢距今千三百餘年．而吳晉亦九八百餘年．前此未之有改也．廼者守吏更治州舍．輒遷祠他所．後守繼以其地斥酒室．眞仙失故處．非徒神之不安也．而人亦不安，歲多盲風怪雨．疫癘間作．或海溢水潦．爲患州人．咸以謂五仙所處而然．願還其舊．有日矣．

政和三年春二月余自鄉郡移守此州．夏四月至官．聞州人之說．訪問故址．猶有存者．又因讀昔守程公師孟詩云．州宅欲擧輕身上碧虛．善鄰猶得道流居．及蔣公之奇詩云．州宅之西敞華堂．我來跪拜焚寶香．堂中塑像何所見．乃有五仙乘五羊．二公近在熙寧元祐間．則知其遷徙亦未久．今不復．將遂失其故處．遺跡掃矣．名存實廢．後何所考據．秋八月．乃卽故地規度．還其所侵．畚除瓦礫草萊．以胥棟宇．恭承元圭冬祀赦文．應古跡壇場．福地靈祠聖跡所在．令守令常嚴加崇奉．繇是滋不敢置．明年八月．祠成．其月二十七日．奉舊像並五石還祠．維守土之臣．事神治民．皆其本職．矧朝廷命令．丁寧如是．其敢弗虔．予且代去．慮來者

之（原缺之字據阮志補）不知・又有改（原缺又字據阮志補）之者・謹書以告・期永無廢焉・十月十五日長樂張勱記・

謹按碑在廣州五仙觀孫蕡碑後・椎拓者少・故得獨完・記云・恭承元圭・冬祀赦文・應古跡壇壝福地靈祠・聖跡所在・令守令常嚴加崇奉・考宋史政和二年十月乙巳得五圭於民間・十一月戊寅日南至受元圭於大慶殿・三年十一月癸未（癸未東都事畧作壬寅・宋朝事實云六日）祀昊天上帝於圜丘・大赦天下・宋朝事實載十月三日御筆手詔云・上天顧禔・錫以元圭・内赤外黑・尺有二寸・旁列十有二山・蓋周之鎮圭・有法乎是・祗天之休・于以昭事上帝而體其道・過周遠矣・將來冬祀・可搢大圭執元圭・庶格上帝之心・以孚祐于下民・永爲定制・即其事也・而赦文云云・則二書所未載・得此可以補之・然則石刻之有關于史傳豈少哉・

王大寶　字元龜・海陽人・建炎二年・廷試第一・授南雄州教授・移病家居・起知連州・表進所著詩書易解・内除國子司業・兼崇正殿說書・旋出知温州・提點福建廣東刑獄・孝宗立・除禮部侍郎・擢右諫議大夫・除侍講・會張浚起復爲都督・符離失律・湯思退力主和議・請罷督府・大寶非之・除兵部侍郎・尋請致仕・既而金復犯邊・詔思退都督軍馬・辭不行・上怒・竄思退・起大寶爲禮部尚書・以前復免行錢・爲右正言程叔達所劾・致仕卒・年七十七・所著有周易證義十卷・經筵講義二卷・諫垣奏議六卷・遺文十五卷・

按趙鼎謫潮時・大寶日從講論語・及知連州・張浚亦謫居・命其子栻與講學・和議之興・張趙客貶斥無虛日・人爲累息・大寶獨泰然・其後以經學受知・卒以梗和議不安其位・其去也・胡銓惜之・蓋吾粵宋南渡後・高孝兩朝人物當以大寶爲首屈一指・不止潮州八賢之冠也・

韓木贊並序

東山亭爲韓文公游覽之地・亭隅一木・鱗文虬甲・葉長而有積・相傳公手植・人無識其名者・因曰韓木・舊株老而更蕃・遇春則華・或紅或白・簇簇附枝・如桃狀而小・每値士試春官・邦人以卜登第之祥・由來舊矣・紹聖四年丁丑開盛・傾城賞之・登第三人・比前數爲多・繼是榜不乏人・繁稀如之・最盛者崇甯五年・宣和六年也・今不花十有五載・人才未遇・或時運適然・未可知爾・夫鳥獸草木之奇・符於前事謂之瑞・簫韶儀鳳・周畝嘉禾・各以類應・公刺是邦・崇師訓業・綿綿厥後・三百餘載・士風日盛・效祥於木・理所宜然・若乃術業荒落・惟瑞之證・此妄誕者之說・君子鄙之・爲之贊曰

召公之棠・孔明之柏・既詠勿翦・且歌愛惜・瞻彼韓木・是封是沃・匪木之瀆・德化雅服・化隆而孚・華繁以符・邦人勵之・此理匪誣・

查目有祭父墓文一篇・今缺・

廖　顒　字季邛・連州人・九歲能屬文・紹興五年進士・授封州教官・父玖・任新州守・有政聲・秩滿辭歸・顒迎養之・父卒歸葬・哀毁感動行路・服闋・知化州・郴寇李金聚萬人圍城・濱水猺乘時爲亂・顒統諸將討之・部分嚴整・金宵遁・召猺開諭順逆・而猺人降・有詔褒賞・及守英州・招集流民・盡剗宿弊・號能吏・乾道八年・陞提舉廣南東路茶鹽事・淳熙三年改廣南西路提點刑獄事・尋卒・

重修南海廟記 此篇見阮志及番禺志

仰惟洪聖・位冠四海・尊配兩儀・歷代人君・悉嚴厥祀・自唐（以下不可辨）鉅儒如韓愈輩・以大手筆・刋諸琬□・昭示萬代・王之徽稱（下不可辨）國・下以濟民・或裨大計・或弭大盜・或捄大菑・或贊大役・凡有祈禱應（下不可辨）哉・矧夫滄溟之廣・萬里無際・欠伸風雷・噓吸潮汐・胡商（下不可辨）・風破巨浪・往來迅速・如履平地・非恃王之陰佑・曷□□耶・（下不可辨）異之貨・不可縷數・閩浙艑舶・亦皆重載・而至歲補大農・何啻千萬・（下不可辨）王之力焉・朱明之祀・祭告謝報之禮・御香祝冊・以時而頒・（下不可辨）・又一在州城之西南隅・故有東西二廟之稱・天寶元和間・增（下不可辨）・藝祖臨御・首遣中使重加崇葺・嘉祐中・余靖嘗修之・元祐中蔣之奇（下不可辨）於政和季陵葺西廟於紹興・咸記于石・厥後歲月遞久・棟宇滋弊・（下不可辨）補漏而已・振而興之・理若有待然・非誠心何以奉神・非正己何以（下不可辨）・其心可乎・身正不令而行・不正雖令不從・立事而不正・其已可（下不可辨）律貪・鋤姦剔蠹・所至有廉直聲・持節初屆・欵謁二祠・延目周覽・歎（下不可辨）是節約官緡・無□介妄費・出其奇羨・市材募工・大興營繕・役弗及□・廼（下不可辨）而辨・隆其棟梁・壯其柱石・榱椽欂櫨・椳闑扂楔・□□陛級・□　甋（下不可辨）堂廊廡・齋廬宿館・山亭□榭・靡不宏邃・又瓶□□雷雨師之（下不可辨）・國家崇奉之意・使瞻謁者齊慄祇肅・以旌王之功德（下不可辨）矣・是役也・經始於乾道丁亥冬十月初六日・凡用（下不可辨）鄉黨請書其事以紀歲時・顒雖不敏・敢不直書以告將□□歲（下不可辨）崇道觀廖顒記并書・

張宋卿 字恭父・博羅人・警敏強記・嘗與留正講學於羅浮・紹興丁丑・以春秋魁爲天下第一・擢進士第・除秘書省正字・遷秘書郎・正色立朝・剛而有禮・胡銓嘗稱其鯁直可任臺諫・張浚亦力薦之・終肇慶守・鄉人祀於惠之聚賢堂・

教授題名記

語曰學而優則仕・仕而優則學・學與仕一道也・皐伊周召以仕爲學・孔孟顏閔以學爲仕・豈仕之外而復有學・而學初無仕哉・後之學者・就其迹而歧之・督錢穀・決獄訟・則曰此仕也・讀詩書・談仁義・則曰此學也・仕自仕・學自學・州縣與庠序分爲兩途・聖人之道所以不行于天下也・

嗟乎・夫子之言有四・孝乎惟孝・友於兄弟・施于有政・是亦爲政・古人于一家猶可以爲政・而況有學校者哉・藏焉・修焉・息焉・游焉・君子之于學有可以自養・中養不中・才養不才・君子之于學又可以養人・自養且養人・仕于此者・責亦重矣・而謂之非政可乎・

國家學校之制・以成周爲法・而師儒之・盛則又過之・熙平嶺外支郡也・而立學置吏・亦得與中州埒・崇寧瓶行三舍・繼聖者四人・政和增置二員・同時者二人・紹興復修學制・至于予則九人矣・賢耶不耶・雖不能知其詳・要者來仕于學者也・交臂授受・益永其傳・登斯堂者・不可以莫之識也・紀其姓名・敘其歲月・庶幾來者・尚于此乎考之・

陳申　長樂人・紹興間任惠州文學掾・嘗取東坡先生文集有關羅浮者・得雜書十五篇・申自跋其後・

題東坡先生雜書後

先生落南・留惠四年・家白鶴峯下・而杖履往來羅浮・殆居其半・方其徜徉玉京・托興物象之表・妙語縱橫・當不可勝紀・今觀羅浮集・皆漏畧不載・申官學是州・求訪先生遺文・無一得者・其筆墨眞跡藏於人家・想尚有之・亦莫能致・乃掇先生文集係羅浮述作者得雜書十五篇・逸亡之餘・所見者此耳・嗚呼・

仲尼之存・或削其迹・而夢奠之後・履藏千載・自古聖賢・湮晦於一時・而震耀於無窮者・固若此・今公議獲申・先生之□言遺事・人爭諷錄・况于文章乎・其見寶於世與秘藏遺履・孰爲輕重哉・好事者博采而續傳之・此區區所望也・紹興乙卯長樂陳申謹序・

宗謂　字昌言・連州人・工文章・不從時尚・家有養源堂・著述甚富・張浚在連・喜與論文・浚子栻嚴事之・爲賦養源堂詩・以特奏仕瀧水丞・擢端溪令・後浚欲薦於朝・聞宗謂卒乃止・

集靈廟記　見郝通志

連之封內・民以數椽屋・立土木像・供香火・薦牲血・歲時坎鼓鏗金・以從事於鬼神之事者・浩不可紀・往往多出於閭閻鄙語之謠・私考其載在祀典正而不它者・纔二十餘所・大率皆有額爵・惟六侯之神・最爲靈顯・獨爵額功德昭著・民所畏信・久而不忘・傳曰・盛德及民・必百世祀者・幾是歟・

昔在皇祐中・儂獠犯邑・瘟淫蠱食・寖及於連・時太平日久・民不識金革・竄伏山谷・城郭蕭然・神於是時炳靈助順・散出陰兵・布匝城壘・旗幟戈甲・當晝赫變・賊莫測其所自・謂有王師之至・聞風鶴之聲・覩草木之象者・無不震慄・已而遯走・境內以安・其後事聞於朝・得賜今額・廟向乾崑山・峭壁萬仞・豐隆峻極・北與九嶷相甲乙・下臨潮水・飛流濺沫・來如奔雷激電・澤洞所瀦・蛟龍伏焉・故其神集山川之靈・能興雲雨・捍患救災・福及一方・凡盜賊兵火之不測・水旱疫癘之無常・禱焉立應・事再聞於朝・得賜今爵・可謂不慙於廟・有德於民・血焉而不忝其祀者・其與木居士置諸道隅・聾瞽愚昧・使往來徼無根之福者・豈不相萬萬哉・

紹興辛酉冬・修武郎閤門祇候・殿前司摧鋒軍統領軍馬黃進被天子命來戍於連・按兵示威・不窮不黷・積年猾寇・影滅跡絕・民晏如也・一日觀兵・升高遠望・以鞭指崑湖之山・謂左右將校曰・連以山得名・是山扶輿鬱積・上薄霄漢・一州清淑之氣・盡屬於是・是中不有仙人釋子之舘・必有神靈之宮・俯問田夫・對以六侯之迹・於是退而清晨齋沐・率其部帳・恭謁祠下・精虔祀事・牲肥酒旨・恍惚之中・若有鬼神之物・陰來格者・奠畢徊徘瞻顧・嘆屋卑陋・不足以稱邦人之崇奉・於是願割己俸・易而新之・左右將校有樂出財力者・亦所不問・不踰時殿宇深邃・神威凜凜・入其門升其堂者・恭肅之心・莫不油然而生・事既落成・屬宗謂爲記・

重建集靈廟碑記

連之封內・民以數椽屋・立土木像・供香火。薦牲血・歲時坎鼓擊金以從事於鬼神之事者・浩不可紀・往往多出于閭閻鄙語之謠・私考其載在祀典正而不它者・纔二十餘所・大率皆有額爵・惟六侯之神最爲靈顯・其爵額功德昭著・民所畏信・久而不忘・傳曰・盛德及民・必百世祀者・幾是歟・昔在皇祐中・儂獠犯邕屬・瘟淫蟲食・寖及於連・時太平日久・民不識金革・竄伏山谷・城廓蕭然・神於是時炳靈佐順・散出陰兵・布匝城堞・旂幟戈甲・當晝赫變・賊莫測其所自・謂有王師之至・聞風鶴之聲・觀草木之象者・莫不震慄・已而遁走・境內以安・其後事聞於朝・得賜金額・廟向乾崑山・峭壁萬仞・豐隆峻極・北與九嶷相甲乙・下臨潮水・飛流濺沫・如奔雷擊電・澤洞所瀦・蛟龍伏焉・故其神集山川之靈・能興雲雨・捍患救災・福及一方・凡盜賊兵火之不測・水旱癘疫之無常・禱焉立應・事再聞於朝・得賜金爵・可謂不慙於廟・有德於民・血焉而不忝其祀者・其與木居土置諸道隅・聾瞽愚昧・使往來邀無根之福者・豈不相萬萬哉・紹興辛酉冬・修武郎閤門祗候・前殿司摧鋒軍司統領軍馬黃進・被天子命來戍於連・按兵示威・不窮不黷・積年猾寇・影滅迹絕・民宴如也・一日觀兵・升高望遠・以鞭指崑湖之山・謂左右將校曰・連以山得名・是山扶輿鬱積・上薄霄漢・一州清淑之氣盡屬於是・是中不有仙人釋子之館・必有神靈之官・俯問田夫・對以六侯之跡・於是退而清晨齋沐・卒其部帳・公謁祠下・精虔祀事・牲肥酒旨・恍惚之中・若有鬼神陰來格者・僉畢・徘徊瞻顧・嘆屋卑陋不足以稱邦人之崇奉・於是願割己俸・易而新之・左右將校有樂出財力者・亦所不問・不踰時殿宇深邃・神威凜凜・入其門升其堂者・恭肅之心・莫不油然而生・事既落成・屬宗諤爲記・

聞國之大事・在祀典與戎・二者可相有・不可相無・方戰國時・人皆樂戰而妄祀・故孔子對衛靈公之問陳・則曰・俎豆之事・則嘗聞之矣・軍旅之事・未之學也・蓋所以譏當時之人・知戰而不知祭者・嗚呼・惟戰以忠・故能服人・惟祭以誠・故能格神・今黃公揮三軍五兵之事・臨機果・料敵明・既已根于忠智・而駿奔走・執籩豆・未嘗跛倚以臨事・抑又爲于精誠・其于戰國之士・豈可同日而語哉・孔子曰・我戰則克・祭則受福・誠哉斯言也・宋紹興十三年癸亥三月十五日・總首黃袒立・陳宗諤者・連州人・爲張栻師・集靈廟在崑湖山・山高五百丈・周三百里・下有崑湖・俯視衆峰羅列如兒孫矣・

王中行 揭陽人・隆興元年正奏第四甲進士・淳熙十二年爲東莞令・博能學文・爲政有古循吏風・其所著遷學記・及縣令題名記・文皆高簡有法・存東莞志金石畧中・

遷學記

東莞故郡也・後爲監郡址・監榜猶在・及爲縣・地軼賦夥・長材秀民之戰藝有司者・倍他邑士・而館之宜稱・邑左三里許・有闕于榛菅閒者曰學也・棟宇綿蕞・絃誦寂寥・今幾何年哉・余領邑未閱月・士襜然前曰・歲久室老學宜新・莽聚獸逸地宜革・詰其地・以一二對・鳩衆往覘・與故址相

唯呵．其孰從違歟．謹按唐史志東莞名山二．邑之黃嶺其一也．官廨釋剎之直是者率非匹．有山自東矯而南．去邑餘百步．正與黃嶺相賓主．中夷外曠．地屬黎民．予一叩得之．若天造地設有待焉．遂進邑士答之曰．玆化本也．旣得卜．不容以豐儉計．於是撙用儲贏．徙而新之．僦工市材．一準外直．門廡殿堂層而立．翼廡爲齋兩相向．因直廬而閣之與堂綴．職掌有位．庖廩有所祭．具故不如式．一切更而足之．下至席榻亦集．向之荒者治．痺者敞．險者豁．闕者備．視故規豈直什伯歟．

學成．尚以都養盧．粥公田．輟綱租．民畝失籍者悉歸學．歲入倍于曩．且增弟子員以充之．自經始至訖工．凡再稔而後就．其爲邑土地．無絲髮靳．士於此而不專傳講習．尚可他諉耶．大凡遂序黨庠一爲秀異設．於他民若無與．漸仁摩義乃根於此者．古之學．明倫而已．讀史作文餘習也．環黨遂以居．孰不在人倫中歟．目擊心化．藉此以啓其機耳．然則淬礪成就．固爲秀異望版於他民者．幸無曰邑學之無意於我云．是役也．邑尉陳潁實先後之，余則揭陽王中行也．

東莞縣令舊題名記

縣於晉成帝時爲東官郡．至安帝分置義安郡．隋析爲縣曰寶安．若增城政賓亦郡也．唐至德二載革今名．宋開寶五年廢隸增城．六年復置．熙寧間以京朝官領．易令曰知縣．境夥盜鬬．屯兵鼎立．以兵馬都監綴于銜．未通籍曰監押．鹵地邑有八．囊兼提舉鹽場公事．繼曰管幹．今不復繫．惟番舶仍護之．初爲郡治于今東莞場之東二百步．頹址尙存．後徙到涌．今治所也．自創置除受以來．姓氏蔑然．後李公巖上官公愉相後先訪遺逸鑱諸石．至靖康止．次序失考．夫均之曰邑宰爾．賢否在人．倘更代絕紀．則邑人寓其愛敬者．將孰爲去取．敬考年月新其刻．且空餘以待來者．若身若子孫．他日一邂逅．故將曰．是固嘗宰東莞．此其情有不容恝者．

李大性

字伯和．四會人．父積中．官御史．入元祐黨籍．大性以父任入官爲湖北提刑司幹．丁母艱．服闋．進典故辨疑百篇．孝宗嘉之．擢大理司直．尋除大理寺丞．孝宗崩．光宗未能執喪．上疏極諫．遷軍器少監．累遷司農卿．兵部侍郎．出知紹興．召還升戶部尙書．條陳利害．忤韓侂胄．出知平江府．尋遷荆湖制置使．除刑部尙書．以端明學士再出知平江．引疾歸．所著典故辨疑二十卷．宋史本傳稱其網羅野史．訂以日歷實錄．正其舛誤．率有依據．與書錄解題卷數合．今存．

論光宗未能執喪疏

今日之事．顚倒舛逆．況今使祭奠．當引見於北宮素帷．不知是時猶可以不出乎．檀弓曰．成人有兄死而不喪者．聞子臯將爲成宰遂爲衰．成人曰．兄則死而子臯爲之衰．非爲兄也．若陛下必待使來然後執喪．則恐貽譏中外．豈特如成人而已哉．

查目有典故辨疑序一篇．今缺．

蒙天民 仁化人・淳熙間貢生・以特奏知仁化縣・

錦石巖記

南方風俗・信神爲尙・荒山野水之間・叢祠相望・刻木合土・像設森列・歲時報享・烹豚宰羶・各隨鄉社・初不敢緩・大率假神明號・祇取醉飽・迄無靈驗報應・可以感動於人・吁・亦可悲也・夫其間有不怒而威・不祈而靈・不與凡鬼神混合於血食之間・則錦石巖龍王・人不得而知之矣・龍王之居・左巖之巔・遊人往來・每用酒肴享獻焉・非此・則所謂歲時報祭者無與也・王之座後有石窟高數尺・人莫敢近・不計春夏・石常滋潤・邦人相與言曰・歲或亢旱禱之・而龍動其傍・則雨可立而待・人初未之信・會淳熙壬寅・自六月不雨至於八月・苗之槁者過半矣・邑宰將公以民事究懷・偏禱羣望・俱無應者・時有耆老復申前說曰・錦石巖龍王・響應如桴・捨此無可叩者・公卽命舟具酒肉・與邑貢生蒙天民同抵巖所・披露情素・曾未旋踵・陰靄四塞・雷雨頓作・隨車而回・邦人大喜・迨其霑足・乃率邑尉陳佑之・郡幕吏趙公檉・寄居前始興尉趙霽・父老羅光劉達張敏等・躬往致謝・雨乃止・涓滴不過施・得非所謂龍王者・雲藏於缶・雨貯於襟・呼吸之間・感召不爽・命之曰龍王・信不誣矣・公嘉其功德及民・不忍泯沒其實・因命天民記之・仍與命工重繪飾其像貌・俾邦人來遊者觀之・亦庶幾發潛德之幽光云・淳熙壬寅重陽前五日記・

崔與之 字正子・增城人・初遊太學・紹熙癸丑進士・粵士由太學擢第自與之始・授潯州司法・歷官有聲・累遷成都路安撫使・盡護四蜀之師・開誠布公・將士悅服・防邊積穀・蜀賴以全・尋乞歸・値廣州兵叛・與之登城開諭・降之・授經畧安撫使・踰年拜右丞相・辭不受・詔即家條上時政・先後疏數萬言・皆嘉納・年八十二卒・贈太師・謚淸獻・與之嘗摘取處士劉臯語爲座右銘曰・無以嗜慾殺身・無以貨財殺子孫・無以政事殺民・無以學術殺天下後世・榜所居曰菊坡・理宗以問李昴英・卽書二字賜其家・蜀人以比張詠趙忭稱三賢・粵人以比張九齡稱二獻・著有崔淸獻公集五卷・

辭免資政學士疏

班高忝預・屢騰巽避之章・職晉穹嚴・更畀淸閑之祿・冒寵便蕃而非據・省躬震懾以自危・義有未安・情豈容默・伏念臣一身如寄・百念俱灰・冉冉頹齡・謝事而未得請・奄奄殘息・抱病而莫能興・濫膺明哲之知・擢寘凝丞之列・綿力不足以勝重寄・孱軀不足以踄遠途・七疏控辭・盡吐由衷之欵・九門夐隔・第懷方命之憂・忽眞意之上孚・有溫言之下逮・竊惟書殿・乃崇儒之華秩・祠宮爲佚老之優恩・久矣在朝・懋著勳勞之大・及其去國・庸彰體貌之隆・如臣伏櫪無能・採薪有疾・雖圖任嘗蒙於簡拔・而趨行每後於馳驅・有罪而不忍加刑・無功而又從受祿・得無歉乎・事出殊常・顚躋立見・顧天地未卽終棄・而鬼神亦將害盈・過寵難居・淸議若揭・儻昧保身之過・徒貽沒齒之羞・輒敢披瀝其私・觸突以請・伏望聖慈洞鑒沈疴・收回謨渥・曲從所欲・以畢此生・俾臣仍舊官職致仕・實出始終保全大賜・所有新除省劄・寄留廣州軍資庫・未敢祗拜・

論人才用舍行政得失疏

與之奏・天生人才・自足以供一代之用・惟辨其君子小人而已・忠實而有才者上也・才雖不高而忠實有守者次也・用人之道・無越於此・蓋忠實之才・謂之有德而有才者也・若以君子爲無才・必欲求有才者用之・意嚮或差・名實無別・君子小人消長之勢基於此矣・

陛下厲精更始・擢用老成・然以正人爲迂濶・而疑其難以集事・以忠言爲矯激・而疑其近於好名・任之不專・信之不篤・或謂世數將衰・則人才先已凋謝・如眞德秀洪咨夔魏了翁方此柄用・相繼而去・天意固不可曉・至於敢諫之臣・忠於爲國・言未脱口・斥逐隨之・一去而不可復留・人才豈易得而輕棄如此・陛下悟已往而圖方來・昨以直言去位者・亟加峻擢・補外者亟與召還・使天下明知陛下非疏遠正人・非厭惡忠言・一轉移力耳・

陛下收攬大權・悉歸獨斷・謂之獨斷者・必是非利害胸中卓然有定見・而後獨斷以行之・似聞獨斷以來・朝廷之事體愈輕・宰相進擬多沮格不行・或除命中出而宰相不與知・立政造命之原・失其要矣・大抵獨斷當以兼聽爲先・儻不兼聽而斷・其勢必至於偏聽・實爲亂階・威令雖行於上・而權柄潛移於下矣・

易氏族譜序

予以老疾乞休・謝絶世故・惟對菊怡情・調藥養眞而已・今門生易東之來謁・出其譜圖請曰・國以史而紀時政・家以譜而明世系・族不可以無譜也・斯譜乃大父之所編集・但未獲君子一言以序之・先生國家柱石・嶺海儒宗・生雖不肖・辱在門下・敢干一言以彰先志・予應之曰・邇來衰邁・無復工詞・但以君子不沒人善・汝祖既能推廣親義而作譜于前・汝又能殫厥孝思而繼志于後・予何以言吝爲・槪夫天下之道・誠與僞而已・誠則不息而久也・僞則不通而間也・況族譜之作・上以述所出於太始・下以垂支派於無窮・尤當愼其僞而雜也・今閲東之挾來譜圖・見其先世出自有商・因紂失德・避居易水・遂以易爲氏・後徙太原・子孫居之・延袤於晉・爲忠義別駕雄・於唐爲狀元重・爲刺史賨・於宋有于簡爲提舉刑獄使・有狀元祓爲尚書・或以孝廉舉・或以德行稱・衣冠科第・步武相銜・

東之之大父象者・始遷於廣・今其傳譜之祖也・嗚呼・水木以根源爲本・子孫以祖宗爲本・儼衣冠於宇宙間・瞀然莫知其身所自出・與戎狄禽獸何異哉・知之不記・無以傳後・與不知者類・記之不續・無以垂遠・與不記者同・今易氏之譜・只書本派而不及各派・蓋以上世遷徙無常・自重之前・遠則難稽・缺而弗書・自重之後・近而可考・始加詳載・可謂知之明・記之審矣・易氏之後・得以序昭穆・別親疏・子子孫孫・繩繩振振・知厥源流・知所根本・皆斯譜之力也・來者尙當體此而培植之・浚導之・以垂無窮之澤也・東之再拜而言曰・足以叙斯譜矣・足以昭吾先矣・請書之以詔吾後云・

重建東嶽行宮記　郝志

邑之南二里嶽舊有祠・祠已久而廢・爲之宰者奪於簿領

之繁・束於財用之乏・不遑及・張侯來・撙節浮費・纔數月而公帑充牣・於是訪諸屬里・有今當營繕而昔病未能者・咸與新之・以故百廢俱興一旦・邑人以祠爲請・侯戄然曰・神與令均受民寄・而祠不稱・令之咎也・奚辭・乃鳩工度材・相其故址而加敞焉・規模雄深・丹雘輝煥・塑繪悉備・森列乎神之左右者・色莊心敬而善念以生・茲固宅神・亦化民之一助也・侯乃致書屬與之識其事・再拜辭不敏・弗克・且曰嶽諡公・古例也・而以帝稱・自本朝始・庸非有功於民乎・有功於民・崇其祀宜也・亦令責也・然而侯之意・所以奉神庇民之外・初非有所覬也・

侯名勳・字希聖・丞相魏國公之姪孫・南軒先生則其叔父也・侯守魏公忠亮之節・而又親承南軒誠敬之學・此心所存・毛髮無歉・復有何求於神哉・始至祗章以例告廟・觀其致祝之辭・寡簡數語・信所行於心而委禍福於冥冥・對越之際・已見其眞・今獨於此・而有所覬・誰其信之・大抵嶽祠偏天下・民之遷善悔惡者趨之・侯字民以仁而又托民以神・是役也・可以堅人向善之心・可以荅神庇民之賜・而侯一無與焉・乃侯之本意也・亦與之所願識也・紹興甲寅四月記・

許　騫　潮陽人・申之八世孫・登紹熙四年進士乙科・爲惠州府推官・調南恩僉幕・居官有守・遇事不詭・隨丁父憂・歸卒於家・官終從仕郎・

重闢西湖記

西湖古放生池也・有山嶄然據湖旁・古號湖山・則知湖之由來・非一日矣・層厓疊嶂・洲渚淪連・水影嵐光・爲南州勝概・歲月既久・湖則莽爲蔬畦・榛棘叢生・蓋童然一山矣・

慶元乙未夏・太守林公嘌慨謂湖山並言・豈有山獨無湖・郡丞廖公德明力贊其成・於是剗朽壞・剪繁穢・引清流・瀦而廣之・南北相距倍於昔・立三亭・賓於南曰放生・介於中曰湖平・跨於山之側曰倒影・遶湖東西・誅茅闢徑・插柳植竹・間以雜花・盤紆屈曲・與湖周遭・橫駕危梁・翼以朱欄・鏡匳平開・虹影宛舒・數部之內・紺宮梵宇・雲甍鱗差・縈繞女牆・粉碧相映・中流鼓棹・命酒邀賓・荷淨香幽・管籥競奏・邦人樂公德・而公興復不淺也・

騫嘗遊詠其中・竊嘆曰・湖山之樂・古風流騷雅士・往往以此寫幽懷・寄嘯詠・至於君民之際・或畧焉・若使身安江湖・心忘魏闕・主意不宣・王澤下壅・是湖也欲樂得乎・嶢榭岑青・里閈蕭條・畫艎宮羽・稚耋怫鬱・是湖也欲樂得乎・我公奉天子條教・偏行嶺海・欲以及民者及物・雖鱗介羽毛・莫不涵濡・聖澤萬年・有道之長・與湖山並永・則公於是湖・樂在君也・稻香月白・春風滿城・政暇則與民熙熙陶陶・鳴儔襆賞・藻野縟川・如屏如堵・如綺如霧・人在鑑中・舟行畫圖・則公於是湖樂在民也・矧夫山嘯湖平・公卿之讖・百年遺跡・一旦還舊・將見纓緌紳珮・迭起聯翩・一以祈君壽・二以同民樂・三以振地靈・興文物・一舉而衆美具・騫用是踴躍而書・鑱於濱之崖石・是歲七月望日也・

重建西新橋記

環惠皆水也・左合三江・右竝長湖・江以東爲橋・湖以

北爲隄・皆往來之衝・捨斯二者弗濟・廼若自湖以西不過禱祀遊賞者往焉・雖一葦可航也・亦必築隄建橋・意者導湖山之勝・括登覽之會・以成此邦之偉觀耶・橋故千柱・横跨一湖・雨潦推擠・弗支弗永・紹聖二年冬・僧希固築進兩岸而隄之・東坡蘇公捐腰犀以倡其役・黃門公遺金錢以助其費・炎州無堅植・廼市石鹽木爲巨椿・椓泥丈餘・固其址於下・架飛閣九間・壯其勢於上・堅完宏偉・觀者咨歎・而西新橋之名・遂爲南州甲・閱歲寖久・所謂頂椿者・屹如砥柱・不可動搖・蓋其度材用功・不苟如此・自淳熙癸卯郡嘗一修・不數歲而圮・紹熙壬子縣亦再修・不旋踵而壞・夫其材若功已不逮昔遠甚・廼併以其舊植遺橅撤去之・豈不甚可惜哉・

紹熙甲寅夏六月・括蒼林公復由文思院轄來塡茲土・下車之初・道謁祠宇・慨然曰・是豐湖之望而先賢遺蹟也・可廢乎・顧急於民瘼未暇治也・越明年・政成化洽・上下恬熙・廼先治東新橋以濟病涉・既成・始因農隙募工畚土益隄・高廣咸五尺・既培既實・又明年春・命伐石而經始焉・先寘拳石於泥以平其坎・壓以松板・板之上・甃爲水門五・雖巨舫可通・盤結五口・聯附參錯・湊理綜密・既崇且夷・覆以危亭・翼以扶欄・飛敞軒豁・萬象畢集・西則梵宇祠宮・崔嵬輝煥・東則城市井邑・空濛掩映・南北則峯巒洲渚・隨境獻狀・俯仰則禽魚飛泳・水天互明・環湖山之景如在几席間・父老雲集・士女龢會・更相告語・皆曰・目所未睹・而裴徊遊宴・不知幾且暮・□□公將還朝・邦人德其賜・不忍捨去・請騫書諸石以慰去思之念・騫曰・是固當書也・何敢以固陋辭・竊□橋隄之役・郡政之一也・昔之守不能獨任其事・而二蘇公實爲之・今視之可愧也已・然坡公之詠斯橋・有後人勿忘今之語・其望深矣・抑未有續其緒何哉・

夫川原陵谷・土木之變無窮・要其廢興蓋自有數・而待乎人・蘇公之橋・以紹聖丙子六月成・當其壞而莫興者數未至也・迨今慶元丙辰・整整百年矣・而公廼□新之・亦以六月告畢・蓋有不約而符者・窮則變・變則久・茲以石繼木而蘄於不朽者・豈偶然哉・蓋公以□朝偉望・屈臨遠服・踵數十載不可支吾之後・阨窮愁歎・莫極莫紓・天務遠甿・而公賓來・匪僵不偵・民物浹和・山川增明・橋之更革・皆與政通・宜其光前垂後・與蘇公齊驅竝駕於百載之間也・

嗚呼・橋則堅矣美矣・繼今以往・又未知數之底止也・此邦水菑不時・或潦齧而甃阤・則尚賴後之人念締搆之艱勤・以時補葺而修治之・使永永不墜・則善矣・橋舊名豐樂・坡公名曰西新・今題當從坡公爲正・其脩十一丈五尺・廣二丈一尺・崇三尋有三尺・而亭之廣袤與橋等・木石工匠之糜・皆捐諸帑廩之餘・而民不知也・涖役者兵官郭滌・督護者郡獄椽黃巒・主河源簿蔡槐・因併誌以詔來者云・

梁　該　東莞人・從父文奎・開禧元年進士・博學强記・廷對時・韓侂胄當國・以策語切直・抑置乙科・著有正論模楷二卷・該長於記問・世號書笥・嘉定七年進士・通判欽州・與文奎並祀鄉賢・弟詡・嘉泰四年鄉貢・亦以博稱・

重建德生橋記

出縣門南僅百餘步至南岡・岡之北是爲放生池・上冒巨

屋．遇誕節．縣令長帥其佐于此縱魚鳥．以廣聖天子好生之德．蓋非但便輿馬去來而已．歲久．屋敗梁腐．寖趨于廢．紹定改元之明年．昭武趙公汝漢來攝邑事．顧念斯橋不修則壞．曰．役復有大於此者乎．梁以木而不能以歲月計．莫如石之壽．于是約費嗇用．銖積所餘．益以私錢首爲之倡．里中士吳克寬鄧林轉相應和．更出藏鏹以佐其費．易歲而橋成．紹定已丑記．

吳純臣 番禺人．父羣．通判瓊州．以廉慎稱．純臣有父風．居官口不言錢．官連州時．値嘉定乙亥．春夏不雨．露行酷日中．禱於神．雨大澍．歲獲收．郡民刻碑頌之．崔與之薦其賢．除提點廣西刑獄．剖析無滯．一境以爲神明．事蹟載黃佐廣州人物傳．

釋奠圖記

古者祀樂於瞽宗禮也．後人釋奠祗祀先聖．其隆古之意歟．然祀以王禮．視古制爲有加．自聶氏禮頒行．缺畧未稱．朱文公近加訂正．其制始備．今在在郡邑．大率仍其舊．未能如儀．間或據禮典易服範器．春秋丁祀用於一旦之頃．旣畢事．藏之有司．士之周旋其間．容有未盡講明者．若名不登庠序之版．儀文纖悉何由知之．

純臣竊謂禮者．敎化之大端．不容一日闕．周官分職．皆垂法象魏．歛以挾日至宗伯．獨無聞焉．蓋禮達於天下．肆習以時．非可歛而藏也．厥今容典．多存於朝廷宗廟間．獨釋奠通行於郡邑．圖而示之．非要務乎．純臣曩守湞川時．取前輩所編成圖者．刻諸學宮．以詔郡人按刑廣右．又因舊圖列爲定式．刋於靜江郡庠．以表一道士君子而究心焉．由文物制度之粗達而上之．可進於廣大精微之域．閭巷田野中民．得諸目擊．中心起敬．亦將遷善．爲君子之歸．若夫推廣其傳．人心觀感．又不特廣右而已．嘉定丁丑十月朔朝奉大夫廣南西路提點刑獄公事吳純臣謹書．

宋 下

李昴英 字俊明・號文溪・番禺人・寶慶丙戌舉進士・以第三人及第・授汀州推官・屢平叛寇・除太學博士試館職・除校書郎・累疏言事・上意嚮納・淳祐初・擢右正言・劾史嵩之罪狀・上爲動容・又劾趙與𥨊聚歛害民・上却其疏・至牽裾力諫・後罷歸・用徐淸叟薦起・除直寶謨閣・江西提刑兼知贛州・被召赴闕・兼國史實錄院檢討・尋擢龍圖閣待制吏部侍郎・封番禺開國男・屬御史洪天錫以劾中官董宋臣竊弄威福解言職・昴英乞與俱罷・留疏拜辭・歸隱文溪之上・卒謚忠簡・所著有文溪集二十卷・詞一卷・南海伍氏刊入粤十三家集中・

請謚李韶方大琮狀

昴英竊惟端平更化・當時言官・皆上親擢・修名直節・翕然可稱・今其存者・悉已顯庸・其歿者悉己節惠・獨有內翰端明殿學士李公韶・右史寶謨閣學士方公大琮・節行立于朝・功德著於民・乃聲實彰著・人所共知者・且其官品皆應命謚・而旣沒數年・易名未舉・非闕典歟・

昴英・待罪奉常・不敢自嘿・竊見李公韶自爲太學博士・已有直聲・方公大琮・早登高科・服勞州縣三十餘載・恥及權門・人知二公卓然有立・迨蒙拔擢・感激思奮・聲猷相繼・至今若存・李公韶爲臺諫・爲侍從・爲詞臣・出入數十年閒・彈擊姦孽・呵斥近侍・明辨和戎之非・乞正首兵之罪・嬖姦挾君柄國・則援春秋世卿之法以攻之・權姦服除予祠・則帥從官合詞以奪之・其辭台命・率是經年・其居要塗・無非去日・其知道州則葺元公故居・錄子孫於學・提泉舶・則盡卻兼司非額之宿例・治臨漳則極言遣使秤楮之弊・端其淸名勁節・終始不衰・

方公大琮居言路・侍右螭・兼詞掖・不一二年・首疏明綱常・再疏正君心・斥舊璫之蠱媚・抑後宮之濫恩・建明國本・則乞立內學以重教養・愛惜時望・則力與給舍爭辯是非・奴才守邊者褫之・重名器也・揣腐得官者革之・息邪說也・其將漕福建舉行荒政・賑糶有方・寬弛鹽征・與民均利・移帥嶺隅・首尾五載・潔白自持・恩威並著・訂正釋奠禮・則取淳熙新儀・按其服器而一新之・舉行鄉飮酒禮・則沿中興舊典・本之以儀禮而屢講之・買田入濂溪書堂・節用創備・安四庫・增補軍額・而盜賊不敢犯境・集買南物・而蕃賈至爲立祠・其英聲茂實・內外如一・嘗觀狀李公之行者曰・忠厚純實・平粹簡淡・於人物無臧否・而遇事敢言・無所避忌・而狀方公之行者曰・謙和沖淡・奉己約薄・閒居不見喜怒之色・至其立殿陛・爭是非・凛不可犯・始李公在臺端・劾內侍女冠・方公以言官・請故相罪・兩疏同時・聞者聳動・謂仁者之勇・會明禋免相・李公除權工部・侍郎方公亦除起居舍人・是其制行同・志尙同・出處進退皆同・而其未及盡用也亦同・昴英每念人才難得・晚節難保・若二公者・

生爲名臣．歿爲全人．稽之典禮．宜得美謚．以明公朝勸善之意．是用轉聞于上．

除正言上殿奏疏

臣生遠迹孤．學膚識狹．陛下拔之疏散．俾綴諫曹．聖恩如天．誓圖報塞．臣拜觀國史．范鎮擢知諫院卽上疏．曰．陛下置諫官者．所以爲宗廟社稷計也．爲諫官而不以宗廟社稷事．陛下是不知諫官之任也．拳拳之忠．首以正國本爲言．臣何人斯．詎敢望鎭萬一．於忠國愛君之禮分．則不敢不盡焉．

臣聞正天下之大本貴乎豫．定天下之大計貴乎果．三王家天下．其初心豈專爲子孫地．所以弭爭端於未萌．杜厲階於未形．而欲措斯世於久安耳． 副貳早建． 所以繫海內之望．成謀堅凝．所以釋人心之疑．詎容一日稍緩哉．恭惟皇帝陛下．誕膺寶歷．光紹鴻圖．惟天惟祖宗．豈私於陛下．將以垂緒無窮．爲萬世開太平者．望陛下也．春秋寖盛．蒼震尚虛． 羣臣懇切交疏而力陳． 四方傾耳翹首而聳聽．幾年于此矣．陛下環視而未有定向．遲回而不輕一發．事大體重．於謀始宜謹．非常情所能測識也．邇者諷饗宗廟．駁霧劃開．惟天之眷．惟祖宗之靈．默贊大計．隨灑宸章．選納猶子．嘉名寵錫．聖意丕昭．朝野鼓舞．神祇歡悅．然雖有舉棋將定之喜． 不能無羽翼未成之慮．臣於此時． 叨被親擢．事莫此爲大．謹以三說．上瀆聖聰．惟陛下垂聽焉．

一曰正名．文帝卽位初年．有司遽以建太子爲請．今不可謂早計矣． 歷觀往昔當璧而拜之觀．惟神之所予．有心無聊之歎．惟人之所付．是皆牽纏己私．不克斷制．陛下此一盛舉．蔽自聖衷．度越前古．出於同氣．天屬爲取親儲以繼體．人道爲極順．倘或猶豫．能不動搖．名號未正．恐無以塞從旁之覬覦．體統未一．恐無以收衆望之歸向．謂宜亟正青蓋車之制．佇開日重光之祥．侍膳問安．自此全天性之樂．主器承祧．足以衍國脈之長．天下咸曰．吾君有子矣．則宗廟社稷之福也．普安眞王之封．宰臣請以冠屬籍．高祖皇帝曰可．便爲皇子．此陛下所當法也．

二曰保養其身體．列職周官．養於腋庭．有漢故事．挺生岐嶷之質．猶在髫稚之年．必先葆固其天和．庶可自貽於哲命．昔人有嗜飽之動戒．有王契之嚴．惟所關所繫者不細．故防微杜漸者至悉．出入起居．寧衞防之過密．饑飽寒暑必調適之得宜． 此天下之大器也． 豈止於櫝拱璧培桐梓之譬哉．謂宜專屬禁闥之尊． 曲加撫摩之愛． 宮人之老成謹厚者．左右彌縫之．奇衺側媚之人不得與乎其間．則宗廟社稷之福也．高宗皇帝因大臣宮人可託否之問．有曰．若不先擇宮嬪．可慮之事更多．陛下所當法也．

三曰教道．道之禮義． 周過其歷．傅之刑名． 秦祚遽危．蓋少成若天性．習慣如自然．古者有襁教．有齒學．莫不于其初而漸漬入之．是必妙選於師儒所當．涵養其德性．毋徒事章句之末技．毋但拘講誦之常程．俾善言正行．日接於見聞．非心邪念．不萌於方寸．則凡朝夕宴處之際．無薰陶淑廸之功．又當擇臣之有物望者．時視其德業之進．因以爲內學之重．他日恭敬溫文．發達於性資．孝友仁愛．著聞於中外．則宗廟社稷之福也．陳俊卿每入必傳經啓沃．且殫諷諫之益・陛下必得若人而委之輔導可也・厥今時艱未靖・國勢未强・陰邪譸張於肘腋之間・盡氣滋熖於邊庭之外・消弭奸黨・鎭壓羣疑・全在此着・臣願陛下上念祖宗付託之不輕・下慰生靈徯望之甚切・决意建置・無隨因循・億萬載無疆之休・實根本乎此・惟陛下留神・

論陳樞密疏

臣聞罪莫大於背國・惡莫大於庇奸・兩地之重・職爲大臣・一言之發・關繫不細・倘或立異論以沮大計・懷私意以昧公非・羣情爲之動搖・衆口從而嚀沓・良由心術頗僻・識見猥庸・用過其分・不覺呈露・事既關於宗社・責難逭於簡書・臣切見通議大夫・參知政事・兼同知樞密院事・陳韡・自負胆畧・亦鋭功名・江閩討寇・雖屢書勞・妄殺平民・頗多枉濫・後來調兵過江之輕舉・遂至匹馬隻輪之不返・志廣才疏・前功俱廢・且莫當於一面・尚可望其遠猷・陛下念其久閑・擢之近輔・勉思所以上答主恩・下副人望可也・

理財專局畧無設施・褊性狠態・時復妄發・此猶未足深責也・國本始定・神人所同喜・韡獨出語不遜・識者駭愕・奸相負罪・神人所同怒・韡猶盡稱其孝・識者忿之・陛下决天下之大計・去天下之巨蠹・斷自聖心・超越前古・身爲執政・不能從容密贊・乃持論悖謬如此・心事可知矣・夫沮抑普安之事・非秦檜之姦不敢爲・而營救蔡確者・雖以范純仁王存之賢・不免黜罰・臣採之公論・皆謂韡之叨塵已極・矧其猜忮嗜殺・使自得恣・流毒必廣・斥去爲宜・臣舊嘗爲之屬・不敢以私情廢公法・欲望陛下察其非忠・退之以禮・職名藩寄・華其暮途・爰示寬恩之曲全・式彰淸議之不貸・使臣子各厲忠純之節・天下明知是非之公・實世道之幸・

論史丞相疏

臣末學陋聞・誤蒙睿知擢聯翠幄・獲執麟經・日昨進講・至魯隱公二年・鄭人伐衛・因考寤生之無三其惡・根於城潁之寘母・以爲世之大不忠皆大不孝者爲之・夫子無其位・故誅奸臣於直筆・陛下操必罰之柄・昭懲惡之公・儻不孝於親・且將不利於國者幸免焉・此豈聖人作經有望於後之明天子之意哉・臣曩在嶺海間・竦聆陛下雷發英斷・山拔巨奸・至於窮陬僻區之人・莫不歡呼鼓舞・□日以俟・謂之渡崕□之徙薪也・踰年而祇聞二三邪黨之貶・羽翼雖剪・元惡未除・天下已共疑而切議矣・

臣今夏造朝・首乞明正渠魁之罪・聖意尚需遲而欠决・容德天涵・或以其未終喪・姑有待焉・今服闋近在於旬日・而官刑未舉於司敗・人言籍籍・通國皇惑・臣而隱嘿・言責謂何・臣竊觀昔之所謂四凶者・非如後世大奸劇惡之甚也・投畀魑魅・舜豈少恩・蓋小人衷險裒狡・乘間輒發・一旦得志・則君子必被其禍・生民必罹其毒・有不勝窮者・操之已蹙・盛古且然・嵩之譎詐貪婪・狠愎殘忍・罪浮於四凶・前後白簡之所擢數・皂囊之所鳴攻・旣詳且悉・臣不敢更瀆天聽・大抵其挾虜要君如秦檜・其嫉賢妬能如李林甫・其陰害忤己者如盧杞・其藉權寵厚貲積如鄭注・其與近習盤結如元載・其穢行醜聲如楊國忠・其匿喪不持服如李定・其懷宰相不足爲之心如宗楚客・人臣有一于此・皆宜在誅絕之

科・況身兼衆惡乎・去位家居・日常嚙齒握拳・書空擊地・憤憤然規復出以快報復・私布駛傳於道路・多設狡窟於京都・賂貴近以覘伺人主之言動・結浮士以刺探中朝之議論・羣不逞爲之耳目・爲之爪距者・在在布滿也・鴟梟乘暗・鼷鼯睨昏・磨虎狼之牙・噴蛇蜮之沫・意欲何爲哉・鄙夫患失・無所不至・萬一通神計行・回天力到・必將懲前日之輕失・積邪心而動于惡・無所不爲矣・此天下之巨蠹・潛伏而未發・而曰此不復然灰耳・可懼哉・又況國本漸定・正要保持堅决・爲宗社計・人望稍聚・正要協此聯固・爲世道計・歲事少稔・正要涵潤蘇息・爲生民計・小人之根未去・宗社之危安・世道之升降・生民之休戚關焉・利害曉然而未即加罰・或謂陛下外示寬洪之恩・意中寓羈縻之微權・卒有緩急・或堪倚仗・又臣之所未諭也・

蓋自陛下收攬大柄・親决萬機以來・區畫邊防・亦未嘗失事機・人才陛下之人才・兵財陛下之兵財・自有而用之・若大臣降心相從・商量恰好・天下事豈難辦集・彼小人者・於謀身則周密・於謀國則架漏・已試明驗・大略可覩矣・臣側聞陛下有對越高廟神靈之詩・有姦邪終擯斥之句・則知定見不惑・定力不移・决不至來外邪以壞局面・然化絃更張・亦既久矣・而大綱領猶未正・大機括猶未定・此一事顛末未備・恐無以垂汗青詔後世・陛下亦嘗思及此乎・章惇纔免父喪・便提舉洞霄宮・俄而得政・遂嘯寃儔・毒善類・爲國厲階・往轍可鑒・臣愚欲望陛下俯從輿議・獨運精剛・亟賜宸札・寢嵩之服闕與宮觀之命・仍削官爵・遠竄荒裔・使羣陰掃跡・衆正伸氣・于以安人心・于以壽國脈・天下幸甚・取進旨・

再論史丞相疏

臣聞蘇軾曰・祖宗委任臺諫・養其銳氣・借之重權・所以折姦臣之萌也・姦謀未成・猶當亟遏絕之・既滋蔓矣・除惡本或不力焉・豈祖宗設臺諫初意哉・此臣所以早夜以思・忘寢與食也・臣昨疏列史嵩之奸狀・將涉兼旬・屢入催奏・未聞制可・聖意淵深・外庭未孚・始相顧而疑・今相語以憂矣・陛下一則曰保全大臣・二則曰保全大臣・惡盈其貫・顯灼昭白・天地鬼神所不赦・陛下獨委曲包容・惟恐傷之・聖度恢恢・前古未有・臣何敢不將順・然事有害大禍深・與吾國勢不並立者・則寧有犯無隱・求不負聖門之訓・乃所以不負天子也・

夫君視臣如手足・臣視君如腹心・相須之義然也・嵩之包藏禍心・竊據相位・不以事天事陛下・而視國家如仇・此凶人耳・罪人耳・復以大臣待之可乎・自其漏我師期・於是乎有京洛之敗・假挾北使・於是乎有邀索之辱・導敵入寇・於是乎有淮甸之禍・是爲賣國之賊臣・席卷部內之帑藏・囊括諸路之利源・借國用匱乏之名・鹺販貨易・籠歸私室・富且數倍於國・是爲蠹國之盜臣・給諫宰掾・朋分雜布・以障蔽人主之耳目・以竊弄人主之威柄・是爲擅國之强臣・科抑太繁而民怨・劵給不均而兵怨・扼遏摧沮之過甚而士大夫怨・是爲誤國之姦臣・抽移江上之軍・入補周廬之額・用意殊叵測・向非陛下洞燭邪姦・力拒不納・且將爲害國之亂臣矣・大臣以道事君者也・嵩之凶悖姦詐・陰險忮毒・於臣道

何有・齊豹位司寇作而不義・春秋書之曰盜・嵩之尙得爲大臣乎・孟子曰・無君無父・是禽獸也・以若所爲・尙不得齒于人類・尙可以謂之大臣乎・

天下者・祖宗之天下・所以植億萬年本根者深且固・而嵩之日尋斧斤焉・雖肆諸兩觀・未足以上慰祖宗在天之靈・踰兩年而罪名未正・陛下寧不動心於見宗廟之時乎・陛下剛健中正・與天同運・儻以姑息爲至仁・以不斷爲盛德・是有春而無秋・有雨露而無霜雪雷霆・非天之所以爲天也・臣於嵩之無纖芥之怨・發於忠憤不容已・但苟利社稷・一身之禍福・所不暇計・欲望陛下盡取前後臣下所言書疏・參考其不道之本末・亟賜睿旨併臣先所奏付外施行・使天下臣民・明知去邪之眞意・千載而下・竦服鋤奸之偉斷・臣退而瀆犯天威之誅・死無所恨・區區血忱・惟陛下察之・

上理宗四戒奏劄

與治同道罔不興・與亂同事罔不亡・善覘國者之法・今雨血告妖・戎馬踐淮・襄峴失而江陵孤・三川潰而夔門危・祖宗區宇・將半陸沉・億萬生靈・重罹塗炭・陛下自視今爲何時・反觀行事・果與治同道否邪・夫勢之安危・反掌易置・理之當否・亘古不移・酣嗜峻雕・未或不亡・此謹身之戒也・陛下嘗因明禋之天變而撤樂・嘗以誕節之震雹而輟燕・蓋深自警省矣・然纔立望幸之衆・易至移人・天錫飮量之洪・難免過度・作無益則玩物喪志・營不急則宴安易懷・錫賚之數無涯・宮庭之費不會・此冠布衣帛而臥薪嘗胆之時也・愧脫簪之諫・周室所以中興・堅覆觴之志・晉元所以再造・此豈甚高難行之事・

無法家拂士者國常亡・此用人之戒也・陛下選拔言官・多采直聲・或俾再入・間由外擢・其寄耳目也重矣・然切於救國者疑其矯激・忠於報上者・謂其好名・絕江而歸・無復諭留之虛文・與郡以出・似非優待之美意・儻念國所以存・僅此一脈・必使臺諫得以盡其言・儻思强本折衝在乎衆正・必使壯士得以伸其氣・衛多君子・國未可量・汲黯在朝・淮南寢謀・豈無益於人國哉・

亂其紀綱乃底滅亡・此守法之戒也・陛下非不遵先朝之成憲・而干請爲撓・非不欲臣下之奉命而威令漸輕・給舍繳建節之濫而終莫回・大臣進除擬之目而不盡用・近習乘間而宮府非一體・旁蹊捷出・而政事或多門・賞罰無章・功罪奚別・法制不立・軍伍寖驕・朝廷之政本未淸・軍國之威權幾褻・自昔陵夷・鮮不由此・無紀綱而周之祚微・有憑藉而唐之命永・可不監哉・

四維不張・國乃滅亡・此厲俗之戒也・陛下欲洗濯士心而意向未明・欲旌崇節義而風厲未至・權臣孽息・褒榮加渥・羣憸雖斥・簡記不忘・上之好惡或偏・下之趨向必異・平居習爲頑鈍無耻之風・臨難必無仗節死義之士・國何利焉・尙名節而東都之祚延・賤名檢而典午之禍作・可不懼哉・閱興亡之大無出於四者・審安危之機當決於一心・陛下幸跡其所以致治・監其所以召亂者・赫然發憤・日課其事・月計其功・常若勍敵在前・禍至無日・則恢復之規模立矣・

端平丙申太傅賜金奏劄

臣聞與治同道罔不興·與亂同事罔不亡·善覘國者惟觀諸此·人主以其履之身·措之天下·質之理·蔽之心焉·道侔盛際·庶幾同符·事襲衰季·將至合轍·考古驗今·斷斷不易·有天下者·宜知所決擇也· 恭惟皇帝陛下·資不世出·志大有爲·五三登閎·一蹴可到·然欲祈天永命·而雨血告妖·如晉承康·識者有五胡之憂·欲復恢境土·而戎馬踐淮·如宋元嘉·江右凜荷擔之懼·襄峴失而江陵孤·三川潰而夔門危·祖宗區宇·將半陸沉·億萬生靈·重罹塗炭·大勢日蹙·通國懼亡· 自去冬以來然矣· 陛下自視今爲何時·反觀行事果皆通治之道否耶·

夫勢之安危·反掌易置·理之當否·亘古不移·陛下儻若慨然於興王之規模·惕然於亡國之龜鑑·必蚤夜以思·凡是理所安·人心所同者·皆治之基也·則如趨康莊·不可趦趄而進·凡壞常戾正·咈衆徇己者·皆亂之階也·則如避陷穽·惟恐跬誤其間·聖賢明訓·若揭科條·設違其言·罔不取敗·臣謹昧死爲陛下陳之·酣嗜峻雕·未或不亡·此謹身之戒也·陛下嘗因明禋之天變而撤樂·嘗以誕節之震雷而輟宴·蓋深自警省矣·是或抑畏於遇災之時·恐易怠忽於己私之累·緩立望幸之衆·易至移人· 天錫飮量之洪· 寧免過度·作無益則玩物喪志· 營不急則宴安易懷· 錫賚之數無涯·宮庭之費不會·此冠布衣帛之時·毋曰貴爲天子·不得一舉手足也·此坐薪嘗膽之時·毋曰惟辟福咸玉食也·陛下儻念三陲之民·轉徙無依·必不忍適一己之安逸·儻思多難之際·日不暇給·必不肯汨聖躬之清明·媿脫簪之諫·周室所以中興·堅覆觴之志·晉元所以再造·此豈甚高難行之事哉·

無法家拂士者國常亡·此用人之戒也·陛下選拔言官·多采直聲·或俾再入·間由外擢·其寄耳目也重矣·而切於救國者·疑其矯激·忠於報上者·謂其好名·絕江而歸·無復諭留之虛文·與郡以出·似非優待之美意·何以獎犯顏之直氣·已頓殊導諫之初心·年來人物彫謝·存者幾何·正當愛護·豈堪頓挫·不容過闕·致抱沒身之恨·朝野悼嗟·皆有殄瘁之憂·守輔郡者·人方喜其名·而成命竟寢·贊幕府者·衆皆惜其去·而列疏未俞·聖主本無厭薄忠良之心·中外竊有疎忌賢者之惑·陛下儻念國所以存·僅此一脈·必使臺諫得以盡其言·儻思強本折衝在乎衆正·必使莊士得以伸其氣·衞多君子·國未可量·汲黯在朝·淮南寢謀·豈無益於人之國哉·

亂其紀綱·乃底滅亡·此守法之戒也·陛下非不恪遵先朝之成憲·而干請爲撓· 非不欲使臣下之奉命· 而威令漸輕·給舍繳建節之濫而終莫回·大臣進除擬之目而不盡用·近習乘間·而宮府非一體·旁蹊捷出·而政事或多門·宸札叮嚀·鬬虎未分·制書符移·束閣弗顧·賞罰無章·功罪奚別·法制不立·軍伍豢驕·朝廷之政本未清·軍國之威權幾褻·自昔陵夷·鮮不由此·無紀綱而周之祚微·有憑藉而唐之命永·可不監哉·

四維不張國乃滅亡·此厲俗之戒也·陛下欲洗濯士心而意向未明·欲旌崇節義而風厲未至·權臣孽息·褒榮加渥·

羣憸雖斥．簡記弗忘．上之好惡或偏．下之趨向必異．昧進退之義者不恤人言．倒善類之戈者勇犯不韙．挾敵自固．欺誕無忌．求得欲從．躁競愈滋．平居習爲頑頓無耻之風．臨難必無仗節死義之士．國何利焉．尙名節而東都之祚延．賤名檢而典午之禍作．可不懼哉．閱興亡之大．無出於四者．安危之機當決於一心．陛下以今之爲合古之法．跡其所以致治．監其所以召亂者．取舍殊途．瞭然而易見也．

我高宗皇帝．間關六飛．基圖萬載．中興鴻業．貽謀具存．焦思先吾身之詩．放宮嬪．損服御之詔．諫官所言．多寡置薄．以考面對．不及闕失．降秩以懲．大臣勒令內品責軍令狀．而上爲改容．親筆戒以軍法．而外閫震恐．諛諂之人．不使側身於班列．振拔名節以起士氣之委靡．宏規懿範最爲切近．陛下有志中興．能循高宗之治法．則亦古之治法矣．臣願陛下赫然發憤．幡然改圖．念祖宗土地不可尺寸與人．厲披輿地圖之志．毋使人有幾如是而不及郢之歎．當如炎紹之初．狄至必戰．毋悠悠歲月而自誤於不可信之和也．大臣開誠布公．鞠躬盡瘁．屛常程之碎務以澄心靜慮．移堂除於吏部而一意籌邊．當如李綱以去就爭天下大計．毋徒曰鎭之靜也．士大夫當如宗澤所謂．非臣子安居美食之時．共攄主憂臣辱之忿． 各辦趨事赴功之心． 毋徒覩風景而感慨也．邊臣當如劉錡所謂背城一戰． 於死中求生． 而併力拒敵．毋徒靠撤花以爲緩圍之策也．君臣上下．共惜分陰．共商緊着．日課其事．月計其功．常若勍敵之在前．常若禍至之無日．庶幾無秋高塵起之倉皇．而取褒葺蜀固淮之規模立矣．臣區區憂國之心．不識忌諱．陛下裁赦．取進旨．

嘉熙論崔相國回朝箚

臣聞儲才宜預．搜才宜博．雖書生之常談．實今日之急務也．強敵挺禍．浸淫累年．去冬之變．尤可痛心．步騎纔二千．而潼益不支．哨馬或數百．而淮郡已震．碎我城邑．糜我赤子．其來莫拒．其去罔追．非彼實強．由我自弱．國之無人甚矣．臣嘗妄論洪水懷襄．而伯禹能平之．虎豹犀象．而周公能驅之．自古無不可爲之事．荆尸後勁而敗於鄢陵．鄋瞞長狄而敗於朱魯．自古亦未有不可制之夷．苟得天下之奇才．斯能就天下之偉績．田單一逃難者耳．守區區卽墨而復齊七十餘城． 祖逖一司州主簿耳． 以千人廩募衆鑄兵．而自河以南復爲晉土．非天下之奇才．孰能辦此．

陛下近命臣韡兼制淮右．布着已定．機括已回．沿邊將士．前日之勃鬱者今吐氣． 諸寨豪勇． 前日之怨怒者今屬心．臣韡亦當以單逖之功名自期．求副陛下專委之隆．江淮重寄．體統漸有所歸．列障廣莫． 分任須令可託． 代郡邊吏．或當科瑣．翰執可代．先科其人． 洞開胸襟． 容納衆長．以爲輔車之助．此大閫責也．廣設網羅．收拾羣豪．以備重弓之需．此朝廷事也．淹恤百里． 猶晦鳳棲． 低回治中．未展驥足．州縣豈無遺才．草廬臥龍．深識時務．褐衣捫虱．劇談方畧．山林豈無遺才．苟徒采取於目前．不思蒐索於度外．毋乃示人以狹乎．臣願陛下．明詔大臣．於朝薦紳進人才之外．申命諸路帥守監司各舉堪充沿邊任使者．不拘限員．明著其狀．如先儒所謂某人能吏也．嘗因某事以知其能之意．博參公言．精加考察．或寘之殘破之地．以觀其經理・或處之風寒之衝・以觀其防禦・不以資格拘之・不以繩束待之・必有非常之才出・建非常之功矣・柳開以文士請兵・果能制契丹之部落・虞允文以儒者視師・卒能成采石之駿動・安知今無若人乎・惟陛下與大臣圖之・取進旨・

今按此篇疑與題旨不合

嘉熙己亥著作郎奏劄

臣聞天變狎至・所以仁愛人君也・人言交進・所以忠愛人君也・天惟不言・故告戒寓於災異・臣當盡言・故論諫出於憂危・均爲悟聖心之一機・均欲扶國脈於一綫・人主於此・大惕懼而進德不已・廣聽受而改過不吝・則積憂啓聖・一言興邦・未可量也・不然天人方愛助之厪・在己無畏警之實・則上下之望孤而莫之救矣・若曰天變不足畏・人言不足恤・此王安石所以誤先朝者・在今日可不深戒哉・

恭惟皇帝陛下・聰明生稟・歷數躬膺・聖學精微・聖度恢廣・將與盛帝顯王而比隆・蓋非中才庸主之可及・皇穹眷命・久而彌篤・羣下歸戴・誰忍負之・陛下亟思所以仰承天意・而俯愜人心可也・然自往歲以來・飛廉動威・回祿扇焰・雨雹流沴・旱蝗爲妖・怒濤浸逼於都城・列緯數愆於舍次・一警之不悟・而咎證疊見焉・屢譴之不悟・而大變異出焉・是仁愛之已極・且轉而爲震怒矣・畏天之威・于時保之・陛下所以應天者・當何如哉・敬天之圖未必見於躬行・親禱降禮・乃及朞而遽飭・醮祭之繁文・若爲感通・奇衺之異教・無乃瀆慢・古人慮女謁之盛・而剪瓜自責・庇勳舊之罪・而席藁南郊・於嚴恭之際・未始徇虛文也・陛下非無應天之念也・然災至而懼・既久而忘・能保此念之常堅否乎・

諫紙來上・邇臣直前・輪班敷陳・投匭徑達・上而規切於淸躬・下而枚列於缺政・公論以爲是・則衆論無異詞・前日以不用去・而來者亦不敢嘿・是忠愛之所激・雖批鱗有所不顧矣・人之多言亦可畏也・陛下所以聽言者・當何如哉・

拔山去佞・猶或疑其心違・如羹之和・尚或議其貌厚・邊臣輕視於朝廷・言者凡幾・而玩褻猶故・宮掖不會於費用・論者非一・而節約未聞・在昔御史條奏・則宦寺亟歸於故郡・一言感悟・至謂高廟神靈使之・於聽納之際・未始留難也・陛下非無聽言之明也・然顧問雖詳・施行實少・能保此明之常新否乎・夫天人之際・本無二致・人君之心・當主一忱・積此忱以消變・推此忱以受言・上下感通・悉本乎是・今天下之勢亟矣・吾國正憂元氣之壞・强敵尚稽授首之期・兵弱財殫・境蹙民散・自非陛下發一悔心以感動彼蒼・奮一勇心以主張公議・將恐天下見異・而魯以衰・仗馬俱瘖・而唐以亂・豈不大可懼哉・

臣願陛下充此悔而持之以敬・不容一息之怠荒・民・天民也・念轉壑之可憂・職・天職也・毋旁蹊之捷出・陟降常在於左右・戒懼如對於覲聞・以吾之心・合天之心・庶可以轉禍而福矣・充此勇而行之以公・不容一毫之私意・言及缺失・不憚於改行・言及貴近・毋過於回護・以伸衆正之氣・以杜羣枉之門・即一人之心・合千萬人之心・庶可以易亂而治矣・機括既回・精神立起・一念之烈・旋乾轉坤・猶之窮冬・千林搖落・一氣纔復・何物不春・力量大則功効速・天下尚烏有不可爲之事哉・疏賤瞽言・觸突睿聽・惟陛下察而赦之・

淳祐侍右郎官赴闕劄

臣畎畝五年．退居庸陋．聖恩不棄．叨擢郎闈．萬里一來．豈爲榮進．清光在望．誓竭愚衷．臣聞處難爲之勢而有可爲之機．此天下之所望也．當改爲之時．而無勇爲之力．此識者之所憂也．蓋機者矢之發．而力者矢之至也．一發而未數步焉．安望其能中哉．以英明之君．値艱難之運．幸而諸賢翕集．世道挽回．人孰不曰此傾否爲泰之候．轉危爲安之兆也．海內顒顒．日望一日．規模未立．効驗良賒．一劑起九陰之脈．而邪氣尙蠱於膏肓．一籌活將敗之棋．而取勝未工於後着．不升則降．決於此舉．緊切用力．猶足扶持．不然．則所謂難爲者．終付之不可爲．是聽其淪滑而已．豈不大可懼哉．

恭惟皇帝陛下．銳精欲治二十三年矣．天災所警策．而德日以進．敵患所嬰拂．而慮日以深．閱天下之義理熟．而見日以精．充而上之．盛帝顯王．不勞方軌．乃者發乾之剛．奮夬之決．斥逐貟國之權姦．屛棄朋私之醜類．正路開闢．化絃更張．此一機也．惜乎心術純白者．天不慭遺．阿匼取容者．尸如充位．以自顧年老．子孫弱之．心謀吾國．以兩吏扶持之耄狀．而贊萬機．模稜歲餘．竟成何事．陛下察其昏謬亟聽引去．此又一機也．（此段論范鐘）

君明臣良．可謂千一之遇合．而宏綱機要．未見一二之設施．夫以太子之少．漆室婦人．猶知隱憂．陛下上繼列聖之炎圖．親授寧王之大寶．豈不欲隆萬世丕大之緒．臣下進說．今幾歷年．前代明鑒．援引畧盡．竊意陛下往來於心自不能以頃刻忘也．小學內建．茂淑宗英．躬督課程．日以爲常．閱之多則選必妙．教之專則成必速．而稱謂未聞少異．中外豈能無疑．事體最重．固難草草以易談．而大本所在．詎可悠悠而不決．故凡聖意之所向．當使外廷之與聞．胡不謀之二三大臣．胡不謀之老成從臣．儻盡愜於衆情．宜亟定於大計．于以繫四方之屬望．于以杜姦萌之窺覦．何至遲遲之久．而虛前星之次耶．是陛下於正國本猶未勇也．高宗皇帝曰．朕懷此久矣．卿言適契朕心．非成憲乎．（此段論建儲）

杞鬼雖竄．而德宗念之不衰．蓋不知其爲姦邪也．陛下大明當天．魑魍焉逃．遺其親者．必後其君．苟患失之．何所不至．陛下亦旣灼知其凶悖矣．似聞捐金置局．厚結貴近．潛伺上意．動息必知．以一人之獨惡．恐不能終勝左右之交譽．以三數端人之牢拒．亦安能盡絕餘黨之交通．大抵小人之謀險．而君子之術疎．彼必多方以相誤．固得求疵以藉口．今出力爲陛下扞禦外邪者．如提重兵對勍敵．萬一裏言浸潤．淵聽動搖．是開門納寇也．處騎虎之勢者何所置身乎．臣子事君．禍福奚恤．而宗社安危．關繫非輕．胡不明正其罪．詔告天下以安善類之心．而委曲掩覆．養癰護疽耶．是陛下去奸臣未勇也．蘇轍曰．黨與互進．氣勢一合．豈惟臣等奈何不得．亦恐朝廷難奈何矣．非後戒乎．（此段論史嵩之）

王媪擁寶扇於斜封墨勑之時．蓋由中宗之昏庸．仇士良以毬獵悅天子．使不觀書．乃可以竊柄．陛下淸明在躬．緝熙典學．豈不知女子小人近之不遜．曾謂舊邸之使令．殿省之洒掃，得以容穴鼠之干請，恣城狐之憑依乎，閎築鶴觀，而土木之僭奢，外設狻窟，而踪跡之詭秘，雖宸衷匪石，婦口何施，而勢焰薰灼，趨者如市，陛下不得而知也，天下所少者，忠臣義士耳，老練宮人，諒亦不乏，又何必玩視人言，而不勇於抑絶耶，

計臣莫塞其溪壑之欲，而終代去鎖鑰，聲言其以挺之罪，而不盡行，雖威嚴若神，斷無假借，而朝夕褻近，巧於逢迎，日漸月漬，恐有時而轉移矣，履霜堅冰，由來者漸，烏可謂其未至於大肆，而不勇於禁束耶，慶曆上東門之押出，恐見其人，祥符重入内高品之刑，而一時忻慶，可以爲法也，（此段論吳知古）。

事無急於此者，充此心之力而勇行之，則其餘可次第舉矣，厥今事會之來無涯，而事力之窮靡底，要必如創造之刻苦，豈宜襲承平之故常，留一弊袴，專待有功，韓昭侯猶能之，獨不能撙裁宮掖之費，以助戰士之賞乎，匹馬穀往，周行寇壘，晉明帝猶能之，獨不能振厲用武之志，以作六軍之氣乎，爲宰相者當自任棟梁之重，毋曰畏避形跡，而徒勤細務，爲執政者，當助成推車之勢，毋曰分聽任責，而不相爲謀，爲給諫者，當各奮鶚逐之忠，毋曰宣諭有旨，而言不敢盡，張浚曰，人主一心合天，何事不濟，所謂天者天下之公理而已，人主之心，一爲嗜欲私溺所移，則失其公理矣，舉措無有不當，而遠人咸服，臣願陛下堅定力於上，每事揆之公理，以求合天心，諸臣協忠力於下，相與持之正道，以共消厄運，庶幾興起大勢，漸至小康，苟不强爲而諉曰時難，豈不孤天下生靈之望耶，狂戇小臣，不識忌憚，惟陛下裁赦，

淳祐丙午十二月正言奏箚

臣聞舜戒其臣曰，予違汝弼，汝無面從，孔子論事君之道曰，勿欺也而犯之，人臣納君於道，祇當辨事之是非，據理之可否，必其美而後可以將順，如其不善，則不可以逢迎，以責難爲恭，以非道不陳爲敬，若夫視指意而遷就，覘辭色而轉移，則是詭隨容說，而非忠愛其君者也，世之砥柱特立者常少，桔槔俯仰者常多，得喪交戰於其中，操守易變於其外，人主設或喜脂韋而疏骨鯁，愛迎合而惡拂嬰，是導之從諛也，孰不俛然惟上意之所欲哉，原其初心，亦不過求以固位而已，求以希寵而已，遂至於誤人國家事，有天下者，奈何忽安危之大計，而遂邪臣之私情乎，漢之禍，成於張禹對成帝之一言，唐之禍，基於李勣對高宗之一語，自欲保其家而忍於負國，自欲存其身而忍於欺君，此固佞臣之罪，亦二君素不能容受謇諤，固應有此也，

國朝兵不如漢，富不如隋，土地不如唐，而鴻基駿業，與天地並侍，有直言讜論以爲元氣耳，有爲宰相，而補輟裂奏以復進者，有爲執政，而爭事立庭下不去者，手詔趣書，讀語甚峻，而入上章竟寢其命者給舍也，以彈疏之煩見厭，而上前自訟求罷去者，言官也，手引上衣，使復就坐决其事者，員外郎也，上不以犯顏逆耳爲奸，事事付之公論，而私意不行，下爭以披肝瀝胆爲忠，事事决之正理，而身計不恤，一脈之壽，以至于今，陛下俯接臣隣，威顏天霽，樂聞剴切，德量海涵，人臣遭逢明主，而不能致諸三五之登閎，

則爲有員・然往往多逢迎而少正救・工揣摩而畏觸突・陰模稜而欠直截・以可爲忠言之時・而猶若此・豈非陛下於忠佞之間・好惡未明白歟・

臣妄謂今之世不患無文墨之士・而患無氣節・不患無議論之士・而患無骨力・不於平時奬勸招徠・激昻砥礪・而遇事責其奮不顧身・何可得哉・故論事無所避・則臨大節而不可奪也・依阿以求媚・則臨難而苟免者也・至於陽附正論・內懷二心・緩急又烏可保哉・陛下靜觀而密察・則無不洞見其衷蘊矣・昔汲黯有內多欲而外施仁義之語・武帝殆不能堪・而不冠不見・最爲嚴憚・且期以古社稷臣之事觀人・如武帝庶乎得其眞矣・臣願陛下於柔佞者疎之絕之・忠直者親之信之・得如黯數十輩・布之朝廷・爲吾國之倚仗・他時宗社終必賴之・區區愚忠・惟陛上留神・

寶祐甲寅宗正卿上殿奏劄

臣聞人主之心・必有大警悟・則天下之勢不患其岌岌然・甚矣東南輿圖・寖非全璧之舊・吾國事力・何異垂罄之虛・外侮內攻之多虞・百孔千瘡之畢露・如居敗屋東撐西拄於疾風苦雨之中・如駕漏船左支右吾於汪洋驚濤之上・此非出一奇所能振起・亦非變一法所能維持也・治亂存亡之基・全在人主之心・此心雖微・而萬世基業・四海生靈・關繫甚大・出理則入慾・去私則進公・上而爲三代之隆・此心也・降而爲陳隋之季亦此心也・自古艱危之世・豈無可以挽回之機括・其君迷而不復・迄無幡然改易之良圖・遂致圮壞・竟難收拾・廼若穆王荒於馳騖・王業幾殆・然一聞祈招之詩・其心止焉・而周鼎重矣・武帝毒於征伐・海內已虛・然一下輪臺之詔・厥心悔焉・而漢祚復矣・一念之勇・不俟終日・力量之決・坤轉乾旋・穆王猶得享國百餘年・武帝且不失爲七制之賢・而況不爲二君者乎・

恭惟陛下・天錫勇智・度越古先・日就緝熙・獨得道要・昔人主之退君子也・有棄置終身者・陛下洞察其忠・則不旋踵而收用・昔人主之惑小人・有專任而不疑者・陛下旣知其姦・則或斥或貶・略無留難・明習久而利害周知・密察精而是非立決・和顏樂受於苦言・每事悉從於羣議・此天下臣民所共贊詠・以爲不世出之主也・臨政願治・餘三十年・宜盛而有衰之形・宜治而有亂之兆・災譎頻仍・帝怒未息・流離愁恨・民情寖暌・犬羊窟穴・敢據戶庭之間・鯨鯢出沒・近在股肱之郡・楮不行而錢幣竭・物踊貴而兵民貧・事事架漏・色色窮空・證候轉危・景物愈蹙・陛下深居九重・雖聞知而未必盡知也・

人情隔於耳目之所不及者易疎・而日親於左右者易入・陛下固勤勞於時艱・而有可娛之具陳于前・則有時而縱・固勞焦於外懼・而無可駭之言接于聽・則有時而忘・陛下揆之心・前乎幾嘗悔艾而復懈・幾嘗發憤而復沮・人欲終能勝天理・陰濁終能勝陽明・所以爲此之累者・必有由矣・故言湯之美者・首曰不邇聲色・不殖貨利・而繼之曰改過不吝・湯自責之辭曰・女謁盛歟・苞苴行歟・湯曷嘗有事・而惕然恐其有・此其所以爲聖也・西邸厚藏・瓊林充積・竟成何用・祇爲亂階・孟軻謂國之危由交征利・孫逵謂官之敗由寵賂章・其言至此遂驗・可爲後世戒・臣去國八年・重違闕下・意

謂陛下學力益深・義理益熟・聖德日躋・弊事日除・而籍籍塗巷之切議・彰彰封疏之敷陳・廼無異於疇昔・殆有甚焉・此臣之所甚駭也・

陛下非不知普天率土・皆吾藏富之所・區區外物・於淸躬何補・而認爲己有哉・如聞北司竊弄・籍勢招權・掖廷嬖妮・憑寵干請・倖門四闢・賄徑多蹊・前者得而後者慕・名藩巨鎭・視如探囊・好官美職・爭欲染指・無恥之頑・因應瀾倒・嘗自愛者・亦復效尤・豈所以杜羣枉・厲四維乎・雀鼠之訟・亦徹宸聽・蠛虱之吏・上煩聖決・至於脩內司之獻助・取浙東西之上腴・所過需求・見謂騷擾・不幾於下行有司之事與民爭利乎・文昌八座・執政之儲也・以處恩澤侯之瑣庸・卿監郎闈・侍從之選也・半是王家之子弟・外焉郡國之麾節・類多戚屬之膏粱・政事既非其素閑・民物何從而得所・進有德以尊朝廷・選良吏以安田里・其庶乎・夫私情勝而後女謁行・私愛牽而後恩意褻・一私膠固・殆猶根蟠・且旦行之・明知其非而安之・以爲常事・人人言之・明知其是・而玩之以爲常談・內降多・而視中書爲奉行文書之官・節貼宣諭多・而待臺諫爲奉承風旨之地・世當承平・猶不宜有・今何如時・私意感召・乖戾應之・爲夷狄・爲雨淫・爲潮決・極而爲開元末年宮中之怪・識者隱憂焉・陛下不於此時大警省・大懲艾・亟思所以轉移之・而待何時乎・不使馮野工爲顯官・恐人議其私後宮親屬・漢元帝猶能之・邵光超以中使受縑而被罪・其徒悉棄所獲於山谷・唐德宗猶能之・詔以別貯錢物・以彼占陂田歸之有司・唐文宗猶能之・數君皆庸主也・曾何足道・陛下聰明神聖・可以爲堯舜而不能勇於爲善・豈不甚可惜哉・歐陽脩曰・枉費財物・利悉歸衆・中外譏議・則陛下自受・朱熹曰・有私用・而後有私人・有私人・而後有私財・二臣之言・明達的切・似爲今日發・臣願陛下思祖宗付託之不輕・念國勢阽危之已極・克己如勝敵・窒慾如防川・戒愼恐懼・無一息之間斷・精粹純白・無一毫之瑕疵・痛懲前失・猛剗宿弊・如人之久病・力救幸而有瘳・多方防其復作・陛下悔過之心既堅，上天悔過之心必速・則外患潛消・天下事可以漸就吾之條理矣・不然君臣不悛以樂玩・憂將有如唐晉季世之歎・可不懼哉・

臣又謂正心以正朝廷百官者在人主・而格君心之非・則大臣責也・故都兪而有吁咈焉・將順而有正救焉・縱未能使人主嚴憚・正之於念慮未萌之先・亦當與人主相可否・審之於命令將出之頃・酌以道義・參以人言・從容啓沃・必求其是・庶幾上可以感動淵衷・下可以愜服羣望・倘遵奉之惟謹・而規正之不聞・國何賴焉・或告唐憲宗曰・德宗自任聖智・不信宰相而信他人・使奸臣乘間弄威福・憲宗曰・朕幼在德宗左右・見事於得失・當時宰相・未有再三執奏者・皆懷利偷安・卿輩亦宜因此爲戒・當力諫不已・勿畏朕譴怒而遽止・此又陛下所當責之大臣者也・臣拳拳憂國之忠・不敢少隱・惟陛下留神・

與廣權帥邱廸嘉治盜書

某晦藏林谷・不敢與聞戶外事・每荷龐漢陽先侯之厪・且懼杜周甫寒蟬之誚・有聞而不以告・終愧於心・民吾同胞也・況父母之邦之民乎・方此上下疑懼之時・某儻以利害不

切已而不知恤・桑梓之人・交責以義・無以自立於父母之邦矣・

夫治盜固貴於嚴・尤貴於審・惟非盜或遭橫戮・而眞盜未必能獲・此賊盜所以滋多也・前乎嘗聞途人之言曰・某人以姓名同而捕・某人以盜賊之親屬而捕・幾人善良也亦皆捕・未幾則某人臠矣・某人梟矣・某人截手足而死矣・心甚悼之・而悔不先以此聞徹足下・伯仁由我而死之念・至今不忘・日來所聞・又有甚焉・蓋官司捉賊・不容不倚辦於隅總・而爲隅總者類皆小人・不識道理・但知憑威勢爲姦利・安知人命之爲重・往往半公半私・以快其所欲・或宿怨之未償・或厚需之未厭・或黨與之所仇・陰嗾使之・甚其誣捏・送於官・彼覬厚賞者利於俘數之多・畧不分別・躬自訊鞫・窮極慘酷・誰不承伏・雖分麗諸獄・然羣有司非卓然自立者・未有不承望風旨・自爲身謀・何敢可否於其間・足下以疾惡之心視已成之牘・則皆死有餘罪・有非其實情・足下烏得而知之・利歸於小人・謗歸於足下・使足下知之・必不肯輕於筆矣・

自清遠兇徒日就擒獲・則足下之功亦偉矣・必不藉此區區數輩・以張功狀・非通猺而爲通猺・非賊而誣以賊・豈足下之本心哉・今士竊議於途・什什伍伍・顰蹙私語・而某於朔旦固嘗面言其畧・旣而聞用事者・有邃非之意・恐足下竟爲憸巧轉移・草菅斯民・虛足下之盛德・某連日思之食不下咽・寢不安席・私念此身・非僥倖一官・家在城市・安保此禍之不及也・惟視人猶己之心・噤不一語・安乎・故盛服焚香・籲天而布此札・稍有一毫私心・天地鬼神其誅殛之・惟足下是非之間・審之又審・謹之又謹・與其殺不辜・寧失不經・使平民免於屠戮・于門之陰德豈意涯耶・某狂妄之言・至此極矣・不敢復有言矣・若足下不以爲言・而不加之意・則是邦之民・遭此厄運・某抑末如之何也已・惓惓愛助之心・惟足下其察之・

韶石說送曲江趙廣文

韶・盡善之樂也・以名州・嘉矣・名之則昉于唐初・去舜之時如此其遠也・山有異狀石・耆老相傳・嘗於此九成焉・故石之形肖之・其說甚荒唐無稽・粵嶺秦始通・南巡狩故未必至此・然聖人聲教之溥・如日月所照・霜露所墜・粵當舜之世・獨不在舜之天地中乎・甚矣聖人之德・感人之深且久矣・後乎舜千有餘歲・季札觀樂三嘆不已・夫子聞遺音・肉食焉而不味・至于今又千有餘歲・而后其思・廟其依・常隱然在人心・舜何以得此於州之人・州之人何以不能忘於舜也・孰謂州之人非其遺民乎・則此石特人心感觸之一機・不必致疑可也・

教授趙君崇禋旣模南海禮樂器・以文丁奠・且將樂于有虞氏之祠・以實彼州之名・好古敏以求之者也・舜何人也・有爲者亦若是・此當求之於金石絲竹之外・趙君淑諸生而古其心・必有道矣・

送邵淑序

肉食者得良客難尙矣・象牀之諫・迹是而心差・傾坐之槊・人高而行穢・欲避正堂・夫誰能當・况治獄官乎・館尤

難於客・貧者因以貨・愚者爲所賣・卓然自立之人・事決之心・揆之理得矣・彼既無所容其欺・假託焉於貨・主人之公見・偶與彼之私情暗合・則人竟趍之矣・雖身賢而奚以白於人・爲累豈細哉・余同年生顧君雲・仕於時・爲郡理雉犴事廉平・聲孚於吏民三年矣・而未聞有客也・一日邵君淑來訪・銜袖有詩・問奚自・曰顧君館舍也・語叩其隱・其來纚纚・心蔽之不專章・顧君賢究所自樹・能不以一介輕取與・節可尚也・他日得其位・行其志・操守可知・行窩將出領・可無言以分・一中造化・心上經綸・歸而求之・家有餘師・

送糾曹吳雍之官序

自于公以治獄興其門・世遂有故縱以覬覦後福者・君子不可無辨也・夫于公謂未嘗有所寃者・曷嘗謂有罪爲無罪哉・特不以無罪爲有罪耳・笞其當笞者・墨其當墨者・大辟其當辟者・至盡得其情實而無枉・雖戮其身而無怨・事事皆然・其爲陰德已不細・有後宜哉・故罪疑惟輕可也・事白而出之爲惠奸宥過・無大可也・故犯而釋之爲黨惡・存心過於寬固盛德事・然殺人者獲免・挺刃必交於途・奪貨者弗治・剽攘必紛於市・姑息於一二・貽害已千百・惡人多幸・而善良懼・如此而能昌其子孫・天意殆不其然・

卿大夫吳公純臣溫厚有古人風・祥刑於嶺之西・以恕稱・子雍是似・且甚秀爽・來訪於文溪之上・且別焉・問之何官・曰新糾曹・又問賞之逐竄之犯何也・曰初心欲有所平反以成先志耳・余嘉其志・而贈以言曰・吳氏父子・視于氏父子・官崇卑不盡同・而再世俱典獄・子惟清惟明・惟平大小之獄本其情・毋以私意有所重輕・必身享駟馬高蓋之榮矣・

重修南海縣志序

志州之土地風氣・莫先於表其產之良・以矜式生乎後之士・此一書大綱領也・唐炎相起炎方者三・曰韶之張・曰日南之姜・最後得劉瞻于湟・是閩聚猶未有此・然皆奇拔於支郡莞府・以廣名甚大・山偉海鉅・秀靈鳩凝・又遲三四百載・菊坡翁始名在白麻・臥龍蒲澗之阿・勤天使走半萬里莫能致・古未有命之相不屑者・高風全節・可興百世・是邦空有紀載・以俟太史氏・而久焉猶缺・帥方公大琮檄張君雷震曰邱聚不偹・且四十年矣・郡文學爾職・盍討論潤色之・迺視故府・延問老成人・分授以凡例・使各以其見聞述・然後合而參訂・是正焉・壅疏漏袽・誕去實存・又布之衆・使疵瑕咸以爲精當乃已・南國一大典獲寓目・其成何幸・余何敢涉筆其間乎・

惟廣素號富饒・年來寖不逮昔・而文風彪然日以張・雖焦皐桃林之墟・蠣田蟹窟之嶼・皆渠渠齋廬・幣良師以玉其子弟・絃歌瑽琤相聞・挾藝待試上都也者數甚嗇・每連聯登名與中州等・惜人士重於鐙笈遠遊・所以發其身・祇鄉舉一途・故仕進者鮮・雖然・中天地而立・爲世所珍・必有卓然殄殊於流俗者・窮達不論也・匹夫匹婦・以一行稱于鄉・皆可書・或高顯通貴・而泯淪無聞・幢節來南・前後凡幾・清名嫩政照圖牒有幾人・使仕此而州志之・觀其孰無强爲善之心哉・亦扶持世教一助也・若曰山川之扁・兵賦之額・鳥獸

草木之名而已耳・焉用志・

游忠公鑑虛集序

君子立言・不獨以書傳也・苟於世教無關・於人國無裨・不過組篇鏤句・洛儒生口耳・雖或託姓名以不朽・而萎然無復生意矣・子雲邃於元・不如更生攻外戚一疏・子厚雄於文・不敵昌黎論佛骨一表・蓋其言用舍・係當時安危・千載下・猶使忠臣誼士聞風而興起・尚論古人・大節爲先・不專在言語文字間也・

果齋游公・年少長・負奇節・在東西州爲名進士・官幕府時・騰書制總・條列戎情民病・自立已崖然孤高・紹興癸丑以小朝士言五事・首曰隆孝德・反覆推明天理・冀感悟上心・且謂退宰相不以禮・給諫論駁不行・姜特立不當召入・陳源不可親信・明年夏・五籲天乞車駕省重華・辭皆激切・乞先以身膏鐵鉞・踰月國有大故・上下洶動・公折簡忠定趙公趣斷大計・寧皇以太后旨・履寶位・人心始安・多公力也・然侂胄浸用事・公屢諷忠定早爲計不能從・朱文公去國・復抗疏乞留・積爲權姦所忌・忠定被逐・公即丐郡歸・言者指爲黨魁・至誣以從臾異圖・將陷奇禍・幸祇罷免・久之以薦得利路節・逆曦包禍・憚未敢發・密謀代之・公聞亂髮植眦裂・遣子若友約制閫諸人起義・藐無有應者・賊勢披猖・人爲惴惴・又不肯避・吁・其瀕於死者幾矣・方忠定秉國最爲雅故・僅班六院・且閱月十有九日不遷・嘉定更化・異時號僞黨者・皆超擢不次・公力請掛冠而得祠・諸賢言狀・纔進一秩・夷攷其平生出處・未嘗希進・至於遇大事敢言・臨大變不怵・死生禍福不入胸次・蓋愛君愛國發於至誠・無一毫邀譽之心・諒乎其爲忠也・

余昔參滇蜀見公之子景仁・期以遠器・薦之力・歸老海瀕・景仁時時相問如一日・比走書來・示以公遺文・俾序其元・余耄矣・思涸筆枯・恐不足以發潛幽・張芳潤・竊謂文以氣爲主・猶林茂而影稠・鐘巨而聲迥・非可强而致・公從諸老游・學粹養洪・充之浩然・可塞天地・筆下流出・自無軟腐語・詩律尤老勁・深詣理妙・如世荒眈齊竽・士弱同楚囚・羣枉黨未杜・誰正君心非・靡靡工雕鏤・何益眞儒事・頑裏訂身三昧得・蒙中養正一心虛等語・亦非聱呻敲推輩所能到也・景仁韶定間以直言不合去・上再入・論思愈峭拔・不詭隨・忠公教忠之訓不孤矣・王晉公謂・吾不作・兒子必作・納君於善者有後・豈誣也哉・公字子正・鑑虛其自號也・

題節推張端義荃翁集

士行乎患難・可以驗學力所至深淺・苟聞道矣・雖瀕於死不變・有飽雞粥鼾睡以須者・羈困旅逆・又焉能動其心・姑蘇張君端義・以選人三上書帝閽・最後書言最狂・端平明禋雷雨時也・天子黷之・僅於韶以置・乃得與監門俠謫所鄰老矣・落南依敗屋・然破釜竹榻紙衾・凄其誰堪・而顏丹如・氣虹如・不作鳥鵯無聊狀・其詩累篇・骨處實・眼處活・峭奇而非怪・含婉而不怒・多從胸中書流出・他日將與名相久遠・而後知數年數千里外・所以充充然自適・而忘秋風蓴鱸之感者・心寄於詩也・

或問離騷荃喻其王・而君荃翁號何・余應之曰・荃・香

草也・特寓焉以自別於賨蓏輩耳・周大君在上・楚莫非臣・是於義無嫌・淳祐三年重九文溪李昴英書・

跋西川眞先生送李教桂高序

士生遐陬・學無名師・誦無全書・得於氣稟・或秀而文・職教者復不屑誨・士習日降而庳・豈顓士之咎哉・莫遠於蒼梧・有陳欽明佐氏爲博士・暨閩歐陽詹始舉進士・且先數百年・而恩人士・至今湮晦・其間豈無瑰奇・不模不範・無以玉而成也・

温陵李君茂先・繇膠庠登雋科・以先正嘗教授于恩・勇踐前志・達尊眞先生有言・俊其行・勉其以實理淑諸人・以實學充諸己・蓋厚於其偏方之士・而周於望當世之賢・皆樂教英才盛心也・茂先可爲師者・而温知不廢・青衿叩請・洪鐘應之・學者能心契意領・矩步規趨・固無異登西山之堂・而親承謦欬也・異日卓然以道鳴世・淵源蓋有自來者・番禺子弟遠從胡安定游・恩之士坐聞長者之餘論・幸矣！亦可見先生之言之教・所被者遠矣・敬書詔後・俟摳衣趨墻而質正焉・

跋節愍王公行實

舍生取義・所欲有甚於生者・平生講之熟・故臨難處之雍容・非猝然勉强能之・寇之犯益也・節愍王公翊・以議官權宜肘制置使印・收爐兵・支孤城・野戰不勝・巷戰又不勝・然後徐結纓而入于井・此他人之責而身之不避・壯矣哉・

先是菊坡崔公貽之書曰・一段冰淸・萬仞壁立・竊意公平生忠義自許・惟菊坡深期之・其子闓・募死士赴難・道遇寇且鬬且前・創甚・偶不死・今爲東莞丞・遂得見公行實與守城日記・風節凛凛・使人慨慕・且三嘆菊坡知人之明・淳祐辛亥冬至文溪李昴英書・

放生咸若亭記

人與物林林然宇宙間・氣之正偏・性之靈冥・物不得同於人・如其肖形・然而同一生意・天生聖人所以厚羣生・使各安其受於天者・然後無負於天之付託我者・每歲誕彌日・郡國臣子旣瓣香祝萬壽於佛老氏之宮・必籠禽而林之・盤魚而溪之・端笏如植・其翬翬而高・洋洋而深・乃再拜而退・筌者羅者・爭前期生致而供官之須・是猶獄無罪之民・徐脫釋以恩之・亦稍頓挫困悴矣・終不若此不放・彼不捕之適其性也・三代而後・以好生之德脈其國・無如本朝・禁翠飾・罷蜂貢・放洛鯉・止庖羔・見蟲蟻而避・却鶉兔之進・列聖之心・卽天之心・今天子聰明神武而不殺・日月所照・霜露所墜・皆在聖德包涵中・翔走蠢蝡之微・孰有出此心・天地之外・蓋無一物不得其所・初不待一日之間・縱舍百千萬億以示小惠・然故典沿襲久・謂不如是・非所以歸美報上也・故莫之敢改・世以是爲尊君一事・則揭處之地崇大爲宜・端之放生亭・舊不專設・始卽送迎驛・又遷之僧屠蘇僅扁之寄州枵然・大守臣類窘於支吾・（上句原鈔疑有錯漏）姑湫褊簡陋之仍・霅章侯莅鎮・垢刷蠹剔・儉其出・勤其積・再踰年而後有羨力・事無如此重且急者・亟瀕江經營焉・七星岩秀鬱倔奇・爲一郡最勝處・若屛幃其後・役起重陽而落之臘・題曰咸若・謂萬物無不蒙被帝澤・非止斯亭歲所放者也・敞拓華壯・簪紳雍容旅進退・輿隸堵立其旁・猝風雨有所庇・潛龍藩體貌始稱・亭雖三間而關繫大・法當得

書・雖然・君子仁民而愛物・愛出於仁・而民又先乎物者也・夫子恐廄焚傷人・而馬不問・非恝然於物者・齊宣不忍一牛・而百姓不見保・則所厚者薄矣・人主履大寶位・推行天地曰生之大德・二千石分土而治・所以流布此德也・物吾與且惻然全護・況民吾同胞乎・毋寃縶如籠閉・毋橫斂如竭澤・毋暴政逞威怒・空其室廬・離散其妻子・如覆巢毀卵・饑溺猶己・手拊息噓・使仰事俯畜・熙熙怡怡・安樂之而不自知・環千里皆放生亭・詎止一林之棲・尺水之泳而已哉・必如是・始無愧於受而爲牧之寄・侯於仕學優・念此已熟・其勉潤澤之・侯名勳・爲端平朝士・淳祐九年二月既望・

元老壯猷堂記

唐合四管疆西道・而大府部自爲東・一當四・廣莫可知・水數千里・旁午必趍灘・東下淸海・一大都會・盖天造地設也・鎭治雄壓粤・連偪後城・兩圍臂挾之・尤勝者石・柳子厚饗軍堂記謂治城西北阪・泉池如在林壑・彌望極顧・莫究其往・黃髮相傳卽此地・握穗騎羊之仙幻・五石其前・老則臣故臺之山・闖睥睨・逘靑入・巨石岭屛倚池立・如呀如傴・如蹲如舞・疑海神揮巨靈・擘崑崙・鞭驅之來・狗脚腴强・以月峽珠池・號石君終傲兀不肯得・本朝名人題刻其間益重・嘉定甲申有堂于池之北・扁壯猷者・架以脆耎・成之遫劣・怒風雨殘剝之・久而莫之葺・帥方公大琮治一路・視其家・據案勤文書・至于日中昃無倦・胸次有方壺・處浩穰紛輪中益競爽・從頌意行偉境之倔奇・而陋堂之非敵也・命毀撤徙去・除榛穢・展其狹・走畚鍤・起其卑・規模巧・出心匠・匠伯巧圖位置・不敢秋毫之差・千夫害其斤風・爭奮銳騁拔・棟隆宻其鰲立・梁蜘蟉其虹跨・椽嶟嶟・瓦濈濈・欲飛動入霄漢・綺疏闓敞・文甃縝緻・躡數級而前楹・又進數級始堂廉・藩以濬房・殿以邃閣・望之嶽嶽也・卽之閎閎也・遊焉近而息焉閟也・尺其從百有十・而衡八十有四・堂之北・蒼莨玉立千箇・風月無盡藏・旁築梯城路二・幪複屋而上・有亭・東曰連天觀閣・凭虛引覽・則遠峰疎煙霏翠・冥濛濕・晴空野・濶溪長・琉璃田・渺千傾・西曰先月樓臺・於圓牖中・見層樓擁喬木・宛其桂影婆娑・與廣寒宮隱映・堂之南・運石洲大湖・甲品列于前七・奇拔端凝・可敬可友・修廓翼如・演迤紆紓・以夷繇散屨・東凡二十有七間・西羨一焉・運甓齋・饗軍堂・對敞其上・存古也・界池矼・方橋聯絡之・穹闌橫檻・若長龍飮泱漭・爪鱗撐拒輪奐・四面相繆・碧渥彤融・交暉可鑒・偶彩榭爲舫艅艤步・上下水木・芙蓉浮游・出橋之南・登對越亭・則橋以北渠渠躭躭之屋・盡成罨畫・堂東北隅又廓遶燕寢之背・過東園・梅桂蘭菊・所至而有・隨物態着・小齋短軒・曲折丈室行窩・雅有壺翁橘叟趣妙・巧無以踰之・若夫曠垠衍沃・登閎曷奕・則西園專美・倣佛乎秘林木天・但未知海上三山・玲瓏五雲之宇何如爾・有大賓客・則張具橫陳・歌樂遞作・堵妓圍棚・優狻縹緲乎幔亭之集仙也・軍有勞則竿魚旆熊旂・威蕤垂雲・撼秘囊韔・森肅乎後先・元帥戎服中坐・諸將俯伏拜庭下・跼蹐就位・鼓磅硠然・士伍鞮鞪鎧扞・僥聽號令無譁・徐解綠沉黃間・席地于廡・行以列甚整・灑酒坻肉・滂浪脂腴・莫不浹匝屬厭・轟騰乎魏博之歡雷也・花時無禁・邦人羣敖爭先・帽桐之耋・騎竹之稚・韶妝縵裳

之麗．遍綉臺館．秋千蹴踘．姱嬉老榕高柳邊．雜遝乎滌亭之游人也．公於財用愛惜．錙粒出不妄．凡可以新美炎邦．被無窮者則傾倒弗靳．是役也．最鉅且完．固可堅久．非苟焉欲速成比．厥費無算．皆撙縮之贏乎．出民未嘗勞其勞．故樂其樂．停杯說軍府者．咸曰丕哉．鑠乎州．自漢初以來未有此也．于以抗颶母．伏天吳．瘴霧蜃氣．一洗空之．豈徒靡曼赫戲．駭眙南人哉．

按州志蔣公之奇嘗隅城築石屏臺．湮沒無復遺迹．龔公茂良闢廣平堂．來者潤色之常如新．二公皆十連兩地．後之有人心者．好惡則甚公．公天粹其姿．渾涵斂崕角．立朝特勁敢言．清名厚德重一世．天子久倚公．呪嘔葭萌．調虞猺蠻．治聲休其稱最．行且入爲明堂一柱．是堂也．將與潞國之德威．韓魏公之晝錦俱不朽．顏曰元老壯猷之堂．沿舊名而廣益之也．客曰．公其以方叔自況乎．公曰．不然．夫一謂元．先覺之謂老．正大之謂壯．而猷．道也．能正而一是聞道先乎．人可以爲師帥矣．留南垂五年．幸士民熟信而相親．驗之政．揆之心．粗無愧．是道也．嘗聞之諸老．不敢不勉．且有望於後之主此堂者．進此道以福此民也．老以齒言膚矣．客曰唯．淳祐六年正月．

增城新創貢士庫記

曲江以文獻重．增城以清獻重．清獻起陋巷．取巍科．至今六十年矣．其間踵名第不乏人．文風郁乎日盛．白屋之貧．則今猶昔也．縣去行都里以千計者．四負笈一詣．費比中州數倍．州勸駕餽緡錢數百．此天下郡國所無．寠儒道觖．猶有失其恒產者．南冠仕進不如北方之多．非藝不敵．病道遠發蹟難耳．

淳祐元年．天子頒興賢詔．鳳岡經義詞賦皆預選．何明府喜邑人之所喜．禮遇有加．以風厲百里．一日升堂．語諸生曰．愚不敏學．制相鄉日．與衿佩相周旋．士習淳古．有清獻風．可敬也．漢制習先聖術．與計偕．縣實給食．將久遠利之亟．三百千之捐．而更掌以學職．聽民持所有抵而出之．復入則收其贏什二．積三歲爲羨錢．若干新貢士人五十千．合所得于州者．可不損家藏銖粒．但囊書襆被．足以優游往返．無復向時皇皇辦裝之困．將又有清名高節如前修者出．惠豈細哉．君雖身詩書之澤．未嘗口虀鹽之味．而拳拳爲寒酸計如此．眞知斯文之爲重．貢士庫乃自君剏始．他治狀．未暇論．只此一事．已無忝持筆矣．

廣州新創備安庫記

漢以來使粤嶺自陸大夫始．携二千金去．而人不非．入南者．遂以黷貨爲當然．刺史一經城門．例四千萬．傳聞可愕．千餘年間．廉牧率載史牒．寥寥晨星．中人以上自拔於汚俗者．豈特近世少哉．吾州全盛．巨舶御尾．籠江望之．如蜃樓贔屭．殊蠻窮島之珍．浪運風督湊于步．豪賈四方至．各以其土所宜貿．民以饒侈．使家賦額足以周兵額而羨．故用溢而儲實．邇來唐兒罕到獅國．編戶以財雄．惟桀賊頻嘯．重屯屢賚．多乎戰．勞乎戍．人人得粲資級．給倍無藝．竭其有共億而州驟貧．余三十年所目擊．公私氣象．繇豐美入狹嗇．歲甚一歲也．江湖徭峒錯落．巢險苞蘖．出草無時・裹鹽嘯羣千百・所過尋釁起剽敓・艚寇駛風濤出沒・飄忽難孰何・水火旱螟・不可謂無備・宜豫萬一・大調度・諸臺力屈富困・無可指・殆哉・

柱史方公十乘來自莆・劉公克莊謂公曰・日將漕于南・帥唐公璘每言郡計歲缺六萬・嘗攝事稽其籍・大約欠四萬・然辨未易也・公曰・州不難・則夫人可自見・焉用我輩爲・既至・敎化焉・古其治獄訟焉・時其賦餘力焉・治其賦而垢甿淄蠹迎刃去・未嘗嚴趣苛歛・民信之・租不逋・商樂之・稅不謾・財用之充・政事之・以自衣食其軍外・凡不急・無益費・一切省・鳩所餘・就百役而又有餘・比及四年・得錢以緡計者三十萬・別藏之爲甲乙丙庫・庫十萬・曰・猝一方警遽甚・無他鏹可支・取諸此・名曰備安・所以備非常・安遠甿也・聽民以物抵質・而微取其息・官民相資・生生無窮・異時號健敏・手科潤屋賣吏家・無虛月・猶不足・公秪據賦常・瑙銖與公之・天家以公宜南人・難其代・許借留・又將再考・而後得遂・所儲安有他謬巧哉・士大夫職思其憂已可書・公切切焉・去職之後之思・豈譽之沽所至・力行好事蓋初心然・

乙巳夏五晦・狂颶怒突・遏夜潮不得退・復駕晝潮・沓之西北江・淫潦適暴至・瀕海室廬儇在四五尺湍浸中・凡八千餘家・災也・公充猶已溺之之心・巡拊賙賑爲錢緡若干・臘初大雪三日・積盈尺・銀城瑤林・羣犬狺狺・炎方昔所未見・瑞也・公充猶已寒之之心・城表窶民・與諸營健兒給有差・爲錢緡若干・皆庫所獲利・毫芒之積・效亦速矣・慮患之深・智也・流惠之長・仁也・所學稍出膚寸已如此・淸獻崔公晚歲・却奉祠之廪・帥鄉部亦不受俸・鏹踰二萬・米斛二千有奇・留州家無何・問之倉庫氏則烏有矣・人一身所須幾何・貪夫滿意・囊匱將遺雲仍・曾不足以供騃子孫一笑用・淸白留芳・厥後必昌・穹秩備祿・其來莫禦・積之於官者・其家之無盡藏也・賢者規・來者隨・繇三十萬推廣之而有萬千萬可坐而至也・縱無所增益・能愛護俾勿壞・尙不失爲中人・若夫括羨贏葦獻之・巧名色羽化之・惟己富貴是規・使邦人緩急失所憑而受其害・則中人以下亦不肯爲也・直小人不畏天命者耳・獨爲君子・實公所恥・淳祐六年正月・

德慶府營造記

高皇帝受命中興・億萬載鴻業基・于康州得爲府・宜與國初之應天竝・官府非壯麗・無以重龍藩・鎭佚儒菌蠢・然已非稱・歛弗支・罅弗補・豈惟風雨之憂・抑國之羞・邑賦例郡家自督庸資・吏貪肥己・安得餘力及土木・雖德慶踰百年・仍昔之康耳・

鄞馮侯光裒・左魚來駕庄朱・喜其俗醇眞・用古循吏法・摩以簡靜・民各安其天而心化・徐索財計源柢・度斯抉・滲斯窒・汎斯裁・嬴斯豢・銳欲起百廢而力副其志・廼撫廼址・廼材廼工・故陋撤去盡而新是圖・儀門闢・棨戟嚴・麗譙巍・鼓角壯・外爲雄樓・縣永慶軍扁・而雙門其下・宣詔頒春之亭・翼然東西・向犴院與敖倉皆二・鼎鼎峻整藩屛之・體貌隆矣・閣焉峻章煥・殿焉素王儼・廡焉從祀序・講堂宏宏・欞星崇崇・射有圃・童有校・又相攸香山下・流泉瀜瀜注其前・收攬奇勝・著貢院數十間・由是青矜思樂乎芹泮・白袍

踴躍乎棘圍・士氣張百倍矣・除地壙百畝如砥・閱武樹彈壓之・鼓行旗・舞行陣・以疾徐進退・軍威暢千里矣・廟城隍而飾其像・邃嚴殊詭・靈赫馮依・以福其土人・所以敬神也・近郊侈驛邸・來迎往餞・高車大駟息焉・所以禮賓也・城之外西北隅・限以關・莊逵畫如枰・各華表其衝・憧憧者知所趨・所以使民不迷也・亭西山之麓・碧溪帶環・事隙一登眺・領僚佐春頌觴詠其間・所以與邦人共樂也・

幾人傳舍眡・苟秩終去官・帑未嘗羨・役百興・費萬計・茲不見其窘・庸者受欺・貪者自欺・不能者與不爲者之失均・清白守秋毫必公家用・而財足以自辦・顧何事不可爲・侯睟然德人・望之已可敬・疏通而密察・事大小悉中節・蓋天姿近道者・御右大夫・蕭然如布韋生・胸中古今・流筆璀璨可觀・則其緒餘耳・若士若民若走卒・交頌不容口・賢哉・教授鄭君夢狆書來・裨識營繕次第・昴英曰・東南旺氣聚興王地・雲龍五色常鬱葱亘天・臣子任藩翰寄・鋪張發揮・當極其崇大・今輪奐突其干霄・艧碧煒其耀日・山川改觀・可以占國祚靈長・尊國大節也・宜特書・淳祐二年夏五月朔・朝奉大夫直秘閣主管建康府崇禧李昴英記・

東莞縣學經史閣記

東莞號廣聞邑・羅浮址之・厚海貟之・鉅產秀民爲多・設學宜稱是・淳熙戊申此焉始基・開禧丙寅遷大成殿于西・嘉定辛巳因移黌舍其前面・勢眡厥初・差易位而當勝處・至紹定己丑而後對闢齋廬・重作南門・纔具體而微・亦難矣・世俗吏類急期會・迂化本・鞠園蔬・穢弗治・老屋將壓・新築亦僘・何易也・温陵許公以海內大儒・來爲邑宰・士相慶曰・吾邑其幸乎・吾道其泰乎・嘉熙之元・元日・公始廟謁・喟庠序圮陋・謂第一義不可廢・出米囊十萬・授監河張居樸庀繕葺事・繇殿而廡・而祭器庫・而門而庖而湢・鼎鼎偉觀・乃躬程試・收其俊尤・育之淑之・員倍腆・衿佩自遠方至者于于・絃歌洋洋・前此未有也・邑有沒入之田一頃八十三畝有奇・金銀爲錢五十萬有奇・法當上之憲臺・公請並歸于學・繡衣吳公旂素敬公・慨然弗靳繼粟・益裕以其錢・即直廬而閣其上・輪奐雄峙・博蒐圖籍庋之・萬籤森架・士得讀所未見・運使陳公曦亦捐三十萬相厥役・又不足・則鳩節用之贏資其成・成而虞其壞・儲十萬爲後日補飾費・慮周矣・學垂百年・草剏未完・公一手營之・學田閱幾・今漠不問・公獨能增益之・然皆其餘事也・

公之學得伊洛紫陽之心傳・所至山斗後進・異時橫經番山・規矩嚴・條教悉・日夜至齋房與諸生講論・有一藝能・極口稱獎・不中不才者・亦循循善誘・卒使爲成人・一時席間士俊・皆卓然有立・廣人德之深・共建生祠于泮宮之東・至今朔望羅拜其下如初・菊皮清獻公自蜀歸・聞而嘉嘆・力言狀于朝・時未識公也・公茲來・莞人孚其德望・民曰・吾父也・吾師也・公亦愛其民而子之・樂與其士而弟子之・縣務雖甚繁劇・必時詣學與諸生接・始月書季考礪術業・始立小學・廸童蒙無小無大・日講論語中庸以微旨・凡經口講指授・爲文皆有法・士習新美・文風丕變・邑人士倣羣庠生祠之・先是累大比不薦一・今復有齒賢書者・乃錢君益長于學・遂登儒科・亦教化緒效也・葢公以道爲己任・尹一邑・

則欲行于一邑・如明道先生扶溝興學故事・他日大其用・以斯道戊斯民・使天下皆在道化中・卽百里規模之充也・昴英弱冠遊芹泮・公期待之極厚・且嘗至是邑・撰杖履行黌舍・敬識其實・公名巨川字東甫嘗中異科云・淳祐四年二月朔門人朝請郎直秘閣李昴英記・

右記刻在東莞邑學・許巨川温陵人・嘉定甲戌進士・黃通志有傳・（載府志）按此記見張志・蓋據明初邑志所錄碑文・文溪集中載此記同・

廣帥方右史行鄉飲酒記

田復井・民必棼・戰復車・卒必奔・古之泥・今之弊固也・若夫鄉飲酒・昔人歲時講之・常尙賢而人趨善・先齒而人興遜・俗以懿・世道以升・此禮更千萬世・當如一日・人情往往樂簡仍陋・非有害而憚・非小補而忽・迂之曰理・軍市焉用彼・苛之曰起伏煩碎將難行・力回古風・於二千餘年之後・豈易事耶・

方公大琮之鎭南服也・一年政優・二年化周・將古飲其州・命賓佐曰・在泮與領袖士討論之・林君公炎出一編曰・此某人近歲行於泉者足證也・余君震洪君天錫取其本參以儀禮・頗不合・共質之公・公曰・吾從周・於是議始定・宏綱細節・必攷必據・間一二從時宜而可以誼・起人習之咸說・末旬而熟・謀賓介・得顧君梅陳君應辰・僎則常平使者王公鐸・愚何人斯・而俾贅僎・以德涼齒劣・辭不獲・廼二月十有二日質明凡在位者・頒其幅巾・粲其深衣・大帶垂垂・方屨几几・以次卽其席・如植羣喙一默・惟獻者・酢者・酬者・執其事者・交際應接・翼如襜如・莫不舂頌中度・罍洗也・尊勺也・爵觶也・籩豆俎也・樣上世而新・就歌瑟堂・廉笙鐘磬・在下間鏗鎗・夫人目盛容耳・正音油然・心之良驩然・情之眞・自以爲身蒼姬之元・而無昌黎不及揖遜其間之恨・盛矣哉・主人拜凡七十有奇・爵于上篚焉・取于東榮焉・洗於尊前焉・實于席前焉・授與其他・進退升降無算・手獻賓主人之黨二百三十人・辯又疑立觀二百三十人・旅酬辯既徹俎・始膝席坐以燕・漏過三十刻・强有力者猶不勝・公靜專肅莊以至送于庠門・曾不少懈・禮儀三百・威儀三千・所以行之者一積誠定力也・

禮成・諸友合詞以請曰・吾鄉鄉飲酒百年幾見・乾道間龔莊敏嘗行之・惜紀載脫遺・雖宿輩不可得而聞・公一循去聖之儀制・不碣其大畧・來者將安稽・子與行禮焉・此筆宜屬之子・因告之曰・夫禮者天理之節文・學者所以立也・平居視聽言動・一之或非・是先失其恭敬之本・而物欲得以乘之矣・一旦動容周旋於廣衆中・必周章失措・微之不可揜・於此可以觀其人焉・原其初心・以衆人自恕・謂若昔聖人非可學而至・故自棄至此・亦可哀已・今師帥蒐講曠典・服古・器古・樂古・豈徒美名侈美觀・要使鄉人士君子・秉古心・行古道・不睹不聞之境・儼若對大賓時・己克而禮復・自然於其家・雍於其里・恭於其國也・忠無一毫愧於古・將見暴慢消・鬥爭息・陶一方之民皆古・觀鄉之效易易・蓋不誣・唐人飲禮稍倣古耳・贊皇公在常登歌降飲人猶知勸・裴文獻在宣歌白華等章・且有泣者・二子亦直聲・而公所學過之・是舉也・禮樂猶備・人心感發・又當何如・衆曰・唯・至

於度數・文爲之詳・則有編次在此・不書・

壽安院記

天地之大德生而已・所以無終窮・生意不息而已・凡物囿形其數之自然・慘舒其氣之使然・彭殤椿菌・固不容强齊・亦各正性命焉・大君位乎中・妙贊化育・分羣有司代天上・要使生意流布充滿覆載間・無一物不得其所・國朝置福田院・恤窮疾・與天地同一好生・常平倉專使領・爲兇荒疾疫設，將以救民病，而或者反以政事病民，今天子軫遠方元元，選物望民庸兼者・畀右司劉公倉氏節・公一意推廣皇澤・進耆老諏之曰・賦過重痡吾民歟・役不均・瘠吾民歟・官吏饕・朘吾民歟・追呼數・惱吾民歟・豪斷推剝・吾民鬱不吐歟・聞一事繁戚・休亟罷行・不終日・南人如解沉疴積痼・豁然甦快・無復愁嗟・公猶以爲未也・

廣山寬海鉅・嵐霧散泄・故無瘴・土饒醲鮮・細人恣屬厭・亦易疾・鰥寡孤獨之窮・川浮陟負之賈・馳書傳檄之价・纔病于主家・旅館則畏其累己・迫遣之・往往轉徙閭巷・雖受病本輕・而不粒不劑・且風且露・困頓必僵・廂邏又視爲奇貨・重誅求於死所・爲邦人害最大・公惻然儆東坡在杭蓄錢粮作病坊故事・乃相爽塏・址于威遠門之內・穹堂閎閎・嚴禱祠香火幹僧・其左醫局・其右修廊渠渠・對闢十室・可容十人・男東女西・界限有別・病無依者・以告隨得入診・必工藥・必良食・必精烹煎・責兩童緇必恪・日欲聞所苦重輕・課醫之效・募夫婦願俱庸者共凡役・庖斯整・湢斯潔・百爾器用・色色具・奄奄無聊賴之人・忽處廣廈・適眠餐・所需如意・頓使神醒氣伸・居養所移・半藥力・已康强則資之歸・脫不可療・則斂瘞如法・租收之田・贏取之庫・所入足以當所出・畫爲成規・可行之悠久・外峙崇門・曰壽安顏其院・因人情所欲也・扶曳來居無虛日・全活甚衆・人病之者既能厝之安・天病之者亦欲拯之生・公之心無愧于兩間・無負于吾君矣・

夫人爲三才之一・仁人心也・與天地心本不二・如果核中有仁・生意在焉・惻隱其端・不特發見於孺子將入井時・雖草木禽獸之微萎瘁・不得安其生・亦安然動念・病柏病橘・病馬・病鶻・杜詩韓筆且不遺・而況於民吾同胞乎・苟其位其力可以利衆庶・而呻吟叫呼在吾境・若不聞・良心安在哉・公可以爲仁人矣・蓋元祐相國忠肅公・其六世祖也・家學源流・有所自來・公名震孫・字長翁・渤海人・

林隱君墓誌銘

昔之以卓行名・不必皆仕者也・懿于一念・奇于一節・太史氏筆之則聞・滅沒無傳亦多矣・南海林君・鄉曲稱好人焉・闓其名・端甫其字・訥然言・頽然貌・而所存踰人遠甚・不心乎利名・不色乎喜怒・不耳乎人之過・屋闤闠中・惡其囂・闢隙地・於後窠花盆荷・觀魚狎鶴・寄意塵表・或窮年不出戶・妖卒譟城下・官委之登陴執戈・爲里閭先・時窶民窘・食指囷以給・有迹前古吉凶人・明驗可爲世勸戒者・君模本散布・費不貲・不靳・已樂善・且欲夫人皆爲善・己不敢爲惡・且欲夫人皆不爲惡・用心類如此・安然一生・七十有一歲而終・將以寶祐七年八月甲申窆之于番禺縣峨官

山・子一人・名洪・娶予女弟者・拜且泣以銘請・可書・于其人・不于其姻・曰・秉彝之眞・古之遺民・茂其後昆・此爲種德之根・

崔淸獻公行狀

崔與之字正子・增城人・家貧力學自奮・先廣士有當試成均者・率憚遠不行・公毅然勇往・既中選・朝夕肄業・足迹未嘗至廛市・禮部奏名廷策・極言宮闈・皆人所難言・擢乙科・廣人由冑監取第者・自公始・歷潯州司法・淮西檢法官・皆有守法持正之譽・改秩宰建昌新城・素號難治・公始至・歲適大歉・民有強發廩者・公折其手足以徇・因請自劾・守大異之・開禧用兵・軍需苛急・公悉以縣帑收市・一毫不取於民・和糴令下・公依時直躬自交受・民自槩不擾而辦・爲諸邑最・趙漕使希懌令諸邑視以爲法・且特薦于朝・他司相繼論薦・時相欲留中・公不就・通判邕州・薦者咸以爲訝・勉公使留・公不可・諸公申其請・有旨與在內陞擢差遣・公抗章控避・乞俟滿而後受・從之・邕守武人惟苛刻・御禁卒無狀・相率爲亂・公時攝賓陽・聞變亟歸・叛者將擁門拒之・公疾馳以入・執首亂者戮之・縱其徒不問・闔郡帖然・擢守賓陽提點廣西型獄・甫還臺・偏歷所部・二十五州・大率皆荒寂之地・珠崖隔在海外・異時未嘗識使者威儀・公至・父老駭異・諸郡縣供帳之類一切不受・兵吏不給券・携繒錢自隨・計日給之・停車決遣・無頃刻暇・獎廉劾貪・多所刺舉・風采震動・召除金部・屬金虜南奔・邊聲震恐・淮東密邇故汴・朝廷謀將帥難其人・除公直寶謨閣知揚州・安撫淮東・公言邊釁已開・相持六年・凡所措置・大抵虛文從事・宜擇守將・集民兵・以固基業・除公工部侍郎・尋加煥章閣待制知成都府・本路安撫使・公言實邊・斯可安邊・益州爲四路心腹・惟恃錢粮厚於他郡・軍興帑庾告匱・宜厚儲積・以壯邊陲・拜疏卽行・

初安丙檄西夏夾攻金虜・不克・虜乘勝數盜邊・蜀大擾・丙薨・公便宜度劍以鎭關表・除公制置使・盡護西蜀之師・西北二國合從・合鳳翔・叩鳳州借粮於我・公條畫事宜・密授諸將隨宜酬答・謄榜諭陝西五路遺黎・俾築塢自固・倚我軍爲聲援・建言成都灘瀨險遠・艱於漕運・立運米常格・奏行之・自是兵皆足食・蜀賴以全・五年・丐歸・除禮部尙書・公輕舟出峽・徑歸五羊・自是不復出矣・築室所居之西偏・扁菊坡刻韓魏公・老圃秋容淡・寒花晚節香之句於門塾・蓋雅志也・

公之門無雜賓・連帥部使者時候其門・歲僅一再見・未嘗一問外事・端平乙未二月・摧鋒叛兵・自惠陽擁衆扣州城・郡守曾治鳳宵遁・官吏羣造里第・請公登城・公肩輿至・開諭禍福・又遣門人李昴英楊汪中槌城親諭之・其徒俯伏聽命・咸欲釋甲以歸・而倡謀者黠甚・以嘗害博羅令・懼不免・相率遁去・入據古端州以自固・俄有旨・依舊端明閣學士廣東經畧安撫使・兼知廣州・公卽家治事・區處脩畫・揣摩調度・動中事機・召兵四集・賊一戰不支・聚其衆於苦竹嶺・窮蹇乞降・公命分隸降卒於諸軍・而戮其桀黠者・俄拜參知政事・入辭不受・諭年・拜右丞相・上遣中使促召・命守帥彭鉉勸請・又命郎官李昴英啣命而至・遜辭凡十三

疏・上知公志不可回・詔卽家條上時政・公手疏數萬言・上皆欣納・家藏御札七通・有文集若干卷・其文明白謹嚴・家大西書其端曰・東海北海天下老・亦有盍歸西伯時・白麻不能起・南海千載一人非公誰・公善知人・平生薦引・惟游侶洪咨夔林畧魏了翁李惟傳程公許・後皆爲公輔・公嘗度劍閣留題詞・蒲澗清泉・白石怪我舊盟寒・里人采其語・立公生祠於其地・及薨・贈太師・謚清獻・

初公持節廣右・見於施行者・維揚倅高惟有鋟梓曰崔公嶺海便民榜・珠崖之人又編次其罷行擾民之政・曰崔公海外澄清錄・在蜀人繪公像於仙游閣・與張忠定詠・趙清獻抃並祠號爲三賢・淳祐甲辰・廣帥方大琮祠公與張文獻九齡于學・號爲二獻・

祭廣帥右史方鐵菴大琮公文

厥今人望・若晨星稀・公老遠播・天復奪之・豈惟廣人之悲・海內善內蓋莫不歔欷也・嗚呼・公之學・探聖門之微・公之文・根理窟而奇・靜者其性・而敬以持・暄日霽風・接物怡怡・見義勇爲・鐵石不移・敢言動天・無愧拾遺・俠部其鄉・肯故人私・蓋海旂幢・前誰五期・精神筋力・畢竭於玆・器古樂成・幅巾深衣・鄉飲凡三・動中禮儀・齋廬閎閎・書閣巍巍・玉女青衿・賢哉帥師・牘累千言・判墨淋漓・兩造息爭・曉之片辭・雪軫爾寒・荒恤爾饑・手拊遐氓・父母其慈・崇堂大樹・闢圃東西・杖屨婆娑・民共敖嬉・突兀軍門・雄視南維・庫曰備安・貯縎不貲・爲此州千年計・而百廢必治・子產之仁・校人猶欺・考肅之明・吏計得施・人知公心・如玉無玼・大書連篇・幾德政碑・萬人香火・在在生祠・蓋信之久・德之深・不待其去而後思・詔徙洪都・將以公歸・素無病惱・一臥不支・語音朗然・易簣之時・面貌如生・卒襲之尸・所養又可知也・某疇昔嘗寮・今巢一枝・肺肝不隔・眞切相規・商評古今・竟日麈揮・公不可作・何所質疑・洒落涕俱・世少子期・

祭鍾子鴻文

潮號士區・君名最早・昂藏標度・磊隗胸抱・天文地理・瞿曇莊老・博識其書・妙處精到・桂湘閩浙・江淮蜀道・名山古迹・窮極幽討・文窺先秦・詩軋荒島・長章鉅篇・奮筆一掃・小奚蹇驢・輕裘短帽・掀髯揮麈・廣坐傾倒・所至交其豪傑・諸老愛如至寶・缾粟屢空・充然養浩・丰酒孤酌・絲桐一操・不屑意於科舉・趣林泉而高蹈・樂窩之叟・茹芝之皓・喜方外之散侶・對王公而睨傲・達觀大方・齊物自號・希年少一・素無病惱・臥纔數日・遽以訃告・幸有諸郎・收拾遺稿・某王十年間篤交好・日從吾游・研索理奧・益者亡矣・可勝悲悼・寸心惘惘・一奠草草・尙饗・

自贊

岭嵘山癯・搭颯野服・羹茗松根・煨芋巖曲・且農且漁・非仙非俗・其傍何有・秋鶴霜竹・

淨慈釋刺血寫經贊

浮屠覺新・在淨慈針血書楞嚴・圓覺・法華・華嚴經兩

年而後成・錢塘劉植捐金・植藏而匭之・文溪居士李某爲一轉語・

此經如筏・寫之著相・而刺血寫・妄中之妄・經諸佛說・血父母生・何淨何垢・等爲前塵・末法闍黎・沈酣入骨・一毫且靳・而況於血・血猶可舍・是知身幻・大痛一囘・直須臂斷・

諭鄉飲酒行禮者

某承乏此邦・愧無善狀・惟於風敎所關・不敢後已・涓吉旦・迎賓僎介于庠・行鄉飲酒・將與多士共興禮遜・此蓋以古風相期待也・禮云禮云・豈虛文之謂・揖遜升降・進退周旋・亦可以驗其人平日之所存・禮之有儀・所主者敬・儀之不肅・斯焉取斯・行禮之日・執事者各供乃職・在列者各謹威儀・頭容必直・手容必恭・足容必重・毋惰以羞于傍觀・毋譁以亂我籩豆・德音孔昭・視民不恌・凡我同志・敬之毋忽・

諭鄉飲酒觀禮者

某講行鄉飲・率由古禮・俾邦人君子皆得寓目焉・政有望於相觀而善也・動作有法・容止可觀・執事者固在所謹・然觀者亦當整襟正視・屏氣肅容・攝以威儀・共成嘉禮・倘或跛倚譃笑・是干大禮以自取輕・此豈眞好禮之士哉・觀禮者・固欲觀行禮者之敬忽・而觀禮者之敬忽・行禮者亦於是而觀焉・

今按本書采李忠簡公文・另有游忠公傳一篇・與上列鑑虛集序全文相同・而文意似以序爲合・因重出・故畧去・

朱　篆　歸善人・寶慶丙戌進士・從事郎・梅州司法・

羅浮志續跋

羅浮・天下之名山也・府敎先生淸源王公・天下之名士也・以名士遊名山・爲之歌詩以紀奇勝・爲之圖誌以紹久遠・寵生泉石・煥發幽秘・由東坡而後百有餘年・而復一遇者也・

公將遊山中・山有百歲得道之士・棲遲石洞・晨與忽汎掃庭戶・語其徒曰・貴人且至・越明日而公早至・道人起敬從杖屨後・徜徉信宿乃去・異時麾節來遊・有迫之而弗去・獨惓惓於此・意者興寄高遠・趣尙幽雅・然方寸與造物者遊・而方外之士神交心契也固宜・昔歐陽公初仕洛陽遊嵩山・見苔蘚成文・丹書四字・曰神仙之洞・世傳眞仙遊戲人間・必爲瑰奇名世之士・其歐陽公之徒歟・王公倫魁南省・他日名位德業・當不減於歐陽公・而且發軔於羅浮・視嵩山之事・亦復不異・敬於是編之末・表而出之・庶幾觀者有所考信云・寶慶丁亥六月中澣・門生賜同進士出身朱篆謹跋・

吳文震　字谹發・番禺人・紹定壬辰進士・官至欽州倅・攝守全州・

重修光孝寺佛殿記

釋氏以莊嚴佛土爲法門・張皇幽渺・設顯威儀以竦瞻視・雖非瞿曇本心・其能使人因莊而興敬信・因嚴而生敬畏・亦世敎之一助也・今佛廬布滿宇內・其所以奉佛最莊嚴・莫出閩浙・住佛訶林號南中甲刹・雖規模廣大・而殿宇

不崇・無以起人敬・像設不肅・無以起人畏・敬畏不生・佛教何以中興・

禪師無損・蚤遊諸方・眼界開豁・一旦歸作主人・顧瞻舊規・汚陋不堪・謀新以神通妙・用一彈指頃・幻出莊嚴法界・兜率天宮・□□□□諸佛・放大光明・十八大士・現威神力・諸天梵釋・種種示現・如靈山會上・親侍世尊・雲幢擁瑞・寶鼎凝薰・金銀琉璃・丹雘金碧・璀璨奪目・善男信女・作禮讚歎・昔所未有・所謂西方大聖人・不言而化・蓋此謂也・噫・因莊嚴而悟莊嚴者・釋氏之法門也・非莊嚴而成莊嚴者・釋氏之心法也・無損其識之・

屈　竦　保昌人・今南雄州・端平乙未進士・

黃太守祠記

侯國歲貢古制也・歲貢斂民非古也・雄民病於上供久矣・而未知所自始・周咨故老曰・紹興間・郡國多事・帑藏蕭然・每歲漕臺以母錢四千・八十一緡有奇責本郡・市銀三千四十七兩以供于上・里正領錢隨民稅貲高下授之・此一時權宜之術・未爲甚病・時久弊生・母錢既不敷于民而額外又科聖節供本銀・三歲增大禮銀・四歲增提點司銀・合四歲通計・則歲該銀三千八百兩有奇・然名雖均敷・而品官全免・貢士半免・豪猾苟免・其銀數自若也・故郡胥始羡其數責辦于縣・縣胥益羡其數責辦于里正・里正趣斂民以奉官而痛始極矣・作法于涼・其弊猶貪・寧不信耶・於戲・唐自楊炎變租庸調爲兩稅・留州送使上供・皆在其中・當時人已病之・我雄民既輸兩稅・又加上供・是民苦於供輸過唐兩稅・無怪田里蕭條・流離相屬・

三山黃公始以惠倅來牧我邦・既而易節守倉臺・熟知民瘼・嘗曰彌盜莫先安民・安民莫先薄斂・矧雄爲郡・接壤江西・峒酋矯處・民不聊生・于是約已捐俸・代民輸上供者四年・然猶慮銀賦如一身之疾也・標卽暫除・本則未去・終爲吾民患苦・于是飛剡上聞・每歲于本司發鹽以百餘籮・付本郡貿易・以漕臺本貲・湊之市銀起發・永爲官民兩利・皇上英明仁恕・嘉其愛民・以厚國本・有詔報可・榜揭通衢・歡聲雷動・負于塗・耕于野者・欣欣相告曰・我公天地・惠我無疆・保我子孫也・吾無得而稱焉・一日・郡民吳汝梅貢士李劉首倡創公生祠于梅山雲封寺西・十團之民・響應子來・涓吉經始・逾月畢工・復大和會屬竦爲記・竊謂是舉也・百年之患自公而除・萬世之利・自公而興・眞誼交孚・仁聲淪洽・雄民口有碑・心有銘・是祠也・父老蓋欲飲食祀之・後人社而稷之矣・

劉　宗　東莞人・以賦中鄉舉・淳祐三年特奏進士・官封川司法秩迪功郎・宋亡與從弟玉退隱員山・互相唱和・著有塤篪偶詠・阮志著錄已佚・

張母劉安人墓碑

淳祐辛亥十一月二十日戊申・前蒼梧司法曲江張君之夫人・彭城劉氏終於廣之東莞・壽六十有六・寶祐丙辰十二月初三日庚申・葬於黃公嶺新村坤山艮向之原・實禮部正奏名黃石相之・其子光濟擗踊而囑予曰・孤之母・子之姑也・

生不及養祿之榮·死當盡孝葬之禮·然長於劉·歸於張·皆子之所知聞者·願以爲誌·嗚呼·衰門薄祚·吉人其萎·吾父之黨其已乎·遂重其事·而承命書夫人之懿於茲石·夫人名伯盛·祖武節大夫團練使·貫濮州雷澤縣·靖康兵火·擁六世遷金陵·迤邐因家於此·夫人其女孫也·生於淳熙丙午二月十八日·早有淑德·識見逮男子·嘗與姊妹析財·推多取少·悉無所較·旣筓·叔祖命之曰·汝性簡淡·不事於飾·吾鄰張氏·深居簡出·居家有條·事舅姑如父母·先姑丈允廸字德明·早蜚聲於壁水·時南宋鮮有登天子之廷·先姑丈踵菊坡後·程文滿方冊·與中州豪傑齊驅·一日·歸自京·夫人有不悅色·問之曰·夫子名未遂·宜決意以遂若志·家事非夫子所慮·學二十餘年·往來貲程·夫人悉筆之·累數至萬·需輒應·無難色·癸巳先姑丈蒼梧法司未及祿而卒·夫人撫諸孤·剔燈課書·寒暑不輟·勤儉治家·銖積寸累·衣不文彩·食不重味·惟周急不繼富·晚年買屋創義齋·割田施寺觀·積而能散·鄉閭義之·

夫人生三子·俱以邊賞陼右選·長斗文江東漕元兩征·所至以廉能稱·當路交剡焉·次翼文調沅江征·亦領漕貢赴禮部·卒於廬陵·季光濟間關數千里扶護而歸·委官不出·侍夫人而勵先業·兩與漕貢·男孫七人·師道師德元慶元吉登辰迓衡一龍·曾孫八人·惟寅寶大方穀希性孺子昌武昌平伯良·孫支詵詵·繩繩來未艾·叔祖謂積善家必興·信不誣也·安人其得所託也夫·謹書於貞石以垂不朽·宋特奏廸功郎封州司法姪劉宗謹誌·（按碑文所稱黃石考·張所稱黃石考張二果志選舉表石·淳祐十二年鄉貢·開慶元年周震炎榜第五甲進士·迪功部碑作於寶祐丙辰·時石未成進士·故稱特奏·名邑志無石傳·然新會厓門石刻有寶安黃石來五宗·石舉進士去宋亡僅二十二年·其隨祥興至厓門·或宋亡後憑弔至此·俱未可知·亦遺民也·秋曉樓有和黃秋韻詩·秋不詳何人·豈卽石字耶）·

區仕衡

字邦銓·南海人·（今析置順德）淳祐鄉貢入太學爲上舍生·景定中上書論賈似道誤國·不報·德祐二年·端宗幸閩廣·仕衡陳恢復策·亦不見用·歸講學九峰書院·學者稱九峰先生·著有九峰集三卷·理學簡言一卷

按九峰集今列粵十三家理學簡言·見嶺南遺書·皆南海伍氏刊本·阮志不載·九峰集理學簡言亦注未見·兩書爲黃石谿明經藏本·晚始出也·

論奸臣誤國疏

臣謂國家大事·行之者宰相·言之者諫官御史也·宰相奸回誤國·臺諫言旣不用·則不得其職當去矣·臣昔見丞相鄭淸之·倚藩邸之舊·邀邊境之功·抗議用兵·損辱國體·河洛困匱·遠近騷騷·獵奪相權·專持國柄·履畝害民·貪財納賄·輦轂之下·實狀可稽·合臺上章·陛下曲念舊臣·諭留供職簽書樞密院·李鳴復與史寅午彭大雅內外交結·牢不可破·其時臺諫已不得其職·但亦逡巡不自引去·陛下尙謂朝廷之上·正人猶在·正論猶存耶·端平更化以來·天下拭目方望太平·不知天未欲四海治安耶·陛下何以又復任丞相史嵩之而使李鳴復參知政事也·鳴復邪諂小人·有同妾婦·在列共事·多燭其奸·惟史嵩之陰險未形·殘鷙稍見·脅持自肆·而士夫之善類不容·和議是圖·而軍國之重謀不講·

蠱惑蒙蔽・罔上欺君・紀綱陵夷・境土日蹙・誤國之罪・摘髮莫數・人主之於國事・首在論相・如史嵩之者・可使一日居密勿之地乎・臣又聞今都城遠鎮・惟在保障江淮・邗溝漣水・西通襄漢・屯戍重兵以護江北・權相謀帥非其人・兵士一時解體・此憂非細也・郢襄蘄郢已失・則江陵危・荊西不守・則長江之險不足恃・且巴蜀狼狽・成都孤危・夔門未必可保・井稅既無所歛・軍饟又不易通・所以固兵士之心者・未知何策・嵩之足以運籌帷幄決勝千里否耶・願陛下以祖宗之基業爲重・以軍國之謀猷爲急，早罷史嵩之李鳴復等・別擇文武壯猷之臣任之・使宰相策畫將守・使臺諫秉持正論・陛下日思安危・權自中出・則鴻業可保・中興可圖矣・臣本草茅・蒙被敎養・目覩柄國之非人・私憤奸臣之據位・非敢效鷹鸇之擊・誠少竭犬馬之忠・惟陛下裁察・

奏宰臣矯詔行私朋奸害正疏

竊見右丞相賈似道專權秉政・中外朋奸・道路以目・紀綱亂而不能正・法度頹而不能舉・善否淆而不能辨・議論襍而不能持・內治廢而不能脩・外寇廹而不能禦・日惟知蒙蔽陛下之聰明・搆陷陛下之忠哲・引用邪黨・主張國是・大小臣僚・稍異己者擊去殆盡・而小人之無耻者爲其指使・必欲賢人君子引類而去・使陛下孤立于上・此何心也・

昨議行公田・彗星卽見・天之示戒明矣・若非罷公田以還民・免浙西之經界・天下騷然・可望太平耶・今先帝宮車晏駕・四海臣民方擧首企竢新政・似道乃敢於矯詔廢十七界會子・而行關子・以楮賤作銀・關以一準十八界會之三・物價踊・楮益賤・關子之不便於民・匪但川蜀荊襄爲然・吳越閩廣俱不便也・陛下宅哀未發綸音・似道首卽矯詔・悖逆不道・莫斯爲甚・陛下宜赫然震怒・罷逐似道・以爲人臣擅專之戒・臣又聞何夢然孫附鳳桂錫孫劉應龍羽翼鉅奸・結爲死黨・承順風旨・排逐善類・臺臣諫官前後上章・彈糾已非一人・先帝優涵以至今日・陛下嗣登大位・正宜咨詢故老・廣集忠益・羣奸害正・亟屛逐之・嘉言入告・必虛心容納而酌其時宜・警報日聞・必委督將臣而策其防守・雖國事方殷・疆圉孔棘・天下事尙可爲也・陛下苟以似道爲可獨任・使宰臣葉夢鼎馬廷鸞不容效其協恭之謀・武臣趙葵孟珙不容竭其修攘之力・鎮戍苦於轉移・兵士苦於策應・荊湘苦於打算・江淮苦於抽丁・行都人心・輒已動搖矣・關子之行・縱不爲初政之累・而獨矯詔擅行・羣奸附和・陛下誠不可不察也・臣席藁待命・取進止・

上陳丞相宜中書

景泰以來・北兵自大理至廣・劉帥逆戰於道・捷音上馳・吾廣州郡鄕兵操練待戰・嶺外無不思保障城池者・德祐初・鄂州始破・帥臣開府督戰・自孫虎臣丁家洲敗・駕走海上・誰爲策耶・然皋亭遁避・聞江淮兵尙有一萬・諸路兵尙有二十萬・正軍尙有十七萬・溫州非用武地・勢不得不航海・福州非駐足地・勢不得不入廣・上初卽位・丞相首登台席文右揆張少保・陸樞府・蘇殿帥・義聞壯猷・非江左夷吾・可驂車乘・况黃摧鋒・趙制使・兵有紀律・所向無前・吳李諸毛四將軍・分道而出・樓船飛集海上・丞相賈勇決戰・先護六

飛·據廣爲行在·一軍爲前鋒·四軍爲左右翼·兩軍爲游兵，一軍向浙·一軍向閩·皆由海往·一軍由湞江向嶺北，一軍由湘灕備楚蜀·北兵雖强悍·遠來野戰·行無宿糧，驅無休息·絕海風濤·非大漠之熟途·粘天帆柂·非鐵馬之長技·咸食濕蒸·半多嘔泄·春夏漸迫·不能耐暑·吾之水軍蜑子慣習鯨波·足以敵之海上·萬一散而棓歸諸港口哨舟·且守且戰·彼久必潰·我得養銳·勤王之兵四集·事尙可爲·惟丞相決策而已·

糾集鄉兵書

北兵廹臨安方甚銳·蓋德祐已播越航海行矣·聞其時林琦結集忠義於赭山·劉章收召散亡於洞源開府·轉戰禦敵·遠近最得其力·二王南來·嶺海蒙塵·氈裘之衆雖悍·然舟檝非其鏖戰所便也·吾郡不守·鄉村皆奔亡四散·大非長策·昨石門之前驅·急已據險·非摧鋒將·水軍將之失算·亦以應援不至耳·東鼓之鼓噪義勇·則熊飛也·新會之統帥鄉兵則曾長官也·甲子門日望勤王·制置使與忠勇軍聲息不堪聞矣·諸鄉村煙火相接·艨衝稍集·請同心糾結·總之不下萬人·各鄉推一人爲兵長·無事則分行伍·日嚴操練以保障自衛·有警·則艨衝皆出爲都邑聲援·張待制凌都統拜疏行官誓圖興復·吾各鄉兵長·請俱受其節制，庶有所統·以抗北兵·卽北兵併力速至·各村舉烽·一時皆出·且戰且守·夷氛縱惡·宋運未終·今日之舉·吾人忠義士也·某不度德·不量力·輒捐家資積穀數千石·吾鄉得兵八百餘矣·以其暇修柵砦·鑄軍器·艨衝尙可二十·更多置游船爲分哨·用烽臺則在靑螺障錄有兵冊·星火馳報·願協謀糾率·餘如約·

書王汝善所藏詩卷後

浙東王汝善與大梁江子我閩中趙康夫倡和甚著，吾韶陽鄧子復又從而和之·顧多刺世語·危行言遜·今何時耶·諸君且自埋名·夫士固有顯聞於一時·而汩沒於後世者矣·然豈能終泯泯乎·汝善此卷於嚴霜大雪時酌大白·舞長劍·曼聲謳之·使可馭風騎氣也·

說離送趙睢翁鄒鳳叔

夫人心蘊性命道德·學通天地古今·用達禮樂刑政·澤及鳥獸草木·吾分內事也·必伊尹之遇湯·傅說之遇高宗·周召之遇武王·不然·必張子房之遇漢高·諸葛孔明之遇蜀先主庶有濟耳·然時豈易遇耶·予友趙睢翁鄒鳳叔俱慷慨自許·欲樹勳名·每見其封事·攄忠赤·切事實·無一非簞食豆羹之可餐而不餒·笥裳篚繻之可衣而不寒·使其假風雲之便·投魚水之歡·有所遇也·詎可量哉·今日予南還·睢翁亦返縉雲·鳳叔亦返永豐·執袂湧金門外·回首中原·何由逢伊傅周召張葛時乎·嗟夫·紀之鄜·鄭之瓚·吳越之劍·二君自愛·卽櫝之閟之·不必於光芒燭天·離矣·二君·遡矣·二君·其往俟之·南海·東海之濱也·

送窮文

戊午之冬·歲除之夕·區子束葦爲舟·刻木爲楫·具糗糒薪芻器皿·揖窮鬼於庭而遣之·旣而載肉於俎·崇酒於觴·

將送之江之滸．飲食之．乃告之曰．人之有生．富貴貧賤．實稟於天．惟爾五窮．竊造化之命．顓宰物之權．人或値之．緜緜延延．所以使余屯蹇困滯者．皆汝之致然耶．人之有衣．華采絢縟．羔裘豹袪．文錦綉縠．予惟單衣．布或無幅．誰其尸之．致此窮蹙．人之於食．日費萬錢．烹鳳炙龍．醉醲飽鮮．予惟阻饑．曲突無烟．困厄至此．是誰之愆．他人之居．潭潭其府．左青右黃．雕牆峻宇．予獨無家．顚連逆旅．甕牖桑樞．僅蔽風雨．靜言思之．咎其在汝．他人之稼．五穀穰穰．黍稷穜稑．千倉萬箱．予有薄田．糊口四方．年登而饑．饜此糟糠．誰生厲階．至今爲殃．人之豐財．帑藏充積．明珠文犀．良金翠璧．獨嗇於予．家徒四壁．室如懸磬．儲無儋石．匪汝之尤．曷至此極．凡予遭汝．幾年於茲．去故卽新．此惟其時．聞子之行．行且有期．請於此辭焉．

言未既．窮鬼听然而笑曰．貧賤．聖人所不去也．而子乃惡之乎．富貴．聖人所不處也．而子乃慕之乎．昔在元聖．厄於陳蔡．我惟相之．道垂千載．顏氏庶幾．簞瓢屢絕．我惟輔之．名高十哲．後有昌黎．五窮爲祟．奮爲文章．流傳百世．是三儒者．後世所宗．處困而亨．窮而不窮．子以前五者爲子之咎．則是三者又誰之功與．天之於物．否極泰來．久屯必亨．窮通流坎．匪人所能．吾今其去矣．前之所言．請子擇而行之．於是區子竦然．拂冠振衣．挽窮鬼而留之曰．驅馬兮高車．富且貴兮耀里閭．敝衣兮草廬．貧且賤兮隱居．富貴者驕人兮．富貴有時而衰．貧賤者驕人兮．又焉往而不自如．隱几兮讀書．甘貧之樂兮有餘．吾不知．孔顏氏之徒與．昌黎氏之徒與．

區子美　仕衡子．貢元．自號天由子．有林館集二卷．今不傳．

素馨花賦

夫何一佳人兮．入南漢之後宮．靚新粧之婉婉兮．淡顏色其丰容．奚錫名之特異兮．曰既素而且馨．苟昭質其或虧兮．曷斯名之稱情．既承恩于非望兮．紛獨有此姱節．焚椒蘭而薦芬兮．濯温泉以自潔．

邱墟忽其零落兮．顧原野其青青．裊奇葩以擢秀兮．枝葉孅娜而敷榮．留芳華于寶靨兮．翠蔓鬱于羅裙．比蔓草之虞姬兮．類青冢之昭君．貯萬斛之天香兮．散菲菲其滿室．瑩玉雪之無瑕兮．揚傾城之國色．想英靈之未泯兮．豈以生死而異心．

忍爲人而作春妍兮．期奉君之玉音．儻薰衣而一試兮．猶有曩昔之故態也．誓一白而不濡兮．洗六宮之粉黛也．彼競美于生前兮．香唾碧而成花．睡海棠之未足兮．羌敗國而亡家．覽環燕之遺姿兮．具己成塵土．孰若此花之尙神兮．竟留馨于萬古．嗟何繁列于衆芳兮．獨見遺于簡編．豈托身于非所兮．蔽厥美而無傳．竊獨悲夫此花之不幸兮．猗流落乎人間．

彼冶容而倚市兮．咸妥鬌而堆髻．豈知脩潔之可慕兮．馨香之不可褻也．絢素衣之縞縞兮．恨淄塵之見涅也．嗚呼．故宮廢兮煙樹蒼．疑冢凄兮秋草黃．獨花田兮千載．紛愈久而彌芳．

李志道 字立翁・番禺人・昂英子・寶祐癸丑進士・除京邸教授・明年昂英爲大宗正・引嫌乞外・改浙江僉憲參幹事諸軍事・丁父艱・服闋・補都憲御史・咸淳間爲朝散大夫・廣南東路提點刑獄・節制兵馬兼屯田使・工部侍郎・賈似道專政・屢疏乞歸・端宗航海・元兵日逼・志道糾鄉勇・督戰於潮州・上粟十萬石餉軍・帝重其忠・宋亡・志道大哭・奉先帝木主於家嚮陽堂・率子弟鄉人朝夕哀奠・未幾・憤鬱而卒・

鍾三陽墓誌銘

予友三陽鍾君・以丙午從先君子遊・得與同業・因悉其家世・癸酉卒於故里・未葬・今得吉壤而納竁・詞猶未備・適予致政東歸・令嗣存義扶服詣予・請銘・予奚敢辭・按鍾諱開泰字啓運號三陽・其先世本汴梁人・紹興間・自曾大父永和公・始遷於番禺之三珠岡焉・公性醇謹・有長者風・不妄交一人・亦不毀譽人一語・同業諸公・慕公寬厚・莫不交相引重之・弱冠列諸生・景定二年・以貢起家・授福建莆田令・治有地丁錢糧徭役・民多積逋流亡・公下車・力請上免・困賴以蘇・凡两蒞厥土・去之日・民攀轅臥轍如失父母者・亦想見其政治之淪洽矣・咸淳三年・乞養致仕歸・越七年九月十三日卒・距於嘉定十二年十月初一日生・取孺人南河林氏・少公一歲・十月初六日生・懿行徽音・能佐夫子・黨族稱其可與桓孟相伯仲焉・先公二年四月二十二日卒・舉一子存義・今季冬合葬於南河白花地辛向・嗚呼・余與君交匪朝夕・惟君知余・亦惟余知君・每恨以南北參辰・不得一相聚首・今一旦搦管而爲君誌墓・其能勿泫然而隕涕也乎・吾因之有感矣・方今國步艱難・疆圉孔棘・吾輩求死未遑・未卜死所・而君得乘宋家日月以終・葬於宋土棺槨・殮以宋冠裳・碑碣書以宋官職・其果孰榮孰辱哉・君其生順而沒寧哉・傷心者久之・因爲之銘曰・

君之生兮志從龍・君之沒兮永譽終・造化毓兮神秀鍾・如賓友兮閟幽宮・天祚德兮祿靡窮・貽子孫兮寵命隆・表其墓兮大其封・

陳大震 字希聲・番禺人・寶祐癸丑進士・授博羅主薄・擢長樂令・以寬厚稱・調廣濟・有平盜功・咸淳七年・權知雷州・擢守全州・端宗入廣・召爲吏部侍郎・不就・宋亡・至元中甄錄舊臣・授司農卿・廣東儒學提舉・避貫請閒居・從之・嘗深衣廣袖・自號蘧覺先生・立靈位以待死日・曰・吾可以下見穆陵矣・卒年八十・其權知雷州時・治最有聲・判語數百・人刻之爲蘧翁山判・性愛山水・有附郭亭榭數所・皆樸陋・老不釋卷・爲文典雅・著有陳大震集・阮志注佚・

知魚亭記

寶安陳君澹交作亭于所居之東偏・名知魚・命張生種德俾予爲之記・予辭不敢・又自入郭・袖客賀詩來速・予笑曰・君知魚而不知我何耶・予少也鈍・老也昏・胸錦本無機而況已殘・思泉本無源而況已竭・徒抱魚雅雅耳・椽木而求之不亦難乎・請益堅・乃不敢辭・呻吟枕上・僅得糟粕・所謂淫詞佛說・若游魚啣釣而出重淵之深者良苦・

今夫魚之于池・不過數種・曰魴曰鯉・曰鯽・曰鱸・穿紫荇・吸翠萍・煦露于淸曉・弄影于夕陽・悠悠然・圉圉然・有見之者・曰・吾將爲鈎餌以釣之・吾將操網罟以取之・吾將竭澤而盡之・是知魚之利耳・又有見之者曰・吾將椒酼其魚・可・吾將薑桂以爲臛其魚・可・吾將鹽之以爲鱐麵之以爲鱃其魚・可・是又知魚之味也・皆未知魚之性也・魚之性當

何如．當於活潑處觀．旱麓之詩曰．魚躍于淵．孔子取之．子思以入中庸．程朱諸先生以爲道體之所在．是天理流行發見之妙處．至云心勿忘勿助長．則又有云．恰似禪家青青綠竹．莫匪眞如．粲粲黃花．無非般若之語．今陳君之所謂知者．卽莊子之所謂知．卽中庸所謂察也．抑又有一說．君居寶安．在南溟之濱．進一步高着眼．當見魚之大者．濠梁之樂不足道．任公五十犗所釣者亦不足道也．見其翼如垂天之雲者．當告之曰．莊子不足以知汝．知汝非我其誰也．乃退而告予．當尾君後而觀之．

重建波羅廟記

古者帝王巡狩方岳．不至四海．以四海在要荒之外．不可得而至也．周禮凡將事于四海山川．校人飾黃駒而望祭焉．祭有坎壇．未有祠廟．漢武帝惟登之罘．浮大海欲求仙耳．不在海也．至隋文帝始命於近海立祠．以巫一人知洒掃．多植松柏．南海祀於南海鎭卽今之扶胥鎭．距城八十里者也．唐武德貞觀之制．則嶽鎭海瀆年別一祭．以五郊迎氣之日．祭之各於其所．南海於廣州祠官以都督刺史望．此祠祭之始也．天寶十載．封四海爲王．南海曰廣利．以三月十七日同時備禮．此封爵之始也．惟玆南海神次最貴．元和間敕史孔戣拓舊廟而大之．又得韓愈碑．爲之發揚．祠禮之盛莫盛於此時．至宋康定加洪聖之號．皇祐加昭順．紹興加威顯合爲八字前乎紹興四海同封而異號．及紹興疆土乖離．獨南海耳．自天命歸于皇元．至元十三年．乃入職方氏．神始有會同之喜．二十八年世祖皇帝加以靈孚之號．天使奉宣命馳驛萬里

至廣城．官吏無不肅恪．將致寵光于正祠．聞祠已廢．乃於城西別祠行禮焉．

同知總管府事趙公勝興曰．自隋唐歷宋踰七百年．鎭之祠無不修舉．今廢不治．遺神之羞．夫君所以養民．神所以衞民．君之敬神．正以民故．食君之祿．而不以君之所以敬神者事神．可乎．乃捐俸修之．未備也．二十年．公陞宣慰副使．復修之．苟合矣．已而．被命簽都元帥府事．始得展其力．乃於農隙募材鳩工入執宮功．一木一石之未良．一斧一鑿之未精．必更之使盡善乃已．大門三間．橫二十二丈．翼以兩廡．從三十二丈．正殿巋然．其中．又演兩廡三十二丈至寢殿．崇廣如正殿．明順夫人之所處也．至輿衞翼從．悉有甯宇．又崇館以爲天使弭節之所．雖祝使庖夫所棲．亦皆完好．凡爲屋一百二十五間．歷十餘年而後就．吁．公之勞心殫力而爲是者．何也．或謂公初涖職．平海寇．禱于神．神克相之．故契契於是．又以上恩久任．獲與斯民相安．民亦知有上命．子來經營．乃克就緒．

大震約居二十年．有田數畝在廟傍．時勞耕者．父老誇侈其事．得大震記之．韓碑在前．何敢穢珠玉側．弟公之功德踰于孔戣．不書則後人何以稽故．不得辭．復有一於此．初亦不能無感．張宣公栻嘗云．川流山峙．是其形也．而人之也何居．氣之流通可以相接也．而宇之也何居．遂疑唐以王爵封神者未然也．及觀家語云．季康子問五帝之名．孔子曰．天有五行．金．木．水．火．土．分時化育以成萬物．其神謂之五帝．然則五行既可爲帝．則四海之爲王又何慊乎．立之祠而設之象．亦靈星之尸之意．幽爲神．明爲人．

是或一理・弁冕端委・亦其爵秩之當然爾・然乎不然・必有能辨之者・元大德七年・歲次癸卯四月・朔旦・承事郎前廣東道儒學提舉陳大震記・

翟龕 字景先・號遯庵・東莞人・景定二年鄉貢・六年再舉都魁・官本邑主簿・宋亡不仕・建聚秀樓・延士講習・元末盜陷邑城・故居無一在者・惟聚秀樓獨存・學者稱遯翁先生・

修東莞學記

東莞縣古晉郡・地大物衆・館多士而教育之・不宜庳且陋・宋淳熙戊申揭陽王中行宰是邑・始遷學址・繼是堂構者踵相接・廟古學左制侔成均・翼翼公牆・殆甲他邑・中更兵火・官舍民廬・蕩爲灰燼・而吾夫子之居・巋然獨存・意金石絲竹有相之道歟・本朝崇儒重道・前代爲有光・凡郡縣廟學廢者畢興・陋者葺・獨吾邑學・歲久屋老・未有出一手新之者・

大德辛丑廉訪分司趙公興祖至邑・擿吏除民瘼・顚岸爲之蘇息・乃十一月朔率僚吏杜毅楊榮張綺拜孔廟・躋公堂・周廊廡・徘徊咨嗟・顧諸生而言曰・茲化本也・奈何蕪穢若是・其何以敦薄俗・吾所職者刑也・古者刑以弼教・教化明・則刑可措矣・且勉勵學校吾事也・其可後・乃飭縣尹彭振庀其事・期以浹旬訖役・遂出材於學・傭匠於官・督工於儒・令下而斧者鋸者・操墁者・丹雘者・奔走先後・如期而工告備焉・

諸生舉酒相慶・以爲數十年不能起之廢・而公一旦新之・公可謂大造於邦人士矣・抑學之建非徒歡士顏而已・蓋將使之漸仁摩義・人人有士君子之行・此公所望於士・而士亦所以自重其身者也・雖然・作而不記・後代何觀・文學椽鄧君元圭以記筆屬予・予不敢辭・於是乎書・大德壬寅夏五月・前東莞縣主薄翟龕記・

李春叟 字子先・號梅外・東莞人・父用潛心理學・世稱竹隱先生・春叟以景定二年舉特奏・提刑楊允恭復以經明行修薦・除肇慶府司理・遷德慶教授・秩滿歸・除軍器大監・辭不就・宋末・有保邑功・邑人德之・肖像於竹隱祠祀焉・所著有論語傳說・詠歸集・

文溪先生集序

天地之精英・人得之以爲文・可以黼黻朝廷・芬芳宇宙・存乎中・中必有浩然獨立乎萬物之表者・此天地之正氣也・故論人之文・當先觀其人之所養・先生昭代偉人・年弱冠以雄文魁天下・追風絕塵之資・刷燕抹越・其進也孰禦・而居官守・當言責・則寧爲國死・寧以言去・身與家不遑恤・何官爵崇庳足計哉・則其所養可知矣・居官多惠政及民・未易縷數・姑以立其大者觀之・初筮汀幕・適有軍變・郡侯束手執・寮屬鼠竄不暇・公從奮身直前・諭以禍福・脫郡侯於虎口・不崇朝而大難立解・後數歲・家食循陽・戍卒倡衆直擣廣城・震撼一道・清獻崔公判鄉郡・選幕下士諭賊・人人相顧股栗・公以廷紳贊閫畫・毅然請行・縋城詣賊壘・言未竟聯事者已血刃頸凝向公・恬不爲動・從容陳義以調伏其心・賊爲逡巡退却・卒斂兵去・城賴以完・探虎穴・料虎頭・設不幸・則男兒死耳・豈全軀保妻子之爲也・眞丈夫哉・

既而入烏府立□□少屈意穹班可以一武至・公方碎首玉

階・與天子爭是非・辨可否・出袖中彈文・對仗斥宰相・借尚方劍斬佞臣・苟利國家・雖鼎鑊不避・一言枘鑿・拂衣徑歸・視軒冕去來太虛一微塵耳・孤忠突兀・凜然與冰雪爭嚴・三學諸生送行詩・有庾嶺梅花淸似玉・一番香要一番寒之句・聞者壯之・剛方正大之氣・蟠鬱胸次泄而爲文・光芒自不可掩・大者中圭瓚・小者鏘佩環・奇峭者如怪石之倚斷崖・淸麗者如明星之烱秋漢・進而立朝・則論奏丹靑・言言藥石・皆足以裨主德・格君心・而深衣獨樂・則嬉笑怒罵・字字箴規・皆足以植民彝・垂世範・蓋忠義以爲之骨・學識以爲之根・故芬郁葩華爛熳宣吐・不自知其爲文也・而文益工・天收其聲・山頽筆絕・遺編散落・浩不可收・僕從先生遊舊矣・賜墻及肩・未覩閫域・方將擬集大成・以俟識者・世運中更・衣冠禍烈・主家十二樓・竟墮昆明劫火中・斯文何辜・例坐此厄・噫・尚忍言哉・

先生有子五人・今中峯獨存・諸孫競爽・追抱往恨・皇皇乎赤水玄珠之求・春叟耄矣・于師門無能爲役・大懼放失・永負夙心・于是勉收燼餘・僅得奏藁雜文一百二十二篇・詩詞一百二十五首・編次成集・命之曰文溪存稿・卷飭而歸之羣玉府・俾登諸梓以壽其傳・嘗鼎一臠・知味者有遺恨焉・雖不恨而不得其全也・猶幸斯文之未盡喪也・杲日行天・照映穹壤・先生之節・卓乎不可尙矣・先生之文・泰華之毫芒耳・所可傳者僅止此・其不可傳者・又孰得而窺其際哉・掩涕濡毫・撫卷長歎・九原不可作・吾誰與歸・先生名昴英・字俊明・宋朝賜之謚曰忠簡・文溪則其自號云・至元三十一年甲午中元節門下李春叟百拜敬書・

慶林寺陳氏捨田記

慶林寺爲祝聖道場所・比邱大衆結香火緣・闍梨鐘響・攝衣升堂・坐喫常住飯・淨洗鉢盂・果腹而去・幾劫修來・受玆供養・我佛弟子能三餐遶肚空心坐佛否・諸佛神通・能以虛空中推轉食輪・化大地作香積廚否・世尊尙爾乞食・何況汝等比邱僧・夏禁足・獨口不可禁・街坊持鉢遶城・市化齋粮・作諸佛供・飢來喫飯・不免口腹累人・非籍十萬檀越・發大願力・這一粒米甚處得來・

靖康塲李公元亨・故昭州恭城縣尉孫也・嘗發大悲心・捐己田百餘畝・入寺供僧・陳大孺・卽李公再世孫婦也・積善好施・未瞑目前・囑其子割先疇以附益之・志未竟・不幸而歿・　厥子羅州李君彥忠遂撥捨田五十畝・歸之寺・以成母志・一門三世・　齊發肯心・同栽善果・如是布施・宜受如是果報・萬口讚嘆・諸佛護念子子孫孫・福德無量・或曰衆生以有欲故貪・貪故吝・惟西之法・以三途六道・欺庸嚇愚・故貪者畏怖・吝者喜捨・予答之曰・世尊有言・滿世界七寶・布施是爲福德性・佛非誑・俗人・迷人・目不見如來耳・李君奉母命增種福田・蓋自孝念中來・亦豈受誑誘求利益者・然施心不可無・亦不可有・無則貪着・有則住相・佛法所謂不住相・布施利益・一切衆生功德・不可思議・如是我聞・悟向上義・爲叢林大衆下一轉語同施羅州居士・居士合掌點頭曰・善哉善哉・請書之以勸來者・（按李彥忠卽李佳詳後）

重建經史閣記

邑學有經史閣．宋嘉熙己亥歲令尹鈍齊許先生所刱也．先生初仕廣文學掾．甄拔士類爲多．後二十年宰邑．政聲著聞．尤敦尚化本．於是建藏書之閣．使士知講學以進於道．出餘力爲文．皆不失程度．掇儒科者踵相接．蓋道化緒效也．邑士祠於學以無忘公德．距今五十年矣．世運遷革．郡縣受兵．人不賴生．奚暇禮義之治．長編巨帙．蕩爲灰埃．而閣亦以廢．時方右武．簿書期會是急．憲臺分司官按部涖邑．諸生合辭以請曰．是關風化．不可缺．願邀惠於有司．以相斯役．既得請．乃督吏徵宿逋．得鏹約二百緡歸之學．市材計傭．衆議落落．相視有難色．校書黎君友龍喟而歎曰．築室道謀．是用弗集．此吾責也．慨然舉公家之費．悉歸公室．退而發私囊出己力．大興工役．棟樑椽瓦．咄嗟取辦．涓吉會衆工．親執策督役．不三月輪奐一新．換墜起廢．引千鈞於一髮．豈易爲力哉．宋淳熙間．學宮隘陋．有割地以遷之於爽塏者．則君之四世祖也．積德蓋有自來．閣者．書之寄．書者．道之寄．閣成．斯文於是得所寄矣．後之有志者．博蒐載籍．得以優游其間．相與討論．服習天地陰陽事物之理．歷代興亡治亂之故．反而求之身心．以爲致知力行地．使往聖絕學．炳然不墜．舊典在而魯安．遺書出而漢盛．斯道之寄．閣之存弗存．而關於人國者大矣．

或曰行不宜於古．文不售於時．士乎士乎．侈袂方屨．閭閻秩秩．高閣之東．若無所事於書者．然德之不脩．學之不講．道之不明行也．豈爲士之羞．抑世道之憂．春叟束髮執經於鈍齊先生之門．豪被陶冶．期以遠業．不克副．黎君之爲斯役．是能繼先生之志者也．喜而書之．使爲善者勸．斯文之責．庶幾來者有繼焉．

朝議大夫李君墓誌銘

李君肖龍字叔膺．登辛未進士第．初調贛州司戶．改調循州興甯簿尉．攝長樂縣事．除大社司令．居官清白．訟有持貨至者．叱之去．卒以理直．衡文如古康．或持暮金千以私．公曰．吾豈以貨取士哉．若紉汝於法．則損人傷己．吾不忍爲也．亟命左右摽出之．

其爲學本於六經．而九流習伎之書與孫吳兵法．靡不研究．其著書則撰易傳．編五教書．菊坡言行有編．聞見有錄．皆所以植民彝．扶世教．其居鄉無貴賤．悉均禮之．見人有患難．極力拯救．或干以非道．則正色斥絕．其爲政．鋤奸兇．弭盜賊．有大造於良民．君以辛卯歲茹素絕葷食．將終．遊羅浮登飛雲頂．夜坐雲石達旦．黎明下山．感微疾．逮歸．疾劇瀕危．坐夕．呼其子囑之曰．吾生平教汝．其在五教書．至屬纊．家事不問．

君端平乙未七月二十□日午時生．壬辰年四月十五日下世．蓋五十有八歲．以次年十月一日葬于鳳皇岡．附祖考．從治命也．二子狀其行來乞銘．余與君同姓．雅相愛敬．義不得辭．銘曰

處時之艱．爲人所難．身爲砥柱．力障狂瀾．卵翼善類．鋤兇剷頑．乘危履險．身名兩完．功在鄉邑．魂歸九原．國人悲思．生氣如存．

按明張二果志載爲李肖龍龍潭然公舊址詩云・昔聞釋流號自然・棲遲龍潭山之巔・爲隣旱魃赤茲土・謂薪自焚上告天・感得天公沛霖雨・主仁一念周萬宇・人心如此苟不傳・天下誰復爲伊呂・我欲築室祠其下・以愧知己忘物者・勒吾之言石之中・欲雨歌此呼臥龍・注云然公姓郭・慶元府人・顥敏博通三教・宋季侍父宦游至東莞・喜深溪龍潭山水之勝・遂隱居焉・時久旱・然公將自焚以禱雨・　雨應期至・自後遇旱・禱雨輒應・此詩粤詩蒐逸未取・觀此肖龍之抱負可想見・阮通志稱・肖龍性剛急・嘗製漆牌繫於肘爲銘以自戒曰・怒如炎火・焚燎自傷・觸來勿競・事過清涼・其義取常弦變化・性質如是・宜其與春叟相敬愛也・又按廣州人物傳云・肖龍至中爲增江提學時・兵燹後・學宮鞠爲榛莽・增城民鄭聰老者・富而好施・肖龍以義說之・聰老竟讓其宅爲學・黌舍以次而舉・紘誦藹然矣・考增城志傳曰肖龍字叔膺咸湻中舉進士・由興寧簿攝長樂縣事・興學課農・四境晏然・後遷太社令・累官至朝議大夫・入元遂不仕・宋季學校廢闕・肖龍與其甥鄭聰老立私祀祀孔子・邑人因之・彬彬有誦焉・至元中・詔鈎考諸路錢穀・郡邑吏輒破舊例・益田賦・肖龍力辭爭・邑賦得如舊・未幾疾卒・李春叟謂肖龍以孱然一儒生・於艱難反側中・豎鐵脊梁爲狂瀾砥柱・挫折奸盟・撫翼桑梓・雖位不滿其意・權不展其才・然生平大業・亦畧可見矣・據此・肖龍盝立私祀・無祀元興學事・墓誌亦不言其爲提學・疑人物傳誤也・

趙必瑑　字玉淵・號秋曉・系出濮安懿王・家東莞・登咸淳元年進士・官至南安軍南康縣丞・謝病歸・文璧守惠州・辟爲郡從事・景炎二年・文天祥復惠州・必瑑往謁・辟朝散郎簽書惠州軍事・五坡嶺之敗・天祥被執・必瑑察璧無堅守意・遁歸・宋亡・隱邑之温塘村・自署所居曰・詩人只宜住茅屋・天下未嘗無菜羹・所著覆瓿集今刻粤十三家集中・

與惠守賈菊巖書

某嘗讀惠陽郡乘・　歷攷賢牧如文惠儲宰輔之望・　虞部揭民俗之表・北山爲道學之宗・蔽芾甘棠・勿翦勿伐・去今幾載・民猶懷之・落落晨星・斯人幾見・仰惟某官・學問海涵而川亘・襟懷日霽而霜明・操尙冰清而玉潔・駕航宦海・高張錦帆・郁郁香名・播滿淮甸・湖山風月・猶憶主人・進武雲霄・待詔金馬・公家故事也・聖天子嘉惠遠氓・屈眞刺史而辱臨之・斂此大惠・施於一方・撫字初心・不出平易・地方千里・滲漉仁人君子之澤・閭巷之歌曰・昔有三賢・今有賈父・明月琴鶴・春風襦袴・異時事業・當不在文惠諸公下・某敢引半閑堂一段佳話・爲同姓頌言之・

送瀛洲學士圖與縣齋

聞瀛洲學士・極一代清選・閻立本繪之・盛傳後世・以爲清畫・此本雖畫工筆・然亦有塵外意思・着之樵夫牧子家・似有未安・敢薦之琴堂之左右・惟執事其進之・則房杜諸公・有所依矣・雖然房杜諸公・爲唐名臣・彬彬相望・史冊固無可議・其間如許敬宗雖有才名・如立后求助・威勢熾灼・何可逃秉史筆者之深文・三宰嘯凶・牝雞奪晨・與義府遊藝齒則可・其可齒房杜諸公間哉・惜夫丹青宰相・能繪其形・不能繪其心・執事以爲何如・持端州硯以獻・倩侍姬捧進・請執事贊一辭・

回長官送玉面貍

困倚吟窗・東風吹妙墨墮几案間・知青州從事與奇章季貍・同訪梅下・揖而進之・元端貂裘・儼如玉面郎狀・以之

侍平園・嬉樽俎則可・囚之措大之家・又安能飾茵以栖之・給鱗以茹之・他日當持倩牛刀一割・封爲糟邱君・進之竹裏行春之庖・相與商略一醉・庶免東坡老子訟寃著也・

查目有祭父墓文一篇・今缺・

答宋矩窗侍郎書

某少也交游・能幾番別・而客鬢俱成絲矣・君鵬我鷃・蓬蒿之間・安知有所謂摶扶搖九萬里者哉・月初得梅南訊・知騎鶴重來・訪青雲故人於萬梅香外・山深雁絕・欲一牋敘契濶未能也・高誼薄雲・敦篤交舊・厘厘渠渠・不遠數舍而先之書・開緘如面・一洗十年鬱結之思・山林面目・少入城市・回首載酒西湖・園棋崧驛・如隔世事・雲萍踪跡・誰謂二十年復聚首於天之涯海之角哉・明當泛舟剡溪・不待雪後訪安道也・寵喻亡舍人相訪昭刃不鄙夷夷之盛心・聞此兄有貴者之容・進之琴堂之左右矣・百里春風盎盎・某民也何所容其刀卞云・

尊旆旦夕又出嶺・道途亦勞苦・況嶺海崎嶇・人情崎嶮・何爲往來如是之怱怱・況維山相公翹館天開・藥籠之參苓・公門之桃李紛如也・吾矩窗先生獨不能賦連雲大厦之詩乎・率易一介奉楮君問起居・並謝不敏・喜極不覺其喋喋・惟高明亮之・相望一葦・遡風不勝惓惓・

答趙鶩湖良隋

某於先生姓同寅同・而臭味又同・其相與也・一以眞實・世俗浮花浪蕊語悉芟去・非於門牆乎畧・高明諒之・某芙蓉江邊・剪袂黯然・歸侍傍郎同文溪過羅浮・上下追逐者兩載・奈何黃埃漲天・海鯨鯢而陸豺狼・山林之密・一身無所容・天地之大・一物不能外・干戈餘骸・顧影自厭・況尚平之債滿前・離亂中起・於一二淑後・未知其所以爲策・

昨承賜翰・如對玉立・十年塵夢・陡爾喚醒・喜極而不覺屐齒之折・前此司簿在邑・蓋嘗詢台纏次舍・知其居與潭對・霞飛雲溢・謂吾宗長雅得某水某邱之樂・豈謂猶屑屑坐廣文氈邪・山深雁杳・未能奉一牋問起居・高誼薄雲・敦篤寅好・勤勤渠渠・專走一介賜之書・而惠之餽焉・盛德固有光矣・如瑣瑣者孱弗能當何・寵教佳章・備悉近況・然魚相與處於陸・呴以濕・濡以沫・安得如相忘江湖時哉・執筆及此・旅思淒然・凌江風景蕭條・歲晚江空何以爲懷・霞佩尙留穗石城・去邑一葦・雪夜之舟・或肯訪戴山中度歲・相與叫笑・況亦不惡・未審高明以爲何如・

答陳淸谿書 廣州教諭

某惟執事提椽筆魁蘭宮・文名滿四方・韋布口中・瓣香青雲・湯谷蒙汜七千四百晦明矣・瓊林瑤樹・尙寒此眼・廣爲瀕海郡・執事不鄙夷其荒遠・鳴木鐸而時雨之・續文脈於一線・扶吾道而千鈞・蓋河汾之講德問業・正觀太平之卿相・實胚胎焉・或者造物有所擬矣・

某荷鋤山中・面塵三寸・念欲晋拜百尺樓下・恐不滿元龍一笑・湖海襟期・屏去勢兮・勤勤渠渠・垂謙德之光而先之書・山林么賤・何以獲此於當世第一流人・感激盛心・永矢無斁・謹沐手奉墨卿詣門墻・謝不敏・倘台慈憐其臭味之同

而赦其慢・則徼福假寵・斯文之好・實昉自今・樽酒細論・未龜何日・龍門咫尺・遡風不勝依依・

答文文溪書　時以秘撰都承分憲重守惠陽

聞世俗以竿牘長語謂之敬・頻書數訊謂之情・先生建臺兩月矣而莫之書・書於兩月之後・而率其辭・不敬不情甚矣・先生儻求之世俗之外・而不責之以世俗之禮・則庶乎免戾于門牆・

某丙子之夏・奔走鈴齋下塵拾則一月・辱所以眷存盼睞者・不啻如子姪・然白雲關心・遽理歸棹・淒其短翼・貼地低飛・欲攀附垂天之雲・翱翔九萬里外・則不能也・風濤洶湧・躄躄靡寧・轉瞬三秋風矣・中間嘗豇一牋干溷記室・未必不爲殷洪喬所棄擲去・夏舍弟下富山附起居狀・時則瓊裾玉佩已歸紫蓬・殷浩空函・持歸覆瓿・千里咫尺・瓣香拳拳・泰階六符・耿映在目云云・

某夏中臥病・聞建臺舊治・喜極而病爲之愈・方欲拏舟參賀・忽拜使帖・不棄遺簪墮履之盛心・何物么賤・乃欲記之齒牙・敢不思所以報知遇・禰使令除・已具公狀供申・即容日下躬詣使臺・公參憂患之餘言・不能文・惟高明亮之・

干倉官借米

某僭有粟廩・誦家貧食粥之詩多矣・取糴於市・升斗不足以醫菜色・盧仝干人之詩・魯公乞米之帖・屢欲屬而屢閣筆者・以無指廩故人也・告之慈親・慈親笑曰・所幸未有啼饑之妻・哭飯籮之孩兒耳・汝倖獨不足以養親乎・汝倖獨不可以預借乎・用敢乞憐于下執・儻蒙推猶饑之念而特賜借支・則一飯實拜君賜・爨烟纔起・皆報德之心香也・兄毋曰・劣弟非食煙火者・

薦僧子謁外邑

某平生不作薦人書・況於清嚴・何敢干棨卿・僧住般若者・一見頗與常衲殊・且言善政・欲得披覩・不過欲得琴堂下接之榮・而終始之以雲天之巨庇・若夫干聒政事・覬覦縣帑・則非此僧之心・亦非某拜書之意・某塵容萬狀・日汨汨於獄訟財賦之間・思欲如畫簾花影之閑・則仙凡隔矣・議舍草草拜字・仰干鏡融・

祭趙北山文

嗚呼・兄有馳騁功名之志而無其時・有歸去田園之心而無其機・十年湖海・困危莫醫・瘴雲之巔・鯨海之涯・窮天下之艱苦・極人生之辛悲・猶不爲造物見容・遽然一疾而至於斯・僕於北山如兄弟・然此別千古・痛哉蒼天・猶記夏初兄弟鄰居・昔之玉立・今也鶴癯・意其藥籠之參苓・可以壽餘生而制頹齡・奈日羸於一日・龜於己而不靈・臨訣欷歔・哽咽語余・死生數耳・累以妻孥・古有託妻子於其友・吾特患吾力之無餘・經營後事・一如囑書・衾不覆首・衣不蔽軀・所可憐者・三歲之孤・回首白雲・萬里邱狐・嗟夫・僕既不能爲申屠蟠護喪歸里之行・又不能爲范雲移喪歸家之舉・欲

安厥靈・權殯淺土・今生以來・費敢不助・瓣香束芻・老淚如雨・兄如有知・實聞斯語・

吳桂發 南海人・咸淳乙丑二甲進士・嘉議大夫・道州路同知・

何恕堂先生墓誌銘

公諱起龍・字君澤・出晉侍御公之後・乃宋承務郎府判德明公之冢子也・天資純粹・謹厚端凝・早能博綜羣籍・經史百家・靡不研究・尤長於春秋・登宋淳祐庚戌方榜進士第・時二十四歲也・初筮仕鬱林州司戶參軍・修職郎・以便養親・調肇慶府司理寃獄・多所平反・有方氏籍再造恩者・命子爲僧・誦經以報公焉・再授南容州判・用薦於朝・監省倉・行在所加朝散大夫・太常寺卿・扁其堂曰恕堂・學者咸稱之曰恕堂先生云・

初娶陳氏・陪葬於握山四世祖墓之右・再娶鄭氏・葬於□□日岡・繼娶林氏・俱誥封宜人・林氏生二子・長應甲・字汝楫・由鄉貢歷任廣州德慶二郡教授・次應元・字汝善・公生於寶慶二年九月□日・終於咸淳八年十月二十四日・享年四十有七・與宜人林氏合葬於木里嶋巖山辛向兼辰戌之原・銘曰・

哲人挺出・崛起科名・羽儀宋室・爲國之楨・青蘿埋玉・雙葬晶瑩・廻環曲水・旋繞佳城・松楸聳翠・蓄氣敷榮・子子孫孫・奕世簪纓・

陳庚 字南金・號月橋・東莞人・咸淳三年鄉貢・與趙必瑑交善・必瑑卒・庚爲詩哭之・有湖海襟期別・風濤患難同之句・

竹隱梅外二先生祠堂記

庚戌春仲・丁邑博士率諸生有事於竹隱祠・李氏子弟咸與籩豆卒事・孫同文進而言曰・吾大父竹隱祠・廣東憲劉叔子・剏於宋咸淳己巳・逮至元丁丑・邑人復繪先人梅外像於祠・歲月寖遠・祠未有記・願以爲請・庚常執經梅外先生門・獲拜竹隱翁牀下・知之悉・不得辭・竹隱不事科舉・以經學誨生徒・魯論解一書・遡洙泗之源・明伊洛之旨・訓詁明白・便於講誦・文溪李公昴英進其書於朝・賜校書郎・先生曰・著書豈爲干祿計哉・不受而歸・安貧樂道・視軒冕如敝屣・廣憲祠之・尊其道也・

梅外少負場屋・聲挾春秋巨筆・與湖海俊英爭・同經之士・如趙格庵盧梅波諸公・皆託文字間・嶺表後進・得子厚指教法度者・試藝有司・如羿審彀・百不失一・然皆先生之餘也・詠歸一篇・道義精微・取晦庵平昔用工・字字皆在秤上稱來底・摘其玄要者・而爲詩以成先志・韋氏一經之美・炳炳一門矣・惜夫河汾之道・値於季世・將敗者不得用・將興者不得振・天兵南下・所至不嗜殺・惟吾廣爲昭王膠舟之地・重兵至於城・將涉吾邑・人心洶洶・先生扁舟造麾下・掉三寸舌・活百里數萬之衆・且一時羣雄・探丸斫吏・斬關發篋・騷然無寧日・獨以先生不忍犯・故善類趨之如歸市・

倚之如長城・垂一髮於九淵欲墜之時・屹大厦於風雨震凌之際・邑人祠之・感其功也・

嗟夫・梅外之於竹隱不同者時也・其道未嘗不同也・孟子曰・禹稷顏回同道・道同矣・祀之同・疇不曰宜・禮・祀先聖先師畢・釋奠於先老・成均之法・合國子弟擇有道德者使教焉・歿則祭於瞽宗・二公以道德著於一邑・是祠也・其古者先老瞽宗之意歟・晦庵先生・徽人也・祠於徽之勉學齋・黃公作記以惠徽士曰・思其人不若尊其道・慕其迹不若師其心・吾黨生二公之鄉・風聲話言・耳接目擊・思其人・慕其迹者多矣・抑亦能心二公之心而道其道否乎・勗哉・

祭趙秋曉文

嗚呼閔山幾千仞兮摩蒼蒼・閩江幾千尺兮流湯湯・鳩扶輿之清淑兮・陶英鑄良・魁人碩士之挺出兮・背項相望・公孕秀其間兮・佩飛霞而頡頏・抱胸中之耿耿兮・蚤搜奇攬勝於遐荒・南士爭光快覩兮景星鳳凰・負湖海之豪氣兮・直臥餘于下牀・賦飄飄而淩雲兮・前無班揚・持寸鐵而横行兮・眇萬鵠之詞場・年弱冠兮・摘一第於太常・睨蟾宮其濶步兮・踵郎罷而翺翔・軓方發兮駕飛黃・硎新露兮試干將・青雲方開兮奈白日沒而無光・倦鼇簸海而涸兮膠龍驤・萬斛於坳堂珩璜至寶兮横道傍・青衫白首兮困一邦・萬牛回首而莫挽兮・卒歸根復命於水窮天盡之鄉・

嗚呼鈞天寥寥兮・滄海洋洋・柄生死晝夜而贏縮兮・孰居無事而主張・何嘗而凶頑兮・折而剛方・何皎皎者奪兮而癡者藏・嗚呼・公之丰標兮頎而長・公之膽氣兮慨而慷・手植吾道之赤幟兮鐵作脊梁・面折朋友之過兮心無太行・公歸然一靈光兮・今復淪胥以亡・渺世路其風濤兮・舍公孰航・嗚呼・公屈青雲之武步兮・下追濁世之粃糠・倚松栢而干青雲兮・僕女蘿之不自量・始接僕以交好兮・不謂僕爲愚且狂・復締僕以姻連兮・俾永以爲好而勿忘・從公於盤兮謂終吾生以徜徉・忽倚枕而呼我以訣兮・何遺音之琅琅・不鄙謂余亦託以殷勤兮・顧余力之甚涼・苟可盡綿薄之所至兮・敢負公於重泉之茫茫・矢心以辭兮侑我觴・公不少留兮我涕滂・

陳紀　字景元・號淡交・庚之弟・東莞人・咸淳九年鄉貢・宋亡與庚皆不仕・著有越裴吟稿・阮志著錄注未見・

故宋朝散郎簽書惠州軍事判官兼知錄事秋曉趙公行狀

公諱必瑑・字玉淵・濮安懿王之世也・王四世孫少保不罣觀察福建・因家於閩・是爲公高祖・少保生善踐・咸寧郡王・贈少師・季日善企武節大夫南宗正司檢察・主管台州崇道觀・是爲曾祖・檢察生汝拾廣東監幹・監幹生崇謟・修職郎・南安軍司戶參軍・司戶生公・初司戶侍監幹公官于廣至東莞家焉・公生於淳祐乙巳・比南來・年甫志學・人見其眉宇俊秀・言論機警・不問而知其爲王孫公子也・性穎悟・讀書輒通解・工詞賦・咸淳乙丑侍司戶同試南宮・父子聯名登高科・時公年纔弱冠也・鄉閭族屬以爲榮・司戶曰吾父子挈挈南來・而忝竊若此・今俱祿食・是取贏於造物也・吾懼焉・吾將隱矣・乃結屋邑之柵口居焉・插柳藝蘭・角巾逍遙・同俗諧世・日狎漁翁釣叟・目送風帆鷗鳥以自樂・

公初筮授從政郎・任肇慶府高要縣簿尉・有能聲・太守才之・檄攝四會令・邑有二民忿爭・其一自殘以誣之・被誣者亦自殘互訴于官・前令發擿細微・延禍一鄉・公至曰・彼二民皆輕生・豈可滋蔓良民以長很俗乎・斥二家各收瘞之・鄉民德之・立祠以祝公壽・再仕文林郎南安軍南康縣丞・時司戶公老且病・公乃棄官歸侍・隱居讀書教子・丙子夏邑人熊飛以勤王兵潰歸附・奉呂元帥命・自循下兵招安東廣・爲宋兵所遏・黃世雄梁雄飛亦以招安命自梅嶺下東廣・熊甫至邑・而黃梁二使已入城矣・熊與黃梁交怨・黃梁遣將姚文虎領兵攻飛・飛擊之殲焉・飛欲大治舟師以攻黃梁・時公閑居・念欲爲宗國一吐氣・因以語中飛曰・師出無名・是爲盜也・吾聞宋主舟在海上・將遣趙溍方興制置・安撫東廣不若建宋號・通二使尊宋主・然後舉兵入城・事成則可雄一方・不成亦足以垂不朽・飛深然之・遂擇日返正・署宋旗・改衣冠・舉兵向城・而黃梁亦遁去・遂迎趙方二使入廣・宋主舟駐淺灣・一二年間・宋之爲祥興者・公與有力焉・

嗚呼・士君子建功立事・要其終未必盡如人意・而器識之偉・意氣之雄・固出於餘子萬萬矣・逮飛欲盡括邑人財穀以充軍費・人情洶洶・公請於飛・願以家貲三千緡・米五百石贍軍・乞優邑人之力・飛從之・就委公董其事・公乃第物力之高下而均其輸・鄉井賴以不擾・文丞相開督府于惠・公伏謁轅門・丞相偉公之義・辟公以朝散郎・簽書惠州軍事判官兼知錄事・丞相弟璧爲行朝總領亦屯于惠・尤敬愛公・每事取決焉・代更世是・凄其黍離銅駝之懷・無復仕進意矣・以故官例授將仕郎象州儒學教授・而公山林之意已堅・遂隱居于邑之温塘村・惟以詩酒自娛・仰俯林壑・欣然會心・朋儕二三・更倡迭和・歌笑竟日・將以遺世事而閱餘齡・嘗自題其隱居之室有曰・詩人只合住茅屋・天下未嘗無菜羹・則其所養可知矣・至元甲午冬・忽得痞疾・起居言笑無異平日・但日覺尫羸・友朋問疾・必衣冠對坐・每曰吾此疾决不起・自此訣矣・至屬纊不亂・蓋十二月初七日也・

公以英邁之氣・俊逸之才・弱冠掇巍科・登顯仕而官止監一州・壽不踰五十・豈非命也・公待人無邊幅・處朋友有義氣・義苟當爲・勇往不顧禍之及・財之殫・不計也・知官之不可以久居也・故隱居以求志・當不可以獨專也・故行義以及人・名譽不可以太彰也・故浮沉以從俗・其好飲也・非取其昏酣・蓋以消世慮・其吟詩也・非欲留連光景・蓋以暢幽懷・其憑陵大叫也・非故玩愒光陰・蓋以紓其卓厲不平之氣・公家初以富名・逮公閑居喜士好賓客・日擊鮮爲具・無厭怠意・珍饈豐膳・飪及童僕・江湖之舊識周之・鄉閭之義舉倡之・公老而家貲亦落落矣・晚歲所交如梅水村陳匝峯趙竹澗李梅南張恕齋小山諸人・年長則以父事之・年相若則以兄事之・皆得其歡心・邑有疵政・公必力詆之・以護桑梓・邑大夫舉國以聽・ 登門親蒞水之規者踵相接・ 亦其公心直道・足以信之云耳・有覆瓿集四卷・永嘉林資山資中郭頤堂爲序・引公詩文清逸・樂府風流動盪・得秦晏體・皆已版行・蓋乾坤清氣・鍾爲是人・ 號曰秋曉・ 以況其清宜也・娶肇慶陸氏・增城王氏・皆先公卒・子良麟良驥良駿良豹皆賢而才・以世其家・女適邑士張寶大陳師善・大德丁酉十二月丙申諸孤祔公于黃村之先塋・禮也・良麟泣曰・先君之窆・宰

木拱矣・而平生行事未有狀之者・此不肖孤之罪也・先生知先君爲悉・且雅相敬愛・敢以是請・紀辭不獲・因撫其行事而書之・接於目見者其傳信・而拙於立辭者其事核・此紀論次之意也・隧道有銘・請俟當世之君子・謹狀・

梁起

字起莘・號定山・順德人・咸淳三年鄉薦・累拜中順大夫嶺南招討使・以忤同官解兵柄・及宋帝殞厓山・江南傳其在占城・起率義兵爲書與馬南寶・詞甚懷慨・衆推南寶爲帥・起副之・與制置使黎德以迎駕號召・聚衆二十萬・爲元將王守信所敗・遂易名隱匿・後元詔大赦・求宋遺民・起與謝枋得有舊・當事者薦枋得起亦被薦・與枋得書言舍生取義・千古綱常・今與足下特未知死所耳・枋得不食死・起亦卒不往・久之・海濱盜剽掠居民・里人黎耕叟以起才畧白閫帥・里中父老泣求・起往討平之・閫帥上其功・授賓州路同知・起歎曰・天不祚宋・我反以官爵自汚・何以見吾君於地下乎・力辭不受・自是浪跡江湖・無復人間事・卒年六十

按明黃佐通志馬南寶傳云・招討使黎德梁起莘起兵・爲王守信敗・起莘仕元爲都元帥・攷諸志起名無下一字・據梁氏家譜・起卒後・子祐以至正八年官都元帥・何經撰起傳以子祐贈都元帥・李嗣撰祐傳亦言起不受賓州・何李二人皆去起未遠・見聞自確・黃志蓋以死後推贈之爵移爲生前身受之官・其錯誤無疑・阮通志亦沿黃志之誤・未見何李二傳也・起裔孫廷朔有書始祖定山公宋亡後事・攷證最詳・

與馬南寶書

日者健卒從海上走報・元人張宏範擁重兵自潮陽分軍南北襲擊主上於崖山・我師竭力拒截・四面受敵・勢不能支・二月初六日・陸丞相負上同溺海中・後宮諸臣皆從・今浮屍蔽海・潮水不流・ 吁嗟乎天地古今之變・ 未有至此極者・某聞言酸心絕氣・不覺憮然仆地・恨不手刃强敵・飲其血而啖其肉・以洩臣子之憤耳・今民間傳上在占城・眞否未卜・第聞古人有一成一旅而興師者・矧今天潢宏派・多布中外・謀臣義士・尚伏草茅・或者天地有知・必不忍以帝王萬世之統沒於旦夕・祖宗有靈・必不忍以中州億萬姓之命・陷於腥膻・某雖先解兵權・義不俱生・卽欲隕殘喘於溝中・棄同螻蟻・孰若奮一擊於博浪・雪恥前王・ 嗚呼・ 滿腹之剛腸何伸・六尺之遺孤安在・倒其首而加之足・獸不甘心・服左袵而言侏儒・誰肯屈膝・誓致匪躬之節・必有嚮應之風・某已糾率義兵・期赴麾下・共效死力・唯便早圖・

與謝枋得書

某自少筮仕・畧效微勞・謬典兵權・待罪嶺表・自謂一方甯謐・可寬主上南顧之憂・乃動遇牴牾・厥位不終・天蹙宋祿・屋我皇社・某時飲恨滔天・五內糜潰・欲闔門自焚而不可得・因聞謠傳上尙在占城・竊欲從倡義後・再整江山・奈兵糧不繼・勢寡失援・卒爲敵人敗・淹淹靡骨・豈肯復偷生靦顏當世哉・第念足下晦處建陽・文丞相亦尙在・故閒關忍死・冀圖後功・今數載於茲・文君就戫・而足下亦在老山中・四顧山河・灑淚難徧・與言及之・他日何面見夫差於地下乎・

邇者聞元人徵足下甚急・不佞亦與薦剡・足下將爲田橫客・豫讓哭・抑終有蹈海之逃乎・一死生・齊順逆・足下籌之熟矣・某蒙昧寡識・獨恨不能隨崖山之隕・苟全今日・負罪前王・所賴知某者唯足下・而知足下者亦惟某也・嗟嗟・舍生取義・千古綱常・昔程嬰公孫杵臼皆趙氏門下客・一死於十五年之前・一死於十五年之後・萬世皆不失爲趙氏忠臣・

某今與足下特未知死所耳・

張鎮孫 字鼎卿・番禺人・咸淳辛未進士・廷對第一・其制策有云・帝王之治天下自積一念之仁始・帝王之仁天下自積一念之敬始・為一時傳誦・授秘書省正字・遷校書郎・出判婺州・景炎元年・元兵攻廣州・詔以鎮孫為龍圖待制・廣東制置使・兼經略安撫使・會元右丞塔出會呂師夔合攻廣州・鎮孫力不支・被執以北・至大庾嶺道卒・文天祥作詩悼之・

廷對策

臣對・臣聞帝王之治天下・自積一念之仁始・帝王之仁天下・自積一念之敬始・仁之為道大矣・非敬無以行之・惟無一念而非仁・則有以充其用之大・惟無一念而不敬・則有以極其體之全・故必融乎方寸之微・而後充周乎民物之衆・持守於隱微之地・而後顯行於運用之天・究諸其端・亦在乎積之而已・

嘗觀之天・以一元運行無間容息・元而亨・亨此元也・亨而利・利此元也・利而正・正此元也・正下起元而生理・又續之於無窮・萬物之囿於其間・其生亦無窮也・使天之生理有一息之間斷・則非所謂盛德・萬物之生意・有一毛壅閼・則非所謂大業・日新之謂盛德・惟積・故能日新・富有之謂大業・惟積故能富有・顯仁藏用・夫豈一日二日之故哉・其所積者漸也・故仁者造化生物之心・帝王得之以為心・上天生物之仁・猶以積而成・帝王愛民之仁・豈有不積而成乎・易曰・天行健・君子以自彊不息・天積此健・所以為天・帝王積此不息・所以為帝王・惟帝王之敬與天同運・斯帝王之敬所以與天同流也歟・

臣恭惟皇帝陛下・自天生德・體元長人・臨政願治・八年於茲・固宜薄海內外・無一之不被吾仁矣・猶慮夫澤不下流・治未見效・策臣等於廷・詢實惠以及民・蓋欲充此仁與極其用之大也・臣愚以為充其大用非難・而極其全體為難・謹摭聖問中治生乎積一語・細繹以對・惟陛下幸垂聽焉・

蓋天體物而不遺・仁體事而無不在・禮儀三百・威儀三千・無一之非仁也・是天日明・及爾出王・昊天日旦・反爾游衍・無一之不敬也・惻忍仁之端・積一念之惻隱・則仁不可勝用・博愛仁之事・積一念之博愛・則仁不可終窮・仁不止於公也・積之無不公・則仁在是矣・仁不止於恕也・積之無不恕・則仁莫近焉・由一念之仁積之・皆可極其用之大・夫人之全體・非積其一念之敬未易全也・何者・仁者心德之渾全・莫非天理而亦不能無累於人欲・而敬也者・所以克去人欲・而全其天理也・堯舜性之・固無待於積・而危微精一・猶致謹焉・此堯之欽・舜之恭・所以為聖帝也・湯武身之・則有待於積矣・故不邇聲色・不殖貨利・敬以勝怠・義以勝欲・必致戒焉・此湯之敬躋・武之敬用・所以為令王也・故必有堯舜性之之仁・而後有時雍不犯之仁・必有湯武身之之仁・而後有子惠安民之仁・孰謂積一念之仁・不自積一念之敬始乎・

洪惟國朝以仁立國・蓋自藝祖皇帝陳橋驛一誓・紫雲樓一語・對越天地・遠輩帝王・社稷靈長・終將賴之・此仁之積可謂厚矣・陛下緝熙有暇・嘗諭臣鄰曰・藝祖創業垂統・皆自不嗜殺人一念基之・大哉王言・眞足以知立國之本矣・抑亦藝祖立心之本乎・乘快指麾・終日不樂・且有為天子易

邪之語・戰戰兢兢・如對日星・如警雷霆・積此敬心以立其體・故能積此仁心以達諸用・凡其不嗜殺人一念・皆敬心積而大之也・至我仁宗撫熙洽之運・此仁之積愈深愈厚・范祖禹所謂・愛人卹物之心・上極於天下達於地・內則諸夏・外則夷狄・山川鬼神草木・無不及者・蓋至論也・而仁宗所以積是仁者則有由矣・毓德諸宮・不妄言笑・此一敬也・臨朝端莊・具有聖度・此一敬也・朝夕奉先・未嘗敢怠・此一敬也・至忱所感・以致天應・亦此一敬也・四十二年之間・始終積此敬・故四十二年之間・始終積此仁・體全而用大・非有所積・曷由登茲越我理考・儷美仁宗・臣觀御制仁厚論有以見先帝積仁之大用・又嘗拜觀思無邪毋不敬二銘・有以見先帝積仁之全體・四十二年之積・功深力到・恩厚澤溥・博無窮・施罔極・本一無不敬之心充積之耳・

陛下紹休聖緒・親得心傳・廼月正元旦・慮仁心仁聞隔而不通・則拳拳乎戒貪・虹流瑞旦・暴殄庖廚・實所不忍・則拳拳乎戒殺・卽此一念已足以追配三聖之仁矣・夫賢才所以輔吾仁也・召而未至・求而未獲・仁幾於壅・吏治所以宣吾仁也・訓而未孚・戒而未革・仁幾於閭・牧守非不選也・而厚生之仁未溥・貢獻非不却也・而益下之仁未周・發義廩・蠲田租・而吏或得以梗吾仁・豁積負・捐賦額・而下未得以沾吾仁・豈仁之用未能積而大之耶・毋亦仁之體未能積而全之也・夫仁之用不難積也・積之一日則有一日之仁・積之一歲則有一歲之仁・日復日・歲復歲・積水以成淵・積土以成山・愈浚則愈深・愈培則愈高・何患其用之不大・特患不能積其體之全耳・有一毛慢易之心・則腐此仁之體・有一毛非僻之心・則虧此仁之體・有一毛怠忽間斷之心・則離此仁之體・陛下燕閒蠖濩之中・幽獨得肆之地・亦嘗戒謹不覩・恐懼不聞否乎・亦未嘗勿貳以二・勿參以三否乎・亦嘗在宮如在廟・使民如承祭否乎・孔子告子張以爲仁必先以恭・告樊遲以爲仁必恭敬・至於告顏淵以天下歸仁之目・必曰非禮勿視・非禮勿聽・非禮勿言・非禮勿動・皆主敬之謂也・是雖聖賢講學之要・而帝王行仁之體・實不外此・臣願陛下以先帝毋不敬之心爲心・常有以積其敬・復以先帝仁厚之心爲心・益有以積其仁・而仁之全體大用・上足以續藝祖仁宗一脈相傳之仁・聖問所及・特仁之餘用耳・臣謹昧死上愚對・

臣伏讀聖策曰・厥初顥穹・實生兆民・孰總其羣・乃作之君・孰牖其迷・乃作之師・君之治之・師之敎之・禮樂刑政之由生・與有天下國家者・一是以元元爲命脈・凡議論所講明・政事所設施・罔非爲邦本計・夷攷載籍・率與天並言之・明威視聽・皆自我民・其不可輕者固如此歟・臣有以仰見陛下念天爲民而立居・體天以子民・欲其仁之如天也・神聞乾坤天地之初・屯蒙人物之初・民之初生也・草木榛榛・鹿豕狉狉・不能資之養也・必需之飲食・自其資於養也・爪剛者搏・力强者奪・小者以訟・大者以師・紛然而莫之統一・一有聰明聖智者生乎其間・則天必命之爲億兆之君師・治之而爭奪息・導之而生養遂・敎之而倫理明・此天下所以比而歸於一人・而禮樂刑政所由生也・禮以分其分・樂以宣其情・刑以防其奸・政以齊其俗・皆所以仁之也・故天下國家以民爲命脈・聖人以仁而壽斯民之命脈・一都俞吁咈之間・講明此仁也・一紀綱法度之立・設施仁也・天祐下民・作之

君師．苟不能推廣一念之仁．使斯民斯民咸囿並生之中．甯不有負於君師之初意哉．古昔聖人所以惕然加敬畏之心．而不以下民爲微賤而忽之．敬天命也．

粤稽載籍．言明畏必曰自民．言視聽必曰自民．言天畏棐忱．必曰民情可見．言來紹上帝．必曰畏于民嵒．良以民心之所歸．卽天命之所佑．民祇之可畏．卽天顯之可惠．惟天惠民．惟辟奉天．惠民所以奉天也．惟天生民．惟聰明時乂．時乂所以奉天也．故堯不畏洪水．而畏昏墊之未安．舜不畏烈風雷雨．而畏烝民之未粒．旱非湯之畏．而慄慄之忱．惟恐塗炭之未拯．大風非成王之畏．而祇勤之心．惟恐蠢動之弗甯．惟其敬心．無日而不存．所以仁心無往而不周．而臣願陛下積一念之敬而無或懈弛．則能積一念之仁．而無不治浹矣．

臣伏讀聖策曰．三聖傳心之要．不越乎執中數語．斯蓋萬世君師之大綱領．究其指歸．則曰非后何戴．非衆罔守．然則一中之妙用．同所以爲維持固結之道歟．道之出有原．道之傳有統．前聖後聖．同一揆歟．臣有以仰見陛下慕三聖之傳心．本一道之無間．欲其仁之如古也．臣聞道之本原出天．聖人之心如天也．堯之命舜自執中．戴后非衆罔與守邦．其憂之益深．其言之益切矣．蓋中卽仁之體．而惟精惟一所以全是仁．先儒胡宏曰．中者性之道．仁者心之道．惟仁者惟能盡性．豈有二道哉．堯得是道．故凡釐百工．熙庶績．光四表．和萬邦．無非此仁．舜得是道．故凡徽五典．穆四門．命九官．咨十二牧．無非此仁．禹得是道故凡六府孔修．三事允治．萬世永賴其功．無非此仁．聖人所以維持固結斯民之心．豈它有操制之術哉．仁之感民者無窮．而民之戴其仁者亦無窮書．書之所謂守邦卽易之所謂守位也．道統之傳本無絕續．世變所趨．自有淳漓．統一聖眞．武帝非有志於道之君乎．外施之政．終莫揜其多欲．遠輩堯舜．太宗非悅慕於道之主乎．勸行之功．卒稅駕於末年．此無他．敬心不存．故人欲足以害天理而已．臣願陛下．積一念之敬．使道心不汨於人心．則能積一念之仁．而與堯舜同符矣．

臣伏讀聖策曰．我國家且受天命以奄有九有．列聖代光．紹明大保．人斯無疆．肆我先皇帝．廸畏天顯．懷保小民四十一年．躋敬履仁．用能延洪基緒．式克至于今日．蓋其精神心術之妙．融會於六經之奧要語一書．口傳面命．其示軌範者在是．朕祇遹猷訓．行其所知．臣有以仰見陛下得先帝之心傳．欲天下之仁遂行也．臣竊謂三代以來未有如我宋之仁．藝祖仁之原也．仁宗仁之亨也．我理宗仁之利而正也．青陽開動．品物發生．其元之時乎．迅掃五季衰陋之宇宙．撫摩五季瘡痍之蒸黎．時則有以開運之元．朱明假大．萬有長茂．其亨之時乎．培植豐苗之深根．滋衍蓼蕭之厚澤．時則有以暢天運之亨．至於萬寶告成．庶物就實．是利而正之時也．人知先帝所以博仁之用者．一利澤之心．孰知先帝所以充仁之體者．一正固之心乎．惟純乎敬也．故尙賢則始終尙賢．不以不肖參之．布治則始終布治．不以貪黷累之．生欲其厚．則常存愛仁之心．下欲其益．則常持節用之心．荒政當行．田租當減．則此心無少怠．宿逋當貸．課額當省．則此心常如初．凡其所以持敬者．不特一思無邪．毋不敬之銘而已．四十八箴之首．揭以敬天命．又摭六經之言天．嘗編而圖之日敬天圖・易之跋曰・人君動靜語默・政化云爲・無一非乾・先帝之心卽乾也・書之跋曰・人君深知天命之靡常・如能疾敬厥德・則可以祈天永命・先帝之心卽天也・上帝臨汝・無貳爾心・見於詩之跋・則此心無時不在帝左右・忱之不可揜忱之毋自欺・見於記之跋・則此心無時不閑邪存忱・至於周官之法則・則不徒事文物典章之飾・春秋之災異・則不徒諉列國證應之言・敬之所積如此・其至以其躋敬之心而爲履仁之心・以其廸畏天顯之心・而爲懷保小民之心・仁固自敬中來也・精神心術之妙・上紹三五之傳・密探六經之奧・而要語一書・所以口傳面命於陛下者・眞堯舜禹之相授受也・陛下忱能端居而念・澡心以思・玩味以紬繹・則知書之堯典曰欽・易乾曰忱・詩之蔽曰思無邪・記之首曰毋不敬・周禮之列名度數非繁文・春秋之筆削褒貶非紀事・其旨所在・蓋與敬天圖跋・同一關鍵・臣願陛下於此而行其所知・則敬虛文而仁皆實惠矣・

臣伏讀聖策曰・召故老・求實才・以尙賢也・然召能至・求未盡獲・何以致信順之助・臣有以仰見陛下慮仁之不能徧愛・而急親賢之務也・臣聞烏鳶之巢不毀・而後鳳凰至・嗚犢之賢不見用・則仲尼臨河而返・賢者之去就□□所覘也・陛下自踐祚以來・弓旌四出・葑菲不遺・台衮皆在位之賢・薰蕕無共器之害・□□□□可謂翕合矣・

王春之始・都兪慶會・當泰道之旣長・思實才之是求・渙頒一札・趣召二老・眞情實意・懇切至到・而考槃在澗・生芻空谷・猶未肯□然而起・何耶・進而在列者・弗獲以容其用・故退而在野者・甯甘以藏其用耶・竊怪柴囊獻替・或禁闥之莫留・白簡繩愆・或車輪之難止・沽激者敢於好名・則雖不沽激者・豈敢不卷舌・才高者敢於任氣・則雖不任氣者・豈敢不韜光・夫人才之在天下・當涵養以翼其成・不當摧沮以速其敗・當取其長而棄其短・不當責其備而求其全・先帝詔曰・朕以禮義遇士・大夫以仁厚培養人才・畦積器便・區區惟恐弗逮・其急於親賢若此・臣願陛下積一念之敬・篤信君子勿有一毛厭薄之心・留意人才・每爲先時培養之計・則養賢及民仁之所施者博矣・易之所謂信順尙賢而獲天人之祐助者・不在茲乎・

臣伏讀聖策曰・訓守牧・戒貪殘以布治也・然訓未必孚・戒未必革・何以新治象之觀・臣有以仰見陛下慮仁不能以自達・必飭吏以興治也・臣聞豺狼當道・安問狐狸・捨大惡而譎小過・張綱爲之埋輪不行・吏習之孅惡・蓋必有所傚也・陛下申飾守令・加惠元元・字民民牧・有訓有銘・固宜令百里者皆撫字其人・守千里者皆養育其人・往者王春之始・渙頒奎章・猶慮貪殘之相尙・而責監司郡守不先摭實求士・將以庇匿之罪罪之・夫監司者一路之綱・郡守者一郡之綱・子帥以正・孰敢不正・有蹇帷糾惡之風・則受財之吏自去・有懸魚在庭之清・則獻餽之丞自慙・今任按察之寄者・或乏直淸之譽・居方伯之任者・鮮聞廉介之稱・源則濁矣・何以責流之淸・甚而薦剡則立定直・辟剡則責厚報・嫉廉者之不附己・則劾而去之・喜貪者之能奉己・則舉而進之・求其不庇匿不可得也・始於小大之相尙・成於上下之相蒙・小吏之貪以錙銖・大吏之貪以鈞石・小吏之貪特穿窬之智・大吏之貪乃囊橐之藏・陛下雖有仁心仁聞・誰與達哉・先帝戒貪之詔曰・監司

郡守・固望□奉法循理・正己帥下・今若此・復何賴焉・其嚴於飾吏如此・臣願陛下積一念之敬・勸奬大吏以爲小吏之倡・禁戢大吏以爲小吏之懲・則吏稱民安・仁之所及者遠矣・周禮之所謂布治於邦國都鄙・而親萬民之觀聽者・不在茲乎・

臣伏讀聖策曰・求牧與芻當謹也・既不用親戚・每選用賢良・宜有厚生之政・而未見田里之無愁歎・臣有以仰見陛下謹選循吏・欲以厚生之政仁斯民也・臣謂欲厚民生・當先戢吏・先王爲民設官・有官則有吏・府吏胥徒・庶人之在官者・奉行文書・奔走力役而已・後世始有所謂輕黠吏・有所謂豪惡吏・有所謂深刻吏・尹賞王温舒之徒・猶能擒制而用之・未有若今日官弱吏强也・蓋居官者遞遷・而爲吏者長子孫・居官者懵於法・而爲吏者舞文法・謬者仰吏・懦者畏吏・貪者資吏・酷者任吏・吏曰可則可・吏曰否則否・據案占位・書紙惟謹・此官所以反聽命於吏也・是以政則規成・獄爲貨宥・雖有循良之吏・果能以身任芻牧之寄乎・陛下用諫臣之言・汰去冗吏爲蠹國慮也・蓋亦爲蠹民慮乎・先帝御筆戒飾守臣・毋縱吏奸爲平民害・正慮此也・陛下體書之正德厚生・而以敬心行之・則循良用而姦黠屛・田里無愁歎之聲而仁聲洋溢矣・

臣伏讀聖策曰・竭澤而漁不忍也・既力却貢奉・且禁獻羨餘・宜有益下之說・而尙聞郡國之有征歛・臣有以仰見陛下嚴正征歛・欲以益下之說仁斯民也・臣謂欲知益下・莫先損上・國家取民之法・纖悉不遺・昔以暴賦横歛爲非・猶知賦歛之名・今直取之而已・昔以收大半賦爲非・尙有其半也・今直盡之而已・府庫金帛皆生民膏血・郡邑官吏鞭捶丁壯・繫累老稚・銖銖寸寸以誅求之・以輸於帑庾・陛下不可得而見也・南畝之民・黧面塗足・終歲勤動而不厭糠覈・陛下不可得而見也・徒吏坐門・叫囂墮哭・吾民伐桑棗鬻妻子以飽之・愁歎之聲載道・陛下不可得而聞之・思復損上以益下得乎・陛下自初卽位・止貢奉・却羨餘・天上咸知陛下之仁・無土木營繕之侈・無匪頒賜與之害・天下咸知陛下之儉・日積月累・固宜邦計裕而民力寛・臣來自遠方・側聞奉宸之儲缾罄・大農之積子虛・是果何爲而然耶・卮不盈者漏在下・木不茂者蠹在内・韓琦論減費浮費自宮掖始・宋祁論三冗三費終之曰人・不率則不從・衣服醪膳無益舊規・請自乘輿始・珠玉錦繡不得浮費・請自後宮始・先帝因經筵講易卦有曰・豐亨盛大之時・人主之侈心易生・不可不戒慮此也・陛下體易之損上益下・而以敬心行之・則百姓足・君孰豐不足・郡國無征歛之政・而仁政行矣・

臣伏讀聖策曰・義廩之發・將以賑饑・而侵牟或不免・田租之蠲・本以寛賦・而苛取或如故・至若豁諸州之積負・捐版曹之故額・俾紓急絁之擾・深廑省費之實・而民未有愜志・勢若中隔・澤不下流・歷思之迄未得其說・臣有以仰見陛下軫憂民瘼・欲無一事之不本於仁・無一夫之不被其澤也・臣竊以爲義廩之發・田租之蠲・欲公其利・則臣前所言欲厚民生・莫先戢吏・其說粗可行・積負之豁・故額之捐・欲去其害・則臣前所言欲知益下・莫先損上・其說粗可用・請終言之・自去歲旱澇相仍・民已告歉・今春常寒爲咎・陰雨彌旬・穀再種而不入・麥雖秀而不堅・糠覈既盡・惟草根木葉是

食・民不聊生甚矣・朝廷蠲租發廩・正欲民拜一飽之賜・然常平之積・平時侵牟移易・以虛相付受・至是則乘時消豁者有之矣・幸而有積・則借補欠之說・而官吏瓜分其錢者有之矣・甚而坐視流殍・不肯發廩・並緣支撥・掩其實蠹・吏則肥矣・如民何・田賦之納・郡邑預借・或二三年・至是則文具應詔者有之矣・幸而富州大邑未至預借・則以畸零當放而欺誑小民者有之矣・甚而包放重催・虛破補解・盜竊府庫・欺弄簿書・吏則豐矣・如民何・此臣所謂莫先戢吏是也・諸州積負當豁則豁・仁也・上供之數或不足以供度之需・能保版曹之不剗刷乎・冗費未節・而先積負之豁・是不揣其本而齊其末也・版曹故額當損則損仁也・破分未除・或足以貽異時之害・能保州縣之不橫取乎・浮費未省而先賦額之損・是不節其源而窒其流也・此臣所謂莫先損上是也・先帝御筆令諸州建平糴倉・必命監司嚴督守臣・使小民無艱食之患・至蠲放水旱田租・必戒守令奉行・以實常賦・取贏於額外・斂租或見於重催・必一一申儆之・陛下倘能以敬行之・則納己裕人・戢貪惠下・仁意充塞乎宇宙矣・

臣伏讀聖策曰・意奉憲者導之未明歟・抑習錮於玩未易遽革歟・朕寅念先帝貽謀・常恐羞之重爲之惕然也・臣有以仰見陛下歎仁道之難盡・思所以光紹先烈也・臣於陛下治生乎積・非可速成一語・願益加聖心焉・蓋積之說有二・有積習之積・有積累之積・人心久玩・吏治久屈・令之不從・懲之而不改・此積習之積・仁之蠹也・力行不息・持敬不怠・有悠久無間斷・有緝熙無作輟・此積累之積・仁之基也・陛下忱能體之以心・行之以身・不以末治而自止・不以小康而自務・不以小善爲無益而弗爲・不以小過爲無傷而弗改・不以災異爲適然而有忽心・不以祥瑞爲美觀而有德色・一敬之積愈積而愈厚・則先帝貽謀數世之仁・又自陛下益迓續於萬世矣・彼奉憲者・未明訓導・爲吏者未底廉平・特積習所致爾・一整飭間・氣象改觀・日變月化・人心之積習・豈不自聖心積累之功・有以感之歟・臣竊觀聖心或者未能積其敬也・夫主一之謂敬・無適之謂一・思慮未萌・知覺不昧・則靜而有以養此心・事物既接・品節不差・則動而有以養此敬・今也恐懼於旱潦常寒之警・固知敬矣・悅懌於瑞芝之觀・何所積之未純邪・齊莊於圭璧薦享之時・固知敬矣・轉移於霞光迎導之際・何所積之有間耶・ 先帝無不敬之心・恐不如是也・臣願陛下加積累之勤・以充此仁之體而極其全・博此仁之用而極其大・則治雖未可以速成・亦未有積而不成者也・陛下謙虛逮下・所以策臣者亦以勤矣・區區愚忠・亦已歷陳熟數於前矣・至終復策之曰・子大夫博古通今・夙抱經濟之蘊・其據經以對・毋有所隱・朕將親覽焉・臣益見陛下好問之忱・有加無已・必期臣子之盡言也・臣束髮讀書・粗知有犯無隱之義・幸逢明盛之朝・陛下詔之以毋隱・臣而有隱・是負其所學矣・輒於聖問之終・所謂習錮於玩者・條其玩之說・蓋去人心之玩・自去君心之玩始・一曰人言不能玩・蘇軾對策曰・天下無事・公卿之言輕於鴻毛・天下多事公卿之言重於泰山・夫天下豈無可言之事・而亦有可言之階・視之爲重雖輕亦重・視之爲輕・雖重亦輕・重則敬心生・輕則玩心生矣・當安平無事之時・猶不可以玩心視之・今何如時哉・水旱盜賊之奏・日陳于前・無逸酒誥之書日誦於左・露囊霜

簡・言言藥石・月課風聞・事事箴規・非無敢言之人也・陛下虛心訪問・和顏容納・必精思諦聽而審其可否・則言之善者用矣・二曰天變不可玩・范祖禹奏疏曰・聖人無一日而不事天・天無一日而不佑聖人・所謂無一日而不事天・以其敬心而事之也・天無一日而不佑聖人者・以其無玩心而佑之也・事天之敬有時而間斷・則天必出災異以警其玩也必矣・人君知其然・故夙夜自儆以畏天之威・右左如在・以在以敬・天之怒猶懼獲咎・而況敢逸豫乎哉・今日食於春王三朝・水災於江浙兩淮・玉燭未調而乖氣致異・天心之仁愛・端可識也・陛下側身修行・戰兢自持・以我之天會乎天之天・則災異之來可弭矣・三曰虜情不可玩・夫夷狄之不仁也猶豺狼・而其惡鴟梟不若也・張耒有言曰・鴟鴞不鳴・謂之孔鸞・見其不噬・待以犬馬・斯亦過矣・今之夷狄何如哉・和好之使雖來・而驕黠之情叵測・境土之界日蹙・而谿壑之欲難盈・此正鳴噬迫人之秋也・陛下思祖宗之天下寸尺不可以與人・鑒女眞之世仇・覆轍不可以再蹈・兢兢業業・如大敵在前・兵甲相接而罔或怠忘焉・臣見廟廊之籌策・爲謀既臧・樽俎之折衝・其勇自倍・不然・日愒歲玩・遺患將深・雖有孫吳無所用之・此猶國家之遠慮・古今之通患也・陛下於此尤加之意而去其積玩之心・則恢復之期有日矣・夫積習之積不可有・積累之積不可無，仁心之不能積而大之者何也・以其積敬之功未至也・敬心之不能積而全之者何也・以其積玩之心未除也・忱能去其積玩之心而爲積敬之心・勉積敬之心而爲積仁之心・天下尚安有不被吾仁者哉・臣一介草茅・不識忌諱・罄竭忱悃・冒進狂瞽・惟陛下裁赦・臣謹對・

王元甲

字士遷・番禺人・咸淳辛未進士・與張鎭孫同榜・李忠簡公壻也・官陽江縣主簿兼尉事・有惠政・罷歸・廬於先塋之旁・元師下廣州・張鎭孫死之・元甲護其柩歸葬・宋亡・朝夕望厓門而哭・人目爲狂・會海盜假擾・元將聘入幕・不就・鄉父老以安危力請・乃爲籌策捍禦・事平・元將欲以其績上聞・亟辭去・隱於番禺之沙灣・環所居種梅數十本・徜徉其間・因自號梅灣居士・年七十二卒・

家訓三戒

人之所以致壽有三・而形格不與焉・一曰戒貪害・二曰戒祿盡・三曰善攝養・三者之道盡而壽可徵矣・何謂戒貪害・凡人於富貴之時・其志必驕誇・驕誇必輕人・輕人必殘忍・無所不至・甚有貪得無厭者・惟知利己・凡某市某行・可以利己者無不爲・日侵日奪・可以害人者無不用・生錢收債・息中展息・迫於枷鎖・則賣田及妻奴・不恤也・蓄積稍多・享用既足・方擬祈神與佛以求福報・不知惡毒既盈・神人共憤・造物靈炳・豈宜掩飾・近則亡身敗家・遠則覆宗絕嗣・理所必然也・不特害人・凡飛走之物亦不可過於殘害・夫六畜鱗介・皆含血氣而生・刀鋸湯火之酷・苦痛與人無異・今一切恣其口腹・累及數生・日月既積・寃命輻湊・傷天地之至和・爲造物之大忌・其召禍之道則一也・昔有一富貴人・病危將絕・恍至冥司以重罪加之・彼不服而訴曰・某生平信善祈禱・齋醮無日無之・此非所以報也・其執法吏以簿語之曰・汝平生世業皆在於此・凡汝所傷害者若干人・所侵奪者若干人・所殺戮者若干物・而乃欲藉齋醮以免・神明其可欺乎・其人遂服・以是言之・則揚寶之救雀而累代三公・宋郊之渡蟻而大魁天下者・亦不可誣也・是之謂戒貪害・

何謂戒祿盡·凡天地陰陽·日月寒暑·皆有消息盈虛·陰陽相禪·日月代明·寒暑往來·皆有其則·而未嘗盈滿·故能恒久而不變·聖人進退存亡·與時偕行·是以不亢·老子深知此道·故每退一步處之·蓋亦謙而受益之理也·今人已貴而求極乎其貴·不極不止·已富而求益其富·不益亦不止·甚至車馬衣服·宮室臺榭·飲食玩好·妻妾僕從·無一而不求勝於人·盡有其樂·殊不知上天之命有限·而人之生有節·故過亢則傾·祿盡則歇·富貴不止·則身隨而危亡者有之·子孫不得其享而困窮者有之·故識盈虛之道者·用不盡而身常存·享不盡而子孫蔭庇·昔李德裕有胡僧相之曰·公富貴食萬羊·後數年相之曰·公祿盡矣·未幾德裕貶死於南荒·夫德裕之貶死·非享盡其祿而何·故范蠡之辭相而扁舟五湖·張良之辭侯而從赤松·二子身不危而壽益永·用此道也·今人有廩祿於此·若倏而散之·其困可立待也·若嗇而用之·雖數歲可支焉·此祿盡之喻也·

何謂善攝養·天地之道·雖陽而常主乎陰·雖動而常主乎靜·故曰不專一·則不能直遂·不翕聚則不能發散·夫人之一身所有者神氣也·神常出入·氣常流動·故身不動則氣定·心不動則神注·神注氣定·乃可長生·今人日疲於奔走應接·馳騁徵逐·管絃笙歌·羅列於前·俳優侏儒·日侍於側·飲則盡斗·宴則達曙·肥甘之適於口而不知溷其神·戲謔之蕩於心而不知耗其氣·甚則流癖於變倖而傷其性命之原·失身於野合而虧其父母之體·與夫負氣眩智·好訟尚爭·彈射甘於游俠·宣淫著於鄉曲·人道湮滅·天理斲喪·與禽獸相近·去死無日矣·故廣成子曰·無勞爾形·無搖爾精·乃可長生·佛書亦以貪慾愛戀嗔怒謂之苦海業緣·是以管幼安之兀坐數十年·當膝處皆穿·故能享其期齡·程伊川亦以忘身狥欲爲深恥·故能康强而壽·斯之謂善攝養·

何謂形格不與·人之生·固有囿於形氣者矣·然有不盡然者·蓋天地神靈變怪不測·故山川陵谷之變遷者多矣·而况於人乎·相書曰·相逐心生·心生相滅·故人之生雖有壽格者·然暗庇之相仍·陰功之虧欠·則轉而不壽者有之矣·雖有夭格者·亦培植之深至·積累之博厚·則轉而爲壽者有之矣·嘗見人之子少雖褊局·及長而軒昂者有焉·少雖慧利及長而愚鈍者有焉·非其形格可遷乎·故程子謂·一爐火置大風中則熄疾·置之密室處則熄遲·此善攝生而致壽者之喻也·裴度或相其不壽而夭·後以陰功故極貴而壽·竇燕山夢其祖父謂其夭而無子·後亦以陰功而壽·且五子顯焉·此以陰功而獲壽者之應也·又嘗觀於裨家小說·有一士人求薦舉·卜於相者·相者曰·子之貌非貴者也·無自勞苦·後數年而扣之·相者驚曰·君之相非往日之相·其顯貴必矣·抑有陰德乎·又有星命者其術甚精·一客人叩之曰·子之命在數月·可速回家·客卽回·道遇數人將赴死而盡救之·過期不亡·復之·術者曰有陰德·壽乃不死·豈非陰德之可變乎·故曰形格不與也·

張登辰 字恕齋・東莞人・系出張九臯之後・登辰善屬文・有器識・舉咸淳癸酉鄉貢・試南省歸・感慨時事・說邑宰爲保障計・兄元吉弟衡皆有名・元吉當宋末爲邑尉・張宏範率兵至・邑人驚恐・元吉使登辰罄家資往賂・由是兵不犯境・命元吉攝宰・登辰攝丞・帥府欲增東莞稅額・力爭得免・事定後・授將仕佐郎・靖江路儒學教授・登辰笑曰・豈吾志哉・即謝病不出・歿後・李春叟爲詩哭之・祀鄉賢・有恕齋集阮志注佚・子維寅力學有才譽・元因南漢媚川都之舊・役民採珠・惟寅力言不便・竟得罷免・邑人德之・

祭趙秋曉文

世有一人之生死・關於吾道之興衰・吾道之興衰・關於生人之休戚・是有天焉・故吾於秋曉之死・仰天椎心・爲吾道哭・爲生人哭・非獨哭吾私也・邇來堯舜之道不明・利欲之燄薰灼・仲尼之徒・槁項黃馘・衣冠了鳥・庸奴皁隸・獻笑見譏・儒丐同至賤之科・章逢爲納侮之具・謀身遠辱之不暇・脩齊治平之何責焉・毋怪生人之類・不被吾道之澤也・吾兄以卓犖不羈之才・抱正大剛方之氣・聰明特達得於少成・容貌辭氣斯遠鄙倍・文章過人・畧而不有・素志所蓄・巍乎可知・

少年出應時需・攄吐膚寸・則春官舉其文華・藩侯資其畫諾・使者詳刑・任之以洗寃澤物・大臣分閫・訊之以治法征謀・觀其抱負・已不碌碌・惜乎生不逢時・莫究所蘊・今涵蓄於三十年之久・採芝茹薇以養其高・紉蘭攬桂以助其潔・碩果不食之餘・得如兄數十輩・參錯於天下・吾道其庶幾乎・生人之類・亦庶幾被吾道之澤乎・奈何天不慭遺・九原莫作・死生常事・於兄何憾・所可憾者・素志未施・庸庸之徒不知其心・蚩蚩之氓不被其德・彼蒼者天・與吾道何仇・使斯人賫志以歿耶・與生人何仇・使之終不被吾道之澤耶・興言至此・心膂欲裂・自朋儕零落・君子道消・惟望吾兄伸其志業・顯揚於時・光明雋偉・使斯人徒・囿我兼善・今復死矣・吾道息矣・雖其生者志亦死矣・仰天大哭・萬事已矣・如斯人兮・不復得矣・豈無他人・不吾知矣・天乎痛哉・嗚呼・

秋曉汝詎止於斯乎・詎無意於世乎・如有意焉・當化而爲人以續其志乎・抑知吾道之不行・將他有以伸其志乎・是未可知也・幽明未隔・夫復何言・夫辭矢心・零涕如雨・

曾宋珍 東莞人・咸淳十年進士・官龍川縣尉・有曾宋珍遺刻阮志著錄注未見・

雲溪寺捨田祠記

天聖四年・薙榛參里山・景祐四年移錫歸德場・是時僧且丐飮食以卒日・紹興癸亥蔣八姑始捨田數頃・今鄧縣君復益以百畝・其多寡不必較・然自紹興至今百二十八載・而先後喜捨僅兩婦人・信乎・好善之不多見也・

縣君適曾氏諱士廉先三十年逝・縣君銖積寸累而後有此田・一旦捨之無難色・礱石而求予記・予喟嘆曰・一切法惟愛故壞・惟捨故常・在昔寶月師語東坡必所甚愛與所不忍捨者・蓋不如是・則甚愛爲貪・不忍捨者爲吝・世之縮恧窋窔不肯拔楊氏一毛者・曾婦人不若・而揮霍牟漁・舞手以乘浮屠氏者・鮮不爲所笑・然則是祠也・將以爲諷吝警貪・不亶爲縣君設・於是乎奮筆・若夫田有籍・此不書・

邢夢璜 文昌人・父宣議知本縣・夢璜咸淳間以辟薦・任朱厓軍簽判・擢知萬安軍・

節錄磨崖碑記

渺矣朱垠・重溟絕島・古峝窘山・羣盜宅海・西交南占・而崖以百餘戶孱氏・五六千疲卒・植軍其間・有屬鎮曰臨川・距州百里而遙・國初實統領本軍是疆・暨五六十年・姦孽互相攘寇・自相易置・本軍力弱・明甫公發倚黎藪逋・竊據爲盜・建砦於鹿廻頭・駕舶有雙龍首・服器僭越・榜稱王號・繫累軍卒・擅征民糧・占稅戶五十餘邨・剽襲商貨・司舶虛設・掠及瀕海八州居民以鬻外番・惡貫山積・尙逭天討・

六年春值瓊黎犯界・經□薦欽守馬公成旺於朝・任南征事・秋偕其子撫機來蒞・即率壯士疾驅群黎・數十餘戰・拓故地數百里・集流民數萬人・八年總制・軍馬申命・鈐轄雲從龍協贊軍議・三月辛巳・公餞於師・屬以盡賊迺還・師舟啓行・辛卯舟次雙洲門・行汲不利・衆輒氣沮・總師曰・有進無退・乙未至臨川港・賊以數十舟逆戰・善射者射之輒斃・賊退保柵・丙申輕舟濟精兵・湖涸涉淺・先登拔賊柵・攻連珠寨・東西夾擊・總制中流矢裹瘡・乘勝拔其大寨・賊潰・自相蹂躪・死者枕藉・火其巢窘・累日燭宵・公發竄入上江洞・四月戊申攻擒之・明甫走黃流峝・又遁古城・入交趾・遣軍跡之・計窮復回・五月甲辰水戰・賊敗走・總制曰・此賊若遁・我無還期・四面截之・獲其父子・又繫賊孫六人・兵之所至・民悉安堵・六月獻俘桂府・徑使馳奏上聞・詔廣右帥正法・乃取二兇鈎脊懸竿・先刭子孫逆黨於碪斧・然後備刑兩醜・懸髻窒吭・穴手釘足・烙膚膾肉・運刀若風・民黎震悚・

莞帥進二秩帶閤職・仍外任總制・特轉五官餘功・行賞有差・列郡諸民・峝落諸黎・始知有朝廷臺閣州郡・是役也・運籌三載・出師七旬・平崖之勳・前此未有・馬公自桂歸命雲鈐轄・宣天府德意・撫餘黨・相陰陽・造廬舍・捐徭稅・勞徠民旅・迺疆迺理・爰有遠邨近峒・色喜相告曰・此地昔爲暴區、今爲樂土・襁負而至者肩摩接踵・殆無虛晷・崖風以和・崖人以歌・邦人咸願磨石紀績・屬夢璜記之・璜雖不文・姑識其實云・

黎獻 字子文・號拙翁・東莞人・性警敏・富於學問・弱冠授徒・一依紫陽白鹿規爲教・時人方諸王通・稱拙翁先生・宋亡・與趙必𤩽卜鄰・恆以詩筒往來・必𤩽卒・哭以詩・復偕學中諸友往祭・嘗取經史子集與埤雅小說擇其的對・編爲事類蒙求九卷・明焦竑撰國史經籍志錄入小學中・阮志著錄注未見・

按張登辰壽黎拙庵詩六壬又慶始・時獻年六十一・以甲子推之當生於宋紹定五年・東莞縣志宋元選舉表俱無獻名・蓋宋亡不復進取也・廣州府志以獻爲元季人・阮志因之誤・

祭趙秋曉文

嗚呼・玉溪生官不挂朝籍而死・孟東野僅溧陽一尉而終・惟才與名・天之所靳・奪所靳而有者・宜見忌而不容・至若蒼野陳思之於魏・長吉太白之於唐・或以夭折去・或以謫罰凶・以龍種子孫而負蓋世之才名・此尤天奪神褫而禍之所鍾・

嗚呼・先生天上之麟・人中之龍・年甫弱冠・搏扶搖・步

青雲・赫乎扶桑之方東・ 奈何麟趾之詩・遽變而爲黍離之風・使太室玉瓚・竟毀棄於瓦釜而合梓宮・卒困死於蒿蓬・嗚呼・先生視太白諸人所喪・不爲已甚・視東野輩所得亦不爲不豐・倏飄忽其仙去・亦何恨乎遭逢・追赤虬而記玉樓・駕青騾而主芙蓉・想神遊於八極・肯戀戀於濁世之樊籠・所可憾者・後學失其典型・斯文失其統宗・鄉邦失中流之砥柱・寒士失風雨之帡幪・

嗚呼先生・襟誼兮薄雲・聲譽兮塞空・邑有疵政・極口以攻・寧抗上官而頸發赤・不顧罪戾之叢其躬・友有急難・憂戚與同・寧挺身以當・如救頭烘・不以小嫌而介其胸・朋輩有過・面折而納忠・暨給其少悟・則假以春風色笑・未嘗停怨蓄怒於胸次之雲夢・若茲數事・當求於古人之中・痛九原之不作・嗟吾儕其曷從・嗚呼吾儕之望先生兮・眞黃鵠之與壤蟲・而先生之於吾儕兮・無乃下體而採葑・日交錯於觥籌・時往來於詩筒・所鑰浮泊・沽蟻擘紅・悵溪山之陳迹・恨變滅之匆匆・翩翩者旌・閟彼幽宮・墓道之碑未礱・覆瓿之集未公・發幽潛於不朽・豈無椽筆之宗工・是雖曰同志之責・亦繼述者所當顯揚而封崇・薄言束芻・以寫我悃・

代學中諸友祭趙秋曉文

宋三百年進士彬彬・翳我寶安・代不乏人・咸淳一榜・轟我閭里・名子之父・名父之子・踵是而後・青雲聿開・背項相望・英俊鼎來・地折崑崙・天掩文曲・凡名慈恩・悉登鬼錄・公獨巋然如魯靈光・邑之眉目・士之津梁・謂秦無人・吾邑則恥・天乎痛哉・公復不起・ 嗟嗟我公・ 維國之琛・唐之賀白・漢之向歆・虹霓其氣・琅玕其腹・其詩其文・凡今之獨・天不佑之・ 曷付之茲・ 亦既付之・曷不假之・諸郎如竹・二婿如玉・生榮死哀・公可瞑目・我輩失公・如厦失梁・如駕失軸・如涉失航・題名之石・記閣之墨・公之風流・或未泯沒・不腆束芻・ 以慟斯文・ 嗚呼秋曉・英爽若存・

侯圭

東莞人・元皇慶初・作廉泉亭記・自稱前進士・而選舉表無攷・

按元代科舉始於延祐・皇慶前尚未舉行・圭爲宋末進士・但未詳何年・元中葉時・宋亡已久・猶稱前進士・比於唐之梁震・是宋遺民也・温氏文海誤爲元人・今改正・

廉泉亭記

至大四年・連州判官郭侯攝東莞邑事・未數月・政修人和・奸猾屛迹・暇日乘輿而適野・ 至黃嶺之下・ 見廢井不食・頽垣敗甓・有無井之心・問於左右曰・此名廉泉・紹熙間邑令張侯所甃也・泉味甘冽・深僅尺許・而窮冬亢旱不竭・張侯又作亭泉上・時與客來作茗・事刻石亭上曰烹茶記・其後亭廢記亡・井亦不治・咸淳初・攝令袁侯盡復之・廣帥省身雷公爲書廉泉二大字牓亭額・進士余復亭爲記・而廢於兵者四十年矣・侯酌泉飲之・倍買石甃井・因舊址爲亭・因舊名爲牓・

成之日・名勝咸會・侯顧亭牓而言曰・亭泉之名・雖祖濂溪・然因名以尋其義・則省身公之意亦非苟然也・凡竝海之水皆鹹・惟此獨甘冽・是衆濁之中而獨清也・衆濁而獨清・廉者之事也・雖然・易六十四卦以坎體見於大象者十有五・而

惟蒙曰泉・蒙者物之始生也・泉者水之始達也・物始生也・無有不善・其不善者或混之也・水始達者・無有不清・其不清者或汩之也・能以赤子之心爲心・又能以龍驤公不易心爲心・則無愧此泉矣・邑士月橋陳君對曰・先生幸教諸生以易・某欲以易報先生可乎・此泉初本漫流・高人勝士未之奇也・張侯甃而井之・始與匡廬谷簾無錫惠山相伯仲・然自紹熙以至景炎未百年而壞者再・以易之井曰六四・井甃無咎・象曰・井甃無咎・修井也・成壞常理也・時而修之俾勿壞・則六四之賢也・顧未知後來之六四何如矣・於是退而相與謀來徵文爲記・

嗟夫・泉之食不食・井無得喪也・水之治不治・泉無得喪也・而況於亭之廢興乎・而況於記之有無乎・可無記也・雖然・欲使後人知井六四無咎之義・常謀治之・則不可無記・故書・張侯名勳・南軒諸孫・袁侯名漸・省身公名宜中・以侍從帥廣・郭名應木資中人・今以歲最爲廣東道廉訪司照磨・皇慶壬子良月朔前進士侯圭記・

廣東文徵

改編本卷五

番禺吳道鎔原稿

元

阮　泳　香山人・至元初・領鄉薦・官邑學教諭・遷惠州路學教授・學博行修・一時視爲儀表・工古文詞・以韓歐爲宗・子士桂亦以文行名・其後同邑有趙梅南楊士元皆以詩翰鳴于時・由泳倡之・

香山縣署記

嘗謂郡邑之建・所以承流宣化也・官得其人・則民安其業・豈有外邑廨哉・邑視古子男國也・地方百里・而封域乃大於古焉・非得古人愈難於治・香山環海孤嶼・土曠人稀・昔爲東莞一鎮・紹興壬申・始建爲邑・裒南海番禺新會東莞畸零鄉分以實之・從邑士陳天覺之請也・歷百餘禩・雕瘵彌劇・邑治荆榛・戶口縣磬・習俗簡陋・且長佐驟更革・政卒罕善・地脈興廢・蓋亦有數邪・邑雖屢遷・井則不改・

至元二十年甲申春・將仕郎王公來尹斯邑・滌篆之初・以政新民・以學賦政・如春而煥・如秋而肅・崇儒先務也・首葺泮宮・勸農重本也・次省徭役・他至琳宮寶刹・咸與更新・戍卒斷隸・嚴加糾繩・涖事旬月・逋者復・勞者安・憂者泰・衆咸宜之・一日携邑父老訪縣舊治於草萊之中・愀然曰・民如子也・邑如家也・邱墟其家・欲俾赤子安輯得乎・乃毅然率先以鼎建廨宇爲己任・屏椔翳・畚瓦礫・相陰陽・捐己資・市廢屋・鳩工聚材・力甚勤也・塵衣褰裳・躬甚勞也・是以天與其時・地奉其利・人輸其力・經營於甲申之冬・落成於乙酉之春・廳事・堂廊・房廡・宇舍・凡曩之頹然蕭然者・今皆屹然翬然矣・

邑人士交相慶曰・胸中有全室・然後能作室・堅硬脊梁・運巧心匠・非公其孰能之・吾知公不以驛視縣・不以傳舍視官舍・方來事業・有燦然耀人耳目者・是邑始創于壬申・重建於甲申・申之爲義伸也・事物久屈則必伸・故自壬而癸・自癸而甲・其氣數廢而復興之候乎・然而天不人不因・人不天不成・數雖係於天・而實存乎人・微公吾誰與歸・盍碑以識其事・若夫銘公德政・萬世不磨・有人小之碑・在後之記姓名遷次者・必能覩公之盛舉・嗣公之美意・將見大書屢書不一書・與香山之名相爲始終於無窮云・公名天祥・大名路滑州黃縣人也・時至元香山學教諭邑人阮泳撰・

趙梅南　香山人·本宋宗室·善書翰·香山自阮泳後·梅南與同邑楊士元皆以詩鳴·嘗作潮居八詠·士元序之·以爲因事陳詞·氣嚴理正·遂賡和焉·梅南往復辨論·必求工而後已·寓意佳山水·自號意翁·浮游物外·隨在而樂·於竹徑搆亭曰漪菉門·牓云·但存方寸有餘地·不可一日無此君·不仕終·著有家範一卷·漪菉詩集·

與楊士元書

潮居山窮水盡之鄉·力耕火種之俗·盖遐裔也·僕生長於斯·每風日晴明·山川輝媚·未嘗不登高望遠·遊目之際偶與意會·不書所見·使其物跡湮淪·是林慚澗愧耳·因成八境詩·以寄情勝·不擬先生首闡一序·並詩品題·承轉付默齊·先生仰塵匠石·運斤成風·斲鼻端之堊·斲者誠難·受斲者亦不易·昨蒙發至改本·披味再四·翦蕪截繁·撮機取要·浩乎吞鷗夷九湖於胸中·而無西子之累·然其中微有一二不無疑焉·所謂詩無定鵠·會心是的·信矣·

謝應子　新州人·(今新興)仕履未詳·大德八年·新州猺人作亂·宣慰使阿里元帥討平之·州人建生祠紀功立石·應子作平猺碑·

新州宣慰使阿里元帥平猺碑

嶺以南郡新州陽春瀧水居萬山中·瘴益甚·崛强據其間者爲猺人·不隸版籍·平居耕食自如·一出掠不可復禁·守禦者久延歲月·不幸遇其變·誘其暫服·少戢則已矣·萬不可·廼請兵而來·亦復以風土爲苦·姑息如前·終未有能格其心·以此叛服不一·而三城生聚係之矣·

廼大德八年·猺人李宗起等聚黨出·境內騷然·火及新州城西·居民荷擔·毋復存理·適郡邑皆新政·挺身出拒·小却·一日宣帥阿里公提軍至·父老望旌旂戈甲·舉手相慶如更生·於是明威將軍安慶萬戶達魯花赤兀納罕亦整部曲來會·公鑒前轍·與兀納罕設方畧·遴果毅督部尉鄧發强擣其穴·而海北廣東道肅政廉訪司僉事·又以分郡督征來·力併智合·懸崕攀磴而進·搜原剔壑·猺始失勢·投戈就戮·俘其首繆柯李宗起等以歸·擇其尤者·梟首轅門·盖踰月而事定兵息·三軍雷動·凱歌言還·新之民扶老携幼·拜迎道左·如飢渴得飲食·曰·此吾子孫沒世不忘之恩也·而何以報公·願建生祠於學·志諸石·遂次第舉其事來諗·

昔諸葛之征南中也·斬雍闓·擄孟獲·禽縱之間·褫其魄而奪之氣·孔明果何以得此哉·盖繇用馬謖攻心之計也·公以相衮·來殿南服·遐陬小醜·何啻疥癬·坐受其成·宜無不可·公被荆棘·蒙霧毒·懸軍深入·將滅此而後朝食者·亦先服其心耳·士大夫擁旌旄·撫方岳·一夫不獲時予之辜·尙安得辭鞅掌·嘆賢勞·當平世而無述·使來者笑無能而已哉·公之心繇是無愧矣·公曹州定陶人·以近侍奉上命任廣東宣慰·威聲振於海外·凱歌騰於遐陬·殲厥猺獠·安慰民庶·黃童白叟·舉手加額而相告曰·請紀其功刻諸堅珉·以垂不朽·大德十四年冬季·

徐心遠　惠州人·郡儒·負宿望·元貞乙未·廣東廉訪司唐古台約同遊羅浮·心遠爲作登山記·

登山記

羅浮第七洞天乃稺川葛仙煉丹之所·余因分治惠陽·體

覆災傷．覽巒峯前．獲覩天南仙境．首登冲虛明福二觀．祝君皇萬壽．郡有望儒徐心遠．約之同行．如期而至梅花村．心遠以老倦跰足．不能從焉．

余遂攝衣而上．由鄺仙石．歷伏虎巖．盤礴於八仙石上．窮一日之力．躡屐飛雲之巔．是日也．宇宙澄清．滄海一碧．瓣香致敬．須臾雲生足下．霧靄天低．倏有雙鳧翔舞其上．日之夕矣．於是編竹爲廬．席地一宿．次曉披蓑帶雨而下．木客長嘯．彩禽來集．望石樓．漱水簾．甜梅屋．尋仙伏．觀藥槽．出松關．遇心遠於斯．惠余以詩卷．披雲一笑而回．從余者書吏周偉．徐英．博羅縣令劉亨．書以記其會．時元貞乙未仲冬二十日．前行御史僉海北廣東道肅政廉訪司事唐古台書．

醮山記

趙孟傑 號橘隱．宋燕王德昭後．流寓廣東．至大元年．任博羅縣尹．

至大元年十月．惠州路同知完顏可山．經歷韓良．遵國家舊典．率寮寀祀羅浮山上．祝天子萬壽．下祈民福．自梅花村步飛雲頂．四顧寂寥．山簇水縈．暮霞綻日．金碧交粲．白雲如氈．下隔塵世．已而夜轉星移．海曙日出．金盤簸弄．錦綵搖曳．目不可極．乃自石樓而下．甜竇積．詣冲虛．命道籙黃菊巖等蕆祀．祀畢．陰雲流布．么鳳幽鳴．油然雨意．見者鼓舞．百姓悅孚．一時之盛舉也．

均賦役記

陳顥 東莞人．縣志金石略載所作均賦役記．結銜稱至正八年戊子邑士陳顥撰．而選舉表無名．著有山中日課．阮志著錄注未見．

夫所貴於爲政者．以其規莫之先定也．蓋天下之事．始之不立．其卒不能以有成．或始之欲立．而卒之於無成焉．則其所規莫者．亦苟焉而已矣．昔子太叔問政於子產．子產曰．政如農功．日夜以思之．思其始而圖其終．行無越思．如農之有畔．子產之意．豈不以爲思者其始之所立．而行者其卒之所成者乎．世之良吏．其所設施．必有見於此．非區區簿書期會間也．嶺海版圖歸玉府餘七十年．東莞隸會府號壯縣．生齒日夥．田里日闢．租賦日繁．上下相蒙．各私其利．籍去而稅不于其田．賂行而役不于其稅．錯亂紛紜．茫不可詰．凡任催科之責者．惟以苟且應命爲能．豈惟私欲掣肘．亦其才力然耳．噫．其始不立．其卒不成．官政紊而民力窘．毋怪也．

至正丁亥十二月．楊公奉議來涖茲邑．廉以律己．勤以出政．不以遠近鄙夷其民．惟日孜孜思盡厥職．未半載．政通人和．頌聲以作．先是憲臺建議．凡州縣之稅在輸糧之籍者．俾其役得相義讓．誠以比閭族處．物力相悉．虛實相形．不容獨有僥倖者也．法美矣．而前政未有能舉行之者．公閱牘憮然曰．此非令之責乎．乃考圖籍．計鄉都．定稅畝．審高下．覈虛實．復詢之於衆以廣聞見．邑之版爲里者六．地有廣狹．稅有多寡．小綴於大．貧繫於富．年之遠近．役之先後．必使有以相當．如鱗次．如櫛比．其終而復始也．豆循環然．晝簾夜籌．手自校閱．方將登其目於籍以上于府．若憲若閫．俾後人守爲悠久不刊之規．噫．盛矣哉．公之心勤矣哉．公之政豈急於一切．成於倉卒者之所辦哉．不立則已．立無不成．亦其規莫之先定故也．

雖然公之所以思而行之者．亦惟始之以至誠．中之以不欲速．而終之以不懈耳．視民如視其身．親公事如親其家事．是謂至誠．爲其所甚難．而不以其無近効而自沮．是謂不欲速．人之立事．久則怠．怠則私欲乘間而萌．故君子濟之以戒懼．是謂不懈．能此三者．雖廟堂之事重於泰山．亦舉而措之耳．於一邑之賦役乎何有．公之美政皆可書．而賦役之重．又一邑生民之命脈也．用摭實劖諸石．儻斯邑之人．無懷私便己之心．後之來者．復能以公之心爲心．相與守之俾勿墜．顧不韙與．若夫編輯之凡．著其概于碑陰．籍之詳者．視諸故府．是役也．邑佐丞公伯顏字奇伯協贊之功力居多．而任籌書者則司吏梁仕明也．公名大舉字子善．益都人．嘗宰密之諸城．建昌之新城．綽有成績．爲中朝士夫所稱道云．

陳光大　海康人．以薦辟授本府教授．見阮志選舉表．至順間．雷州路廉訪司經歷郭思誠重修邑之西湖惠濟橋．建亭其上．光大爲之記．

雷郡西湖惠濟橋記

按雷志湖塘水利．湖在城西．郡人不知灌溉．宋紹興間．郡守何公庚築堤瀦水．東西爲閘．以時啓閉．以沃堤南之田．又引而東經過濟橋．合特侶水以灌東洋田．化斥鹵爲膏腴．歲久潰墮．湖因爲地．近湖之家．據而田之．後郡守鄭公明撥其田以隸州學．得種二十石有奇．端平間有提刑張公以爲放生池．復西湖水利．易以沒官馮直田四十石償學．湖仍官有也．湖有堤．有橋．有亭．扁曰衆樂．曰狎鷗．曰泳波．皇元以來．歷六十載．亭與橋閘俱廢．湖既失灌溉之利．人復病利涉．親民者莫之問．

至順三年．郭公思誠甫下車．考圖訪古．惻然曰．此有司責也．召攝海康事龐照磨諭以利病．若亟修無緩．復命天甯寺住持議緣捨．一時官僚士庶咸悅此舉．捐金錢若干以佐寺帑．司其出納．公籌考之．於是市材攻石．磚瓦釘灰夫匠日食之費．咸取給於是．官無所擾．政暇．雖暑雨必一至．指示方略．井井有條．甃石修閘．以便疏決．建亭橋上．以息擔負．湖光山色．左右掩映．儼然圖畫．眞雷陽之奇觀也．既成．復建堂於橋西舊十賢祠遺址之側．像圓通大覺其中．爲雷民祈福．前瓶門樓．與横舟亭相對峙．爲一郡眉目．金碧璀璨．光彩照人．命曰水月堂．以橋成跨水．水通而月湛．福田皆在月光中也．後堂岡頂平地一區．主者陳氏．東南山地兩小段．主者鄭氏．各喜捨入堂爲業．以俾常住界．至載之劵書．因名其橋曰惠濟．扁以額之．幷志諸石云．

簡祖英 字世英・東莞人・學問該博・有才略・元末辟薦爲江西都督員外・又從何眞起兵・保護鄉邑・平邵宗愚・贊畫有功・明廖永忠下廣東・詔徵祖英赴闕・授建平知縣・以母老上表固辭・自言叨食元祿・不能殉國・罪戾已深・母年逾耄・孤苦特甚・乞賜矜恤・許之・時太祖方以道德風厲天下・凡元降臣如危素張以寧輩始班顯榮・終必擯辱・祖英抗節不仕・世服其先見・

辭拜建平縣知縣表

臣九歲失怙・惟慈親鞠育・逮長知訓・冀用世以酬罔極之恩・臣之志也・向以叨食元祿・爲何左丞參佐・值三山强寇・剽掠廣成・一門妻子・死節五人・而老母陳氏爲所拘囚・臣祖英隱忍不能即死・愧于石苞之殉國多矣・茲遇聖朝維新・征討不服・率土効順・咸蒙嘉休・三山逆虜・悉嬰鈇鑕・臣母遂慶生還・雖不孝之罪難逃・而得以展區區瓶烏私情者・陛下賜也・陛下又復甄錄・寄以民社・此正臣隕首思效之秋・而臣俛顧自慚・不敢拜命者・以罪戾已深・不宜職在民社・欽惟聖朝以孝道治天下・以仁心懷遠人・臣經事元朝・幸已逃誅・母年逾耄・孤苦特甚・伏望聖慈矜其愛日之短・俾遂歸養之願・則臣母子拭目清平・謳歌德澤・爲賜多矣・臣年四十有九・母年八十有一・鶴髮垂堂・西山之日已薄・苟違親而事陛下・安所用之・果盡奉歡之期・然後復求仕進・以盡忠藎節・非惟盡人子之私・亦聖朝孝理之道也・

黎貞 字彥晦・號秫坡・新會人・世稱秫坡先生・洪武初・以明經薦辟・至都・不肯赴吏部試而歸・部使者署爲縣訓導亦不就・後坐事爲訟者所誣・戍遼東・尋赦歸・聲聞益著・從遊之士・遠近畢至・陳獻章謂吾邑以文行誨後進・百餘年來秫坡先生一人而已・

按貞爲孫蕡弟子・明史附入蕡傳・然貞於明初薦辟不赴試・署爲縣訓導亦不就・至遣戍遼東・赦歸講學・白沙推爲江門倡道之先聲・是元遺老也・阮志藝文略秫坡詩稿七卷附錄一卷・注存・又別引四庫書目詩詞賦三卷・雜文四卷・卷八附以贈言・與今盛氏重刊本合・知但云詩稿七卷者・誤也・

廬陵羣公辯

予既與王惠中序歐里子・惠中可之・袖其文而去・明日復抵舟中告曰・子說廬陵爲禮義之邦・得之矣・而獨以歐陽公冠於羣公之上・而丞相文信公亦不與之並・吾疑焉・夫自唐宋以下・吾郡稱爲多士固矣・如周益公必大・楊忠襄公誠齋・胡忠簡公銓・皆聲名藉藉・姑置之不論・獨文信公狀元及第・歷居淸要・所在政績有古人風・及姦臣賣國・四海分崩・文信公以死自誓・起兵赴援・百戰而氣不衰・臨死而愈不屈・其平生大節・豈在歐陽公下乎・子置之不取・若有優劣之分焉・抑別有說也・予曰・文公忠義固可嘉尚・亦人之所當爲也・夫食祿死難・君子之常事・君子而不爲此・則大節虧矣・故名爲君子者・大節其可斯須虧乎・孟子曰・事親若曾子可也・夫以曾子之孝至矣・而謂之可者・亦未嘗以爲奇事・文公之忠・曾子之孝・皆臣子所當爲也・使歐陽公易地而居此・亦歐之餘事耳・

曰・文公忠節既聞命矣・而劣於歐公者何與・曰・三公皆出處關世道之盛衰也・蓋歐公仕於慶歷之間・君子滿朝・

天下無事・居諫官則盡其職・任執政則稱其位・從容謨謀・坐安國家・君臣協心・俱享尊榮・其偶於時者如此・以古文倡天下而風俗爲之大變・著書立言・舂容大雅・皇皇於仁義・儼然聖賢典刑・當時或識其面則終身爲榮・其見重於當時有功於後世・又如此・其爲廬陵羣公之冠・豈不然耶・文公生於亂世・天下劻勷・雖有寇鄧之才無所施其力・廵遠之志・無所成其功・遂與國家俱滅・時使然也・嗟乎・二公大節見于史冊如此・蓋文公遇時之否而處其變・歐公遇時之泰而安其常・歐公之幸・文公之不幸也・故吾於子之請不得不詳說焉・

南越山翁後跋

南越界五嶺外・非古九州域・或謂禹貢揚州西北抵淮東・南盡海・非古域而何・漢武滅建德置九郡・周數千里皆稱南越・名山如羅浮西樵諸峰・計不千百里而止・翁所居・果何山耶・吁・是不然・昔子房從赤松子遊・世之學神仙者・以子房眞辟穀・棄富貴・事綱目・特書留侯張良卒・明其寓志高逸・棄富貴如脫屣・初非爲求仙計也・

今翁皤然杖于鄉・有良田園・稼穡雜樹桑麻瓜棗・以供衣食・或樵于山・或漁于河・足以暢笑咏・歲時伏臘・子孫列堂下・欵欵致敬・暨里巷相慕悅・會數禮勤・捧卮酒而歌・可謂善處矣・鄉人以德稱之・目爲南越山翁・亦寓志云爾・惡知其所謂山者哉・郡博士朱廠鄉先生仲璧偕諸俊彥・或序或歌・咸以功名期翁・予獨諷誦歸去來辭・以見翁志云・

西巖記

由郡城東十里許曰蒲澗・有滴水巖・由奇石西南八十里曰西樵・有錦巖・烏利巖・古岡二百里曰靈湖・有馬石巖・七十里曰良金山・有西巖・皆廣中奇絕勝概之所・西巖石崗夷曠・花果雜植・其旁異木修篁・轇轕水石・冬夏常蔚然如少室盤谷之異・友人譚庭訓居之・庭訓遊予門・茲間濶十載・

洪武戊寅九月初訪予草廬・因道其所以然・且曰・訓居是巖・可樵可漁・巖之麓闢爲圃・而美可茹・巖之泉引爲沼・而鮮可食・日奉吾親・盤桓其中・板輿木榻・常徙于茂樹之下・若子若孫・若甥若姪・或執杖屨或奉卮匜・鶴髮垂髫・參列左右・怡怡欵欵・不知夕陽之在山也・獨未有記其事・屬之子矣・予曰・山水之奇固罕遇・而奉親爲尤難・人孰無親・或襁褓而孤・或終身離別・或困於貧病・或煩於多務・汲汲不暇・雖有終南泰華之奇・瀟湘洞庭之美・亦奚暇樂哉・今子居是巖・與野人雜處・耕牧漁樵・隨適所安・登高舒嘯・盼柯怡顏・無往非樂・子無是巖・固不足以娛親・巖非吾子・亦豈能表其佳絕哉・是巖與子・亦千載一遇也・昔說築傅巖・帝夢一協・爰立作相・古今稱之・子之是巖・與傅巖等也・第恐協帝夢如說・則舟楫霖雨之用・當自茲始矣・子其勉之・庭訓作而對曰・是非予所能逮也・願賓此巖以老烟霞焉耳・因援筆次其言・爲西巖記・

賓風亭記

古岡馬宗善卜居龍溪・因江山之勝・額其亭曰賓風・鄉

邑未有表而出之者・乙丑夏・宗善與予有江漢游・途中道其所以命名之意曰・吾有隱居之癖・不喜俗交・日午開簾・博山焚香・或彈琴・或讀書・而清風四集・予披襟當之・氣爽神怡・宛然如佳賓故人・不期而至・故託物適興取以名亭・亦寅賓出日之意與・予曰・子之所謂得其緒餘耳・固未契其妙也・蓋風之爲物・噫氣也・動靜無常・去來無迹・時乎春夏則爲融和之氣・而於生物爲仁・時乎秋冬則爲肅殺之氣・而於收物爲義・故一氣之周流・而天地之功用著矣・今子處一亭之中・歷四時之變・觀其生物之時而賓之・則己愛物之心油然觸類而長・而仁不可勝用矣・觀其收物之際・而賓之財已成物之心・介然不期而應・而義不可勝用矣・仁義足於中・清風揚於外・子之賓風不亦大乎・嚮子所謂者・得其小而遺其大也・子歸而求予言・則知所學矣・

靜適軒記

歲丁丑孟夏初吉・予歸自樂浪溪・憇羊城東隅・邑生湯有宗氏首過慰行役・契好甚篤・生曰・吾家有讀書軒・額以靜適・子其記之・予曰・子之居是室也・寒灰其心・枯木其形之謂乎・抑熊經鳥伸・偃抑呼吸之謂乎・何名爲靜適也・生曰否・予世學孔孟・異端之書・不接乎目・世俗之談・不入乎耳・取適于靜・異乎紛拏奔競・離羣絕俗之意也・予曰・子知此可與適道矣・語子靜適之義・夫陰陽有動靜而體用立・人性有動靜而內外應・是動靜不可相無而相資也・肅肅晨興・未與物接・雲影天光・湛然無迹・此適於內靜之靜也・物欲交錯・浩浩穰穰・操之有要・守之有常・此適於外動之靜也・是故樂天知命適其性・讀書養浩適其志也・修文游藝適其情也・愛蓮賞菊適其興也・是則居斯軒・無適而非道也・無適而非道・無適而非樂也・樂乎動而存乎靜・至哉適乎・適於義而不適於利也・適於天而不適於人也・是則靜適之說也・

若夫面壁坐定以適其形・清靜虛無以適其心・出幽入冥以適其元・逍遙寂滅以適其樂・此異端之適也・峻宇雕牆以適其居・錦綺玉帛以適其體・明眸皓齒以適其目・鄭聲俗樂以適其耳・此世俗之適也・世俗之適・衆人之所欲也・異端之適・佛老之所尚也・吾子之適君子之所樂也・予嘗卜鄰與生共樂君子之適可乎・生曰・諾・請書爲靜適軒記・

平川記

君子託物以體道・莫川水若・故逝者如斯・盈科而進・孔孟示人深切・旨哉微矣・何者・川之爲水・晝夜汩汩・亘古今・無間斷・有本者如是・若涸則枯・滿則溢・皆非其常・必底於平・周流無滯・乃得其常・君子體道・高則亢・卑則屈・皆非其常・必適於中・無時不然・乃得其常・是故川之平・道之中也・

古岡陳永寬假以自號・其器識過人亦遠矣・予常於此・近揆諸身・遠稽諸古・盈謙皆倚一偏・似非中道・故周廟有欹器以示戒・漢宮置水衡以取平・平則中・中乃道之極致・世之白首業儒・目五經笥者・或未足以造此・孰謂永寬有見於斯乎・是可尚也・是可尚也・雖然・平固無以加・而盈謙則有損益矣・書曰・滿招損謙受益・是乃天道・易曰・天道

虧盈而益謙・地道變盈而流謙・鬼神害盈而福謙・人道盈惡而好謙・是盈乃君子所當戒・而謙乃君子之所當自牧也・

永寬有志於學・予故進而勉之・由謙而達於中・源源而來・小德川流・大德敦化・其出無窮矣・永寬善繪事・予友吳汝振之官日南・念雙親高齡欲侍養不可得・作素練圖二幅・肖像以代日省・永寬援筆一揮・妙奪天工・汝振酬以重價・永寬笑曰・焉有君子可以貨取・必得黎彥晦平川記乃已・予聞之・喜其好文・獨惜無韓昌黎大手告之・若贈文暢師者・庶足以闡揚其蘊矣・記成・或曰・永寬繪事固其所長・於道或未其聞・子何推衍極天人之頤・恐有踰獵之誚・予曰・君子中道而立・能者從之・豈能改廢繩墨以狥世俗哉・且岑文本善繪而爲中書令・王摩詰善繪而爲尙書丞・彼二公皆唐之名臣・游藝亦士者之一端・道固無所不在・又何有不可・或曰・唯唯・

秀林記

古岡地盡南溟・沿海有山數百・而紫羅峰最高且秀・山下有村曰秀水・陳氏自提督公世居之・元至正間・有諱孟甫者鳴教鐸于本邑庠・子弟詵詵・益以文譽顯・孟甫生和卿處士・處士有五子・長文實・次文諒・文達・宗善・文廣・俱篤實樂善・而文達尤慷慨不羣・永樂庚寅春・携其子儒顯至博榮受學於予・秋暮復來・手疏其宗譜及其所居秀林請記・

予曰・山川鍾秀・所關甚大・詩曰・維嶽降神・生甫及申・則知英傑所禀・本乎山川之淸氣也・又王制曰・凡居民材・必因天地寒暖燥溼・廣谷大川異制・則生民異俗也・聖王皆因天地所宜・裁成輔相左右之也・予曩航海・來泊紫羅山・推蓬四眄・或指示諸峯・若比商嶺・若鹿尖山・如拱如朝・鴉洲禾倉洲如伏・極目海天・萬里一色・信哉・天造地設而未易多見也・宜子之世有達人・豈非山川秀拔而致然耶・尙當偕景信蘇君訪秀水一日風景・以實吾所書・繼之詩曰・林之坰・俯南溟・萬里一色如天平・林之麓・密幄如煙四時綠・懿哉・碩人兮・詒厥子孫・考槃嘉樂兮・永矢弗諼・

溪隱記

梁氏之先世居邑南二里許・面接大江・潮汐往來・雲烟竹樹・舒卷開合・日千萬狀・誠勝槩也・値元季擾攘・亭館與人俱入於無何有之鄉矣・洪武初・嗣孫某以舊居密邇城市・猶雜塵囂・遂買地於天臺山之西・自熊海汪洋入小水・裊裊走五六里・環繞縈帶不絕・平壤如掌・多腴田・宜稻宜秫・遂卜居焉・鑿池引流以畜魚・植修竹以來幽鳥・築塲圃以散雞豚・命子弟以耕以學・或率僮僕拿舟釣天臺山下・得魚以歸・則引壺觴召比鄰飲・性好絲竹・酒半酣・捻紫鸞簫三弄・沙鷗野鷺・翔舞上下・樂甚・復執竹如意斫地作歌曰・子陵去兮已千秋・江湖漁樂兮誰與儔・富貴顯達兮將焉求・溪歌野舞兮聊以忘憂・歌復舉觴劇飲・頽然乃已・其大率類此・

永樂庚寅・二老遐算七十有三・而康寧無恙・子孫環列左右・長子道佑謂予曰・吾翁好溪居・因號溪隱・求子一言以適其志・予曰・士生世不臺閣・則山林溪野・而憂其君憂其民・則亦未嘗有二道也・翁有隱德・鄰里化之・有爭訟曲直

者・咸取平於翁・視管幼安王彥方何異・彼世之貪祿竊位以取富貴者・固不足道・而田夫野叟・營營自私・大耋而嗟・亦非翁之儔也・然則翁豈易得哉・若夫溪居佳致・俯仰獨樂・乃翁之常事・予焉用喋喋・

穀食祠記

南海廣之沃壤・唯鼎安沿流西江・自三峽牂牁暨鬱林三江竝滙于梧・合流經封康出高要峽・踰西樵山入海・湍瀨衝激漲阡陌・圮濱江民廬舍・歲相望不絕・民束手屏秉耜罔攸措・前代雖有隄防・尋起尋伏・不過踵白圭之餘法耳・洪武九年・九江陳博文乃相原隰・謂夏潦之湧勢・莫推於倒流・港窒之必殺其流・于是度以尋尺・約以規矩・簡易如指諸掌・乃入京師・稽顙於玉階下・悉縷陳其便宜・太祖高皇帝嘉之曰・噫下民昏墊・汝能任其責・時乃功・即敕有司呼子來之民・率疏附之衆・屬博文董其役・由甘竹灘築隄・越天河・抵橫岡・絡繹亘數十里・經始於丙子秋・告成於丁丑夏・

是歲大稔・民皆舉手加額相慶・曰・帝德如天・粒我烝民・萬世利也・然非陳氏子勇於有為・則下民疾苦・上何由而知乎・今餒者有餘粟・寒者有餘衣・父子以樂・室家以和・無流離饑殍者・伊誰之力也・不有報德・何以勸善・乃相率鳩材建堂三間・額曰穀食・為遊息之所・里人某某走鄰壤新會請記于予・予惟洪範八政以食貨為首・管子五事以溝瀆為先・蓋溝瀆遂則食貨由是而出・此王政之要・農務之司牧者之責也・今博文無是責而能施政・可不謂賢乎・設使居其位・任其責・必能大有為・不失民望矣・夫酬功報德者・士君子之心也・二三子拳拳若此・予不可不成人之美・遂記其事而繼之以頌曰・

天生烝民・稼穡是依・疇昔洪水・黎民阻饑・禹稷既興・萬世農師・財成其道・輔相其宜・水患既平・百穀既生・乃粒乃食・乃安乃康・後世有作・就繼其良・堯佐于滑・子瞻于杭・彼美博文・頡頏前人・才堪撫衆・志存濟民・挾策獻納・前席講論・功加當時・澤被後昆・桑田滄海・坐見遷改・以耕以牧・以勞以來・畎畝呈祥・鮫鱷遠害・建祠報德・流芳千載・

賢母傳

番禺有蓼灣黎氏・世以禮自律・而姻婭尤嚴・曰諱英瓊者・當妙齡・室穗城徐氏・徐達宦之後・翼翼守家規有素・內外宗黨長幼咸宜之・越五載・值湛萊寇亂・適夫旅於外・有二女皆幼穉・徐持竄山谷間・晝夜冒險・跋涉走百餘里・瀕死者數・遂入郡與夫會・脫虎口於危亡之際・既而生子庶・又越二載・夫以病卒・時洪武十八年也・

徐年二十九而孀居・庶呱呱啼在襁褓中・期功之親無一人・獨養所自出・母何氏・時年八十餘・賦役連年・如蝟集毛冗・徐左提右挈・運乃心力・了若無事・惟幣良師訓子為急務・卒使黎氏聲光不墜・今庶已成立・而恂恂讀書好禮・長女適南海李・頎然一偉丈夫・郡名士咸重其人・鄉閭識與不識・盛稱徐為賢母・得佳婿而教子有義方云・

贊曰・昔孟軻氏幼孤・而母勤三遷之教・卒成眞儒・後世以軻繼道統・傳聖賢之宗者・母之功也・然軻母從容撫育

於無事之時．庶母保全於顛沛危亡之際．則其所處之難．尤可嘉矣．嘗讀宋景濂二賢母傳．謂林氏具五美．無愧彝倫．予謂徐氏亦然．冒險逃難．不陷虎口．而能全節義．一也．早作未亡人．不二乃心．而能訓子齊家．底於有成．二也．無切近之親．而能獨運心力．芟艾冗役．保障舊業．三也．克勤克儉．允稱母儀．四也．識鑑不凡．能擇佳婿．五也．是故遠邇稱為賢母．宜哉．嗚呼．人人親其親長其長．而天下平．使夫人有母若此．則子必孝．家必齊．睦族和鄰必得其道．馴至雍熙太和之治不難矣．是有大功於名教也．故特筆之於書．以為世勸．

趙氏二節婦傳

二節婦俱姓羅．穗城趙氏姑婦也．姑南海擢桂鄉羅副使女．適趙氏奇．生一子古禮．作三十四未亡人．今一百越二歲．婦南海巴由都羅寶女．適古禮．生二子幼亡．一女適陳某．四十一喪所天．今六十有八．二母俱生於元盛時．羅氏皆廣之右族．閨門嚴肅．女子自八歲以上．不許出中門．總笄櫛縰．婉娩聽從．工績紝．寫酒醬．主中饋．威儀整整．遵家規．及適趙氏．簪纓華冑．乃宋祖之裔．時稱故家．二氏既孀．姑婦相依．以順天命．修己守約．杜門不出．擇立姪孫名學文為古禮嗣．俾讀書保業．不失令名．閭里咸稱賢．目之曰趙省元家．

贊曰．乾坤奠位．惟夫婦之儀．越萬世．歷萬變．而不紊者．分定故也．然廉恥道喪．汩於流俗．其來遠矣．世有夫死肉未及寒．卽粉白黛綠．取憐新壻．犬豕之行不若．亦獨何心哉．二母俱守姑婦之分．同萃一門．如聯雙璧．姑作範於前．婦遵範於後．妙齡終天．處人道之變．而能守貞纂潔．睦族慈幼．不失天理之常．是大有補於世教也．予故為傳．使任風化之責者．知所採擇焉．

臨清先生行狀

先生諱介．字伯貞．宋秦悼惠王廷美十九世孫也．考諱可．仕元．歷朝列大夫臨江路治中．妣黎氏以至元甲申十一月十七日生先生．自幼知孝敬．日嘻嘻親側．與闤闠羣兒異．八歲入社學知讀書．日記數百言．覺進進不已．十三四善作詩．與五羊羣彥相頡頏．弱冠從黃士文遊．授詩書易三經．至子史百家．靡不擷其芳而咀其腴．迨長．寬厚寡言．喜怒不形於色．與黃庸之孫仲衍李夷白黃楚金王彥舉趙汪中明中李仲秀諸公結南園詩社．極一時之英傑也．

後值元季繹騷．時治中府君自江右回．而藩憲大臣．檄為招安官．俾招諭各壘．而先生主理家事．時太父本泉府君猶康健．先生侍奉克盡孝道．至正癸卯春三月．寇酋屠城．酷甚．適治中府君將命龍潭慰撫．為賊所留．本泉府君以疾卒．于時賊寇甚急．先生遂棺斂太公喪畢．卽匿而避之．僅可得免．而治中亦無恙．既而母黎氏亦卒於行間．先生卽竭力營斂畢．旋乃挈家潛就龍潭．求治中養焉．而黃士文為賊執．至欲加害焉．先生卽往贖之．遂得免．大明洪武元年戊申．天兵南下．嶺海平定．始奉治中歸廣．凡間關跋涉．僅七年．明年．奉本泉柩葬于景泰陂頭山．與安人許氏同穴．五年壬子秋．治中領薦入覲．道卒于臨江．先生聞訃卽往迎柩

歸・六年冬十二月之吉・與妣黎氏安人同葬焉・撫育諸妹・皆配名族・

嘗謂讀書當以明理爲先・察理不明・則信道不篤・如是則是非交錯於前・不知所擇・如異端似是而非・蠱人心志・爲害大矣・一切屏絕・人或非之・則曰・吾存吾理・吾順吾性而已矣・奚恤人言・有司常以明經舉・又以秀才舉・皆辭不就・藩憲大臣遂其志・俾終隱焉・先生處世澹薄而無所好・惟嗜於詩以陶寫性情・號臨淸・有臨淸集藏于家・晚年構軒爲遊息之所・植二松於前・又號二松山軒・東闢一室・集諸子諸生・誨其讀書作詩・勉其成・立訓語・具載集內・

二十二年己巳秋・里中有異學・憤先生外其道・反以其所惡者誣之・遂有京行・旣而得白南還・舟次南昌得疾・作遺命戒諸子曰・今世之人・凡居喪禮不以哀戚爲本・專尙虛文・而惑於異端・吾自幼讀書於知命樂天之道・存心養性之學・鬼神幽明之迹・原始反終之理・無不究心・是以察理頗明・不爲惑也・汝曹當繼吾志・守此一道・不得效倣世人所爲・惟尊信吾儒高明正大之學・惟勤惟儉・克孝克忠・則吾含笑於地下爲有子矣・書訖而終・是年十一月十七日也・享年四十有六・假子義永扶柩歸・先生始娶李氏先卒・繼娶蒙氏・皆番禺詩禮大家・子四人・長潔李出也・次絢・繹純・一女蒙出也・蒙善撫育諸子・復命諸子學・遣純入郡庠・領永樂戊子科鄉貢・以永樂十年葬先生於景泰鄉欖坑山之原・絢以狀請於古岡黎貞・貞視先生・丈人行也・且知先生之詳・故敢撫先生之實行爲狀焉・

問月軒賦

若有客兮・出入紫闥・倘徉淸都・蜿蜒蝤于天地・寄月歲于蓬壺・跨黃鶴而南下・乃息駕于祝融之墟・旣而宴蟠桃之嘉會・乘長風而招予・予乃載馳載驅・徑造衡廬・相揖而坐・談笑自如・天舒圖畫・籟奏笙竽・老蟾叱開其妖氛・玉兎捧出其驪珠・廓人世之宣朗・散神光于太虛・客乃飮酒放歌・振佩揚鈴・霞衣曄煜・金鐵鏘錚・與予振騰霄之翮・扣廣寒之扃・問嫦娥之侶・造太乙之庭・

果何物兮・有氣有形・運不息兮・西墜東昇・何遇晦兮死魄・旣翼日兮生明・何望夕兮一鑑圓・旣越望兮又虧盈・何玉兎搗藥而長生・何吳剛斫樹而不傾・噫・豈非陰陽之玄妙・誠莫測而難名者耶・

于是嫦娥斂衽・太乙持誠・拱而對曰・子盡識乎淸虛之境・週知造化之靈・又胡爲諄諄而問・屑屑而評・子蓋悲乎世之人・羈塵鞅之營營・于以弗能遂其性・于以弗能陶其情・惟吾托身于月府・參幻化之玄冥・子能從我而遊乎・我將賦子以遐齡・訥子乃正色而復之曰・吾知神仙之虛詭・匪可學而能・唯樂天知命・養素保貞・不戚戚于貧賤・不汲汲于利榮・我今問子于有形・非謂求之于無聲・言旣已・與客翩翩而去・週八極而方還・不知暘谷之將曙・

元縣尉伍梅邊像贊

當有元盛時・富室子弟・驕以奢淫自樂・其於修己治人之道蔑如也・公能繩祖武・纘丕緒不失芳聲・俾子孫紹無疆

之休・遺像永存・不亦宜乎・

厚本堂銘

象治南五十餘里・有山曰皂幕・隆然挺拔・橫截海岸・爲諸山宗・北界新興・其南衍壤延袤五十七里・鼎食大家・比屋連甍・畝畝腴沃・衣冠顯士・項背相望・其西隅一境尤勝・背圭峯・面良金・山蹲伏虎・川走降龍・友人鄧某世家囊腹間・若某者・又魁偉出羣・少登仕版・典邑刑曹・政清詞簡・民咸悅之・考績間念二親早世・無以伸罔極之忱・擇地於室東隅・建祠三間・工簡價廉・不華不朴・臺龕櫝座・盞韜几卓・與夫豆籩之容・無不悉備・以展晨昏追繼之誠・歲時灌獻之敬・

壬辰春落成・初問名於予・予不敏・竊惟萬物本乎天・人本乎祖禰・惟君子存之厚也・衆人忘之薄也・聖人所以立爲宗廟・以寧其神・禴祀蒸嘗以時其祭・祭者・教之報本反始・厚其恩愛・不忘初也・此我友立祠之大志也・其意豈惟行之於身已哉・俾後人升是堂・視其櫝題・執其豆籩・必思其身・思其親・思其祖・由近以及遠・沿流而求源・洞洞屬屬・如將親見焉・則厚之至・教之遠・本之隆・枝之裕・有不可勝言者矣・題曰厚本・其庶幾乎・

某方展青龍驥足・依日月光華・推此以化邦興治・其民有不善・其俗有不成者乎・曾子曰・愼終追遠・民德歸厚矣・某有之・是爲之記而繫以銘云・

聖神立極・萬方雲從・山岳效靈・天地儲衷・篤生英賢・昭此南邦・峨峨皂幕・上摩蒼穹・浩浩烏江・萬里流東・乃有碩人・特出其中・天資粹美・昂昂顒顒・皤溪之□・南陽之龍・版築元說・廊廟棐恭・永言維則・思貽無窮穰・題奕奕・南山與同・豆籩罍爵・有嚴其容・昊天罔極・涓涘用崇・源深流遠・本固枝隆・繩繩振振・麟趾斯螽・餘裕焯然・易俗移風・地久天長・福祿來降・

冠禮詞 並序・見穉坡先生文集卷之五

洞高士伍弘道將冠其長子淳・筮永樂五年秋月甲子・既得吉・前期三日・書來迓余作賓・余以薄辭之再・既而疊至・余弗得辭焉・遂宿親睦堂・弘道盛服迎至正寢・立淳於前・余告之曰・

冠・禮之大者・古之人既冠・乃責成人之禮・近代頹風淪斁・侈靡成習・冠禮既廢・其來遠矣・爾父賢而好古・念簪纓之裔由禮義所出・以爾年既可觀通論語孝經大義・欲擴爾志・責爾成人・擇吉月令日・加爾巾服・自今以後・棄爾幼志・順爾成德・毋自大爾能・而守以謙・毋自飾爾非・而固以誠・毋自過爾剛・而濟以寬・毋自順爾柔・而斷以果・克踐嘉猷・允終厥德・若此・非唯承父之志・復能紹迓先世之烈・則余於汝亦與有榮矣・汝勉之哉・勉之哉・

辭曰

物始太素・盎然天眞・義理恒性・含靈胚渾・□情實啓・道本彝倫・度德取利・名汝曰淳・克和其字・義之秉存・忠信果毅・敬恕存仁・卷之爲體・以撿諸身・舒之爲用・以施諸人・慶因善積・祿以福臻・毋忝厥祖・作範後昆・勉之懋之・敬佩訓言・

總管伍秀峯像贊

虎嘯風烈・龍興雲從・皇元啓運・明良相逢・首膺超擢・伍氏秀峰・有民有社・克勤克忠・開業垂裕・後胤永宗・噫・公雖遇時之可爲・實冠古岡之英雄・